LA LIBERTÉ

DANS L'ORDRE INTELLECTUEL ET MORAL

OUVRAGES DU MÊME AUTEUR

Antécédents de l'hégélianisme dans la philosophie française.
— Dom Deschamps, son système et son école. In-18. (Bibliothèque de philosophie contemporaine.)   2 fr. 50
La Guerre civile et la Guerre étrangère en 1870 et en 1871.
In-18. (Bibliothèque d'histoire contemporaine.)   3 fr. 50

PARIS — IMPRIMERIE DE E. MARTINET, RUE MIGNON, 2.

LA LIBERTÉ

DANS L'ORDRE INTELLECTUEL ET MORAL

ÉTUDES DE DROIT NATUREL

PAR

ÉMILE BEAUSSIRE

Ancien député, professeur honoraire de Faculté

Ouvrage couronné par l'Académie française

DEUXIÈME ÉDITION, REVUE ET CORRIGÉE

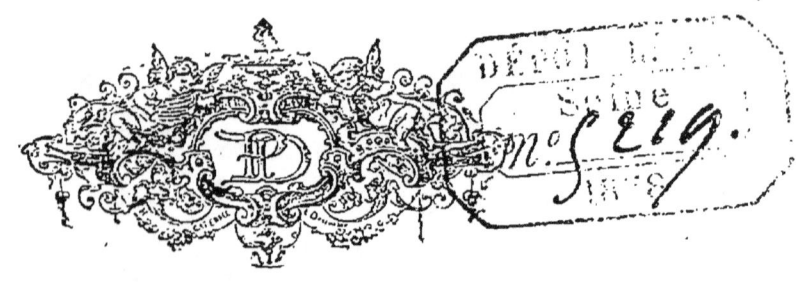

PARIS

LIBRAIRIE ACADÉMIQUE

DIDIER ET Cie, LIBRAIRES-ÉDITEURS

35, QUAI DES GRANDS-AUGUSTINS, 35

1878

Tous droits réservés.

AVANT-PROPOS

La première édition de ce livre a paru en 1866. Le moment était favorable pour une exposition philosophique des principes de liberté. Si les institutions et les lois restaient rebelles à ces principes, ils semblaient reprendre une faveur croissante dans les idées et dans les mœurs. Ils étaient partout évoqués, avec d'autant plus de complaisance qu'ils n'apparaissaient encore que comme un idéal lointain et qu'on n'avait pas à se préoccuper des moyens prochains de les appliquer. Tout leur devenait une occasion de s'affirmer, non-seulement les discussions des journaux et des Chambres, mais les séances des Académies, les congrès scientifiques et ces conférences littéraires qui tenaient lieu de réunions politiques. Ils formaient le lien de cette « union libérale », où les anciens partis affectaient de se confondre, ajournant comme prématurées ou écartant comme secondaires les questions qui les divisaient, et ne voulant s'attacher qu'à revendiquer en commun les « libertés nécessaires ». Les uns espéraient de bonne foi que le progrès libéral se ferait sans révolution;

les autres ne l'attendaient que d'un changement politique, sans trop s'inquiéter sous quelle forme et dans quelles conditions aurait lieu ce changement ; quelques esprits clairvoyants pressentaient seuls les terribles leçons que la France allait bientôt recevoir de la guerre étrangère et de la guerre civile.

Ces leçons ont été trop soudaines et trop cruelles pour avoir aisément porté tous leurs fruits. Jamais les esprits n'ont paru plus divisés qu'à la suite de cette accumulation de désastres, qui aurait dû les unir dans un sentiment de recueillement et de réparation. Tout s'est trouvé à la fois remis en question : les institutions politiques, l'organisation administrative et militaire, la paix religieuse et la paix sociale. L'union libérale s'est brisée d'elle-même ; elle a fait place aux luttes ardentes pour la possession du gouvernement, et si certains partis se sont prêtés à des coalitions nouvelles, ce n'a plus été au profit de la liberté, mais trop souvent, au contraire, pour lui faire payer leurs déceptions et leurs défaites. Et en dehors des partis proprement dits, dans cette masse honnête et paisible de la nation qui demande avant tout l'ordre et la tranquillité sous un gouvernement régulier, la liberté a eu à compter avec ce sentiment d'épouvante que laissent toujours après elles les grandes commotions politiques. Elle y avait succombé à d'autres époques, et l'on avait vu le pays presque entier appeler de ses vœux et consacrer par ses suffrages un régime de compression et de despotisme. Les mêmes défaillances n'ont pas manqué à notre époque, et jamais, il faut le reconnaître, elles n'avaient paru mieux justifiées. Il ne faut pas accuser ceux qui se sont laissé dominer par d'aveugles terreurs; il faut admirer, au contraire, le ferme bon sens avec lequel a su y résister la majorité du peuple français. Ni les enseignements du passé ni ceux de l'heure présente n'ont été entièrement perdus. La France vaincue, mutilée, en proie aux compétitions des partis, a eu la sagesse de se placer résolûment sous la direction libérale d'un guide éprouvé, aussi grand par le patriotisme que par l'intelligence, et de lui rester fidèle même après qu'il fut descendu du pouvoir, et, on peut le dire, même après sa mort. Au lendemain de la guerre étrangère, au milieu de la guerre civile, un éminent orateur, associé alors à cette courageuse politique, la résumait admirablement, lorsqu'il ne craignait pas de conseiller à la France, comme son plus sûr moyen de salut, « les remèdes virils de la liberté » (1). Rien ne fait plus honneur à notre pays que d'avoir su comprendre ce conseil et y persévérer.

(1) Discours de M. le duc de Broglie à l'Assemblée nationale dans la discussion de la loi sur l'attribution au jury des délits de presse (24 avril 1871).

Le livre que nous offrons de nouveau au public n'est que le développement de ce conseil. Écrit dans un temps de prospérité apparente, sous les auspices d'un libéralisme platonique et plein d'illusions, il trouvera, nous l'espérons, un point d'appui plus solide dans ce libéralisme « viril » que comportent seul des blessures encore saignantes et une situation toujours troublée. Nous n'y avons rien changé pour le fond des doctrines. Nous n'avions pas voulu, il y a douze ans, nous ne voulons pas davantage aujourd'hui présenter un programme de réformes immédiatement ou prochainement applicables, mais seulement un idéal dont le législateur, l'homme public, le citoyen, doivent plus que jamais s'inspirer, tout en tenant compte, pour sa réalisation progressive, des conditions d'opportunité et de sage politique sans lesquelles il ne se fonde rien de durable.

Nous avons mis à profit l'expérience que nous avons acquise, comme membre de deux assemblées législatives, pour éclaircir et pour compléter, dans certains détails, quelques-unes de nos théories. Nous nous sommes également fait un devoir de profiter des critiques, toutes empreintes d'une grande bienveillance, dont ce livre avait été l'objet lors de sa première publication. Nous avons particulièrement fait droit à ces critiques en retranchant trois chapitres : sur *l'individu et l'État*, sur *la famille* et sur *la propriété*, qui ne rentraient qu'indirectement dans le cadre de l'ouvrage. Nous les réservons pour un traité de droit naturel dont les matériaux sont prêts et que nous espérons pouvoir prochainement mener à bonne fin.

Ainsi allégé, ce livre a un objet nettement défini. Il traite de toutes les libertés qui ont pour premier et pour principal instrument les facultés de l'ordre intellectuel et moral : la liberté d'enseignement, la liberté de conscience, la liberté de la presse, la liberté d'association. Ce sont les droits les plus importants pour la vie privée et pour la vie publique; ce sont aussi les droits qui, aujourd'hui encore, dans les pays réputés les plus libres, ont le plus de conquêtes à faire. Des juges éminents ont bien voulu louer la *candeur* (1) avec laquelle nous les avons défendus, dans toute l'extension dont ils sont susceptibles, en nous élevant au-dessus des préjugés et des intérêts de toute nature qui leur ont toujours fait obstacle. L'expérience, en mûrissant

---

(1) Le mot est de M. Villemain (*Rapport à l'Académie française sur les concours de* 1867), et l'éloge qu'il renferme nous a été également accordé par des juges tels que MM. Paul Janet, Bersot, Caro, Frédéric Morin, Eugène Véron, à l'Institut et dans la presse de Paris; Corne, Degouve-Denunques, Émile Michel, dans la presse de province; les professeurs Louis Ferri, Saredo, Di Giovanni, dans la presse étrangère, etc., etc. Nous saisissons avec empressement cette occasion de remercier tous ces critiques distingués, dont les suffrages, après avoir été notre meilleure récompense, nous ont encouragé à publier cette nouvelle édition.

a.

notre jugement et en nous faisant perdre certaines illusions, ne nous a rien enlevé de cette candeur. Nous savions déjà que, dans la pratique, il faut faire de constants sacrifices aux nécessités temporaires et à l'esprit de parti lui-même; mais nous savions aussi, et nous n'avons pas cessé de penser que ces sacrifices ne concernent pas l'idéal du droit et qu'ils en rendent d'autant plus précieuse la complète intégrité. Dans un temps où l'esprit de parti a tout envahi et tout troublé, rien n'est plus nécessaire et plus urgent que de ranimer la foi dans ce pur idéal. Tel est surtout le but que nous nous sommes proposé. Nous l'aurions en partie atteint si ce livre contribuait à réunir, au sein de tous les partis et au-dessus de leurs divisions, quelques âmes généreuses dans un sentiment commun que nous oserions appeler, si l'expression ne paraissait pas trop ambitieuse, le *sursum corda* de la liberté.

20 mars 1878.

INTRODUCTION

> Des trois objets de la loi : le gouvernement, l'honneur et l'âme, le gouvernement appartient aux chefs, l'honneur et l'âme appartiennent à tous.
> (Ancienne loi d'Irlande.)

L'âme seule a des droits. C'est elle qui sanctifie le corps qu'elle anime et toutes les choses que le corps s'est appropriées sous sa direction et par son commandement. Mais si tous les droits appartiennent à l'âme, il en est qu'elle revendique plus directement comme son véritable domaine. Elle n'est indifférente ni à la liberté physique ni à la propriété matérielle; mais c'est elle-même qui jouit de la liberté de penser et qui crée, au profit de ses œuvres, la propriété intellectuelle. Parmi les droits mêmes qui constituent la propriété matérielle, ceux qui représentent des sentiments et des devoirs, comme la communauté conjugale et l'hérédité, n'intéressent-ils pas éminemment la vie morale, c'est-à-dire la vie de l'âme?

Ces droits propres à l'âme sont ceux qui se prêtent le moins à une définition légale. Les lois positives ont besoin de s'appuyer sur la matière pour donner à leurs formules une précision suffisante. Dès que cette base leur manque, elles ne savent où se prendre, et les droits sont livrés, suivant les intérêts ou les passions du moment, à toutes les incertitudes et à toutes les variations des législations ou des jurisprudences. Voilà plus de cinq mille ans que le nom de liberté fait battre tout cœur généreux, même chez les peuples barbares : la liberté de conscience est d'hier; elle n'est reconnue dans sa plénitude que chez deux ou trois nations et elle n'a reçu presque nulle part son complément nécessaire : la liberté d'enseignement. Quoi de moins fixe dans les lois sur la propriété que le droit d'hérédité? Quoi de plus discuté encore aujourd'hui que la constitution de la famille elle-même? Et quoi de plus nouveau que la propriété intellectuelle?

Ces droits sont non-seulement les plus précaires dans les institutions sociales : ils restent vagues et obscurs pour les consciences elles-mêmes. La conscience, comme la loi, sent le besoin d'une base positive. Elle se laisse souvent outrager sans murmurer, ou plutôt elle ne se rend pas compte de ses sourds murmures quand l'outrage ne porte pas sur un objet sensible ou quand il ne viole pas un texte protecteur. De là, la facilité avec laquelle les esprits les plus éclairés confondent ce qui est juste avec ce qui est légal; de là, la longue persistance, au sein des législations les plus équitables et même les plus libérales, de tant d'abus tyranniques. Lors même que l'âme offensée proteste contre un excès de pouvoir autorisé par les lois, ce n'est dans bien des cas qu'une protestation individuelle et naïvement égoïste. On n'a pas attendu la proclamation de la liberté de conscience pour repousser la persécution religieuse, mais on a vu, dans tous les temps, les sectes les plus jalouses de leur liberté s'associer à la persécution des sectes rivales et les opprimés de la veille devenir les oppresseurs du lendemain.

Les philosophes anciens réclamaient moins la liberté de professer leurs doctrines sans contrôle et sans entraves légales, que la liberté de réaliser leurs théories dans toutes les sphères où peut s'étendre l'action de l'État. Dans cet État idéal dont ils se font les législateurs, rien n'échappe à leurs règlements. Les croyances, les mœurs, les relations de famille, d'amitié ou d'intérêt, tout doit subir l'empire de la loi, car la loi, pour eux, c'est la droite raison, la raison même de Dieu; elle ne reconnaît rien en dehors ni au-dessus d'elle; le droit naturel se propose non de borner le domaine du droit civil, mais de le féconder. Telles sont également les maximes des jurisconsultes, dès qu'ils demandent des lumières à la philosophie. Leur science s'intitule, comme la philosophie elle-même, la science universelle, la connaissance des choses divines et humaines, *divinarum atque humanarum rerum notitia.*

Prétentions généreuses mais funestes, et pour la liberté des citoyens et pour la sécurité de l'État lui-même. En vain le législateur se propose-t-il un modèle idéal, en vain cherche-t-il à reproduire la loi même de Dieu, son œuvre est imparfaite comme toute œuvre humaine. Elle porte, comme toute œuvre humaine, la trace de son ignorance, de ses erreurs, de ses passions. Il n'est pas une législation, même chez les peuples civilisés, qui soit de tout point juste et bienfaisante. De mauvaises lois valent mieux sans contredit que l'absence de lois, quand il s'agit de fixer les limites dans lesquelles doivent se renfermer les droits des individus pour prévenir tout empiétement et tout conflit; mais, précisément parce que les lois peuvent être mauvaises, il faut qu'elles s'imposent à elles-mêmes des limites et qu'elles se considèrent plutôt comme un mal nécessaire que comme l'expression adéquate de la conscience humaine et de la raison divine. Il faut surtout qu'elles craignent de toucher à ce domaine de l'âme, à ces droits délicats qu'on risque d'étouffer dès qu'on veut les enfermer dans une définition ou dans une formule. L'individu qui, en l'absence d'une loi protectrice, me dérobe mon bien, ne me fait qu'un tort matériel; la loi qui empiète sur le domaine sacré de ma pensée, de mes sentiments, de mes devoirs les plus essentiels et les plus intimes, porte atteinte à mon âme elle-même. C'est la pire des tyrannies, la tyrannie morale, d'autant plus détestable qu'elle ne peut se maintenir que par l'obscurcissement des intelligences et l'abaissement des caractères. Un peuple éclairé et courageux finira toujours par comparer cette détermination légale des choses divines et humaines avec l'idéal qu'il porte dans sa conscience, et du moment qu'il aura conçu une loi meilleure, les moyens ne lui feront pas défaut pour en exiger la réalisation. Heureux s'il se borne à soustraire à l'action de l'État les droits propres de l'âme et s'il ne se forge pas de nouvelles chaînes, en donnant à la loi plus ou moins parfaite qu'il institue l'étendue et l'omnipotence de celle qu'il a brisée!

Le christianisme a consacré la limitation nécessaire des droits de l'État : *Rendez à César ce qui appartient à César*, dit l'Évangile, *et à Dieu ce qui appartient à Dieu.* Mais cette distinction, par laquelle Jésus ferma la bouche aux pharisiens, ne pouvait satisfaire César lui-même et les représentants de César. La société païenne ne connaissait pas deux droits, mais un seul, et l'empereur romain, la dernière et la plus complète expression de cette société, personnifiait ce droit unique en réunissant sur une seule tête le souverain pontificat et le gouvernement du monde. Les disciples du Christ, fidèles à la parole de leur maître, remplissent exactement tous leurs devoirs de citoyens et de sujets; ils acquittent tous les impôts, même celui du sang; ils obéissent à toutes les lois, sauf à une seule, celle qui, en prétendant régler leurs croyances, réclame au nom de César ce qui n'appartient qu'à Dieu : une telle restriction des droits de César est une révolte manifeste aux yeux des plus sages empereurs, comme Trajan, aux yeux des empereurs philosophes, comme Marc-Aurèle, et les magistrats les plus modérés, comme Pline, croient concilier tous les devoirs en ne traitant avec rigueur que les chrétiens obstinés et endurcis, c'est-à-dire les chrétiens sincères et fermement attachés à leur foi (1).

(1) Interrogavi ipsos an essent christiani : confitentes iterum ac tertio interrogavi, supplicium minatus : perseverantes duci jussi. *Neque enim dubitabam, qualecumque esset quod fate-*

Cette confusion de l'ordre temporel et de l'ordre intellectuel et moral avait déjà coûté la vie à Socrate, sans que ni Socrate ni aucun de ses disciples l'eussent condamnée en principe. Elle ne cessa pas avec la société et la philosophie païennes. L'avénement de la religion nouvelle fut loin d'être une rupture complète avec les traditions du passé. Constantin, en se faisant chrétien, n'entend abdiquer aucun des droits de César; il est toujours le souverain pontife, le régulateur suprême des choses divines et humaines; il n'a pas cessé d'être le gardien, l'arbitre et l'interprète de la foi de l'empire, soumettant à sa décision toutes les questions de discipline et même de dogme, et continuant à persécuter comme rebelles ceux qui refusent leur obéissance à la doctrine officiellement orthodoxe. Ces prétentions, qu'entretiennent et qu'autorisent les maximes toujours subsistantes de la jurisprudence romaine et de la philosophie antique, sont celles de tous ses successeurs. Charlemagne les a renouvelées en reconstituant l'empire et il les a transmises à tous les États qui se sont partagé son héritage. Il n'est pas, aujourd'hui même, un seul État chrétien, schismatique ou uni, protestant ou catholique, où l'on n'en trouve plus ou moins la trace.

rentur, pervicaciam certe et inflexibilem obstinationem debere puniri. (Plinii *Epistolæ*, l. X, ep. 47.)

Cependant le christianisme, dans ses diverses communions, a institué une puissance religieuse qui ne peut, sans manquer à son principe, laisser au pouvoir civil la garde des dogmes dont elle est dépositaire, et leur donner pour mesure et pour garantie l'intelligence et la bonne volonté des gouvernements humains. L'Église catholique surtout, représentée par un chef visible, qu'elle a le droit d'opposer aux successeurs de César, n'a jamais cessé de lutter pour son indépendance, qui est celle des consciences elles-mêmes. Elle a contribué ainsi à maintenir, dans les sociétés modernes, un principe de liberté morale étranger aux sociétés antiques. Toutefois tous les droits de l'ordre moral ne trouvent pas leur sauvegarde dans l'indépendance de l'Église. Cette indépendance ne profite qu'aux croyances religieuses, et par là chaque Église n'entend que ses propres croyances, celles qu'elle regarde comme les seules vraies, comme les seules révélées par Dieu même. Par une contradiction déplorable, les Églises mêmes qui ont repoussé avec le plus d'énergie l'immixtion de l'État dans leurs cérémonies et dans leurs dogmes ont été les plus empressées à appeler sur les opinions qu'elles condamnaient la persécution séculière; elles ont continué à voir dans César sinon l'interprète de la vérité, du moins le bras de Dieu, obligé de se lever pour la défense de ses droits et d'exterminer tous les ennemis de son nom et de sa foi. Ainsi s'est conservée, dans le domaine de la religion et sous le couvert de l'autorité spirituelle, l'antique omnipotence de la loi civile. Chaque Église, comme autrefois chaque secte philosophique, s'est réservé le droit de répudier toute loi contraire à ses doctrines; mais, soit que la puissance religieuse ait accepté, sous cette réserve, la suprématie de l'État, soit qu'elle ait cherché à placer l'État lui-même sous sa dépendance, elle l'a presque partout associé à son gouvernement, et le royaume de César est resté confondu avec le royaume de Dieu.

Une autre confusion, dont le libéralisme moderne n'a pas encore su se dégager entièrement, est sortie de ces prétentions, tantôt rivales, tantôt unies, de la puissance politique et de la puissance religieuse. On a vu, dans tous les temps, ceux qui se mettaient en opposition avec la discipline ou la foi de leur Église, chercher un refuge non dans la revendication de la liberté de penser, que ni l'Église ni l'État n'étaient disposés à leur accorder, mais dans la prépondérance de celui des deux pouvoirs qui leur semblait le moins intolérant. Domination pour domination, ils préféraient celle de l'État, moins directement intéressé à la pureté des doctrines, lors même qu'il se fait l'auxiliaire de l'orthodoxie religieuse. Ils sentaient que l'État, en sa qualité de puissance souveraine et de magistrature laïque, n'est jamais pour l'Église qu'un allié jaloux et circonspect, qui ne saurait accepter sans réserve la direction d'un pouvoir rival ni prendre l'engagement d'intervenir dans toutes ses querelles. Aussi c'est de ce côté que l'État a quelquefois trouvé le plus de zèle pour renforcer et pour étendre ses droits. « Défends-moi avec l'épée, je te défendrai avec la plume », disaient aux Césars d'Allemagne les libres penseurs du moyen âge (1).

C'est ainsi que la Réforme, en secouant le joug de l'Église romaine, l'a échangé presque partout contre celui des souverainetés temporelles et qu'on a vu trop souvent la philosophie moderne, lorsqu'elle n'usait pas de ménagements excessifs envers l'Église, s'inspirer des maximes des philosophes et des jurisconsultes anciens pour livrer la liberté religieuse à l'arbitraire du pouvoir civil ou, si l'on veut, pour substituer à l'intolérance ecclésiastique la tolérance relative de l'État. Spinoza a écrit un traité dont le but principal et avoué est la défense de la liberté des opinions : « Il n'est pas, suivant lui, de gouvernement plus tyrannique que celui qui fait un crime des opinions individuelles ; car elles

(1) *Tu me defendas gladio, ego te defendam calamo.* (Adresse de Guillaume d'Occam à l'empereur Louis de Bavière.)

constituent le droit de chacun, dont personne ne doit rien retrancher (1). » Quelle sera donc sa conclusion? « Que la religion n'a de droits qu'en vertu des décrets de ceux qui sont investis du droit de commander, et qu'il n'y a pas de royaume particulier de Dieu sur les hommes, si ce n'est par l'intermédiaire de ceux qui exercent l'empire. » Et il ajoute que « le culte de la religion et la pratique de la piété doivent être accommodés à la paix et à l'intérêt de l'État, et par conséquent n'être déterminés que par les pouvoirs souverains qui en doivent être également les interprètes (2). » C'est aussi la conclusion de Rousseau, qui ne proscrit l'intolérance religieuse qu'au profit de l'intolérance civile, invitée à bannir quiconque n'accepte pas la profession de foi de l'État et à punir de mort quiconque, après l'avoir acceptée, n'y conforme pas sa conduite (3). Ce sont ces maximes d'une fausse

(1) Ibi enim violentissime regnatur ubi opiniones quæ uniuscujusque juris sunt quo nemo cedere potest pro crimine habentur. (*Tractatus theologicopoliticus*, c. 18.)

(2) Ostendere volo religionem vim juris accipere a solo eorum decreto qui jus imperandi habent et Deum nullum singulare regnum in homines habere nisi per eos qui imperium tenent, et præterea quod religionis cultus et pietatis exercitium reipublicæ paci accommodari et consequenter a solis summis potestatibus determinari debet, quæque adeo ejus interpretes debent esse. (*Ibid.*, c. 19.)

(3) « Il y a donc une profession de foi purement civile dont il appartient au souverain de fixer les articles, non pas précisé-

philosophie, jointes aux réminiscences des institutions républicaines de l'antiquité, qui ont égaré la Révolution française. Elle s'est trop souvent montrée plus jalouse, comme les réformateurs philosophes de la Grèce et de Rome, de reconstituer l'État sur une base entièrement rationnelle, que de lui assigner des bornes dans l'intérêt des droits individuels et des libertés morales. C'est enfin le même esprit qui prévaut encore de nos jours dans ce libéralisme mal entendu qui prend la défiance et la haine de l'Église pour l'amour de la liberté, et qui croit avoir tout fait quand il a enlevé au clergé la consécration de la famille, l'éducation des enfants et même la discipline ecclésiastique pour en investir le pouvoir civil.

Méconnus par l'Église et par les philosophes, les droits propres de l'ordre intellectuel et moral ont trouvé dans les mœurs elles-mêmes une ga-

---

ment comme dogmes religieux, mais comme sentiments de sociabilité, sans lesquels il est impossible d'être bon citoyen ou sujet fidèle. Sans pouvoir obliger personne à les croire, il peut bannir de l'État quiconque ne les croit pas ; il peut le bannir non comme impie, mais comme insociable, comme incapable d'aimer sincèrement les lois, la justice, et d'immoler au besoin sa vie à ses devoirs. Que si quelqu'un, après avoir reconnu publiquement ces mêmes dogmes, se conduit comme ne les croyant pas, qu'il soit puni de mort ; il a commis le plus grand des crimes : il a menti devant les lois. » (*Contrat social*, l. IV, c. 8.)

rantie souvent plus puissante, quoique plus précaire, que dans les institutions et les lois. Le christianisme a donné un nouveau prix à la vie de l'âme. Cette destinée immortelle, que les philosophes païens espéraient pour l'âme humaine plutôt qu'ils n'osaient l'affirmer, est devenue le véritable but de l'existence du chrétien. Pleine à la fois de promesses et de menaces, elle l'invite à conquérir la réalisation des unes et à détourner l'effet des autres. Ce n'est pas assez de s'assurer ici-bas une position avantageuse dans la société civile, il faut mériter pour l'éternité une place dans la société des esprits bienheureux. La loi extérieure est sans rapport avec ce but suprême; il ne peut être atteint que par l'obéissance de l'âme elle-même à une loi tout intérieure et toute morale, par les œuvres fondées sur la foi. De là, pour le chrétien, un trésor de croyances sur lequel il veille avec un soin jaloux, une sphère d'action qu'il ne laisse envahir par aucune puissance, et que le plus tiède, on l'a vu à toutes les époques de persécution et au sein de toutes les communions, ne craindra pas de défendre au péril de ses jours.

Toutefois cette pensée de l'autre vie, si elle est la plus haute, n'est pas la plus générale et la plus constante préoccupation de l'âme. Même le chrétien le plus fervent se sent appelé par la nature et, à certains égards, obligé par la loi morale elle-même à donner une grande part de ses soins aux intérêts et aux devoirs dont il est chargé ici-bas. C'est là proprement la vie active de l'homme, au point de vue moral comme au point de vue matériel. Si elle embrasse les actes civils et politiques, sur lesquels l'État exerce naturellement son contrôle, elle comprend aussi les actes privés, qui sont le domaine propre de la conscience et des affections de l'âme et qui répugnent, en général, à toute détermination comme à toute contrainte légale.

Dans les sociétés antiques, où la civilisation se montre à peu près inséparable de l'état républicain et de la participation de tous les hommes libres au gouvernement de la cité, la vie privée est abandonnée et quelquefois sacrifiée à la vie publique. On songe d'autant moins à restreindre l'action de la loi que chaque citoyen participe à cette action comme législateur et comme juge. Si l'on peut moins comme individu et comme père de famille, on se dédommage par l'influence plus étendue que l'on exerce comme citoyen. Les sociétés modernes, au contraire, se sont généralement élevées à la civilisation sous l'état monarchique : c'est en dehors de la vie publique, au sein de la vie privée, que les individus ont eu à se développer. De là, pour cette dernière, un prix plus grand, un besoin d'indépendance que connaissaient à peine les républiques anciennes. Or, la vie privée, ce n'est pas seulement l'exercice d'une profession matérielle en vue des besoins du corps; c'est la vie morale au sein de la famille, ce sont toutes les relations sociales qui procurent au cœur les plus pures jouissances ou qui favorisent la culture de l'esprit : la liberté qu'elle revendique, ce sont les droits mêmes de l'âme.

Cet intérêt supérieur, qui s'attache à la vie privée chez les peuples modernes, a été aussi le fruit de l'esprit nouveau que l'invasion germanique a répandu en Europe, à la chute de l'empire romain. L'indépendance individuelle est le premier besoin du Germain. Barbare, il la plaçait dans l'activité matérielle, dans la chasse, dans la guerre, dans l'initiative des expéditions aventureuses; civilisé, il la réclame pour ses pensées, pour ses sentiments, pour toutes les manifestations de son âme. Aujourd'hui encore, les peuples où domine le sang germanique sont ceux qui souffrent le moins l'intervention de l'État, les Allemands dans la vie spéculative (1), les Anglo-Saxons dans la vie active.

(1) Les Allemands méritent-ils encore cet éloge, depuis que l'esprit de centralisation, s'associant à l'esprit de conquête, a si profondément modifié leurs idées et leurs mœurs? On pourrait

N'oublions pas enfin la part des femmes dans cette séparation de la vie privée et de la vie publique. La poésie antique a personnifié dans une femme la première protestation de l'âme contre les empiétements de la loi. L'Antigone de Sophocle, accusée d'avoir violé l'édit de Créon en remplissant un pieux devoir, oppose aux décrets arbitraires et variables des hommes « les lois éternelles et inébranlables des dieux, qui ne sont pas d'aujourd'hui ni d'hier, mais qui vivent toujours, sans que nul puisse dire quand elles sont apparues. » Le discours que lui prête le poëte sent peut-être le philosophe et le rhéteur; il a mérité d'être cité par Aristote et commenté par Cicéron et par Hegel (1); mais si ce n'est pas le langage, ce sont bien les sentiments d'une femme. Appelée à renfermer sa

croire le contraire, si de telles tendances, absolument antipathiques au génie et aux traditions de leur race, n'étaient pas trop nouvelles pour permettre un jugement définitif.

(1) « La piété, dans une de ses manifestations les plus parfaites, l'*Antigone* de Sophocle, est présentée de préférence comme la loi de la femme, comme la loi de la substantialité subjective et sensible de l'intimité qui n'aspire pas encore à sa réalisation complète. C'est la loi des anciens dieux, des dieux de l'enfer, la loi éternelle dont personne ne connaît la première apparition, en opposition à la loi publique, à la loi de l'État. Contraste des plus moraux et par cela même des plus tragiques, dans lequel se personnifie la nature propre de l'homme et de la femme. » (Hegel, *Fondements de la philosophie du droit*, § 166.)

vie dans l'intérieur de la famille, où le gouvernement est tout moral et ne s'exerce qu'au nom de la conscience, sous l'impulsion du cœur, la femme semble mieux préparée que l'homme à défendre les droits de la nature et de l'âme contre l'envahissement des puissances temporelles. Ce n'est pas qu'elle éprouve ce besoin passionné de liberté qui soulève l'homme contre la tyrannie politique : la femme ne fait ni les révolutions ni les lois; elle aime la règle autant par instinct que par réflexion; mais elle veut une loi qui parle à son âme en s'imposant à sa volonté; elle ne comprend et n'accepte volontiers la contrainte matérielle que si elle y sent une force morale.

La liberté que l'homme réclame, c'est surtout la liberté extérieure, le droit, non de s'isoler dans son indépendance et dans l'accomplissement de ses devoirs privés, mais de se mêler activement à la vie de ses semblables, en exerçant sur eux une influence égale à celle qu'ils prétendent exercer sur lui. La femme réclame aussi la liberté, mais intérieure et concentrée en quelque sorte, le droit de suivre en paix, dans la pratique de tous les devoirs auxquels elle se sent ou se croit soumise, la décision de sa conscience, de ses sentiments, de ses préjugés même, en un mot la loi idéale qu'elle trouve dans son cœur. Pour la défense de ces droits de l'âme, la plus faible femme saura opposer à la violence un courage indomptable. Sa résistance toute passive, comme celle de la vierge païenne, ne sera pas une révolte, mais la revendication, au péril de sa vie, du domaine moral par excellence, de ce que nous pouvons appeler avec Hegel, dans le sens le plus général, le « domaine de la piété », où tout repose sur l'amour de Dieu, les sentiments de famille et le respect de soi-même, et au seuil duquel doit expirer l'action de l'État, parce qu'un tel domaine est en dehors des droits et des devoirs dont l'État est appelé à connaître.

Ce n'est que dans les temps modernes que les femmes ont pu avoir une influence décisive sur l'affranchissement de la vie privée. Il ne faut pas sans doute exagérer, comme on le fait trop souvent, leur rôle dépendant et servile dans la société païenne. Sans parler des héroïnes épiques ou tragiques, les historiens anciens sont pleins de nobles caractères de femmes, et celles dont ils nous ont transmis les belles actions ou les belles paroles nous apparaissent précisément dans la sphère de ces devoirs privés qui sont propres à leur sexe, prêtes à donner leur vie pour l'accomplissement de ces chers devoirs et sachant s'y renfermer, dans l'intérêt de la patrie elle-même, pour qui elles travaillent à former de sages et courageux citoyens. Toutefois, malgré ces illustres exceptions, il est incontestable que les femmes n'avaient pas, dans les institutions civiles de la Grèce et de l'Italie, les droits et la dignité qu'elles doivent, chez les modernes, à la double influence des croyances chrétiennes et des mœurs germaniques. Elles devaient tout à l'ascendant de leur caractère personnel, non de leur condition sociale. Elles ne tenaient pas, même dans la famille, un rang assez indépendant et assez élevé pour maintenir la vie privée à la hauteur de la vie publique. Elles ne sortaient de l'obscurité de leur position qu'en assumant indirectement un rôle politique, par les consolations ou les conseils qu'elles donnaient à leurs maris ou à leurs fils. Elles avaient besoin d'être des héroïnes pour être autre chose que les premières servantes de la maison, et ceux dont elles prétendaient relever le courage et diriger la conduite avaient toujours le droit de leur dire, comme Télémaque à sa mère : « Rentre dans ton appartement, donne tes soins aux ouvrages de ton sexe, à la navette et au fuseau, et distribue entre tes esclaves les tâches qu'elles ont à remplir ; c'est aux hommes qu'il appartient de parler, et surtout à moi, qui suis le maître dans la maison (1). »

Depuis la chute du paganisme, la femme est maîtresse dans la maison aussi bien que l'homme, qu'elle

(1) *Odyssée*, l. I, v. 356 et sqq.

s'attache à y retenir par la réciprocité de leurs devoirs et de leurs droits. Cette autorité qui se partage entre les deux chefs de la famille, cet échange d'égards et d'affections qui est pour eux une nécessité autant qu'un devoir, pour prévenir les luttes et pour les apaiser, cette communauté de soins qu'exigent les besoins matériels et les intérêts moraux qu'ils ont également à satisfaire, ce sont autant de liens qui les attachent à la vie domestique et qui leur en font sentir tout le prix. Or ces liens sont tout moraux; les lois ne contribuent qu'en sous-œuvre à les former et à en empêcher la rupture; ils dépendent avant tout des sentiments individuels et des croyances morales et religieuses. La famille, telle que l'ont constituée les mœurs modernes, est la principale base des droits indépendants que la vie intellectuelle et morale revendique au sein de la société : la liberté d'enseignement, la liberté religieuse, le droit de propriété lui-même, considéré comme le signe visible de l'union et de la perpétuité des familles. Ces droits ne se sont posés dans leur inviolabilité, en face de ceux de l'État, que depuis que l'homme a cessé de se laisser envahir par la vie publique pour placer dans la vie privée ses premiers et ses plus précieux intérêts. L'instinct moral de la femme s'y était déjà attaché, comme à la garantie nécessaire de ses devoirs; la raison de l'homme a fini par les comprendre et les a peu à peu réclamés formellement, comme la condition de sa dignité et de son indépendance. S'ils sont encore contrariés par les maximes que l'antiquité nous a léguées, et dont l'Église et l'État, la philosophie et la jurisprudence n'ont pas toujours répudié l'héritage, ils tendent partout à forcer, par la puissance des mœurs, le retranchement que leur oppose la force illimitée ou mal définie de la loi.

De grandes victoires ont déjà été remportées depuis plus d'un demi-siècle, grâce à l'ébranlement qu'a produit dans toute l'Europe la Révolution française. Dès son début, la Révolution avait flotté entre deux courants contraires, l'un ne cherchant qu'à restreindre et à contrôler l'action de l'État, l'autre laissant à l'État une puissance sans bornes, à condition qu'elle passât des mains d'un prince dans celles d'une assemblée populaire. Les législateurs de 1789 ont été entraînés tour à tour par ces deux courants; la Convention, plus logique, n'a guère suivi que le second. Aussi la réaction monarchique a pu s'approprier, sans presque y rien changer, le système de centralisation et de compression que la première assemblée républicaine avait édifié au nom de la démocratie. Ce système a envahi toute l'Europe et l'on a vu les États les plus antipathiques à la centralisation politique, comme l'Allemagne ou la Suisse, ou à la centralisation administrative, comme l'Angleterre, lui faire plus d'un emprunt, tantôt par l'influence des idées françaises, tantôt pour opposer à ces idées une barrière plus sûre. Dans ces alternatives de révolutions et de réactions, chaque parti a ainsi forgé les armes que ses adversaires ont tournées contre lui, et comme ces armes du despotisme ont fait partout de cruelles blessures, tous les partis ont appris tour à tour à les détester; tous ont fini par sentir, dans leurs défaites, le besoin de ces garanties qu'ils méconnaissaient dans leurs triomphes.

Il s'est ainsi produit au sein des diverses opinions, en faveur de tous les droits si précieux et si fragiles qui se recommandent des intérêts de la vie privée et surtout des intérêts de l'ordre intellectuel et moral, un mouvement continu et irrésistible qui n'a pas cessé de gagner du terrain, soit dans les esprits, soit dans les institutions elles-mêmes. Les anciennes distinctions de partis tendent à s'effacer pour laisser place à une seule, celle des adversaires et des partisans de l'omnipotence de l'État ou, comme on dit dans le langage de la presse politique, celle des *libéraux* et des *autoritaires*. Dans chaque camp, d'anciens ennemis, attachés dans le passé et dans le présent même à des croyances religieuses ou à des formes politiques différentes, paraissent oublier leurs dissentiments pour s'unir, dans un intérêt commun, contre leurs amis de la veille. Or il n'est pas difficile d'apprécier de quel côté se rangent peu à peu toutes les âmes d'élite qui savent se dégager des passions religieuses et des rancunes politiques, et, malgré les fluctuations de l'opinion publique sous l'empire de certains préjugés et d'aveugles terreurs, il n'est pas non plus difficile de conjecturer de quel côté sera la victoire, quand on mesure les progrès accomplis et qu'on entend les chefs des gouvernements demander eux-mêmes que leur responsabilité soit allégée et qu'une plus grande latitude soit laissée à l'initiative individuelle.

Il y a quatre-vingts ans, au moment où l'Europe entière unissait ses efforts contre le flot envahissant de la Révolution française, dans le pays même qui avait pris l'initiative de la résistance et de la lutte, un jeune écrivain, dont le nom de famille devait recevoir une double illustration, Guillaume de Humboldt, eut le mérite de comprendre et de démontrer que le seul remède efficace aux aspirations révolutionnaires, en même temps que le seul moyen légitime de leur donner satisfaction, était non pas d'exagérer, mais de restreindre la puissance de l'État et surtout de lui soustraire tout ce qui touche directement à l'ordre moral. Quelques fragments seulement de l'ouvrage qu'il composa dès 1792, sur les limites de l'action de l'État, furent publiés dans différents recueils. Les temps n'étaient pas encore mûrs pour des idées aussi radicales. L'ouvrage entier n'a paru qu'après la mort de l'auteur (1). Il répondait si bien alors aux besoins des esprits que, dans le pays le plus pratique de l'Europe, un éminent économiste en reproduisait bientôt toute la substance, avec des vues originales, dans un court et substantiel traité que tous les penseurs des deux mondes ont voulu lire (2). Le livre de Stuart Mill a été traduit en français au lendemain de sa publication et, quoique nos mœurs ne soient pas aussi bien préparées que les mœurs anglaises à s'affranchir, à la voix de l'auteur, nonseulement de la sujétion de l'État, mais de celle de l'opinion elle-même, il a produit parmi nous une vive et durable impression. Nous n'avions pas besoin,

---

(1) *Ideen zu einem Versuch die Grænzen der Wirksamkeit des Staats zu bestimmen,* — Wilhelm von Humboldt's gesammelte Werke, 7-ter Band, 1852. — Cet ouvrage a été traduit en français par M. Chrestien, et il a été l'objet d'une brillante étude par M. Challemel-Lacour, *la Philosophie individualiste, étude sur Guillaume de Humboldt.* (Bibliothèque de philosophie contemporaine.)

(2) *On liberty,* by John Stuart Mill, ouvrage traduit par M. Dupont-White. — Paris, Guillaumin, 1860.

du reste, en fait de théories libérales, de faire des emprunts à nos voisins d'outre-Rhin et d'outre-Manche. Guillaume de Humboldt cite presque à chaque page notre Mirabeau, et de Mirabeau à Benjamin Constant, de Benjamin Constant à Tocqueville, de Tocqueville à MM. Laboulaye et Jules Simon, notre tribune, nos journaux, notre littérature politique ou philosophique, nos chaires universitaires elles-mêmes n'ont jamais déserté, malgré de trop fréquentes contradictions et des défaillances passagères, la cause des libertés de l'ordre moral (1).

Le temps n'est plus d'ailleurs où l'on pouvait chercher dans l'exagération des droits de l'État un contre-poids à l'esprit envahissant et exclusif que l'on reproche aux puissances religieuses. L'esprit clérical, pour lui donner son nom consacré, est loin d'être inoffensif. Il peut troubler l'union et menacer la fortune des familles, diviser sur les plus graves questions les communes, les départements et la nation tout entière, et, par son alliance avec certaines passions politiques, mettre en péril la sécurité de l'État. Dangereux par ses propres

(1) *Voir* surtout les deux volumes de M. Jules Simon sur la *Liberté*, ouvrage excellent qui ne nous eût laissé rien à faire, si nous n'avions choisi un point de vue moins général et si nous n'avions eu le regret de nous séparer, sur quelques questions, de l'éloquent écrivain dont nous nous honorons d'avoir été l'élève.

excès, il ne l'est pas moins par les réactions qu'il provoque en sens contraire chez ceux dont il blesse les convictions ou dont il inquiète les intérêts. L'esprit libéral a le devoir de le tenir en suspicion; mais il ne trouverait ni profit ni honneur à le combattre avec d'autres armes que celles de la liberté. Il n'y a qu'un libéralisme attardé qui puisse songer encore à évoquer le spectre de la domination cléricale pour lui opposer ces moyens de persécution, aussi inconséquents qu'odieux, qui se déguisent en Allemagne sous le nom de combat pour la civilisation, *Culturkampf*. Chaque Église a bien assez à faire de maintenir son autorité sur ses propres fidèles, sans menacer sérieusement les croyances rivales. Toutes les communions ont un ennemi commun, qui n'est ni l'hérésie ni la libre pensée, mais l'indifférence, et leurs revendications les plus violentes, lors même qu'elles semblent rappeler les prétentions d'un autre âge, visent plutôt à réveiller le zèle endormi qu'à susciter des persécutions désormais impuissantes. Au lieu de s'effrayer outre mesure de ces revendications imprudentes, il est plus juste d'applaudir à l'esprit libéral dont elles portent quelquefois l'empreinte. C'est l'arme de la liberté, non celle de l'intolérance qu'aiment à invoquer les sectateurs les plus intelligents des diverses religions. Ils comprennent en effet qu'il est dangereux de s'appuyer sur l'État pour conserver et pour conquérir les âmes, et que le seul service que la foi doive attendre de lui, c'est qu'il n'apporte aucune entrave à son développement. Des esprits soupçonneux peuvent ne voir qu'une tactique dans ces appels à la liberté : nous aimons mieux y reconnaître un effort sincère, sinon tout à fait désintéressé, pour échapper à des traditions qui ont toujours force de loi pour bien des consciences religieuses. Quoi d'étonnant d'ailleurs qu'il s'y mêle des réserves et des arrière-pensées, quand les partis contraires donnent trop souvent l'exemple du même manque de netteté et de franchise? Nulle cause, même celle de la liberté, n'a entièrement abjuré les maximes et les pratiques de l'intolérance. Il faut du moins se féliciter de ce que toutes les causes, même celles pour qui l'intolérance semble un article de foi, sentent le besoin de compter avec la liberté.

Une science nouvelle, l'économie politique, a contribué encore à favoriser dans notre siècle l'indépendance de la vie intellectuelle et morale. Sa tendance, on le sait, est de réduire l'État à un rôle de police et d'arbitrage, et de laisser à l'activité individuelle l'initiative de la production et de la distribution des richesses. Or elle ne peut se dispenser de faire entrer, soit parmi les richesses elles-mêmes, soit parmi les instruments qui les produisent, les pensées, les sentiments, toutes les facultés en un mot et toutes les opérations de l'âme. La liberté que réclament les économistes pour toutes les branches de travail s'étend donc nécessairement aux actes intellectuels et moraux; elle implique l'émancipation complète de la vie privée. Que leurs maximes aient, en général, quelque chose de trop absolu, nous en tombons d'accord; que l'opinion publique répugne à les accueillir sans réserve, c'est un fait incontestable; mais on ne saurait nier les progrès qu'elles font tous les jours dans les idées, dans les mœurs, dans les lois particulières des peuples et dans les traités qui les unissent. Seront-elles aussi bienfaisantes pour les intérêts matériels des sociétés que le supposent leurs partisans? Nous n'avons pas à le rechercher; nous ne voulons que signaler l'heureux effet qu'on en peut attendre pour l'affranchissement des âmes.

Toutefois ce n'est ni aux économistes ni aux politiques qu'il convient de s'en rapporter entièrement pour la défense des droits de l'âme. Pour les premiers, il n'y a que des intérêts et des faits, et ils ne voient qu'une différence de forme et de degré, plutôt que de nature, entre l'ordre matériel et l'ordre moral. Or on peut toujours opposer les faits aux faits, les intérêts aux intérêts, et dans cet amalgame que font les économistes de tous les éléments matériels ou immatériels de la richesse sociale, la faiblesse de leurs démonstrations sur quelques points risque toujours de compromettre les parties les plus solides de leur édifice. Eussent-ils d'ailleurs raison de toutes les objections, ils réussiraient seulement à établir que le libre développement de l'activité individuelle, dans toutes ses manifestations physiques, intellectuelles ou morales, est pour une société la condition la plus avantageuse ; il resterait toujours à prouver, non plus par des faits, mais par des raisons de droit, qu'un tel régime ne blesse pas la justice. Ce point de vue du juste est proprement étranger à l'économie politique ; il est incompatible et avec sa méthode tout expérimentale et avec son objet propre, qui ne sort pas des bornes de l'utile.

Le juste est un des points de vue de la politique, mais ce n'est pas le seul. L'idéal de la politique est de réaliser la justice sans froisser les intérêts. Or, c'est le malheur des lois imparfaites ou radicalement mauvaises, que les réformes qu'elles appellent, même les plus légitimes, même les plus urgentes, mettent toujours en péril des intérêts plus ou moins respectables. Il n'est pas d'une sage politique de ne considérer que le bien auquel elle vise, sans tenir compte du mal qu'elle peut produire par un changement trop brusque et trop hâtif. Il faut qu'elle prenne les abus de biais, en tournoyant autour de la montagne, comme dit Descartes, plutôt que « d'entreprendre d'aller plus droit, en grimpant au-dessus des rochers et descendant jusqu'au bas des précipices » (1). *Périssent les colonies plutôt qu'un principe!* est la devise du fanatisme, non d'une politique juste et raisonnable. Enfin, il ne suffit pas qu'un progrès soit désirable et sans danger, il faut encore qu'il soit mûr dans les idées et dans les mœurs. Imposer à une société une réforme dont elle ne sent pas le besoin, c'est en compromettre le succès. L'homme d'État doit consulter avec soin l'opinion, afin de s'appuyer sur elle. Il doit ménager ses préventions et se plier à ses exigences, dans l'intérêt même des principes dont il poursuit l'application. Il est même forcé, lorsqu'elle se divise en partis rivaux, de s'attacher à l'un et parfois à plusieurs de ces partis et de s'assurer leur appui par d'utiles concessions. En un mot, la politique, dans le meilleur sens, ne se contente pas de bonnes intentions et de principes solides; elle exige la connaissance des hommes et l'art de les manier; elle doit joindre à l'honnêteté du but l'entente des moyens et le savoir-faire pour les mettre en œuvre.

(1) *Discours de la méthode*, 2ᵉ partie.

Cette science des concessions et des compromis, cette habileté à tourner les difficultés, à ménager les intérêts, à diriger l'opinion sans lui faire violence, à faire jouer tous ces ressorts, si compliqués et si délicats, dont le concours et l'accord sont nécessaires à toutes les entreprises, absorbe aisément toute l'attention du publiciste et de l'homme d'État et lui fait souvent perdre de vue le but premier de ses efforts, la réalisation de la justice. Il faut non pour appliquer, mais pour reconnaître le droit en lui-même, une science pure, une science désintéressée, qui, sans se préoccuper des faits particuliers, des difficultés, de l'état de l'opinion, des luttes des partis, des intérêts individuels et collectifs, s'attache avant tout à ce que demandent la conscience et la raison. Cette science n'est pas la jurisprudence, qui ne considère que le droit réalisé, le droit appuyé sur des textes. C'est la science qui ramène toutes les questions à leurs principes rationnels, c'est la philosophie, dans celle de ses parties qu'on nomme le *droit naturel*.

Le philosophe n'est appelé ni à gouverner les États, comme le voulait Platon, ni même à inspirer directement les projets et les résolutions des politiques. Son rôle est d'éclairer l'opinion en la rappelant à la notion pure du droit, en lui présentant l'idéal dont les institutions civiles ou politiques doivent offrir la réalisation plus ou moins imparfaite. Ce n'est pas sans doute un idéal abstrait et vide qui pourrait convenir à tous les états de civilisation, à toutes les races et à tous les âges. Le prétendu *homme de la nature*, qu'ont imaginé certaines théories de droit naturel, n'est qu'une chimère. Le philosophe ne raisonne pas avec les sociétés humaines comme le géomètre avec les lignes et les surfaces, dont la nature ne se modifie jamais. Il est toujours, par la force même des choses, de son temps et de son pays, et, quoi qu'il fasse, son idéal ne saurait dépasser de beaucoup la sphère d'idées et de besoins dans laquelle se meut l'élite de ses compatriotes et de ses contemporains ; mais il faut du moins que ce soit un idéal, c'est-à-dire un ensemble de conceptions qui aient leur valeur propre et leur lien logique, en dehors des nécessités de l'heure présente. Même dans l'ordre pratique, les recherches du philosophe ont un caractère spéculatif ; les moyens d'application ne sont qu'indirectement de sa compétence, et s'il s'engage, pour en tenir compte, sur le terrain de la politique, il compromet la sérénité de ses principes sans profit pour son influence. Si elle sait se renfermer, au contraire, dans les notions de droit et dans leurs applications logiques, la philosophie provoque la discussion et l'examen ; elle ramène les esprits spéculatifs vers les questions pratiques dont il leur appartient de préparer la solution ; elle élève les esprits pratiques vers les théories générales auxquelles ils doivent demander leurs principes ; enfin, quel que soit le destin de ses déductions, qu'elles soient renversées par des déductions contraires ou arrêtées par des impossibilités d'exécution, ou qu'elles entrent peu à peu et plus ou moins modifiées dans les esprits, il en jaillit toujours des lumières, qui dirigent en définitive tous les progrès des mœurs et des lois. La philosophie est ainsi plus hardie et plus réservée tout ensemble que la politique : plus hardie, car pour elle les faits présents, les institutions en vigueur, les besoins actuellement ressentis, n'ont qu'une importance relative et ne peuvent prévaloir absolument contre l'enchaînement logique de ses principes et de leurs conséquences ; plus réservée, car elle ne poursuit que la vérité, non des réformes immédiates. Elle ne demande pour elle-même que l'indépendance de la science, convaincue que des théories poussées jusqu'au bout, conséquentes avec elles-mêmes et livrées aux libres discussions de leurs partisans et de leurs adversaires, finissent toujours par manifester ce qu'elles ont de faux et par triompher dans ce qu'elles ont de vrai. Elle laisse aux hommes pratiques le soin de démêler, entre les idées qu'elle propose, celles qui peuvent être actuellement réalisées, celles qui doivent être ajournées ou écartées, celles enfin qui doivent rester comme un idéal dont la réalité ne peut que se rapprocher sans jamais l'atteindre. Ses conquêtes, ce sont plutôt les réflexions qu'elle provoque que les réformes dont ses théories sont le point de départ (1).

Or, s'il est une question de droit naturel qui appelle les méditations du philosophe, c'est celle des garanties que réclame la vie intellectuelle et morale. Le domaine propre de la philosophie, c'est l'âme, c'est l'ordre moral. Le droit dont elle poursuit partout la détermination idéale doit lui devenir encore plus cher, s'il est possible, lorsqu'elle peut le considérer sur un terrain où elle est maîtresse et où, en le défendant, elle défend en quelque sorte sa propre cause.

C'est précisément l'intérêt particulier que la

---

(1) « Le vrai, dès qu'il a jeté des racines dans un terrain propice, ne fût-ce que dans l'esprit d'un seul homme, exerce toujours, quoique d'une façon plus lente et moins sensible, une influence salutaire sur la vie réelle, tandis que si l'on veut l'y transporter immédiatement, sa pureté s'altère dans le transport et il n'a plus d'action sur les idées. Il y a aussi des idées que le sage ne doit jamais chercher à appliquer. Pour les fruits les plus beaux, les plus mûrs de l'esprit, la réalité n'est dans aucun temps assez mûre : l'idéal, dans toutes les sphères, doit toujours planer devant l'âme de l'artiste comme un modèle inaccessible... » (G. de Humboldt, ouvrage cité, XVI.)

philosophie prend aux choses de l'âme qui l'a souvent égarée dans ses théories politiques. Elle a cédé aux mêmes entraînements que la théologie, cherchant à faire prévaloir par les armes de l'État ce qu'elle croyait la vérité et la justice, sans songer combien il est dangereux de remettre à la force matérielle le gouvernement des âmes. Depuis la fin du dernier siècle, la philosophie, comme l'économie politique, comme la politique elle-même, a su revenir à d'autres tendances. Il faut surtout en faire honneur à la philosophie allemande. [Kant a renouvelé la science du droit naturel, en même temps que la métaphysique.] L'indépendance de la vie morale est un principe qu'il a légué à ses successeurs et que l'école hégélienne elle-même n'a pas entièrement méconnu, bien qu'elle exagère volontiers les droits de l'État. Abandonné par les écoles qu'on appelle socialistes et qui n'appartiennent pas proprement à la philosophie, ce principe n'a trouvé en France que des défenseurs parmi les philosophes spiritualistes. Il nous suffit de citer les pages trop peu nombreuses que M. Cousin a consacrées aux questions de droit naturel; la *Morale sociale* de M. Garnier; les *Problèmes de morale sociale* de M. Caro; les écrits de M. Franck sur les points les plus délicats de cette science du droit naturel, qu'il professe avec tant d'élévation au

Collége de France ; les belles leçons de M. Janet sur la famille, sa *Philosophie du bonheur*, sa *Morale* et surtout son *Histoire de la science politique dans ses rapports avec la morale*, et enfin cette série de nobles écrits que M. Jules Simon a inaugurée par le livre du *Devoir*, et qui sont tous, même sur des matières de l'ordre économique, des traités de morale. La question est loin d'être épuisée cependant ; les vieux préjugés se font jour jusque dans les ouvrages destinés à les combattre. Les principes sont posés, mais non dans toute leur netteté et avec toutes leurs conséquences. Il y a encore, en un mot, soit à édifier une théorie d'ensemble, soit à reprendre, pour une discussion plus méthodique et plus approfondie, quelques-unes des questions les plus difficiles et les plus controversées que doit embrasser cette théorie.

Ce dernier objet est le seul que nous nous soyons proposé dans le présent ouvrage. Il nous eût fallu écrire un traité complet de droit naturel, si nous avions voulu étudier, dans leur ensemble et dans leur détail, toutes les questions où le droit civil, le droit administratif et politique, le droit des gens lui-même, touchent aux choses de l'âme. Nous nous sommes renfermé dans celles de ces questions qui intéressent exclusivement l'ordre intellectuel et moral. Ce sont toutes des questions de liberté ;

leur fond commun est la pleine indépendance que la pensée humaine a le droit de revendiquer pour toutes ses manifestations, sous toutes les formes qu'elles peuvent revêtir. La liberté d'enseignement, la liberté de conscience, la liberté de la presse, la liberté d'association, voilà les points principaux sur lesquels portent ces études. Nous n'avons pas la prétention de les avoir épuisés. Ils offriront toujours une ample matière aux méditations et aux discussions des penseurs et des hommes d'État. Nous serions heureux, du moins, si les principes dont nous avons cherché à les éclairer pouvaient contribuer à préparer quelques-unes des réformes libérales qu'ils appellent encore dans notre législation.

Notre constante préoccupation a été de conserver l'indépendance d'esprit nécessaire dans toutes les recherches philosophiques et qu'il est si difficile de maintenir, dans les questions pratiques, contre l'influence des idées dominantes, des usages et des lois. On ne songe pas assez quel prestige gardent sur les plus libres esprits les habitudes consacrées par les institutions et par les mœurs. C'est une seconde nature, dit Stuart Mill, qui est continuellement prise pour la première (1). Que dis-je ? pour la conscience elle-même ! Comment la philosophie ne se défierait-elle pas de l'influence de l'ordre établi,

(1) *De la liberté,* p. 9 de la traduction française.

quand on se rappelle que, depuis Platon jusqu'à Leibnitz, tous les philosophes qui ont traité du droit naturel ont considéré l'esclavage comme une institution légitime et nécessaire? En nous tenant en garde contre l'attrait du paradoxe, nous n'avons pas cru devoir sacrifier la liberté de nos appréciations au respect que nous professons pour les lois de notre pays, heureux quand nous avons pu les défendre contre d'imprudentes innovations, mais n'hésitant pas à en faire la critique toutes les fois qu'elles nous ont paru reposer sur des principes faux ou dangereux.

Tel est l'esprit dans lequel sont conçues ces études sur les libertés propres de l'ordre intellectuel et moral au sein de la société et dans leurs rapports avec la puissance publique. Nous n'avons écarté aucune des questions de politique ou de jurisprudence qui rentraient dans notre cadre; mais ce n'est qu'en philosophe que nous avons cherché à les résoudre, bien décidé à ne pas franchir les bornes de la discussion philosophique comme aussi à n'abandonner aucun de ses droits.

LA LIBERTÉ

DANS L'ORDRE INTELLECTUEL ET MORAL

CHAPITRE PREMIER

LA LIBERTÉ D'ENSEIGNEMENT.

> Dans une société bien ordonnée, tout invite les hommes à cultiver leurs moyens naturels. Sans qu'on s'en mêle, l'éducation sera bonne : elle sera même d'autant meilleure qu'on aura plus laissé à faire à l'industrie des maîtres et à l'émulation des élèves.
> MIRABEAU.

ARGUMENT

I. La liberté d'enseignement considérée : 1° comme la forme la plus générale de la liberté de penser ;
II. 2° Comme la condition de toutes les autres libertés ;
III. Ses vicissitudes. — Indifférence constante dont elle a été l'objet.
IV. Explication de cette indifférence. — Nécessité d'y remédier.
V. Droits de la société religieuse sur l'enseignement.
VI. Droits de l'État : surveillance.
VII. A quel point de vue la surveillance des doctrines peut rentrer dans les attributions de l'État.
VIII. Indépendance légitime de la science : 1° dans l'ordre religieux ; — l'enseignement laïque ;
IX. 2° Dans l'ordre politique ;

X. 3° Dans l'ordre moral.
XI. Droit illimité de l'enseignement sur toutes les questions morales ou sociales.
XII. Les examens publics. — Dans quels cas ils peuvent être obligatoires.
XIII. Des examens et des grades exigés pour l'enseignement libre.
XIV. Les certificats d'études : motifs qui doivent les faire repousser.
XV. L'enseignement primaire peut-il être obligatoire ?
XVI. L'enseignement public ou l'enseignement donné aux frais de l'État. — Sa légitimité.
XVII. L'enseignement public doit-il être gratuit ?
XVIII. La liberté d'enseignement dans les écoles publiques.
XIX. Les universités. — Indépendance dont elles doivent jouir. — L'université de France ; sa période de liberté (1828 à 1846).

I

Toutes les libertés de l'ordre intellectuel et moral forment un chœur harmonieux comme celui des Muses ; toutes peuvent se résumer dans la liberté d'enseignement.

La liberté d'enseignement est un des droits naturels de l'homme ; elle est, sous sa forme propre, le droit essentiel de la famille.

La fonction de la famille et, pour ainsi dire, son unique raison d'être, c'est l'éducation des enfants. Les parents ont le devoir et par conséquent le droit de diriger comme ils l'entendent le développement physique, intellectuel et moral des créatures humaines auxquelles ils ont donné la vie, sauf à répondre devant Dieu et, dans certains cas, devant les hommes de l'accomplissement du premier et de l'exercice du second. En confiant à des mains étrangères le soin de compléter leur tâche, ils ne renoncent ni à leur devoir ni à leur droit; seulement celui-ci prend pour objet le libre choix des maîtres, celui-là la surveillance exercée sur eux. Or le choix n'est vraiment libre que si l'enseignement lui-même jouit d'une entière liberté, si toutes les méthodes, toutes les opinions, tous les systèmes peuvent se produire au grand jour et se discuter sans entraves. La surveillance, de son côté, n'est efficace que si elle a pour sanction la faculté de remplacer les maîtres contre lesquels on croit avoir de justes sujets de plainte. Cette faculté demande évidemment la même latitude que le choix primitif; elle ne s'exerce avec une pleine indépendance que si le champ le plus libre est laissé à toutes les formes d'instruction. Les devoirs comme les droits de la famille ont donc pour condition nécessaire la liberté légale de l'enseignement.

Si les parents ont le droit d'élever ou de faire élever leurs enfants à leur gré, c'est seulement en vue d'en faire des hommes, capables de penser et d'agir par eux-mêmes. Cette première éducation, imposée au jeune homme, n'est qu'une préparation à celle qu'il se donnera librement à lui-même. Un moment viendra où il aura le devoir de se rendre compte des sensations, des idées, des croyances qui ont donné le pli à son âme sans la façonner irrévocablement, et soit qu'il les conserve, soit qu'il les transforme, soit qu'il prétende s'en défaire entièrement, elles ne resteront pour lui que le point de départ d'un développement plus personnel. Comme condition de ce devoir, il faut qu'il ait le droit de puiser librement à toutes les sources d'instruction, sans que des obstacles légaux viennent s'ajouter à ceux qu'il peut trouver dans l'infériorité de son intelligence ou de sa fortune. L'éducation de l'âme commence dans la famille; elle se continue toute la vie au sein de la société et, partout, elle réclame la même indépendance. Elle appelle d'abord l'indépendance du père, qui seul, pendant longtemps, en a toute la responsabilité. Elle appellera plus tard l'indépendance du fils, dès qu'il pourra prendre en main la direction morale de sa vie. Elle appelle enfin, à tous les instants, l'indépendance de tous les individus qui, par leurs travaux, par leurs discours ou par leurs écrits, offrent à l'un ou à l'autre des secours intellectuels; elle réclame, en un mot, la liberté pleine et entière de la pensée.

La liberté d'enseignement embrasse tout le cercle des connaissances humaines. La liberté religieuse est une de ses formes, car la prédication n'est qu'un enseignement. Père de famille, j'ai le droit de faire élever mes enfants suivant ma foi; homme fait, j'ai le droit de comparer les croyances dans lesquelles j'ai été nourri avec les autres croyances. Il faut donc que rien ne fasse obstacle à l'instruction religieuse et, par conséquent, à la discussion des dogmes et au prosélytisme des Églises. La liberté de la presse est aussi une forme dérivée de la liberté d'enseignement. Enseigner, c'est manifester sa pensée et la répandre. La parole du maître, la parole vivante, est assurément le moyen le plus efficace; l'écriture, multipliée par la presse, est le plus étendu et le plus rapide. L'un et l'autre sont également légitimes. Qu'il s'agisse de science ou de religion, toute idée a le droit de se produire et de circuler librement par toutes les voies qui lui sont ouvertes. La persécution religieuse est un attentat contre la conscience; la persécution scientifique serait, sinon plus odieuse, du moins plus insensée, car il n'y a point pour la science pure d'autorité infaillible ni de dogmes immuables. La science est faite pour le progrès, pour des conquêtes successives achetées au prix de combats incessants, où la victoire n'est décisive que si tous les partis ont pu se mesurer sur le champ de bataille, en déployant toutes leurs forces. Dans ces luttes d'opinions et de doctrines, la vérité elle-même est intéressée à laisser l'erreur se manifester, non-seulement pour la réfuter plus sûrement, mais pour la faire servir à ses progrès : elle voit souvent, dans les idées plus ou moins erronées qui s'élèvent contre elle, des auxiliaires en même temps que des adversaires. L'esprit humain ne marche qu'à la condition de tomber quelquefois. Un faux pas peut être un pas en avant; le système le plus faux peut être un effort louable pour élargir le champ trop étroit dans lequel s'est jusqu'alors renfermée la science. Il faut le combattre sans l'étouffer, sans fermer la voie aux idées neuves et fécondes qu'il peut recéler ou dont il peut provoquer l'éclosion. Le plus grand danger pour l'intelligence, ce n'est pas l'erreur, c'est l'immobilité.

La liberté est le droit de la science; c'est aussi le droit de ceux qui l'enseignent. Si mes idées sont bonnes, il est juste que j'en puisse faire profiter les autres ; si elles sont mauvaises, il est juste que je puisse m'éclairer en les communiquant, en appelant sur elles la contradiction et la discussion. Dans tous les cas, le dévouement que la science exige de ses adeptes suppose une complète indépendance. Quand je lui consacre tous mes efforts, quand, surtout, je fais de son enseignement ma profession et ma carrière, je ne puis promettre qu'une chose à moi-même et aux autres : c'est que je chercherai la vérité avec un zèle infatigable. L'homme la poursuit, Dieu seul la donne. Quelquefois elle se dérobe à ses amants les plus fidèles, pour se révéler tout à coup à des yeux indifférents. Moïse conduit pendant quarante ans les Israélites à la recherche de la terre promise : ce n'est pas à lui qu'il est donné d'y entrer et il ne peut l'entrevoir qu'au moment de mourir. Et ce n'est rien encore que d'errer dans le désert, quand on le reconnaît pour ce qu'il est, quand on sait qu'on est encore loin du but : combien, par un effet de mirage, prennent le désert lui-même pour la terre promise! Au milieu de tous ces mécomptes, l'ardeur du savant ne se ralentit pas, tant qu'il se sent libre dans la recherche de la vérité, tant qu'un empêchement matériel ne vient pas l'arrêter, tant qu'une loi trop prévoyante ne prétend pas couper les ailes à ses espérances. Le découragement commence avec les entraves légales. Vous me fermez l'entrée de la carrière, si les doctrines que vous m'imposez ou dont vous me défendez de m'écarter ne sont pas les miennes ; je ne m'y engage qu'en tremblant, lors même que je partage ces doctrines : sais-je si demain ma conscience me permettra de les professer? La culture et même la diffusion de la science ne sont pas, sans doute, renfermées dans les écoles. Mais, lors même que la loi ne prétend enchaîner que l'enseignement proprement dit, l'enseignement par la parole s'adressant à la jeunesse, elle interdit, par le fait, au savant indépendant la profession la plus digne de lui, la plus conforme à ses devoirs, celle qui lui offre la récompense la mieux proportionnée à ses efforts. Ne serait-il pas étrange d'établir une sorte d'incompatibilité entre la recherche et l'enseignement de la vérité, et de poser implicitement en principe qu'il ne sera permis d'enseigner qu'à la condition de ne pas penser?

Je n'ignore pas que la liberté du professeur ne sera jamais entière. Il devra toujours compter avec les opinions des familles, s'il se charge d'instruire l'enfance, avec celles des jeunes gens eux-mêmes, s'il peut les appeler directement à ses leçons. C'est une contrainte inévitable et généralement salutaire, car elle détourne les maîtres de la jeunesse de ces opinions singulières qui n'ont souvent d'autre attrait pour l'esprit que leur singularité même. Il peut se faire, sans doute, qu'un seul homme ait raison contre tout le monde, et la sincérité des convictions ne laisse pas que de courir des risques, quand on trouve son intérêt dans l'adhésion au sentiment du plus grand nombre. Mais le danger serait peu à craindre sous un régime de liberté : il faudrait qu'une opinion fût bien déraisonnable ou, ce qui reviendrait presque au même, bien en avant de l'état des esprits, pour que sa propagation ne rencontrât partout que l'hostilité ou l'indifférence. Quelque avantage qu'on trouve, d'ailleurs, dans l'appui des gros bataillons, les minorités sont toujours plus compactes, plus zélées pour leurs doctrines, plus disposées à soutenir de tous leurs efforts ceux qui s'en font les interprètes et les propagateurs. Dans tous les cas, la résistance des familles et des individus aux doctrines paradoxales est dans la force des choses et dans la logique du droit : la contrainte légale serait seule une exigence arbitraire et tyrannique.

II

L'instruction n'est pas seulement la culture de l'esprit, c'est le développement de l'homme tout entier, la formation d'un être raisonnable et libre, capable de se gouverner lui-même et d'affronter sans timidité, comme sans présomption, toutes les épreuves de la vie. On fait une distinction frivole entre l'instruction et l'éducation. Le désir de savoir ne peut être satisfait sans que l'âme s'élève, sans qu'elle acquière le sentiment de sa dignité, sans qu'elle éprouve un besoin impérieux d'indépendance qui lui rend insupportable toute contrainte que n'avoue pas la raison. L'ignorance a toujours été considérée comme le plus sûr soutien de l'esclavage, de l'oppression politique et de toutes les inégalités sociales. La culture de l'esprit éveille l'amour de la liberté, et, d'un autre côté, la liberté, sous toutes ses formes, est elle-même un puissant moyen d'instruction. « L'homme se développe d'autant mieux qu'il dispose davantage de lui-même », dit Guillaume de Humboldt (1). On ne sent pas le prix de la science et on ne lui offre qu'un champ stérile, quand on est habitué à se courber sous la volonté d'un maître et à tout attendre de son initiative et de sa direction. « C'est la liberté seule, dit un poëte anglais, qui donne à la fleur de cette vie flottante son lustre et son parfum, et nous ne sommes, sans elle, que des herbes stériles. Toute contrainte, excepté celle que la sagesse impose aux méchants, est mauvaise; elle blesse les facultés; elle entrave leurs progrès sur la route de la science; elle aveugle l'esprit de découverte; elle engendre, chez ceux qui la supportent, une âme sordide et bestiale, une maigre intelligence, indigne de résider dans la noble forme de l'homme (2). »

Toutes les autres libertés, aussi bien que la liberté de penser, viennent donc se grouper autour de la liberté d'enseignement. L'enseignement doit être, pour ceux qui le reçoivent, l'apprentissage de la liberté; il doit reposer, chez ceux qui le dispensent, sur le sentiment, sur l'habitude, sur la jouissance effective de la liberté. Des esclaves ne peuvent former que des esclaves. On ne peut inspirer le goût de la science, si on ne l'a pas cultivée soi-même avec indépendance, dans toutes les conditions morales et physiques propres à assurer le libre développement de l'esprit et si on se borne à la transmettre comme une

---

(1) Ideen zu einem Versuch die Grænzen der Wirksamkeit des Staats zu bestimmen, § IV.
(2) Cowper, *The task*, c. v.

routine et pour faire son métier. On ne prépare pas les âmes à penser et à se décider par elles-mêmes, quand on est forcé de chercher ailleurs que dans sa conscience la règle de ses opinions et de ses actions. Enfin, on n'exerce pas sur elles une influence vraiment efficace, si on n'a pas l'autorité que peut seul donner le sentiment de la dignité personnelle et si la supériorité du savoir s'efface derrière la dépendance de la position. « Des directeurs, des professeurs de lycée sont des magistrats importants, écrivait Napoléon à M. de Fontanes, en organisant l'université ; ils marchent le front levé avec les parents, dont ils sont les égaux. Ils n'ont point devant eux une contenance de salariés ; ils n'assujettissent pas leurs principes aux caprices et à la mode ; ils ne sont pas obligés à de puériles et fâcheuses condescendances ; ils peuvent faire tout le bien qu'ils sont appelés à produire. » Cette indépendance que les magistrats de l'enseignement doivent garder vis-à-vis des familles ne leur est pas moins nécessaire vis-à-vis de l'État lui-même. Les exigences d'un père de famille ne sont que des prétentions individuelles auxquelles on a le droit d'opposer ses propres prétentions, et que l'on ne subit qu'en vertu d'un contrat librement débattu. Avec l'État, il n'y a plus cette garantie d'un libre contrat, sous la loi d'une libre concurrence ; les conditions qu'il impose à la profession de l'enseignement, il faut s'y plier ou chercher une autre profession. On est obligé quelquefois, pour plaire à certains parents, de se prêter à de puériles condescendances : l'expérience a prouvé qu'on n'est pas toujours affranchi vis-à-vis de l'État de condescendances de ce genre; heureux quand son inquisition se borne à régler certaines démarches extérieures, sans s'étendre à tous les actes de la vie!

Lorsqu'on dépend du public, l'intérêt, le besoin quelquefois, peuvent engager à d'indignes complaisances; mais, en général, il faut autant les imputer à la faiblesse de ceux qui s'y résignent qu'à la vanité inintelligente de ceux qui les imposent. On réussit toujours à se faire respecter, si l'on se respecte soi-même. Le salaire qu'on reçoit n'est que l'équivalent d'un service rendu et, s'il s'agit d'instruction, d'un service inestimable. Le besoin est réciproque, et si l'on est obligé de ménager ceux de qui l'on attend ses moyens de subsistance, ils n'ont pas moins de ménagements à garder envers celui qui donne à leurs enfants le pain de la science. L'avocat et le médecin obtiennent aisément le respect de leurs clients sans être couverts par le patronage de l'État : pourquoi en serait-il autrement du professeur? Ses services ne sont ni moins nécessaires ni d'un ordre moins élevé, et il faudrait désespérer du bon sens d'un père de famille qui ne comprendrait pas qu'il est de son intérêt de ne confier l'âme de son enfant qu'à des maîtres non-seulement instruits, mais soucieux de leur dignité.

Les intérêts et les droits sont les mêmes pour le père de famille et pour celui qui le supplée dans l'éducation de ses enfants. Ils se doivent un égal respect et, en associant leurs efforts, ils ont un égal intérêt à sauvegarder leur indépendance mutuelle. Ils compromettent leur mission commune, s'ils appellent l'État à régler leur rapports, s'ils remettent entre ses mains, l'un la liberté de son choix, l'autre la liberté de son enseignement. Ils ne la compromettent pas moins s'ils laissent envahir par la puissance publique le domaine de leur vie privée. La liberté générale du professeur ne doit pas souffrir d'autres entraves que celles qui seraient justifiées à l'égard du père de famille, dont il est le délégué. La liberté du père de famille doit recevoir toute l'extension compatible avec la sécurité d'autrui. Les libertés qu'on peut appeler pratiques, la liberté individuelle, la liberté du travail, la liberté du commerce, ne sont pas seulement précieuses pour elles-mêmes et pour les devoirs dont elles sont la garantie, mais comme les auxiliaires naturels et nécessaires d'une éducation libérale.

La première éducation, et généralement la plus efficace, est celle de la famille. L'enseignement extérieur ne la modifie qu'en partie, et il ne la complète qu'en vertu du choix des parents et sous leur responsabilité. C'est la famille qui dépose dans l'âme de l'enfant les germes d'où sortira l'homme fait : germes de liberté, s'ils sont semés par une main libre; germes de servitude, si c'est par une main servile. Celui qui ne sait pas compter sur lui-même pour la satisfaction de ses besoins physiques ou moraux, pour l'exercice de sa profession, pour la direction générale de sa vie, ne donnera pas à ses enfants des habitudes d'indépendance. Il ne leur apprendra pas à sentir, à parler, à agir en hommes, s'il ne se sent pas maître de ses sentiments, de son langage et de tous ses actes. Il n'attachera aucun prix à la fermeté et à la dignité du caractère chez les maîtres qu'il charge de les instruire à sa place, si son propre caractère s'est formé sous l'influence d'une législation oppressive, qui fait dépendre toutes les libertés du bon plaisir de ceux qui gouvernent, ou qui ne les garantit en principe que pour les étouffer sous des règlements arbitraires et minutieux. La liberté, dans le sens le plus général, est à la fois l'instrument et le but d'une bonne éducation. Toute entrave inutile qu'elle supporte dans le présent atteint, dans l'avenir, l'esprit et le caractère des générations nouvelles.

III

Les libertés ont leurs destinées. Toutes ces libertés physiques ou morales, pratiques ou spéculatives, que nous avons associées à la liberté d'enseignement et qu'elle embrasse en quelque sorte dans son sein, comptent des siècles de luttes et de progrès. Toutes attendent, il est vrai, leur consécration complète et définitive. Chez les peuples les plus civilisés, il y a encore des entraves à l'exercice d'un grand nombre de professions, à la pratique des devoirs du culte, à la propagation de la pensée par la parole ou par la presse; il y a encore des esclaves et des partisans de l'esclavage! Mais ces restes d'une oppression séculaire n'ont jamais rencontré l'indifférence; ils subsistent au sein des sociétés modernes, comme des ruines informes, sans cesse battues en brèche et toujours vainement réparées, qui gardent la trace des assauts continuels qu'elles ont reçus et du sang généreux dont elles ont été constamment arrosées. Seule la liberté spéciale de l'enseignement, c'est-à-dire la liberté des familles dans le choix des maîtres à qui elles confient une partie de leur tâche et des maîtres eux-mêmes dans le choix de leurs doctrines et de leurs méthodes, n'a, pour ainsi dire, point d'histoire; elle n'a soutenu que des luttes mesquines et souvent sans bonne foi, au milieu de l'indifférence générale; les temps modernes l'ont vue reculer plutôt qu'avancer, et les progrès qu'elle a faits de nos jours sont loin de lui avoir fait regagner le terrain qu'elle avait perdu depuis l'antiquité.

L'enseignement est entièrement libre dans les États anciens. Point de corps de professeurs institués par l'État et investis du droit exclusif d'instruire la jeunesse. Point de mesures préventives : ni examens, ni grades, ni brevets de capacité, ni autorisation préalable, ni inspection spéciale. Des peines souvent énormes, des condamnations souvent iniques, témoin Socrate, pour ceux qui sont accusés de corrompre la jeunesse; mais la répression la plus injuste et la plus violente est elle-même la reconnaissance et la confirmation du droit. Les philosophes seuls, dans leurs républiques imaginaires, réclament pour l'État le droit d'organiser l'enseignement et de le retenir entre ses mains pour façonner tous les esprits dans un même moule et faire circuler partout la même pensée. Ces prétentions trouvent peu de faveur jusqu'aux derniers temps de l'empire romain, moins, il faut bien le dire, par un excès de tolérance, que par suite du peu d'intérêt que l'on semble prendre aux études : l'État ne fait bon marché de ses droits que parce qu'il fait également bon marché de ses devoirs.

Avec la centralisation impériale, on voit poindre un commencement d'organisation. Il eût été bien étrange, en effet, que cette administration savante dont l'empire romain a donné le modèle, plus durable que sa puissance, eût laissé l'enseignement en dehors de son action. C'est le propre de la centralisation d'être insatiable de sa nature, de tout envahir lentement et sans bruit. Les codes impériaux mentionnent des écoles publiques établies dans la plupart des villes, des examens, des corporations de professeurs nommés par l'État, payés par lui, inspectés par lui. Ce n'est pourtant que sous les empereurs chrétiens, quand la lutte entre les deux religions devint plus ardente en approchant de sa fin, que l'inspection se changea en une surveillance inquiète et jalouse, qui aboutit à la suppression de la plupart des écoles, considérées comme les asiles du paganisme expirant (1).

Sous la domination de l'Église chrétienne commence véritablement la réglementation de l'enseignement. L'Église y avait un double intérêt. Dépositaire d'une doctrine inflexible, elle devait veiller avec un soin jaloux sur tout ce qui pouvait en altérer la pureté,

(1) *L'Enseignement au moyen âge et les facultés des lettres*, discours prononcé à la séance de rentrée des facultés de l'académie d'Aix, par M. Ouvré, professeur à la faculté des lettres d'Aix, 1862. J'emprunte à ce remarquable travail presque tous les traits de cette histoire de la liberté d'enseignement.

et il était naturel qu'elle cherchât à retenir sous sa direction, ou du moins sous sa surveillance, toutes les manifestations de la pensée. D'un autre côté, appelée à prêcher le dogme, à l'interpréter, à le défendre contre toutes les objections, elle avait besoin de maintenir non-seulement dans son sein, mais dans la société où elle se recrutait, le dépôt des sciences. Elle sentit surtout ce besoin et elle y fit face avec un zèle dont on ne saurait lui garder trop de reconnaissance, quand, après l'invasion des barbares et le naufrage de toutes les institutions antiques, elle resta le seul asile des lumières. Toute école, au moyen âge, a un caractère plus ou moins ecclésiastique. L'enseignement renaît à l'ombre des cloîtres, sous le contrôle et au service de la théologie, et, grâce à ce vasselage nécessaire, qui est une protection avant d'être une entrave, il étend peu à peu son domaine : les écoles se multiplient et se groupent ; elles deviennent les *universités*.

Dans les institutions du moyen âge, l'État est associé à toutes les fondations de l'Église. Il les encourage de ses dons, il les protége de son glaive, il cherche aussi à se les approprier, à en faire les instruments de sa puissance. Filles de l'Église, les universités ne représentent pas seulement l'intérêt religieux : la civilisation, la prospérité, le repos des peuples dépendent de la direction qu'elles donnent à la jeunesse. Les princes, qui, dans l'ordre spirituel lui-même, souffrent si difficilement l'indépendance de l'Église, ne pouvaient, sans abdiquer entre ses mains l'ordre temporel tout entier, lui abandonner le soin et le droit exclusifs de distribuer l'instruction. Cependant la dépendance mutuelle des sciences humaines et des sciences divines est si bien établie au moyen âge, qu'on ne voit nulle part la puissance civile opposer aux écoles cléricales des écoles purement laïques. Les universités gardent une position mixte, s'appuyant à la fois sur l'Église et sur l'État, et profitant de la rivalité des deux pouvoirs pour assurer leur liberté et pour étendre leurs priviléges. Très-fermes dans leur orthodoxie, en même temps que très-attachées à l'État, qui les comble de faveurs, elles ont cet instinct de liberté que développent également l'esprit scientifique et l'esprit de corps. Elles deviennent peu à peu de véritables républiques, se recrutant librement, se gouvernant elles-mêmes, réclamant le concours de l'État pour donner force de loi à leurs décisions et se conciliant sa protection par l'appui moral qu'elles lui prêtent dans ses querelles politiques ou religieuses, mais sans lui remettre l'appréciation de leurs doctrines et sans souffrir son intervention directe dans leur administration et dans leur discipline. Elles maintiennent ainsi, en un sens, la liberté de l'enseignement; mais, comme pour toutes les corporations du moyen âge, ce n'est qu'une liberté de privilége. Elles élèvent, en théologie, leur autorité à la hauteur de celle de l'Église; elles prétendent, dans toutes les sciences, à la même infaillibilité dogmatique. Aucune doctrine médicale, juridique ou philosophique ne peut circuler sans leur autorisation, et, quand elles ont condamné une nouveauté scientifique, la justice civile se charge de faire exécuter leur arrêt jusqu'au jour où il tombe sous le ridicule. Elles ne souffrent, de même, aucune école indépendante et rivale. On sait quelles luttes eurent à soutenir les jésuites, entourés de la faveur des papes et des rois, quand ils voulurent élever leurs colléges en face des colléges universitaires ; on sait aussi quelles difficultés ils suscitèrent eux-mêmes aux *Petites Écoles* de Port-Royal, quand ils eurent leur part du monopole.

Ce régime n'a pas disparu et, s'il s'est plus ou moins modifié dans la plupart des pays de l'Europe, il n'a fait que suivre, en général, les vicissitudes de la rivalité permanente de l'Église et de l'État, sans consulter proprement les intérêts de la liberté. C'est en France qu'il a subi les modifications les plus radicales, mais non pas toujours les plus favorables à la liberté d'enseignement. L'Angleterre a gardé ses vieilles universités, avec leur organisation en grande partie cléricale ; mais, tandis que leurs priviléges ne font que rendre leur décadence plus sensible, elles ont vu s'élever, dans la capitale même du royaume, une florissante université libre. La Belgique, avec une population de quatre millions d'âmes, donne satisfaction à tous les intérêts par quatre universités, dont deux appartiennent à l'État, une à l'Église, et la quatrième à la liberté. Les universités allemandes, avec leur émulation féconde, avec les facilités qu'elles offrent aux cours privés, réalisent une partie des garanties que peut réclamer la liberté d'enseignement, sans avoir eu besoin de modifier profondément leur constitution séculaire. En France, la Révolution a emporté les universités avec toutes les institutions de l'ancien régime; mais, dès son début, elle s'est moins préoccupée de leur substituer un régime de liberté que d'arracher l'enseignement des mains du clergé. Mirabeau lui-même, après avoir proclamé les vrais principes dans les lignes que nous avons prises pour épigraphe, cède aussitôt à cette préoccupation dans les lignes suivantes : « D'après cela, les principes rigoureux sembleraient exiger que l'Assemblée nationale ne s'occupât de l'éducation que pour l'enlever à des pouvoirs ou à des corps qui peuvent en dépraver l'influence (1). »

Jusqu'à l'empire, les essais d'organisation sont éphémères et presque stériles. Napoléon fonde une grande université qui diffère des anciennes par son caractère essentiellement laïque, bien qu'elle admette des prêtres dans son sein et même à sa tête et que son enseignement ait pour base les préceptes de la religion catholique (2); mais elle en diffère aussi par sa centralisation, qui la rattache plus directement à l'État, par la suppression de la plupart des priviléges qui consacraient leur indépendance, et enfin par l'aggravation de son monopole, qui impose à tous les établissements d'instruction son autorisation, ses règlements, sa juridiction et même, toutes les fois que cela est possible, la participation directe à son enseignement.

Depuis le premier empire, cette puissante institution, attaquée à la fois et souvent par les mêmes ad-

---

(1) *De l'instruction publique.*
(2) Décret du 17 mars 1808, article 38.

versaires au nom de l'autorité et au nom de la liberté, a renoncé en partie à son monopole; mais elle a perdu, en même temps, le peu qui lui restait d'indépendance. Ce n'est plus proprement un corps, mais une collection de fonctionnaires sur lesquels le gouvernement central s'était attribué, jusqu'à ces dernières années, un droit absolu de nomination et de révocation qu'il n'a abandonné que dans une faible mesure. Tous ces fonctionnaires reçoivent de lui leurs programmes, et ils doivent attendre de son inspiration l'esprit qui animera leur enseignement.

Tandis que la liberté a disparu ainsi de l'université, dans quelle mesure s'est-elle réalisée au dehors? Pour les divers ordres d'enseignement, elle n'a été conquise en réalité, et non pas sans entraves, que par les congrégations religieuses.

Ces changements ne se sont pas accomplis sans luttes; mais, dans ces luttes, les principes ont bien moins été en jeu que les intérêts. Ceux qui se donnent à eux-mêmes le nom de libéraux et qui revendiquent avec le plus d'ardeur, contre l'Église et contre l'État, la liberté de penser, n'ont paru songer, en ce qui regarde l'enseignement, qu'à fortifier l'État contre l'Église. La liberté d'enseignement n'a guère été défendue qu'au nom des intérêts religieux, rarement par conviction de sa légitimité et par confiance dans ses bienfaits, le plus souvent comme un pis aller, à défaut du monopole du clergé, que l'esprit du siècle ne permettait plus de revendiquer (1). Aussi le mo-

(1) Après le vote de la loi sur la liberté de l'enseignement supérieur, un dignitaire de l'église romaine, Mgr Nardi, tout en applaudissant à

nopole universitaire n'a été vivement attaqué que sur les points où la concurrence des établissements ecclésiastiques pouvait lui être opposée avec des chances de succès, et des garanties sérieuses n'ont été stipulées qu'en faveur de ces établissements. De là, surtout pour l'enseignement supérieur, la conservation d'un certain nombre de priviléges; de là les obstacles que rencontre la fondation des écoles purement privées et l'isolement dans lequel ces écoles sont maintenues, faute de pouvoir s'organiser et se grouper sous la forme d'universités libres, quand elles ne veulent dépendre ni de l'Église ni de l'État; de là, enfin, l'abolition des garanties d'indépendance que l'université impériale avait reçues de son fondateur.

Ces garanties, en effet, n'ont guère rencontré que des adversaires. Indifférentes aux libéraux, à qui elles rappelaient les anciennes corporations, elles n'ont presque jamais été défendues par l'université, mal organisée pour la résistance, et contente, d'ailleurs, dans sa lutte contre le clergé, de s'assurer l'appui du gouvernement, même au prix de sa liberté. Enfin, ce n'étaient pas sans doute les ennemis de l'université qui pouvaient stipuler en faveur de son indépendance par un amour désintéressé de la liberté. Quant à l'opinion publique, indifférente à ces luttes, même au temps où elles étaient le plus ardentes, elle n'a pris parti entre les prétentions de l'université et du clergé que lorsqu'il s'y est mêlé des passions politi-

cette loi, a dit, dans un congrès catholique tenu à Poitiers, que les mots de *liberté d'enseignement* lui donnaient le *frisson*.

ques ou religieuses, étrangères à la liberté d'enseignement elle-même.

IV

Cette indifférence et ces contradictions sont loin d'être inexplicables. Dans l'exercice des autres libertés, chacun ne s'en rapporte qu'à soi-même. La liberté individuelle me donne le droit d'aller et de venir, d'user comme il me plaît de mes facultés naturelles ou acquises; la liberté industrielle affranchit mon travail; la liberté de la presse, mes opinions; la liberté religieuse, mes croyances. La liberté d'enseignement n'a d'intérêt pour les familles que lorsqu'elles sont obligées de se donner des substituts pour une partie de leur tâche au-dessus de leur capacité ou de leurs forces; ce n'est, en définitive, que la liberté d'un choix pour lequel elles sont les premières à proclamer leur incompétence.

Dans les matières religieuses, la plupart ne se sentent pas moins incompétents, et le plus souvent on suit aveuglément la croyance dans laquelle on a été élevé; mais chacun comprend du moins qu'il s'agit de sa propre foi, d'une disposition intime de son âme qu'il faut posséder ou se figurer qu'on possède, et, lors même qu'on la reçoit sans examen, nul ne voudrait cependant la recevoir par force. La religion est notre propre affaire : les matières ordinaires de l'enseignement, la grammaire, les sciences et les arts sont l'affaire des hommes spéciaux qui en ont fait l'objet de leurs études ; personne n'est obligé de s'y connaître et ceux mêmes qui en ont une certaine connaissance ne sont pas toujours en état d'apprécier la capacité de ceux qui les enseignent. Cet embarras se faisait déjà sentir dans l'antiquité, où les connaissances étaient moins étendues et moins variées et la surveillance plus facile. C'est un point sur lequel aime à s'égayer l'ironie de Socrate, dans Xénophon et dans Platon, et sur lequel le poëte des *Nuées* s'égaye aux dépens de Socrate lui-même. La difficulté n'a fait que croître dans les temps modernes, à mesure que les sciences ont étendu et démembré leur domaine et que les exigences professionnelles ont laissé moins de temps aux parents pour surveiller eux-mêmes l'éducation de leurs enfants.

Il n'est donc pas étonnant que les familles aient accueilli sans résistance tout ce qui pouvait alléger sur ce point leur responsabilité. Et d'abord l'intervention de l'Église, qui pendant longtemps s'est attribué la direction exclusive de l'enseignement et dont le contrôle se présentait comme obligatoire pour les fidèles. Mais, s'il est des chrétiens pour qui tout se concentre dans l'intérêt religieux, la tendance la plus générale, au sein du christianisme, a toujours été de faire à l'Église sa part et de soustraire à sa domination tout ce qui n'est pas proprement et nécessairement du domaine de la foi. De là l'institution et le succès de ces universités mi-partie laïques et ecclésiastiques, dont les priviléges ont souvent paru une garantie contre les envahissements de la puissance religieuse. De là, enfin, la sympathie que les défenseurs les plus sincères et les plus zélés de la liberté montrent pour l'intervention directe de l'État dans l'enseignement. L'État, plus mobile, plus disposé, en général, à suivre les variations de l'opinion publique, quand elles ne menacent pas son autorité, laissera souvent un champ plus libre au mouvement de la pensée qu'une Église inflexible dans ses dogmes ou une corporation livrée aisément à l'esprit d'exclusion, d'intolérance et de routine. Même un prince absolu se fera quelquefois un honneur d'encourager la liberté de la science, ne fût-ce que pour donner une utile diversion aux esprits. A plus forte raison, que n'espérera-t-on pas de l'action de l'État, si elle est dirigée par des institutions libérales, qui ouvrent à toutes les opinions l'accès du pouvoir!

Des raisons plus intimes ont encore contribué à désintéresser les familles de la liberté d'enseignement. L'éducation des enfants et, par suite, le choix des maîtres, engagent à la fois la responsabilité du père et de la mère et, quelle que soit l'autorité que la loi confère au mari, supposent un accord entre eux. Or il arrive souvent, surtout de nos jours, que les deux chefs de la famille obéissent, dans l'ordre intellectuel et moral, à des tendances diverses. La femme se préoccupe davantage des intérêts de la foi. Le mari, sans être hostile à l'influence religieuse, ne la veut pas prépondérante. Pour trancher ce conflit, en dégageant sa responsabilité, chacun d'eux est disposé à faire appel à une autorité souveraine; celle-là à l'autorité de l'Église, celui-ci à l'autorité de l'État.

Plus le père tient, pour ses enfants, à une éducation libérale, qui donne satisfaction à tous les besoins de l'esprit, sans tout subordonner à la foi, plus il se défie, en général, de la liberté d'enseignement. Il n'y voit que la liberté, pour le clergé, d'user de toute l'influence que lui donne la docilité des femmes pour s'emparer de la direction des familles, et, plutôt que d'avoir à soutenir une lutte pénible et inégale, il aime mieux chercher un contre-poids à cette influence redoutable dans l'exagération des droits de l'État. Étrange moyen assurément, quoique naturel à la faiblesse humaine, d'assurer votre liberté, que de vouloir enchaîner la liberté des autres ! Si vous n'avez à opposer à la foi de votre femme et à la puissance religieuse qui règne par elle dans votre maison que des antipathies et des défiances, vous n'avez pas le bon droit pour vous, car vous ne représentez que la négation et le doute. Si, au contraire, vous avez su vous faire des convictions sérieuses, que vous tenez à faire prévaloir, quelle force ne vous donnera pas contre un ascendant rival, je ne dis pas l'autorité maritale, mais la confiance qui résulte mutuellement de la communauté des affections, des intérêts et des devoirs ! S'il faut un compromis et des concessions réciproques entre des opinions qui ne parviennent pas à se fondre, la libre concurrence, bien plus sûrement que l'État lui-même, pourra faire surgir des maisons d'éducation où tous les intérêts seront ménagés et tous les scrupules prévenus. Si, enfin, vous trouvez plus commode de vous en rapporter à l'État, laissez son intervention facultative, et ne l'imposez pas à ceux qui préfèrent celle de l'Église ou qui mettent toute leur confiance dans la liberté.

L'intervention de l'État, si libérale qu'on la suppose, ne fait qu'encourager l'apathie des familles. C'est sans doute une lourde responsabilité que le choix d'un maître ou d'une maison d'éducation. Mais si nous manquons de lumières suffisantes, nous pouvons toujours consulter des personnes plus éclairées, à qui nous reconnaissons des droits à notre confiance. Notre ignorance de la médecine ne nous empêche pas de choisir notre médecin et nous ne souffririons pas qu'il nous fût imposé. Pour l'enseignement lui-même, quand notre choix n'est pas déterminé, dirigé ou restreint par la sollicitude trop prévoyante de l'État, nous savons bien, malgré notre incompétence, prendre nous-mêmes toutes les informations qui peuvent le mettre à l'abri de l'erreur ou de la fraude. J'ai vu plus d'un père de famille se montrer plus difficile lorsqu'il avait à chercher pour sa fille une maison d'éducation que lorsqu'il s'agissait de son fils; c'est que, pour les garçons, tous les établissements, soumis aux mêmes conditions de grades, aux mêmes programmes, à la même inspection, se valent en quelque sorte : pour les filles, il y a plus de diversité et de liberté et l'on sent davantage la nécessité de se renseigner par soi-même. Quel soin n'apporte-t-on pas, surtout pour l'instruction des filles, dans le choix d'un maître de musique? C'est qu'ici l'aptitude n'est certifiée ni par un brevet ni par des lettres d'obédience; elle est laissée à l'appréciation du public, et chacun, soit par ses propres lumières, soit en consultant la réputation acquise, ne néglige rien pour faire un bon choix. Que l'enseignement des lettres et des sciences soit mis hors de tutelle, il ne prendra pas davantage au dépourvu la vigilance des familles. Nul n'est jamais privé de tout moyen de s'éclairer et c'est le premier devoir, comme le droit le plus incontestable d'un père de famille, de maintenir autant que possible son initiative dans une œuvre qui n'est proprement confiée qu'à lui seul.

Désertée trop souvent par les pères de famille, la liberté d'enseignement n'a pas trouvé beaucoup plus de sympathie chez ceux qui sont appelés directement à l'exercer : je veux parler des professeurs eux-mêmes. Le soin même de leur indépendance et de leur dignité les a souvent entraînés à se placer sous un patronage tout-puissant, en lui remettant leur destinée tout entière. Il est certain qu'on se sent plus fort et plus respectable quand on se présente aux familles, non comme un employé à leurs gages, mais comme membre d'une Église ou d'une université, ou comme fonctionnaire de l'État. Ce dernier titre est même celui que recherchent parfois les esprits les plus libres. L'Église réclame une obéissance sans réserves, qui est toujours pour la conscience un engagement redoutable. Une université indépendante tombe aisément sous la direction d'une coterie jalouse et routinière. On peut espérer de trouver dans l'intervention directe de l'État une action plus large, plus impartiale, plus progressive. Aussi c'est au sein du corps enseignant, parmi ceux de ses membres qui montraient le plus de zèle pour les autres formes de la liberté, que le monopole de l'État dans l'instruction publique a surtout trouvé d'ardents défenseurs, moins par intérêt, pour repousser une concurrence préjudiciable à leur fortune, que par principe, pour élever le niveau général des esprits sous le contrôle obligatoire d'une administration intelligente et libérale.

Calcul imprudent et funeste! Assurément c'est l'intérêt aussi bien que le devoir d'un sage gouvernement de laisser à ses fonctionnaires toute l'indépendance compatible avec le bien de leurs fonctions et de faire servir toutes les fonctions publiques au progrès de la société. Mais l'enseignement a beau être placé sous la responsabilité de l'État, il n'est pas affranchi de toute responsabilité vis-à-vis des familles, et il ne peut leur être imposé qu'à la condition de ne pas faire violence à leurs sentiments, à leurs convictions, à leurs préjugés même. Si je suis forcé d'envoyer mon fils aux écoles, aux collèges, aux facultés de l'État, j'ai le droit de m'enquérir non-seulement de l'enseignement qu'on y donne, mais des principes et de la conduite de ceux qui donnent cet enseignement, et, si je crois avoir des sujets de défiance, l'État me fait injustice en refusant d'accueillir mes plaintes. Il ne peut justifier son monopole qu'en interdisant à ceux qui enseignent sous son patronage toute parole, toute démarche susceptible de blesser des sentiments respectables. Que si l'opinion dominante ne s'inquiète pas de ménager les opinions rivales, elle réclamera au moins des ménagements pour elle-même. La liberté du professeur ne sera donc que la liberté de suivre le mot d'ordre du jour, sauf à répondre de son audace au premier changement de politique. Un jour, les maîtres d'école seront invités à se faire les agents d'une propagande démocratique; le lendemain, on leur fera un crime du zèle intéressé qu'ils auront montré. Les susceptibilités religieuses sont-elles éveillées et en position de se faire écouter, on ira jusqu'à exiger des billets de confession; sont-elles en défaveur, les pratiques de dévotion seront presque une mauvaise note. L'enseignement concentré aux mains de l'État est le plus dépendant et le plus timide : le plus dépendant, car le gouvernement ne peut se dispenser de le tenir directement entre ses mains, pour être en mesure de faire face à toutes les réclamations qu'autorise son monopole; le plus timide, car en présence de réclamations contradictoires, et néanmoins également respectables, il faut qu'il évite toute opinion tranchée, tout ce qui pourrait devenir matière à controverse.

A quel prix s'est maintenu jusqu'à nos jours, sinon dans son ensemble, au moins dans quelques-unes de ses parties, ce monopole universitaire si imprudemment défendu par d'inconséquents amis de la liberté? L'enseignement, placé sous la dépendance du gouvernement, sous la direction d'un ministre politique, a perdu la garantie d'un conseil inamovible, en possession non-seulement d'exercer une juridiction disciplinaire, mais de pourvoir aux principales nominations; les concours, qui donnaient des droits, ont été remplacés par des examens, qui ne donnent que des titres; enfin, l'État s'est réservé, à tous les degrés de l'enseignement, le droit de révocation, à peine limité par d'insuffisantes garanties pour l'enseignement secondaire et pour l'enseignement supérieur (1). Usera-t-il au moins de cette centralisation excessive et de cette autorité sans limites pour imposer le progrès, pour s'emparer, à leur profit, des jeunes intelligences? Le progrès scientifique peut-être, car il inspire, en général, peu de défiance; mais le progrès intellectuel, le progrès dans les idées qui forment l'homme et le citoyen, ne peut naître que d'un enseignement indépendant. On se plaint que les jeunes gens sortent de nos colléges sans avoir pris intérêt à rien de ce qu'on leur enseigne, ni à l'histoire, ni à la philosophie, ni aux lettres elles-mêmes. Mais qu'est-ce qu'un enseignement historique obligé d'abdiquer toute opinion politique ou religieuse, de peur de blesser des convictions qu'on est tenu de respecter? Et que gagne-t-on à enfermer dans son cadre les événements contemporains eux-mêmes, si le professeur appelé à les exposer doit également abdiquer, dans l'intérêt de sa position ou dans celui de son honneur, la liberté des critiques et celle des éloges? Qu'est-ce qu'un enseignement philosophique obligé de contenir, chez ceux à qui il s'adresse, toute velléité de penser par eux-mêmes, de peur d'ébranler les sentiments qu'ils ont puisés dans leurs familles? Qu'est-ce enfin qu'un enseignement littéraire qui ne peut pas s'appuyer sur

(1) Ces garanties, entièrement supprimées après le coup d'État du 2 décembre, ont été en partie restituées à l'université par un ministre sorti de ses rangs, M. Duruy; elles ont été complétées par la dernière loi sur le conseil supérieur de l'instruction publique.

l'habitude de la lecture? On ne lit pas dans les colléges, et on en sort sans aimer à lire. Je le crois bien. Quels livres un professeur prudent pourrait-il conseiller qui ne soulèveraient aucun scrupule au point de vue de la religion ou des mœurs? Il a fallu écarter les *Provinciales*, expurger le *Siècle de Louis XIV* et réduire le théâtre classique à *Polyeucte*, *Esther* et *Athalie*. Si ce régime n'a pas produit des fruits plus funestes, le mérite en revient sans doute à la modération des ministres qui l'ont appliqué et à l'esprit libéral que la prudence n'a pu étouffer dans le corps qui l'a subi; mais il faut aussi en faire honneur à la réalisation partielle de cette liberté d'enseignement que l'université a acceptée de si mauvaise grâce, et qui seule lui a permis de conserver un reste d'indépendance, en désintéressant ses adversaires. C'est vainement, en effet, qu'on séparerait la liberté du professeur de la liberté des familles. L'enseignement public ne peut avoir ses coudées franches que s'il fait appel à l'intelligence de tous, sans s'imposer à personne.

Ces avantages de la liberté ne peuvent être compris que par ce petit nombre d'esprits pour qui le premier bien est de disposer d'eux-mêmes. Si les âmes les plus fières, soit au sein des familles, soit dans le corps enseignant, trompées par un intérêt mal entendu, ont souvent méconnu le prix de la liberté d'enseignement, faut-il s'étonner de l'indifférence ou de l'hostilité de ces hommes timides, presque toujours en majorité, qui s'habituent si aisément à renoncer à toute initiative, à recevoir du dehors leurs opinions t leur bien-être, à chercher, en un mot, la sécurité dans la dépendance? La plupart des hommes, il est triste de l'avouer, ont besoin d'une longue pratique de la liberté pour en sentir la privation, et, lorsqu'elle leur est rendue, ils ne sentent souvent que l'embarras d'en user. Il faut, pour les rappeler à eux-mêmes, les provocations incessantes de ceux qui gardent intact le sentiment de la dignité humaine; et, chez ceux-là même, il importe que ce sentiment soit toujours présent, toujours éveillé, sur tous les points où une liberté peut être en péril. On n'est pas vraiment un homme si l'on s'estime heureux de n'avoir pas à pourvoir à ses propres besoins; on n'est pas un père de famille si l'on s'estime heureux de n'avoir pas à s'occuper de l'éducation de ses enfants; on n'est pas digne d'instruire les autres si l'on s'estime heureux de n'avoir pas à choisir ses opinions et à penser par soi-même.

V

Par suite de l'inconséquence des uns et de l'indifférence des autres, la question de la liberté d'enseignement s'est presque toujours réduite, dans les temps modernes, à une compétition entre les prétentions de l'État et celles de l'Église sur l'instruction publique. On ne saurait nier qu'il n'y ait quelque chose de légitime dans ces prétentions rivales. Mais ce n'est que sur le terrain de la liberté qu'elles doivent faire valoir leurs titres et qu'elles peuvent les concilier.

La direction de l'enseignement est un des droits essentiels des sociétés religieuses. Rien de ce qui contribue à former l'esprit de l'homme ne peut rester étranger à l'autorité spirituelle. Il n'y a pas, sous ce rapport, à établir une ligne de démarcation entre les dogmes théologiques et les sciences purement humaines. Il n'appartient à personne d'enfermer une religion dans des bornes infranchissables. Tout ce qui peut être un objet de croyance, d'opinion ou de sentiment, peut recevoir, au sein de chaque Église, une définition dogmatique. Une physique en contradiction avec l'expérience, une histoire sans critique, une philosophie hostile à la raison, pourront sans doute se produire sous le couvert de la foi religieuse. Tant pis pour les sectes qui donnent asile à d'absurdes théories : elles ne font que prêter le flanc aux attaques de leurs adversaires. Chacun a le droit de signaler leurs erreurs scientifiques, comme de leur reprocher leurs erreurs théologiques, et si elles n'ont pas la sagesse de se concilier la science en acceptant tous ses résultats acquis, elles s'exposent à ébranler la foi en cherchant à ébranler la raison ; mais c'est leur affaire, et, s'il se trouve des adhérents pour ces doctrines qui choquent votre bon sens, vous ne pouvez les empêcher de préférer à vos lumières l'autorité de ceux à qui ils ont confié leurs âmes, pas plus qu'ils ne peuvent vous retenir de force dans leur communion si vous avez cessé de partager leurs croyances. Les droits de l'Église sont purement spirituels ; mais, tant qu'ils gardent leur caractère spirituel, ils sont naturellement sans limites.

Lors même qu'il serait possible de séparer le domaine de la foi de celui de la science, chaque Église pourrait encore revendiquer le droit de présider, dans tous les ordres de connaissances, à l'éducation de ses jeunes sectateurs. Tout se tient dans l'enseignement comme dans l'âme elle-même. Le cerveau n'a pas des cases différentes pour la théologie, pour les sciences et pour les lettres. L'esprit qu'il s'agit de former est un esprit indivisible : il faut approprier à son unité les aliments qu'on lui donne ; il faut faire un faisceau de toutes les connaissances dont on veut qu'il soit pourvu. Or, quelle religion consentirait à n'occuper qu'une place secondaire dans ce faisceau? Qui dit religion dit un système de croyances sur la destinée humaine dans cette vie et dans une vie ultérieure : une Église ne peut chercher que dans cette double destinée, objet propre de ses dogmes, le lien essentiel de tout enseignement. Il appartient donc à l'autorité religieuse, sinon de tout enseigner, du moins de soumettre à une direction commune toutes les écoles fréquentées par ses fidèles ; et si les maîtres ou les familles y résistent, elle a le droit de les retrancher de sa communion ou de les frapper de quelques-unes des peines dont elle dispose. Un tel droit n'est pas la négation de la liberté d'enseignement ; il la suppose au contraire et la consacre. Ces châtiments que l'Église inflige aux fidèles ont un caractère tout moral, et, lors même qu'ils affecteraient un caractère matériel, ils ne frapperaient que ceux qui voudraient bien les subir. Ils ne deviendraient oppressifs que si la puissance temporelle se mettait au service de la puissance spirituelle en lui prêtant sa sanction coactive. Ce serait alors l'État qui outrepasserait ses droits ; l'Église n'aurait que le tort d'avoir appelé cette intervention illégitime et compromettante ; ses droits propres n'en subsisteraient pas moins tout entiers.

Pour asseoir la liberté sur une base solide, il n'est pas nécessaire d'assigner des bornes à l'autorité religieuse et d'entraver son exercice; il faut seulement rappeler la puissance politique à ses devoirs. En reconnaissant à chaque Église le droit de patronner ou d'ouvrir des écoles et de censurer ou de condamner tout enseignement qui repousse sa surveillance ou sa direction, l'État ne confère à aucune le droit de contraindre les familles à adopter les écoles qu'elle a instituées ou de faire fermer celles qu'elle a frappées d'anathème. Il s'impose, au contraire, l'obligation de rester neutre entre leurs prétentions opposées et de respecter la liberté de toutes les chaires, de tous les enseignements, publics ou privés, collectifs ou individuels, tant qu'il n'a pas à protéger quelqu'un des intérêts spéciaux dont il est le gardien. Ce qu'une religion réprouve peut être autorisé par une autre ; ce que toutes repoussent peut être accepté par la conscience de ceux qui ne reconnaissent aucune religion positive. L'État n'est pas le juge des croyances : il n'a donc rien à voir dans les prescriptions ou les condamnations de telle ou telle Église ; il n'a ni à les faire exécuter ni à y mettre obstacle, mais à veiller seulement à ce qu'elles ne changent pas de caractère en usant de violence. Tout excessives, tout absurdes qu'elles peuvent lui paraître, elles n'empiètent par elles-mêmes ni sur ses droits ni sur ceux des particuliers; elles ne sont pas un abus d'autorité, mais l'exercice légitime d'une liberté qui trouve son correctif naturel dans la liberté d'autrui. La liberté d'enseignement, de même que la liberté religieuse, n'a donc rien à redouter de l'extension des droits de l'Église; les dangers ne commencent pour l'une et pour l'autre qu'avec la confusion des pouvoirs, soit que l'Église ait recours à la force matérielle, soit que l'État s'immisce dans le domaine des consciences.

VI

Les droits de l'État sur l'enseignement sont moins étendus que ceux de l'Église, mais l'abus en est bien plus redoutable, puisqu'ils reposent sur la force; aussi importe-t-il d'en marquer exactement la limite.

L'enseignement appelle l'intervention de l'État au nom de ses devoirs de police et de ses devoirs d'assistance, et d'abord, à ce double titre, sa surveillance. Tous les actes des individus sont placés sous la surveillance générale de l'État; tous ceux d'où peuvent naître de graves abus, sous sa surveillance spéciale. Or il n'est pas une profession où plus de périls se joignent à plus de bienfaits que celle de l'enseignement, surtout l'enseignement de l'enfance. Quand il s'agit d'un cours public ouvert à tous, s'adressant à des jeunes gens ou à des hommes faits, les mesures ordinaires de police peuvent être suffisantes; mais, dans une école ou un collége, où l'intérêt des études exige en général que les portes restent fermées, même à l'inquisition des familles, où le corps et l'âme de jeunes enfants sont à la merci d'étrangers, investis de l'autorité des parents sans la tempérer par la même tendresse, le contrôle ne saurait être trop sévère et les garanties trop étroites. Il faut lire, dans un roman de Dickens (1), le tableau des tortures que peuvent autoriser, dans une école anglaise, d'un côté la confiance aveugle ou l'incurie des parents, de l'autre l'absence de surveillance de la part de l'État. L'école de Dotleboys-Hall ne serait pas possible en France, et cependant, avec notre police, avec notre système d'inspection, avec les conditions préalables de capacité et de moralité que nos lois imposent à la profession d'enseigner, il ne se passe pas d'année sans que des actes de violence ou des attentats plus odieux encore appellent devant la justice correctionnelle ou criminelle quelques-uns des maîtres de l'enfance. Quand on voit alors se dérouler une série de crimes qui remontent souvent à de longues années, sans avoir été l'objet de dénonciations et de poursuites, on ne peut s'empêcher de supposer que bien d'autres restent toujours dans l'ombre. On serait presque tenté de désespérer d'une liberté qui produit de tels excès, si l'on n'était pas conduit en même temps à désespérer d'une autorité qui se montre si impuissante à y mettre obstacle. Les sévices ou les actes d'immoralité peuvent, du moins, quand ils sont connus, être l'objet d'une répression sévère ; mais les actes de négligence ? mais la santé compromise faute de soins ? mais les habitudes vicieuses con-

---

(1) *Nicolas Nickleby.*

tractées faute de surveillance? et, pour ce qui regarde l'instruction elle-même, l'esprit laissé sans culture par un maître ignorant ou indifférent à ses devoirs? Combien d'abus qui échappent à la répression pénale et qui semblent appeler plutôt des mesures préventives! Combien de motifs pour l'État, non de supprimer la liberté d'enseignement, mais de joindre ses efforts à ceux des familles pour en atténuer les abus!

La surveillance de l'État sur l'enseignement est proprement, en effet, une des formes de cette assistance qu'il doit aux individus, quand ils sont impuissants à se protéger eux-mêmes; c'est un concours qu'il prête aux parents pour une portion de leur tâche, qu'ils ne suffisent pas à remplir; c'est, dans certains cas, une action tutélaire qu'il étend sur les enfants, quand des parents négligents ou dénaturés ne les confient à des soins étrangers que pour se débarrasser d'un fardeau gênant. Mais aider les individus, ce n'est pas se mettre à leur place; se charger d'un devoir qu'ils négligent de remplir, ce n'est pas les dispenser de ce devoir. L'assistance publique, en matière d'éducation comme en tout le reste, serait un bienfait funeste, si elle laissait croire aux individus que leur responsabilité personnelle est désormais dégagée pour faire place à celle de l'État. Si l'État doit quelquefois protéger la faible enfance contre ses surveillants naturels eux-mêmes, il est juste qu'il se réserve le droit de les punir de l'abandon qu'ils font de leurs devoirs. S'il doit venir en aide à leur insuffisance, il ne faut pas qu'il les encourage à compter plutôt sur sa vigilance que sur leurs propres soins. Il partage également la responsabilité du mal qui se produit et en ne faisant rien pour l'empêcher et en fournissant un prétexte à l'incurie des individus par un excès de sollicitude. D'ailleurs, s'il doit sa protection aux enfants et son concours aux parents, il doit aussi respecter la liberté des maîtres, d'abord parce qu'elle est respectable en elle-même, puis parce qu'elle est la condition d'un enseignement sérieux et efficace. Or cette liberté nécessaire court beaucoup plus de périls avec l'inquisition minutieuse de l'État qu'avec les prétentions les plus exorbitantes des familles. On peut opposer, du moins, aux préjugés étroits de certains parents l'esprit libéral d'autres parents; mais quand l'État, investi des droits et du pouvoir de la société tout entière, prétend tout connaître et tout apprécier, on ne voit d'autre parti que de s'en remettre à sa direction et, de peur de tomber en faute à ses yeux, on s'interdit toute action personnelle et originale sur les jeunes intelligences dont on a reçu le dépôt. Une éducation ainsi entravée est peut-être pire qu'une éducation mal dirigée : on peut arracher les mauvaises herbes, on ne fait pas porter de fruits à un sol où il n'a rien été semé.

La surveillance de l'État ne doit donc s'appliquer qu'à des abus légalement définis et légalement punissables. Ce n'est pas l'exercice discrétionnaire d'une mission toute paternelle, où l'autorité du gouvernement ne pourrait que se compromettre en même temps qu'elle entraverait la liberté des individus;

c'est un flambeau que la loi tient dans sa main pour éclairer son action souveraine, en veillant sur les droits qui sont placés sous sa sauvegarde.

VII

La protection légale et, par suite, la surveillance publique, en matière d'éducation, embrassent deux intérêts distincts : celui des parents, dont elles garantissent les droits contre la fraude et la violence; celui des enfants, qu'elles doivent préserver de toute influence nuisible ou corruptrice, lors même que les parents s'en feraient les complices.

En veillant sur le premier intérêt, les agents de l'État n'ont à consulter que l'intention exprimée ou justement supposée des familles. Ils n'ont pas à considérer si l'éducation est bonne en elle-même, mais si elle est conforme, soit pour les soins matériels, soit pour l'instruction littéraire ou scientifique, soit pour la direction morale et religieuse, aux engagements pris par les maîtres. Il s'agit, en un mot, si l'on nous passe cette comparaison entre l'ordre moral et l'ordre matériel, de prévenir toute tromperie sur la nature, la qualité ou le poids de la marchandise vendue. C'est à ce point de vue seul que l'État doit s'enquérir des doctrines enseignées. Il laisse aux corps savants le soin de signaler l'erreur en matière de science, aux corps religieux celui de dénoncer et de censurer l'hérésie. Son devoir se borne à prévenir et à réprimer tout abus de confiance, toute usurpation de pouvoirs, même au profit de la vérité. Un établissement d'instruction se livre ostensiblement ou d'une manière déguisée à des actes de prosélytisme, ou bien, obéissant à d'autres tendances, il donne un enseignement philosophique en opposition avec les dogmes de toutes les religions : s'il s'est engagé à respecter chez les jeunes gens qui lui sont confiés la foi de leurs parents, il faut signaler et poursuivre, non pas la propagation de mauvaises doctrines, mais un abus de confiance qui est un attentat aux droits des familles. Que s'il n'a été pris aucun engagement de ce genre, si le caractère bien connu de l'établissement où les principes publiquement avoués des professeurs peuvent être considérés comme un avertissement suffisant, l'autorité paternelle n'a reçu dès lors aucune atteinte et la surveillance de l'État n'a plus à s'exercer pour la protéger. Une jeune fille protestante, élevée dans un couvent, annonce à ses parents l'intention d'embrasser la foi catholique : ils s'indignent, et leurs coreligionnaires se joignent à eux pour crier au scandale et pour faire appel à la vindicte publique. Ignoraient-ils donc, quand ils confiaient leur enfant à des religieuses catholiques, à quelles influences ils la livraient? S'ils n'ont pris aucune précaution pour conjurer ces influences, ils ne peuvent alléguer leur bonne foi surprise; ils ne doivent accuser que leur imprudence. Qu'ils cherchent, en reprenant sous leur direction cette âme qu'ils croient égarée ou en la remettant en des mains plus sûres, à lui rendre la foi qu'ils ont contribué à lui faire perdre; qu'ils réclament au besoin la protection des lois contre toute résistance illégitime, c'est leur droit incontestable; mais qu'ils n'invoquent pas des mesures de répression contre un prosélytisme qui n'est que l'usage le plus légitime de la liberté religieuse, quand il s'exerce sans tromperie et sans contrainte.

Le cas serait le même si un philosophe, après avoir professé dans ses livres des doctrines antichrétiennes, prétendait les exposer dans un cours public. Si les auditeurs sont majeurs, ils s'appartiennent à eux-mêmes, ils n'entendent que ce qu'ils veulent bien entendre : ils n'ont donc pas à se plaindre et personne n'a le droit de se plaindre pour eux. S'ils sont mineurs, leurs parents ont le droit et, avec l'aide de la loi, le pouvoir de les empêcher de suivre un enseignement dont ils redoutent la séduction pour leur conscience. Mais il n'est pas besoin, pour les éclairer, de faire appel à la vigilance de l'État. La foi religieuse a, au sein de chaque communion, ses représentants et ses protecteurs naturels : c'est leur devoir, c'est leur mission de dénoncer aux fidèles toutes les doctrines qu'ils jugent dangereuses. L'État est incompétent pour une telle mission; elle ne lui incombe, ni dans l'intérêt des familles, ni, pouvons-nous ajouter, dans le second intérêt qui appelle sa surveillance, dans celui des enfants eux-mêmes.

Comme protecteur des parents, l'État ne représente que leurs droits particuliers; comme protecteur des enfants, il représente la société tout entière, atteinte dans ses espérances et dans sa fleur, si une éducation vicieuse lui prépare des corps sans vigueur, des âmes ignorantes et corrompues. Les conditions de salubrité des maisons d'éducation, la nourriture des élèves, leurs rapports entre eux ou avec leurs maîtres, tout ce qui, dans leur conduite, dans les habitudes qu'ils contractent, dans les actes auxquels ils sont directement provoqués ou qui sont l'objet d'une permission expresse ou tacite, dans les récompenses ou les châtiments qu'ils reçoivent, pourrait devenir un péril pour la société, appelle naturellement une surveillance attentive et continuelle et, au besoin, une répression sévère. Mais, quelque étendu que soit ce devoir, nous dirons encore que l'État doit se renfermer, pour le remplir, dans les bornes que lui imposent sa responsabilité propre et la nature de ses moyens d'action. En veillant sur l'éducation physique, il doit craindre de gêner l'initiative individuelle; en veillant sur l'éducation morale, il s'expose à sortir de son domaine et à empiéter sur les droits de l'âme. Pour tout acte qui n'est pas purement matériel, sa surveillance est assujettie à une grande réserve; elle doit s'abstenir dès qu'il s'agit exclusivement de l'ordre spirituel, c'est-à-dire des doctrines elles-mêmes.

Je ne sais s'il est besoin de démontrer que tout ce qui tient proprement aux théories littéraires ou scientifiques doit rester en dehors de la surveillance de l'État et ne souffrir aucune interdiction ni aucune entrave. Il y aurait quelque chose de puéril, de la part d'un gouvernement, à prendre des mesures pour protéger le goût des jeunes gens contre le romantisme, ou leur jugement contre la phrénologie ou les générations spontanées. Ce serait le cas de rappeler non pas la condamnation de Galilée, mais l'arrêt burlesque de Boileau. Toutefois, il n'est pas bien sûr que tout le monde soit disposé à souffrir dans l'enseignement certaines nouveautés qui, vraies ou fausses, appartiennent encore au domaine de la polémique passionnée. On n'invoque plus pour les proscrire l'autorité d'Aristote, mais le bon goût ou le bon sens, dont chacun s'arroge naturellement le monopole; ou bien, si l'on consent à respecter en principe la liberté de la science, on ne se fait pas scrupule de lui couper les ailes au nom de la religion et de la morale. Le dévergondage des esprits conduit au dévergondage des mœurs : voilà pour le romantisme. La prétention d'assigner à chaque disposition de l'âme une case dans le cerveau asservit l'âme à la matière : voilà pour la phrénologie. C'est supprimer la nécessité de la création que de supposer des naissances, dans le règne animal, sans un premier couple sorti des mains de Dieu : voilà pour les générations spontanées. Nous accorderons volontiers que de tels arguments sont excellents comme armes de discussion : nous ne saurions les repousser trop énergiquement comme armes d'intolérance. Ce ne sont pas, Dieu merci, des armes mortelles, mais elles font encore des blessures : on ne brûle plus les livres ni ceux qui les écrivent; on ferme encore les chaires.

Considérons donc ces intérêts sacrés de la religion et de la morale, sur lesquels on persiste à appeler la surveillance de l'État. Si nous prouvons que, dans leur propre sphère, ils ne peuvent réclamer l'interdiction d'aucune doctrine, il n'est point d'enseignement, dans les divers ordres de connaissances, qui ne doive être à l'abri des prohibitions légales.

VIII

Nous ne voulons pas anticiper sur les considérations que nous aurons à présenter en faveur de la liberté religieuse. Il nous suffira d'établir ici que la surveillance de l'enseignement, soit public, soit privé, ne saurait justifier, à l'égard de cette liberté, des entraves exceptionnelles. Si l'État n'admet qu'une seule religion, il est clair qu'il ne tolérera pas un enseignement contraire à cette religion. Mais donner pour base exclusive à l'enseignement de la jeunesse les dogmes d'une seule religion, quand on autorise l'exercice de tous les cultes, à plus forte raison quand on proclame en principe la liberté des cultes, c'est une contradiction manifeste que l'on s'étonne de trouver dans le décret constitutif de l'université impériale. Si un père de famille, comme nos lois le reconnaissent, a le droit d'élever ses enfants dans la religion de son choix, s'il peut en faire à son gré des catholiques, des protestants ou des juifs; si, comme catholique, il peut leur inculquer les maximes des molinistes ou des jansénistes, des ultramontains ou des gallicans; comme protestant, celles des orthodoxes ou des rationalistes, des méthodistes ou des unitaires; s'il peut même ne leur donner aucune éducation religieuse, sans encourir d'autres censures que celles de l'Église qui le réclame comme un des siens :

à quel titre lui refuserait-on le droit de choisir dans toutes les sectes les maîtres à qui il les confie?

Nos lois et nos mœurs ont cessé depuis longtemps d'imposer à l'enseignement supérieur et à l'enseignement secondaire la profession d'une religion positive; l'enseignement primaire n'a pas encore conquis la même liberté. Des écoles libres sont fermées, des instituteurs libres sont frappés d'une interdiction absolue, non pas pour des attaques à telle ou telle religion, mais pour l'absence d'un enseignement religieux. On invoque la définition légale de l'enseignement primaire, en tête de laquelle est placée « l'instruction morale et religieuse ». Nous acceptons cette définition, telle qu'elle est donnée dans la loi, comme l'énumération d'un certain nombre de matières qui font l'objet de l'enseignement primaire; mais nous ne saurions l'accepter comme entraînant l'obligation absolue, pour tout instituteur, même dans une école libre et purement privée, d'embrasser la totalité de ce programme et, particulièrement, d'enseigner des matières qui ne relèvent que de la seule conscience (1).

(1) Nous avons traité plus complétement cette question à propos d'un arrêt du conseil académique de Lyon, confirmé depuis par le conseil supérieur de l'instruction publique, dans une lettre adressée en 1874 au *Journal des Débats*. On nous permettra de reproduire les principaux passages de cette lettre : « ... En indiquant de quelles matières se compose nécessairement un enseignement primaire complet, le législateur a-t-il voulu dire que ces matières devaient être enseignées simultanément, par le même maître, dans le même local? Un instituteur serait assurément coupable si, ouvrant une école, il laissait croire aux familles qu'il remplit tout le programme légal, alors qu'il ne voudrait en remplir qu'une partie; mais si, comme c'est le cas des instituteurs lyonnais, il déclare expressément qu'il ne veut

La liberté de conscience repousse à la fois l'enseignement religieux obligatoire et l'enseignement athée obligatoire, tel que le réclament certains théoriciens absolus sous le nom d'*enseignement laïque*. On prétend bannir la religion des écoles sous prétexte qu'elle a sa place naturelle dans les églises; mais elle a également sa place partout où l'appelle la conscience religieuse. Vous portez atteinte à la liberté des maîtres si vous leur faites un crime de mêler à leur enseignement la foi qui remplit leurs âmes; vous portez atteinte à la liberté des familles si vous leur imposez, contrairement à leur foi, des écoles sans Dieu.

La liberté de conscience ne serait pas moins violée

enseigner que certaines matières et qu'il laisse à d'autres, plus compétents que lui, le soin de compléter ses leçons, quel reproche peut-il encourir? Serait-il interdit, sous le bénéfice de la liberté d'enseignement, de fonder des écoles distinctes, les unes pour le premier âge, où l'on n'enseignerait que la lecture, l'écriture et, si l'on veut, le catéchisme; les autres pour un âge un peu plus avancé, où l'on donnerait les premières notions de grammaire, de calcul, d'histoire et de géographie de la France? Pourquoi serait-il interdit davantage de séparer l'instruction religieuse des autres matières de l'enseignement primaire, du moment que cette instruction pourrait retrouver sa place légitime à la maison, à l'église ou dans toute autre école qui lui serait ouverte? Si l'on ne peut pas enseigner la grammaire sans le catéchisme, dira-t-on aussi qu'il n'est pas permis d'enseigner le catéchisme sans la grammaire?

» La doctrine du conseil académique de Lyon, si elle devait prévaloir, mettrait l'enseignement primaire à la discrétion de l'autorité religieuse. C'est en effet le droit incontestable de toute Église de ne laisser enseigner ses dogmes que par des maîtres investis de sa confiance. Les évêques, les curés, les pasteurs peuvent donc, sans excès de pouvoir, refuser à tel instituteur, et même à toute une classe d'instituteurs, le droit de toucher, dans leur enseignement, aux choses de la foi. Or cette défense équivaudrait à l'interdiction absolue d'enseigner quoi que ce fût si, de son côté, l'autorité civile prétendait faire de l'instruction religieuse le corollaire indispensable et inséparable de toutes les matières de l'enseignement primaire. »

si l'obligation de l'enseignement laïque, acceptant la religion naturelle, se bornait à exclure les religions positives ou, comme on dit dans d'autres pays, les religions *confessionnelles*. Si l'enseignement religieux est libre, il doit l'être sous toutes ses formes, et la loi n'a pas plus le droit de le proscrire lorsqu'il s'adresse à la foi que lorsqu'il fait appel à la seule raison.

Elle n'a pas davantage le droit de le proscrire lorsqu'il revêt tel ou tel costume. C'est une façon non plus odieuse mais puérile d'entendre l'enseignement laïque que d'en faire l'interdiction absolue de la profession d'enseigner pour tout membre du clergé ou d'une congrégation religieuse. « Que des citoyens adoptent un genre de vie et un habit particulier, c'est là un engagement de conscience, un lien spirituel absolument étranger à l'ordre civil, à moins que l'association n'ait un objet politique. La liberté religieuse n'est pas moins respectable que toute autre forme de la liberté, et nous n'avons aucun droit d'exclure de l'enseignement des Français et des citoyens parce qu'ils s'y croient appelés par une vocation sacrée (1). »

La *laïcité* de l'enseignement n'est compatible avec la liberté que si elle se renferme dans l'enseignement de l'État, sans prétendre s'imposer à l'enseignement privé. Ce n'est plus ici qu'une question d'opportunité et de mœurs publiques. Il serait préférable en principe que les écoles de l'État, ouvertes à tous les enfants sans distinction de croyances et de sectes, fussent

---

(1) M. Laboulaye, Rapport à l'Assemblée nationale sur le projet de loi relatif à l'enseignement supérieur.

fermées à l'enseignement des dogmes qui divisent les familles. C'est le régime des écoles d'Amérique, et le même régime tend à s'établir dans plusieurs pays protestants de l'Europe. Il rencontre surtout, en Amérique et en Europe, l'opposition des catholiques, et, tant que cette opposition subsistera, il aurait pour effet, dans les pays où domine la religion catholique, d'éloigner des écoles de l'État la majorité des familles. Il ne saurait donc recevoir, sans de graves inconvénients, une application universelle; mais s'il ne peut s'établir partout, il ne doit nulle part être proscrit. Loin d'interdire, comme elle le fait en France, les écoles purement laïques, la loi doit leur laisser toute liberté dans l'enseignement privé et leur donner droit de cité dans l'enseignement public lui-même. L'État manquerait à son rôle impartial et libéral, s'il n'avait d'écoles que pour les enfants et pour les maîtres qui appartiennent à une communion religieuse.

La loi ne doit exclure de l'enseignement privé et de l'enseignement public ni l'absence de religion ni même les polémiques religieuses, pourvu qu'elles se renferment dans de justes bornes. Nous avons peine à secouer, sur ce dernier point, les vieux préjugés et à nous montrer conséquents avec nous-mêmes. Des partisans déclarés de la liberté religieuse s'indigneront si l'on ferme des écoles protestantes et ils réclameront la fermeture des colléges des jésuites. On ne trouvera pas mauvais que des israélites, dans l'enseignement de leur religion, s'élèvent contre un des dogmes fondamentaux du christianisme, la divinité de Jésus-Christ; on souffrira même que ce dogme soit mis en discussion par le rationalisme protestant; mais qu'un philosophe ou un historien, sans enseigner au nom d'une Église, reproduise dans sa chaire les mêmes arguments, on ne se bornera pas à lancer sur lui l'anathème, à le signaler à la vigilance des familles chrétiennes, on prétendra lui interdire absolument la parole. Le théologien israélite ou protestant ne s'adresse, dira-t-on, qu'à ses coreligionnaires : le philosophe et l'historien font appel aux jeunes gens de toutes les communions. La distinction serait légitime si les auditeurs du philosophe ou de l'historien ou les familles qui lui donnent leur confiance étaient exposés à se méprendre sur l'esprit de son enseignement ; mais s'il ne cache pas son drapeau, s'il s'abstient de toute propagande détournée, de toute réticence hypocrite, pourquoi lui refuseriez-vous la tolérance que vous accordez au théologien?

Dans la période de réaction qui suivit la révolution de 1848 et prépara le coup d'État de 1851, un professeur, dont l'honorabilité n'était pas plus contestable que le talent (1), était traduit devant le conseil de l'instruction publique pour avoir attaqué dans un écrit les principes du christianisme au nom du pur

(1) M. Amédée Jacques, mort il y a quelques années, dans un exil volontaire, à plusieurs mille lieues de sa patrie, où il avait perdu le droit de vivre d'une profession qu'il honorait par son caractère et par ses succès. Nous avons eu l'honneur, en rappelant cet exemple devant l'Assemblée nationale, en 1872, d'obtenir le vote d'un amendement qui, sans empêcher entièrement de pareils abus, peut les rendre plus difficiles en exigeant, pour l'interdiction absolue de l'enseignement libre, la majorité des deux tiers des voix au conseil supérieur de l'instruction publique.

déisme, et la condamnation prononcée contre lui non-seulement le rayait des cadres de l'université, mais lui interdisait l'exercice de l'enseignement libre. La première peine, quoique rigoureuse et à nos yeux exorbitante, n'excédait pas les droits de l'université, telle que l'a constituée son fondateur : une corporation enseignante peut, sans blesser aucun principe, exclure de son sein un professeur qui la compromet aux yeux d'une partie des familles dont elle sollicite la confiance. La seconde peine était évidemment incompatible avec la liberté religieuse : dès qu'il s'agit de l'enseignement libre, de quel droit prétendrait-on empêcher un professeur déiste de s'adresser aux familles qui partagent ses principes? Il serait coupable de les tromper, non de réclamer de leur bonne foi une adhésion volontaire. Ce qu'on repousse, dira-t-on, ce n'est pas le déisme lui-même, c'est la polémique contre le catholicisme, ce sont des attaques qui, loin d'être autorisées par la liberté religieuse, sont un outrage aux consciences. Si la polémique prend un caractère passionné et injurieux, elle peut motiver la répression; mais, si elle garde la mesure qui convient à la discussion scientifique; si le philosophe, en se séparant des religions positives, ne reproduit aucun argument dont l'usage ne soit permis au catholique contre le protestant, au protestant contre le catholique, au juif contre l'un et l'autre, quel prétexte reste-t-il à l'intervention de l'État?

IX

A défaut de l'intérêt religieux, que le principe de la liberté des cultes ne permet pas d'invoquer pour lui-même, on allègue, pour justifier l'interdiction de certains enseignements, l'intérêt politique, l'intérêt général de la société. Il est, dit-on, du devoir de l'État de ne pas laisser se produire dans l'éducation de la jeunesse, sous le couvert de la liberté scientifique, certaines doctrines, certaines influences qui peuvent mettre la paix publique en péril. Que les questions sociales ou politiques remplissent les livres ou les journaux, on l'admet, avec des restrictions plus ou moins étroites; qu'elles se discutent dans les assemblées délibérantes appelées légalement à les résoudre, cela paraît incontestable ; mais qu'elles quittent la tribune pour les chaires, qu'elles s'introduisent dans l'éducation, c'est une prétention qui ne saurait être acceptée, ce semble, que par un libéralisme outré et paradoxal. — Nous osons soutenir ce paradoxe, et même avec d'autant plus de confiance qu'il est impossible de ne pas lui faire sa part dans la pratique.

Il est au moins un enseignement (et, depuis l'école primaire jusqu'aux facultés, cet enseignement a partout sa place légitime) qui appelle la politique et qui ne peut se passer de ses inspirations : c'est l'enseignement de l'histoire. En dehors même de l'histoire contemporaine, qui est entrée depuis plusieurs années dans le cadre de nos études classiques, toutes les questions politiques se rencontrent dans l'histoire et imposent au professeur qui l'enseigne l'obligation de les aborder. Ici, c'est la démocratie et l'aristocratie ; là, la république et la monarchie ; ailleurs, la rivalité de l'Église et de l'État. Il n'est pas un livre d'histoire, et nous ajouterons, il n'est pas une chaire d'histoire où ne se manifeste nécessairement une opinion sur ces questions capitales, qui sont de tous les temps et qui ne tiennent pas moins à la politique actuelle qu'à la politique du passé. Il y a une âme même dans un résumé chronologique ; et que vaudrait l'histoire si cette âme se dissimulait pour ne laisser paraître qu'une collection de faits et de dates? Ce serait donc une vaine prétention que de vouloir exclure la politique de l'histoire, et il ne peut être question que des bornes dans lesquelles elle doit se renfermer.

Il semble naturel d'imposer à l'enseignement le respect des principes constitutifs du gouvernement établi. C'est ainsi que le décret de 1808 donnait pour base nécessaire à tout enseignement, avec les préceptes de la religion catholique, la fidélité à l'empereur, et que l'ordonnance du 27 février 1821, modifiant cette base pour l'accommoder au changement de régime, faisait reposer l'éducation des colléges sur la religion, la monarchie, la légitimité et la charte. Cette modification, qui devait appeler, neuf ans plus tard, un changement non moins radical, démontre surabondamment ce qu'il y a de chimérique, sinon d'oppressif, dans la prétention d'assujettir l'enseignement à tel ou tel principe politique.

Les mêmes professeurs qui étaient obligés, en 1808, de façonner les jeunes esprits au respect de l'empereur élu par la nation, avaient, en 1821, à soutenir le principe de la légitimité, d'après lequel l'élection populaire n'était qu'une usurpation; à partir de 1830, en continuant à glorifier la monarchie, ils devaient lui ôter le bénéfice du droit divin; enfin, s'ils enseignaient encore en 1848, leur enseignement devait repousser à la fois la monarchie et le droit divin, pour s'asseoir sur la démocratie pure. Quelle autorité pourrait avoir un enseignement astreint à de pareilles palinodies, s'il était possible de les exiger ailleurs que sur le papier? Et qui voudrait consacrer sa vie à l'instruction de la jeunesse, si l'on était placé, à chaque révolution, dans l'alternative ou de trahir sa conscience ou de renoncer à sa profession? C'est déjà trop que l'obligation de la réserve et du silence, si l'on veut que l'enseignement porte ses fruits et qu'il soit une communication de l'âme à l'âme, non le dépôt dans la mémoire de quelques lieux communs ou de quelques faits sans vie.

Mais quoi! peut-on demander à un gouvernement de laisser attaquer son principe? Il ne pourrait, sans se condamner lui-même, le souffrir dans des livres à l'adresse des citoyens, à plus forte raison dans des leçons destinées à l'enfance ou à la jeunesse. — Il faut distinguer entre le principe pratique d'un gouvernement et son principe spéculatif. Le principe pratique d'un gouvernement, c'est l'obligation de lui obéir, en vertu du fait de son existence : provoquer à la désobéissance ou à la révolte par la voie de la presse ou de la parole, voilà, sans contredit, ce qui appelle une répression énergique et ce qui peut justifier une étroite surveillance. Le principe spéculatif d'un gouvernement, c'est le fondement historique, religieux ou philosophique de ses droits : c'est là une question de conscience ou d'opinion sur laquelle on peut varier sans faire un usage séditieux de la liberté de penser (1).

Sans doute il est fâcheux pour la paix intérieure que les citoyens d'un même pays soient divisés de principes, et surtout que les jeunes gens soient nour-

(1) S'il était un gouvernement qui eût le droit de se considérer comme soutenu par l'adhésion de l'immense majorité du peuple auquel il commandait, c'était le gouvernement consacré par les plébiscites de 1851 et de 1870. Mais de ce que plusieurs millions de suffrages s'étaient réunis pour l'établir, faut-il en conclure qu'ils fussent d'accord sur le principe politique de leur acceptation? Pour les uns, c'était le principe monarchique; pour les autres, le principe démocratique; pour ceux-là, une réaction définitive contre la révolution; pour ceux-ci, la consécration des conquêtes de la révolution; quelques-uns y voyaient une nouvelle légitimité, fondée, dans la vacance du trône, par la volonté nationale, comme avait été fondée, neuf siècles auparavant, la légitimité des Capétiens; d'autres, au contraire, le saluaient comme la reconnaissance du droit national substitué au droit divin; beaucoup ne considéraient que les intérêts matériels de la société, qui demandaient une main ferme pour repousser des théories subversives; d'autres en attendaient la réalisation d'une partie de ces mêmes théories. Non-seulement ces opinions se cachaient au fond des consciences, sous l'unanimité des suffrages, mais elles ont pu être publiquement discutées entre les partisans les plus dévoués du gouvernement impérial, sans ébranler son autorité et sans qu'il ait senti le besoin d'y mettre des entraves. Aussi s'est-il effondré subitement quatre mois après le plébiscite qui avait paru lui rendre une nouvelle vie; non parce que la foi dans son principe s'est tout à coup évanouie dans les âmes, mais parce qu'une réalité effrayante, imprévue pour le plus grand nombre, a montré le néant des espérances confuses et contradictoires qui l'avaient soutenu pendant vingt ans.

ris dans ces divisions; mais il serait plus fâcheux encore de donner à la jeunesse le spectacle des conversions intéressées ou d'étouffer, sous les exigences d'une prudence excessive, la vie même de l'enseignement qui doit présider au développement de ses convictions. En élevant les jeunes gens dans l'ignorance des questions qui peuvent les diviser, en entourant, pour les hommes faits, de difficultés presque insurmontables la discussion de ces questions, un gouvernement diminue peut-être le nombre de ses ennemis, mais il paralyse en même temps le zèle de ses amis et, s'il échappe aux révolutions populaires, il n'échappe pas à ces révolutions de palais ou de caserne, auxquelles se prêtent si aisément les peuples désintéressés de la politique. Qu'on souffre donc, même dans l'enseignement, pour qu'il conserve toute sa valeur, pour qu'il prévienne cette indifférence fatale qui est le premier symptôme de la décadence des peuples, la libre discussion des questions politiques; qu'on tolère un enseignement démocratique ou légitimiste, révolutionnaire ou conservateur; il vaut mieux laisser ces influences diverses se combattre ouvertement que de les inviter, en quelque sorte, par des persécutions presque toujours impuissantes, à une propagande subreptice, ou de chercher à les neutraliser dans une mort commune, qui serait la mort de la société elle-même.

Que l'on ne croie pas, d'ailleurs, que l'abstention de l'État laisse le champ ouvert à tous les excès de la liberté. S'il est juste que la politique s'introduise avec plus de réserve dans l'enseignement de la jeunesse que dans la presse ou à la tribune, elle y sera contenue naturellement par l'obligation imposée au professeur de ménager la susceptibilité des familles qui l'investissent de leur confiance. Si, comme c'est l'ordinaire, il fait appel à des familles d'opinions différentes ou opposées, cette obligation, qui trouve une sanction dans son propre intérêt et qui peut recevoir au besoin, s'il manque à ses engagements, une sanction juridique, deviendra une garantie plus que suffisante contre l'entraînement des convictions et les témérités de la parole. Enfin, lors même qu'il n'aura pas à protéger les droits des familles, l'État aura toujours le droit d'agir en son propre nom, toutes les fois qu'une appréciation politique pourrait dégénérer en excitation directe à des actes séditieux. La distinction est délicate sans doute; mais elle est nécessaire, si l'on ne veut sacrifier ni les droits de la liberté ni ceux de l'autorité. Il ne s'agit pas de désarmer l'État; il ne s'agit pas même de lui conseiller l'indifférence à l'égard des opinions, soit qu'elles touchent directement à la politique, soit qu'elles intéressent la sécurité publique par leur action sur les mœurs; nous lui demandons seulement, dans son intérêt même, de borner son action directe à la répression des actes coupables, et de se confier à la liberté pour écarter les idées dangereuses et pour faire prédominer les idées utiles.

X

On nous accordera plus difficilement l'immunité légale des doctrines quand elles semblent menacer les fondements de la morale. Que l'enseignement obéisse à des tendances diverses en religion ou en politique, il faut peut-être le souffrir; mais qui voudrait lui permettre d'être immoral? — Entendons-nous. Si l'immoralité se traduit par des actes ou par la provocation à des actes condamnables, ou si de tels actes sont encouragés chez les jeunes gens par la négligence de ceux qui sont chargés de former leur caractère et leurs mœurs, le droit de surveillance, et par suite de répression, ne saurait être contesté à l'État. Il faut lui conseiller seulement de ne pas rendre l'éducation impossible par une inquisition trop sévère. On ne peut pas compter sur la perfection, soit dans le caractère des maîtres, soit dans les moyens qu'ils emploient. Une école ou un collége est un gouvernement en petit, où il y aura toujours des abus, comme dans les grands gouvernements, et, s'il est bon de les signaler, il n'est pas toujours sage de chercher à les extirper. Nul moraliste n'approuverait aujourd'hui l'usage des punitions corporelles : sans parler des infirmités physiques dont elles sont souvent l'origine, elles ne peuvent que développer des habitudes serviles ou entretenir des sentiments de colère et de haine. Dangereuses dans la famille, elles le sont encore plus dans les écoles, où les mauvais effets n'en sont plus tempérés par l'affection.

Toutefois, jusqu'à ce que le progrès des mœurs les ait fait disparaître de l'éducation domestique, elles se maintiendront inévitablement, sous une forme plus ou moins adoucie, dans les maisons d'éducation, et l'État risquerait de compromettre l'autorité des maîtres et de décourager leur zèle, s'il ne se résignait pas à en proscrire seulement l'habitude et l'excès, même dans les établissements qu'il dirige, à plus forte raison dans ceux qui sont simplement placés sous sa surveillance. Nous en dirons autant de ces pratiques de délation que certains maîtres encouragent, dit-on, chez leurs élèves dans l'intérêt de la discipline. Nul plus que nous ne les réprouve, nul ne plaint davantage ceux qui croient nécessaire ou utile d'y avoir recours, et, si nous connaissions des maisons où de telles pratiques fussent en vigueur, nous nous ferions un devoir de détourner nos proches et nos amis d'y placer leurs enfants ; mais nous nous ferions scrupule d'invoquer contre elles l'action de l'État. Il faut réserver la sévérité légale pour des actes nettement définis, où l'immoralité prend un corps en quelque sorte : demander à l'État de faire l'office de l'opinion, des mœurs, de la conscience générale, en s'immisçant dans la direction des âmes et dans toutes les dispositions qui leur sont inspirées, c'est exagérer ses devoirs, c'est autoriser des abus plus dangereux que ceux qu'on veut prévenir.

Si l'immoralité dans les actes ou dans les habitudes doit quelquefois échapper à la surveillance de l'État, l'immoralité dans les pures doctrines est en dehors de sa compétence. L'État est dans son rôle quand il juge les actes : il ne l'est pas quand il juge les doctrines. Si vous me gênez dans mes actes en me laissant la liberté de mes opinions, je puis espérer que celles-ci finiront par prévaloir et triompheront de l'oppression dont, à tort ou à raison, je me crois victime : quel espoir me reste-t-il si vous condamnez avec les actes la manifestation des opinions?

Rien de plus juste, dira-t-on, rien de plus nécessaire, quand il s'agit de doctrines évidemment immorales, que d'en décourager les fauteurs. — Oui, si chacun ne voyait pas cette évidence à la lumière de ses sentiments personnels. Point de salut pour la morale hors de mon Église et de ses dogmes, disent les théologiens; point de salut pour la morale hors de mon système, disent les philosophes. Entre ces affirmations opposées et également exclusives, faut-il embrasser l'indifférence du sceptique? Non, sans doute. La vérité morale est quelque part; mais il n'est pas sûr que l'État saura toujours la reconnaître et lui donner gain de cause. Une philosophie de l'État n'est pas plus acceptable qu'une religion de l'État. Ces principes de morale, dont on veut qu'il soit dépositaire, ne sont que les opinions qui dominent, à une époque donnée, au sein d'un gouvernement. Leur accorder le droit d'étouffer les autres opinions, c'est leur attribuer une sorte d'infaillibilité qui n'est que trop démentie par leurs variations perpétuelles.

On n'en veut pas, sans doute, à la liberté philosophique. On admet, ou du moins on tolère en principe, même dans l'enseignement, la pluralité des systèmes, comme la pluralité des religions. On n'appelle la surveillance et, au besoin, la sévérité de l'État que sur certaines doctrines singulières et paradoxales, qui paraissent plutôt des aberrations de l'esprit qu'un usage légitime de la raison, et qu'on renverrait volontiers aux Petites-Maisons, si les dangers qu'elles font courir à l'ordre social ne commandaient pas de les traiter avec rigueur. C'est pour résister aux théories de ce genre que Napoléon avait attribué à l'université impériale une juridiction souveraine sur tous les degrés d'enseignement. « Si ces espérances se réalisent, disent les instructions à M. de Fontanes, Sa Majesté veut trouver dans ce corps même une garantie contre les théories pernicieuses et subversives de l'ordre social, dans un sens ou dans l'autre. Il y a toujours eu, dans les États bien organisés, un corps destiné à régler les principes de la morale et de la politique. Telles furent l'université de Paris et la Sorbonne ; les universités de Pavie, de Pise et de Padoue ; en Allemagne, celles de Gœttingue et d'Iéna ; en Espagne, celle de Salamanque ; en Angleterre, celle d'Oxford ; chez les Turcs, le corps des ulémas. Ces corps étant les premiers défenseurs de la morale et des principes de l'État, donneront les premiers l'éveil et seront toujours prêts à résister aux théories dangereuses des esprits qui cherchent à se singulariser et qui, de période en période, renouvellent ces vaines discussions qui, chez tous les peuples, ont si vainement tourmenté l'instruction publique. »

Laissons de côté les prémisses, qui assimilent la nouvelle université non-seulement aux universités du moyen âge, mais au corps des ulémas. Les conclusions dénoncent à la surveillance du corps enseignant, c'est-à-dire à la surveillance de l'État, les nouveautés théoriques qui ne peuvent que troubler sans profit les jeunes intelligences. Or, je le demande, que sont, à leur apparition, tous les systèmes philosophiques, sinon des opinions singulières, qui scandalisent les défenseurs des saines doctrines? Si une vue plus profonde reconnaît, même dans les plus faux, un véritable progrès pour la raison humaine, bien des esprits sérieux ne sont-ils pas portés à y voir le renouvellement périodique de ces vaines discussions qui ne servent qu'à ébranler les croyances, sans approcher de la vérité?

En France surtout, on aime trop à penser avec tout le monde pour qu'un philosophe puisse, sans se singulariser, apporter une idée nouvelle. S'il s'agit d'une de ces questions de métaphysique qui n'intéressent que les philosophes, il sera protégé par l'indifférence générale, à moins que la forme plus ou moins piquante dont il aura revêtu ses paradoxes ne leur vaille un succès de curiosité. S'il touche ou s'il paraît toucher à ce qu'on appelle emphatiquement les grands principes de l'ordre social, on criera de tous côtés au scandale. Il faut voir comment ont été accueillis, dans ces dernières années, les symptômes d'une renaissance philosophique. Que l'Église condamne des nouveautés qu'elle juge menaçantes pour la foi; que les philosophes de la vieille école discutent avec vivacité les opinions et les tendances d'une jeune école; que l'État refuse son patronage à des doctrines suspectes d'immoralité, rien de plus légitime; mais que leur originalité leur soit un titre d'exclusion dans l'enseignement libre, voilà qui est peut-être plus dangereux que ne pourraient l'être ces doctrines elles-mêmes. Au point de vue de nos convictions personnelles, nous nous rangeons nous-même, sans hésiter, parmi les adversaires de ces théories panthéistes, matérialistes ou positivistes qui causent tant d'alarmes; au point de vue du droit et des intérêts généraux de la philosophie, nous regretterions qu'elle ne pussent trouver en France la tolérance dont des théories semblables ont pu jouir en Allemagne, à une époque de réaction, sous des gouvernements despotiques.

Je sais que l'Allemagne a paru se repentir de sa tolérance et que des mesures ont été prises, dans plus d'un État, contre ces doctrines téméraires, qui non-seulement avaient joui du bénéfice de la liberté d'enseignement, mais avaient reçu l'hospitalité des universités publiques. La liberté de penser n'a nulle part jeté d'assez profondes racines pour que la puissance civile renonce à s'opposer à la propagation des idées malsaines. Que l'on bâtisse en philosophie système sur système, que l'on s'écarte tant qu'on voudra des opinions reçues, mais qu'on n'empoisonne pas les âmes, disent partout les politiques les plus tolérants. Nous demanderons s'il existe, pour les inspecteurs ou les administrateurs de l'instruction publique, ou, si l'on veut plus de garanties, pour les tribunaux, des moyens assurés de constater l'empoisonnement moral, comme il en existe d'à peu près certains pour constater l'empoisonnement physique.

Si l'on peut, dans un procès criminel, pour le besoin de la défense, provoquer le doute sur les résultats les mieux constatés de l'appareil de Marsh, l'autorité de la médecine légale n'en est pas sérieusement ébranlée, et elle peut toujours se flatter d'obtenir l'assentiment unanime et sans réserve d'un jury qui se recrute indifféremment au sein de tous les partis, de toutes les religions et de toutes les opinions. Dans l'ordre moral, chaque parti, chaque secte, chaque système a son appareil de Marsh : où l'État prendra-t-il le sien, s'il veut échapper à l'obligation d'avoir sa religion ou sa philosophie ?

Énumérons quelques-unes de ces *théories pernicieuses et subversives de l'ordre social, dans un sens ou dans l'autre*, qu'aucun État bien organisé ne devrait tolérer. Au premier rang, on placera sans doute l'athéisme. Mais, quoi ! n'y a-t-il d'athées que ceux qui rejettent hardiment le nom de Dieu et, comme ce poëte anglais de notre siècle, ne craignent pas d'écrire sur un registre public, à la suite de leur nom, l'épithète ἄθεος (1) ? Ce sont les plus rares et, sans contredit, les moins dangereux par la franchise même de leur aveu, en supposant qu'ils soient sincères et que cette épithète, tristement ambitieuse, ne cache pas un charlatanisme assez commun, un moyen d'attirer l'attention par une sorte de bravade. Il y a là quelquefois une hypocrisie au rebours, qui, en haine de l'autre hypocrisie, n'est qu'un hommage imprudent rendu au mal, plutôt que la réalité du mal lui-

---

(1) Shelley, sur l'album du Montanvers.

même. On peut même y voir, comme le prouve l'exemple de Shelley, le froissement d'une âme sincèrement religieuse, qui, ne reconnaissant plus son Dieu dans les fausses images que les hommes en ont faites, croit devoir repousser un nom qui ne représente pour elle que superstition ou idolâtrie. Si vous ne proscrivez que ce genre d'athéisme, vous risquez de lâcher la proie pour l'ombre; si vous voulez vous attaquer à l'athéisme réel, à ces doctrines plus ou moins dangereuses qui conservent le nom de Dieu, en raffinant sur le sens, vous ne pouvez associer l'État à vos censures sans l'associer également aux croyances particulières qui vous les inspirent. Qu'il s'engage à condamner comme athées tous ceux qui ne s'inclinent pas devant tel ou tel symbole, voilà une formule simple et commode, mais qui ne laisse plus de place à la liberté de penser. Qu'il commande aux magistrats, chargés d'appliquer ses lois, de se soustraire à l'influence de leurs convictions personnelles et de ne frapper que là où il y a une perversion funeste de l'idée de Dieu : quelle lumière les guidera au milieu de tous les déguisements, soit hypocrites, soit sincères, du panthéisme, du mysticisme, de l'anthropomorphisme, quand ils verront les mêmes doctrines signalées par les uns comme un détestable athéisme, par les autres comme la plus pure expression du sentiment religieux? Le système de Spinoza est sans Dieu, suivant ses adversaires; il est plein de Dieu ou, comme on l'a dit, ivre de Dieu, suivant ses partisans. Quoi de plus élevé, à un certain point de vue, que la doctrine mystique du pur amour? c'est la foi des âmes saintes; quoi de plus abominable, à un autre point de vue? c'est l'indifférence du bien et du mal. Si l'on ne veut tenir compte que des dangers d'un système, il ne faut pas considérer ses principes, mais ses tendances. Or on va loin avec les procès de tendance; c'est une arme à deux tranchants, que toutes les opinions doivent craindre de confier à la puissance temporelle.

Que si l'on descend des hauteurs de la métaphysique religieuse, pour sauvegarder du moins les principes qui touchent directement à l'ordre social, comme la famille et la propriété, nous convenons que l'État sera plus à l'aise. Ici, il peut même user d'un droit incontestable : celui de punir toute provocation, par la voie de l'enseignement ou par toute autre voie, au renversement de ses institutions. Mais, quand la discussion est toute spéculative, une interdiction légale, quoique plus facile à motiver, ne serait pas plus légitime. Et, d'abord, qu'entend-on par une attaque théorique contre les principes de la propriété et de la famille? Est-ce simplement le rejet de ces deux noms? Comme pour le rejet du nom de Dieu, le crime ne sera souvent que le fait d'un esprit paradoxal, enflant sa voix pour se faire entendre plus sûrement et recherchant un succès de scandale, quand il croit pouvoir le faire sans danger ou quand une légère persécution peut le mettre en relief. Si l'orage devient menaçant, rien de plus aisé que de le conjurer par un changement de langage. Que gagnera la société à ces concessions verbales, qui ne sont pas toujours de l'hypocrisie, qui tiennent souvent à un désir sincère de ne pas rompre avec les croyances générales, mais qui ne changent rien au caractère des opinions et au venin qu'elles peuvent recéler ?

Si l'on veut chercher les choses sous les mots, il faut frapper non-seulement ceux qui repoussent le principe, mais ceux qui, le conservant nominalement, l'ébranlent dans l'application. Quelle arme ne va-t-on pas mettre aux mains de tous les abus qui, de la meilleure foi du monde, se confondront avec les conditions nécessaires de l'ordre social ! La famille et la propriété ne sont pas de pures abstractions ; c'est, pour chacun de nous, la famille et la propriété telles que les ont faites les institutions dont nous subissons à la fois l'empire et l'influence, ou telles que les voudraient nos convictions ou nos intérêts personnels. Au delà de l'Atlantique, démontrer l'iniquité de l'esclavage, c'était, il y a peu d'années, pour la moitié des États-Unis, attaquer la propriété. En France, il y a quatre-vingts ans, tous les privilégiés de la féodalité ou des corporations industrielles voyaient des adversaires de la propriété dans les adversaires de leurs priviléges. Une révolution s'est produite en 1860 dans notre législation douanière : dans les discussions orageuses dont elle a été le sujet, ne se renvoyait-on pas de part et d'autre le reproche d'attenter au principe de la propriété ? De même pour la famille. Pour beaucoup de moralistes, elle est atteinte dans son essence, si l'on soutient la légitimité du divorce ; d'autres ne voient dans le mariage que la contrainte la plus immorale, si toute l'existence y est forcément enchaînée. Nous avons adopté et une partie des États de l'Europe a adopté, à notre exemple, le mariage civil : il est des pays où ce serait une théorie immorale que de préconiser comme légitime un mariage dépourvu de toute consécration religieuse, et, en France même, l'immoralité du mariage civil est un article de foi pour le clergé catholique et pour tous ceux qui suivent docilement ses inspirations. Le principe de l'enseignement obligatoire a trouvé tour à tour, dans les chambres françaises et dans les conseils du gouvernement français, d'éloquents défenseurs et des adversaires inflexibles qui le dénoncent à la conscience publique comme sapant par la base l'autorité paternelle.

Entre ces affirmations contraires, on peut sans doute compter sur la sagesse du législateur et des magistrats pour ne proscrire que les théories qui sont généralement reconnues comme dangereuses. Dans un temps où le doute a pénétré partout, quand il est peu d'institutions ou de croyances qui ne soient à moitié ébranlées dans l'esprit même de ceux qui sont investis du droit de les défendre, le fantôme de l'intolérance civile peut-il désormais effrayer personne? — Triste salut pour la liberté que de chercher sa sauvegarde dans le doute ou dans l'indifférence! Mais cette sauvegarde lui est-elle à jamais assurée? L'esprit moderne est-il fermé aux fortes convictions, et n'aurons-nous jamais, tout en saluant leur retour avec fierté, à prendre des précautions contre le retour de l'intolérance dont elles savent rarement se défendre? Sommes-nous, du moins, à l'abri de ces temps de réaction où la peur fait l'office des croyances, d'autant plus inexorable qu'elle jette le cri d'alarme, non pour la défense de la vérité, qui sait bien se défendre elle-même, mais au nom des préjugés menacés et des intérêts en péril?

Qu'ont à faire, dira-t-on, ces questions controversées avec l'enseignement de la jeunesse? Est-il besoin de discuter devant nos enfants les institutions sociales? L'objection serait peut-être fondée, si l'école primaire et les basses classes des colléges étaient tout l'enseignement. Mais l'enseignement, c'est la parole au service de toutes les sciences qui peuvent former l'homme et le citoyen; c'est la parole s'adressant non-seulement à l'enfant, mais au jeune homme et même à l'homme fait, s'il croit, comme Solon, qu'il n'est jamais dispensé du devoir de s'instruire. Or qui contestera la place, dans un enseignement élevé, de la morale sociale, aussi bien que de l'économie politique et de la politique elle-même? D'ailleurs, comme les questions politiques, les questions sociales pénètrent par l'histoire jusque dans l'enseignement de l'enfance. Est-ce que l'histoire des peuples n'est pas l'histoire de leurs institutions, c'est-à-dire de la famille et de la propriété, et, par suite, l'appréciation des divers régimes par lesquels ces institutions ont passé? Quand il serait possible d'écarter ces questions, ce serait un devoir de les aborder, avec discrétion sans doute, mais avec fermeté. L'enfant, devenu homme, les rencontrera au sortir du collége; il aura peut-être à prendre parti dans les discussions qu'elles soulèvent sans cesse. A vingt et un ans, lorsque le jeune homme est encore peut-être sur les bancs d'une école, nos lois l'appellent à décider par son vote des destinées de la société, et, à vingt-cinq ans, il peut devenir un des législateurs de son pays : comment craindrait-on de provoquer trop tôt ses réflexions sur les fondements de l'ordre social? — Oui, dira-t-on, pourvu qu'on ne fasse rien pour les ébranler dans son esprit. — Le droit de les consolider suppose celui de les ébranler. Il vaudrait mieux écarter absolument ces questions de l'enseignement que de ne pas permettre qu'elles y soient traitées librement.

C'est prétendre enchaîner l'avenir au présent que d'élever les jeunes générations dans le respect aveugle de ce qui existe. Rien n'est immuable dans les institutions sociales : on voit souvent ce qui était considéré comme une arche sainte rejeté dans l'âge suivant comme un monument d'iniquité, et ce qui est accueilli avec enthousiasme comme une conquête définitive de la vérité et de la morale tombera peut-être au bout de peu d'années pour faire place à un régime que l'on croyait condamné sans retour.

Laissez donc toutes les tendances se produire librement, à tous les degrés de l'enseignement, sans autre frein que le vœu des familles. Ne craignez pas que chaque professeur exerce ainsi une influence décisive sur les jeunes esprits qu'il pétrira au gré de ses opinions. Plus un professeur se sentira libre, plus il sera porté à entretenir chez ses élèves le goût de la libre réflexion. En leur communiquant ses idées, il les préparera à les discuter et, quelque opinion qu'ils doivent embrasser plus tard, ils puiseront dans ses leçons l'heureuse habitude de se rendre compte de leurs principes. Un enseignement imposé au professeur est un enseignement imposé à l'élève comme infaillible et indiscutable, accepté avec confiance par une âme docile et malléable, avec défiance par un esprit indépendant et rebelle; dans tous les cas, avec indifférence, parce qu'on ne tient qu'à ce qu'on s'est assimilé par un effort personnel. Enseignement funeste s'il ne fait que consacrer les préjugés d'un pays ou d'une époque, funeste encore s'il repose sur la vérité elle-même, car il ne lui préparera pas des défenseurs. Les uns la repousseront, parce qu'ils souffriront impatiemment qu'elle s'impose à eux sans examen; les autres l'abandonneront aux premières objections, comme un sol inculte livre aux oiseaux du ciel la semence déposée à sa surface; beaucoup sans doute lui seront fidèles, par attachement aux maximes de leur enfance, mais avec l'obstination du préjugé, non avec la fermeté d'une conviction raisonnée, et, incapables d'opposer les arguments aux arguments, ils ne pourront que la compromettre par leur intolérance.

XI

Il n'y a pas d'avantage à régler officiellement la mesure dans laquelle les questions sociales ou simplement morales doivent être traitées aux divers degrés de l'enseignement. Sur ce point encore, la surveillance de l'État est d'autant plus incompétente qu'elle se trouverait placée entre les opinions les plus opposées, également soutenues par les esprits les plus sages et les plus honnêtes. Les uns sont partisans d'une prudence extrême ; ils voudraient prolonger le plus longtemps possible, pour les jeunes gens des deux sexes, cet heureux état d'innocence qui n'est que l'ignorance du mal, de l'erreur, de tout ce qui divise les hommes. « Qu'on leur parle de Dieu, disent-ils, mais qu'on ne leur laisse pas soupçonner les sophismes des matérialistes, des panthéistes et des athées, ou du moins qu'on ne leur en parle que de façon à leur en inspirer l'horreur. Qu'on les nourrisse dans le respect des devoirs de la famille et des droits de la propriété, mais qu'on se garde de les initier à ces théories subversives, dont il faut craindre la contagion pour de jeunes esprits, quelque soin qu'on prenne de les réfuter. Qu'on évite surtout de toucher à ces points délicats qui, par leur rapport aux passions, peuvent entacher la pureté de la jeunesse. *Maxima debetur puero reverentia.* Que l'enseignement moral craigne de faire connaître le vice, même pour le flétrir, et qu'il garde un silence prudent sur les passions, toujours dangereuses, même quand leur objet est légitime. Que l'enseignement littéraire écarte tout ouvrage où trouve place la peinture de l'amour, sans distinguer entre l'amour honnête et l'amour criminel ; car, pour un cœur innocent, la séduction du premier n'est pas la moins redoutable. Que l'enseignement scientifique laisse de côté les mystères de la génération, qui, pour un esprit mûr, sont assurément une des plus belles et des plus nobles parties des sciences naturelles, mais qui, dans l'adolescence, ne feraient que susciter des images blessantes pour la pudeur et dangereuses pour la pureté. » D'autres, au contraire, condamnent ces précautions comme impuissantes, car cet état d'ignorance est impossible et la connaissance de l'erreur, du vice et de la passion se glissera toujours, quoi qu'on fasse, dans une jeune âme élevée au milieu du monde et même en dehors du monde ; comme périlleuses, car l'apprentissage de la vie se fait ainsi au hasard, au lieu d'être dirigé par l'éducation elle-même ; on éveille une curiosité impatiente, qui offre déjà un aliment à la contagion des fausses théories et des mauvaises passions, et si l'on réussit, par impossible, à prolonger l'innocence jusqu'aux dernières limites de l'adolescence, on la livre désarmée à toutes les tentations qui viendront l'assaillir. « C'est, dit lord Byron, comme si l'on élevait un enfant sur le sommet d'une montagne, qu'on le conduisît ensuite à la mer et qu'on le priât de nager (1). » S'il faut que l'État se prononce entre ces prétentions contraires ou qu'il adopte un moyen terme, qui vous garantit qu'il prendra le meilleur parti, et que son intervention n'aura pas pour effet d'universaliser les dangers que vous redoutez ? Du moins, en s'abstenant, en respectant la liberté des maîtres et en s'en rapportant à leur prudence, il laisse subsister le remède à côté du mal.

Il est fort probable que, surtout dans un temps calme, la surveillance officielle se ferait sentir au profit

(1) Lettre à M. Hoppner. Voir aussi le tableau de l'éducation de don Juan.

du premier système. L'excès de prudence est toujours le parti le moins compromettant, et le fait seul d'une inquisition exercée au nom de l'État suffira pour faire régner dans l'enseignement la circonspection et la timidité. Je veux que ce résultat soit désirable, je veux que l'État garde toujours la juste mesure dans ses exigences : il est toujours mauvais de prescrire à tous les maîtres et pour tous les jeunes gens une règle uniforme. Ici, la réserve la plus scrupuleuse est nécessaire ; là, les plus grandes témérités sont souvent de la prudence. Celui qui a la responsabilité de l'éducation doit être libre d'approprier son enseignement aux caractères qu'il est chargé de former. Il doit aussi être libre de l'approprier à son propre caractère. S'il se sent gêné par un excès de surveillance, il n'apportera plus à ses leçons le même intérêt; il aura sous les yeux, non les besoins des âmes qui lui sont confiées, mais les ménagements que demande sa propre position, et sa parole froide et hésitante, parce qu'elle puisera ses inspirations au dehors, perdra la plus grande partie de son efficacité.

Est-ce à dire que l'enseignement abandonné à lui-même dans ce qu'il a de plus important, dans le choix de ses principes et de ses méthodes, ne fera courir aucun péril à la société? Les jeunes générations pourront être corrompues par des doctrines immorales; mais réclame-t-on l'intervention de l'État quand elles le sont, beaucoup plus souvent et plus gravement, hélas! par des exemples immoraux? Sans sortir de la famille, quel spectacle ont sous les yeux un grand nombre d'enfants? Nous ne parlons pas des parents qui sont en lutte ouverte avec le code pénal : on peut, en les châtiant, soustraire, dans une certaine mesure, leurs enfants à leur influence ; mais les parents qui vivent en état de concubinage? mais l'adultère forcément toléré? mais l'abandon aux passions les plus dégradantes? Vous avez le bonheur de n'offrir à vos enfants, dans votre intérieur, que d'honnêtes exemples : les y tiendrez-vous toujours renfermés? Ces spectacles, qui, malgré la censure, sont loin d'être une école de bonnes mœurs; ces cafés ou ces cabarets, où se contractent les plus funestes habitudes ; ces lieux de débauche qui ne se cachent que pour mieux se faire reconnaître, sont-ils fermés à l'adolescence? Quelques précautions que vous preniez dans le choix des compagnons de vos enfants, empêcherez-vous cet enseignement mutuel du vice auquel n'échappe aucune réunion de jeunes gens, et qui est la plaie de toutes les maisons d'éducation sans exception? Les familles les plus éclairées et les plus vertueuses n'opposent à ces influences funestes que des palliatifs presque toujours insuffisants. La plupart n'essayent pas même de lutter contre elles et quelques-unes les encouragent par leur propre conduite. Mais, que la famille remplisse ou non sa tâche, l'État s'en rapporte à elle du soin de préserver les mœurs de ses jeunes membres et, sans fermer les yeux sur les dangers qui menacent la société quand les habitudes vicieuses étendent leur contagion jusqu'à l'enfance, il accepte la liberté du mal par respect pour la liberté du bien. Pourquoi serait-il plus exigeant à l'égard des doctrines, qui, par elles-mêmes, échappent à sa compétence?

Sur les vices, tout le monde est d'accord : nul ne les justifie absolument, même ceux qui en font parade ; on ne varie que dans le degré de sévérité avec lequel on les condamne. En fait de doctrines, les hommes les plus estimables diffèrent souvent d'opinion et l'on ne peut accuser qu'une aberration d'esprit, dont les intelligences les plus droites ne sont pas toujours à l'abri. Prévenir ou réprimer les vices, c'est gêner seulement l'exercice de la liberté; empêcher la circulation des doctrines, c'est l'entraver dans son principe. Enfin, quelque danger que présente une doctrine spéculative, il n'est jamais égal à celui qui peut naître d'un mauvais exemple. Les hommes se laissent plus aisément diriger par ce qu'ils voient faire que par ce qu'ils entendent dire ou ce qu'ils disent eux-mêmes. Les adversaires théoriques de la famille sont quelquefois les meilleurs époux et les plus tendres pères. Le communiste le plus convaincu ne se laissera pas dépouiller de sa propriété. J'ai peine à croire, malgré l'autorité de Montesquieu, qu'il faille accuser la philosophie épicurienne de l'altération des mœurs romaines : le progrès du luxe à la suite de la conquête de l'univers, l'énervement des caractères par l'effet du despotisme, bien d'autres causes encore que Montesquieu lui-même a mises en lumière, suffisaient pour corrompre les maîtres du monde, quand même quelques esprits indépendants et délicats, comme Lucrèce, Atticus et Horace n'auraient pas subi le charme des théories et des préceptes d'Épicure.

Les mœurs n'étaient pas meilleures au moyen âge, malgré le christianisme et la chevalerie, et bien qu'on ne connût pas d'autre philosophie que celle de l'École. Il n'est pas douteux qu'elles ne se soient améliorées depuis le commencement de ce siècle, et pourtant, à aucune époque, les doctrines qualifiées d'immorales n'ont pu se produire avec plus de licence. Il serait, dans tous les cas, difficile de soutenir qu'elles sont plus pures dans les pays où règne une religion unique, avec la censure de l'enseignement et des livres, que dans ceux qui reconnaissent, dans les plus larges limites, la liberté de la parole et de la presse.

Si l'on veut empêcher la corruption des mœurs ou lui porter remède, c'est sur les mœurs elles-mêmes qu'il faut agir directement, bien plus que sur les doctrines. Or l'État, qui ne peut rien sans les mœurs, n'a sur elles qu'une action indirecte et limitée. Il peut seulement, par une bonne organisation de la société et surtout par le développement des libertés privées, dont l'exercice a naturellement pour effet le respect d'autrui et de soi-même, lutter contre la décadence morale de la société ou préparer les voies à sa régénération; mais c'est par elles-mêmes et par des forces purement morales, comme l'énergie individuelle, l'éducation domestique, la prédication religieuse, l'enseignement philosophique, que les mœurs résistent à la contagion du vice ou qu'elles refleurissent après s'être flétries.

On semble croire que tout est perdu si l'État ne

veille pas au salut des saines doctrines. Mais, à défaut de sa surveillance, celle des familles reste entière. Ces théories subversives que l'on signale à sa vigilance, est-il beaucoup de familles qui souffriraient qu'elles fussent prêchées à leurs enfants? Les parents les plus corrompus, les plus impies, les moins capables de donner à leurs enfants une éducation morale et religieuse, tiennent cependant à ce qu'ils soient élevés dans la crainte de Dieu et dans des sentiments de probité et d'honneur. Les jeunes gens eux-mêmes s'indignent quand ils supposent, à tort ou à raison, qu'on leur donne un enseignement immoral, et il faut quelquefois arrêter leur généreuse intolérance. Enfin, une surveillance légitime est exercée sur tous les genres d'enseignement par les sociétés religieuses, et, si elles n'ont pas le droit d'opposer la contrainte matérielle aux doctrines qu'elles réprouvent, elles peuvent du moins, non-seulement en signaler les dangers à leurs fidèles, mais frapper des censures spirituelles et ceux qui les enseignent et ceux qui s'exposent ou qui exposent leurs enfants à en subir la contagion. Elles peuvent aussi aider, au besoin, les familles dans leurs réclamations en justice, si leur bonne foi a été surprise par un enseignement contraire à leurs principes de morale. C'est ici, en effet, comme pour l'ordre politique ou religieux, que l'intervention de l'État devient légitime, non pour approuver ou pour condamner les doctrines elles-mêmes, mais pour faire respecter la volonté des parents et les engagements pris envers eux.

Devant cette surveillance des familles, appuyée sur celle des autorités religieuses et fortifiée, quand il y a fraude, par une sanction pénale, est-il besoin de nouvelles garanties contre la possibilité d'un enseignement corrupteur? Il faudrait supposer, chez le père et la mère, une égale indifférence à l'égard de tout principe de morale, non-seulement pour eux-mêmes, mais pour les innocentes créatures que la Providence leur a confiées. Or, quand tout sentiment de vertu est ainsi mort, même au cœur des mères, les exemples et les leçons du foyer domestique ne laissent malheureusement plus rien à faire aux doctrines les plus imprudentes de l'enseignement extérieur.

L'enseignement, d'ailleurs, à moins qu'il ne soit tout privé et qu'il ne se confonde avec l'éducation domestique, n'a pas à compter avec une seule famille, mais avec toutes celles à qui il s'adresse. S'il peut trouver quelques parents disposés à tolérer ses écarts, il ne peut espérer que l'indifférence sera générale; et, n'y eût-il qu'une seule famille qui se montrât exigeante en fait d'éducation morale, on croira toujours plus sage de ménager ses scrupules que de se reposer sur la connivence de toutes les autres. Hélas! bien loin que l'excès de liberté soit à craindre, on ne verra que trop souvent l'enseignement se prêter à des ménagements intéressés et subir une violence morale qui dépassera de beaucoup les exigences que l'État pourrait manifester. C'est, du moins, une précieuse garantie pour celui qui vit surtout par la pensée de savoir qu'aucune opinion n'est interdite et que, si l'on a fait partager ses convictions à quelques familles, on peut, investi de leur confiance, braver toutes les censures et toutes les excommunications. Et si l'on parle encore des dangers que pourront faire courir à la société ceux qu'un tel espoir entraînera, à leurs risques et périls, en dehors des sentiers battus, qu'on n'oublie pas de mettre en parallèle les avantages qui sont inséparables de ces dangers, parce que les uns et les autres sont attachés à la liberté : cette voie ouverte à tous les progrès moraux, qui ne peuvent naître que de la libre manifestation des pensées ; cet heureux stimulant que donne aux esprits la nécessité de défendre leurs opinions contre le prosélytisme des opinions rivales ; enfin, en ce qui concerne les intérêts propres de l'éducation, cette confiance en eux-mêmes que les maîtres de la jeunesse puiseront dans le sentiment de leur indépendance, sinon vis-à-vis des familles, du moins vis-à-vis de l'État, et cette vigilance nouvelle, dont les familles sentiront le besoin, quand l'État se bornera à les seconder, sans se mettre en tout à leur place. Faut-il renoncer à ces avantages, dans la crainte que des doctrines immorales ne se glissent dans les esprits par la connivence de quelques parents imprudents ou pervertis ? Autant vaudrait dire qu'il faut renoncer à la liberté d'aller et de venir, dans la crainte qu'elle ne profite aux voleurs.

XII

Les examens, les certificats de capacité, les grades universitaires sont, après la surveillance directe, une des formes les plus légitimes de cette assistance que l'État doit prêter à tous les intérêts qui se rattachent à l'enseignement. Ils constatent chez les maîtres la capacité et le talent et servent ainsi à guider le choix des familles. Ils constatent chez les élèves les fruits de l'enseignement et, par là encore, ils offrent aux familles un nouveau moyen d'appréciation. Ils constatent enfin, pour les professions qu'on appelle libérales, parce qu'elles reposent sur le libre développement de l'esprit, les études préalables nécessaires pour les exercer, et ils offrent à la société, dans ses rapports avec ces professions, une précieuse et souvent indispensable garantie. Le propre de l'instruction littéraire ou scientifique et de toutes les professions qui s'y rattachent, c'est qu'elles demandent à la plupart des hommes une confiance presque aveugle ou du moins qui ne repose pas sur une connaissance directe et personnelle. Sans être tailleur ou horloger, chacun peut juger à l'usage si l'habit qu'on lui a livré est bien fait et d'une bonne étoffe, si la montre qu'il a achetée marque exactement les heures; mais combien peuvent juger du savoir d'un médecin, d'un avocat, d'un professeur de langues ou de mathématiques? Ma maladie se prolonge, sans espoir de guérison : j'aurais tort d'en conclure que mon médecin n'est qu'un âne. J'ai perdu mon procès : c'est peut-être qu'il était mauvais ou que mes juges se sont trompés, et il serait téméraire d'accuser l'incapacité de mon avocat. Mon fils suit depuis plusieurs années les cours d'un collége ou d'une faculté : fait-il des progrès dans ses études? je suis hors d'état de m'en rendre compte, sauf peut-être sur quelques points qui rentrent dans l'éducation générale que j'ai reçue ou dans l'instruction spéciale qu'a exigée ma profession. L'État vient en aide à notre ignorance, en nous offrant la garantie de ses examinateurs. Il ne nous dispense pas de surveillance; mais, par ses examens publics, il nous aide à suivre les progrès de nos enfants ; par ses diplômes, il atteste les études préparatoires de tous ceux qui font appel à notre confiance.

Ces examens publics institués par l'État, sous sa seule responsabilité, ne peuvent être confiés qu'à ses délégués. C'est par une étrange confusion de principes qu'on a réclamé, pour l'enseignement privé, non-seulement le droit d'avoir ses examens, ses certificats et ses diplômes, ce qui est parfaitement légitime, mais le droit d'imprimer à ses examens, à ses certificats et à ses diplômes un caractère officiel, engageant la responsabilité de l'État. La loi de 1875 sur la liberté de l'enseignement supérieur a consacré en partie cette confusion, en instituant des jurys mixtes, où des professeurs libres, ne relevant que d'eux-mêmes et des corporations privées auxquelles ils appartiennent, s'imposent à l'État comme examinateurs, interrogent en son nom et concourent à conférer les grades auxquels lui seul attache et peut attacher des priviléges légaux. Cette institution, contraire à tous les principes, condamnée par tous les esprits vraiment libéraux, même par ceux qui ont fini par s'y rallier pour éviter de plus graves inconvénients (1), a été présentée comme un compromis entre les droits de l'État et les droits de la liberté : elle est au fond la négation des premiers et elle n'accorde aux seconds qu'une satisfaction illégitime. La vraie question, pour la liberté d'enseignement, n'est pas de savoir jusqu'à quel point l'État peut admettre les professeurs libres à partager ses attributions, mais de bien marquer les limites dans lesquelles doit se renfermer le droit qui lui appartient et qui n'appartient qu'à lui d'exiger des examens et des grades pour certaines professions et pour certaines fonctions.

Les examens et les diplômes officiels, qui rentrent dans les droits et dans les devoirs de l'État et qui ne peuvent relever d'une autre autorité que la sienne, peuvent-ils être obligatoires? Voilà toute la question, au point de vue des droits de la liberté.

L'affirmative n'est pas douteuse pour les fonctions publiques, et particulièrement pour l'enseignement donné au nom de l'État. L'État, pas plus que les particuliers, ne doit accorder sa confiance en aveugle, et s'il voit dans l'appréciation des examinateurs qu'il a choisis une garantie pour les particuliers, il doit la considérer comme une garantie nécessaire pour lui-même, puisqu'il n'a pas d'autres lumières. Il serait

---

(1) Entre autres, l'éminent rapporteur de la loi, M. Laboulaye.

inique de placer à l'entrée des fonctions publiques des barrières arbitraires, comme la naissance, la fortune, la foi religieuse ou les opinions politiques; mais rien de plus juste que d'exiger la preuve des connaissances générales ou spéciales qui sont utiles pour les remplir avec honneur et avec fruit.

On conçoit encore, à la rigueur, des examens obligatoires pour certaines professions, qui, bien que libres dans leur exercice, ont cependant un caractère public. Telle est la profession d'avocat. Un avocat est un intermédiaire entre les particuliers et les tribunaux. Dans ses rapports avec les particuliers, il n'a besoin que d'obtenir leur confiance; dans ses rapports avec la justice publique, on peut lui imposer toutes les garanties qui sont compatibles avec la liberté de son ministère. L'État n'outre-passe pas ses droits, il n'entrave pas les devoirs de la défense, en ne permettant pas au premier venu d'abuser des instants de ses tribunaux. Il trouve d'ailleurs, pour ses examens, une base positive, la loi, qu'on ne peut se dispenser de connaître quand on en réclame, dans un sens ou dans un autre, l'application juridique. Mais les examens ne doivent porter que sur le texte légal ou sur le texte des jurisconsultes anciens ou modernes qui font autorité. Le candidat doit rester libre dans toutes ses opinions; il n'est obligé que de connaître la loi et la jurisprudence, non d'en adopter telle ou telle interprétation. Sur ce point, la profession d'avocat jouit en France de toute la liberté désirable. En déclarant expressément qu'elles laissent aux candidats la responsabilité des opinions soutenues dans leurs thèses, nos facultés de droit renoncent à exercer sur les doctrines un droit de censure; et s'il est, d'un autre côté, un sanctuaire où toutes les opinions peuvent se produire impunément, c'est assurément celui de la justice, quand elles s'y produisent sous la robe de l'avocat.

Quand il s'agit, non plus d'une fonction ou d'un ministère public, mais d'une profession toute privée et sans rapport avec l'État, convient-il encore d'imposer l'obligation d'un examen? Le régime des corporations exigeait pour la maîtrise, en fait d'arts manuels, la confection d'un chef-d'œuvre, et cette exigence, qui trouverait aujourd'hui peu de défenseurs, était appuyée sur des raisons qui ont longtemps paru irréfutables. Elle protégeait le public contre les sollicitations et les offres d'ouvriers incapables; elle protégeait les bons ouvriers contre la concurrence des mauvais, qui, ne s'étant pas donné la peine d'apprendre et ne se donnant pas la peine de bien faire, auraient pu se prévaloir, à peu de frais, du mérite du bon marché. Elle protégeait enfin les débutants contre la tentation de s'établir trop vite en qualité de maîtres et de s'exposer à la ruine, faute d'une capacité suffisante. Nous croyons aujourd'hui que c'est aux ouvriers et au public à se protéger eux-mêmes et que le rôle de l'État doit se borner à punir la fraude et la concurrence déloyale, en renonçant à des mesures préventives qui sont un encouragement à la paresse et à la routine.

Le maintien des examens obligatoires est-il mieux justifié pour l'exercice d'une profession libérale, telle que la médecine? Nul principe ne s'y oppose d'une manière absolue; car la santé publique est un de ces intérêts de l'ordre matériel pour lesquels les individus ont le droit de compter sur la protection de l'État, et leur imprudence ne met pas entièrement sa responsabilité à couvert. Nous ne craignons pas toutefois de soutenir que, dans un pays éclairé et accoutumé à la liberté, les devoirs de l'État se borneraient avec avantage à instituer, pour la médecine, des examens facultatifs entourés de toutes les garanties qui peuvent appeler la confiance des ignorants aussi bien que des gens instruits. Ce n'est sans doute et ce ne sera d'ici à longtemps qu'un idéal, mais il est bon dès à présent d'avoir en vue cet idéal, et il n'est pas hors de propos d'en démontrer la légitimité.

L'intérêt privé suffit pour faire rechercher les grades, sans qu'il soit besoin de les rendre obligatoires (1). On ne voit plus guère de notaire ou d'avoué, au moins dans les villes importantes, qui ne tienne à se parer du titre de licencié en droit, et quelques-uns vont même jusqu'à celui de docteur. Quel pharmacien n'est heureux de pouvoir mettre sur son enseigne : *Pharmacien de première classe?* Il en est de même pour la médecine. Sauf pour certains cas presque

---

(1) « Rien n'est plus utile que les grades; rien n'est plus nécessaire. Il faut rendre les examens très-sérieux, augmenter la valeur des diplômes, faire que, dans toute l'Europe, dans le monde entier, ce soit un très-grand honneur, une très-grande preuve de science et d'habileté que de posséder un diplôme français. Après cela, on n'aura que faire d'exiger la possession de ce diplôme. »
Jules Simon, *la Liberté*, t. II, p. 59.

toujours éludés, le titre d'officier de santé est seul obligatoire ; et cependant, partout où un docteur vient s'établir à côté d'un officier de santé, il est rare que celui-ci puisse soutenir la concurrence : la supériorité du grade, signe probable de celle du mérite, suffit pour assurer au premier, sans le secours du monopole, une clientèle sans rivale.

Sans doute il se trouve des malades qui préfèrent les soins d'un officier de santé à ceux d'un docteur en médecine, et ils ont quelquefois raison, s'il s'agit d'un praticien éprouvé. Il s'en trouve même qui préfèrent les soins d'un empirique, et il n'est pas toujours certain qu'ils aient tort. Ni l'État ni ceux qu'il charge de conférer les grades ne sont en possession de l'infaillibilité médicale. Dans la médecine, comme dans toutes les sciences, l'hérésie de la veille peut être l'orthodoxie du lendemain. Je ne veux pas me prononcer entre les différents systèmes allopatique, homœopathique, hydrothérapique, etc. Je veux croire que la vérité vraie, comme la vérité officielle, est du côté des allopathes. Mais n'est-on pas effrayé de penser qu'il suffirait d'un changement dans les conseils du gouvernement pour que l'homœopathie devînt la vérité officielle et que les allopathes fussent traités d'empiriques et de charlatans et menacés de poursuites, à moins qu'ils ne se pourvussent d'un diplôme devant une faculté homœopathique ? Un grade, même délivré au nom d'un faux système, suppose sans doute des études sérieuses ; mais le fait seul d'être obligé de subir le contrôle d'un faux système est un grand poids jeté dans la balance de l'erreur. Qui vous assure, d'ailleurs, que la vérité médicale sera toujours le fruit des études et que le hasard ne la révélera jamais aux ignorants et aux simples? Tout n'est pas à dédaigner, on en a fait souvent l'expérience, dans ce qu'on appelle des *remèdes de bonnes femmes*. C'est un paysan de la Bohême qui a inventé l'hydrothérapie, acceptée aujourd'hui à peu près sans réserve par toutes les écoles médicales. Qui a introduit le quinquina en Europe? Des sauvages l'employaient avec succès depuis un temps immémorial. Quelques voyageurs ignorants en vantèrent les bienfaits;

Cependant, près d'un siècle, on l'a vu sans honneur (1),

jusqu'au moment où Louis XIV en acheta le secret d'un médecin anglais et où un médecin du prince de Condé, après en avoir obtenu, contre toutes les règles, la guérison de son illustre malade, osa en préconiser l'emploi, au grand scandale de la Faculté. Nous rions des médecins de Molière, qui s'indignent qu'un malade ait l'impertinence de guérir autrement que dans les formes. On rira, dans quelques siècles, du monopole attribué par nos lois aux médecins gradués et patentés par l'État.

Si nous sommes devenus plus raisonnables, nous sommes certainement moins conséquents que nos pères. On croyait, au moyen âge, et la Faculté prétendait, jusqu'au milieu du XVIIe siècle, que la science était faite, qu'elle était consacrée par des autorités indiscutables, et qu'il fallait s'attacher aveuglément,

---

(1) La Fontaine, *le Quinquina*.

comme dit M. Diafoirus, aux opinions de nos anciens. Aujourd'hui nous croyons au progrès dans la médecine, comme dans tout le reste; nous faisons peu de cas des doctrines anciennes, même de celles qui n'ont pas plus de cinquante ans de date; nous ne tenons qu'aux grades. Pourvu qu'on possède un diplôme délivré dans les formes, on peut, dans la pratique, rompre en visière à toutes les théories dont il a fallu se pénétrer pour l'obtenir, comme on cesse désormais, après son dernier examen, de porter cette robe de médecin qui a essuyé tant de brocards. Quelle garantie est-ce donc que ce diplôme obligatoire? C'est une barrière, je le veux bien, qui arrête quelques charlatans; mais c'est aussi une prime en faveur des impudents qui peuvent s'en parer ou qui gagnent assez d'argent pour pouvoir payer, au bas de leurs ordonnances, une signature privilégiée. C'est, en même temps, un bill d'indemnité qui suffit pour protéger, non pas sans doute le meurtre volontaire, mais l'imprudence homicide. Toutes les mesures préventives ont pour effet d'endormir la défiance et de détourner la répression de son but, en la faisant porter sur la forme et non sur le fond. On punira sans pitié l'exercice illégal de la médecine : les abus de l'exercice seront à l'abri de toute plainte et de toute poursuite. En servant ainsi les intérêts du charlatanisme gradué, on ne réussit pas même à extirper le charlatanisme illégal : on ne fait que le rendre plus dangereux, en le forçant à des déguisements et à des pratiques clandestines et en lui ôtant l'épreuve de la publicité, devant laquelle succombent toujours l'ignorance et la mauvaise foi (1). Toutes ces recettes que la tradition perpétue au sein de nos campagnes ne constituent qu'un grossier et dangereux empirisme. Elles contribueraient peut-être à former le trésor de l'expérience scientifique, si la clandestinité, à laquelle elles sont condamnées, n'empêchait pas toute observation exacte et précise. La routine médicale a été à moitié vaincue lorsque les doctrines hétérodoxes ont pu du moins se produire sous le couvert du diplôme officiel; sa défaite ne sera consommée que lorsque l'obligation du diplôme aura disparu, en laissant le champ libre à toutes les méthodes.

La médecine ne repose pas, comme le droit, sur des textes précis dont on peut toujours exiger la connaissance. Un examen de médecine ne peut avoir pour base que les opinions vraies ou fausses des examinateurs, et, dans une science aussi variable et aussi systématique, les chances peuvent être considérées comme presque égales entre la vérité et l'erreur. Or, quelques concessions que les examinateurs soient disposés à faire à la liberté des candidats, les doctrines qu'ils professent n'en exerceront pas moins une séduction toute-puissante. On a de la peine à penser par soi-même, quand on s'est habitué, dans ses premières études, soit par l'effet d'une docilité naturelle, soit dans l'intérêt du grade qu'on poursuit,

---

(1) Un soi-disant docteur nègre avait, il y a quelques années, surpris la confiance, non de quelques grossiers campagnards, mais de malades d'élite, dans la ville qui s'intitule la capitale de la civilisation. Tout son crédit tomba, non quand il fut traduit devant la police correctionnelle, mais quand il fut appelé à exercer son art dans un de nos grands hôpitaux, sous les yeux des princes de la science.

à jurer sur la foi d'autrui. Pour quelques médecins qui se laissent entraîner vers les nouveautés, moins, le plus souvent, par une conviction raisonnée que par tempérament ou par charlatanisme, la fidélité aux doctrines reçues est, pour la plupart, une règle de prudence et une habitude invincible.

Faut-il donc renoncer aux diplômes officiels ? Non sans doute, mais il faudrait les rendre facultatifs, en n'apportant aucune entrave à l'exercice de la médecine. Que tout médecin, qu'il soit ou non pourvu d'un diplôme, que son diplôme lui ait été délivré au nom de l'État ou au nom d'une école libre, soit responsable de ses actes, lorsque sa négligence ou ses pratiques frauduleuses ont eu des suites funestes ; mais qu'on renonce à des précautions restrictives, toujours plus efficaces pour empêcher le bien que pour prévenir le mal. Dans la médecine, comme dans toutes les sciences, comme dans tous les actes de la vie, la foi dans la liberté devrait être le premier enseignement de la prudence.

XIII

S'il est une profession qui devrait repousser l'obligation légale des grades, c'est la profession de l'enseignement, toutes les fois qu'elle s'exerce en dehors du patronage de l'État. L'avocat remplit un ministère public ; le médecin tient dans ses mains notre santé et notre vie, dont la protection est l'objet propre de la police. Le professeur prend soin de l'âme, sur laquelle l'État n'a point d'action directe et qui ne reconnaît pas son empire, lors même qu'elle accepte ou invoque son assistance. Si la surveillance de l'État sur l'enseignement libre ne doit pas s'étendre aux doctrines, à plus forte raison ne peut-elle pas imposer certaines doctrines sous la forme d'examens. Exiger de toute personne qui se livre à l'enseignement un brevet de capacité ou un diplôme, c'est remettre plus ou moins la direction de l'enseignement entre les mains des examinateurs institués par l'État. En vain leur recommanderez-vous de s'assurer seulement de l'instruction des candidats, en acceptant, les yeux fermés, toutes les théories scientifiques, littéraires ou morales qu'ils peuvent professer, la distinction n'est pas possible, elle est au-dessus de l'impartialité humaine. Un théologien catholique serait-il bon juge de l'instruction religieuse d'un protestant? Or, partout nous rencontrons des protestants, des hommes qui heurtent de front nos plus chères convictions et que nous sommes disposés, dans la sincérité de nos croyances, à taxer d'ignorance ou de mauvaise foi. Voyez, à la veille d'une exposition des beaux-arts, les reproches qui s'élèvent contre les décisions du jury chargé de l'examen des statues et des tableaux. L'accuse-t-on d'une injustice volontaire? Non, mais d'une partialité aveugle à l'encontre des œuvres qui blessent le goût de ses membres. On a souvent reproché à l'Académie française, comme à l'Académie des beaux-arts, d'exclure systématiquement de son sein ou de la participation à ses récompenses des hommes de talent, quelquefois même de génie, dont le seul tort était de s'être insurgés contre les règles de goût qu'elle avait transformées en articles de foi. On lui reproche aussi de subordonner ses jugements littéraires à des considérations morales, religieuses ou politiques. Même quand ils sont le mieux fondés, ces reproches ont quelque chose d'injuste. Toute foi est naturellement exclusive. Je sens difficilement le mérite d'un ouvrage où sont foulées aux pieds toutes les règles que je suis habitué à respecter, tous les principes auxquels sont attachés pour moi le salut et la dignité du genre humain. Tout ce qu'on est en droit de me demander, c'est que mes censures ne fassent pas loi pour l'État. L'État ne saurait se porter garant d'une orthodoxie esthétique et littéraire, après avoir cessé de reconnaître une orthodoxie religieuse. Je ne voudrais pas même pour lui d'une orthodoxie morale, ou du moins d'une orthodoxie qui s'en prendrait non-seulement aux actes, mais aux théories. La force matérielle ne doit, à aucun titre, enchaîner la pensée.

Il n'y a pour personne un droit positif à faire partie d'une Académie, à obtenir quelqu'une des couronnes qu'elle est chargée de décerner, ou à voir figurer ses œuvres dans une exposition publique. Aucun droit n'est atteint tant qu'il ne s'agit que de distinctions honorifiques. Les représentants officiels du bon goût ont repoussé mes tableaux : leur véto ne m'interdit pas une exposition particulière ; il ne m'ôte pas l'espoir de trouver des admirateurs et des acheteurs. L'Académie des sciences garde un silence dédaigneux sur ma découverte : elle n'est pas tout le public ; elle n'est pas même tout le monde savant ; j'ai d'autres juges devant qui je puis appeler de ce que je considère comme un déni de justice. L'Académie française me ferme ses portes : je puis m'asseoir de mon chef sur ce quarante et unième fauteuil qui est la consolation de toutes ses victimes et qui souffre à la fois plus d'un occupant ; je puis confier au public vengeur le soin de ma renommée et de ma fortune, en attendant que l'Académie elle-même, abjurant trop tard ses préventions, vienne s'écrier sur ma tombe :

Rien ne manque à sa gloire, il manquait à la nôtre!

Il en est tout autrement d'un examen obligatoire et exclusif pour l'exercice de l'enseignement. Il ne s'agit plus ici d'un honneur, mais d'un droit, et la condamnation est sans appel, même au jugement du public. C'est comme si l'on interdisait aux artistes d'exposer et de mettre en vente leurs ouvrages sans l'agrément d'un jury; aux savants, de professer des théories que l'Académie des sciences n'aurait pas approuvées; aux écrivains, de publier des livres qui ne porteraient pas l'estampille de l'Académie française. C'est la censure préventive, non des écrits, mais de la parole; c'est le droit d'exercer une profession, et de toutes les professions, celle qui demande le plus de liberté, remis entre les mains d'un tribunal dont on peut toujours suspecter la partialité, quelques garanties qui aient présidé au choix de ses membres. Lors même que les diplômes seraient délivrés avec une impartialité sur laquelle il ne faut pas compter, n'est-ce rien que la séduction exercée par les doctrines et par les méthodes des examinateurs ? La préparation aux grades qu'ils confèrent et, par suite, la préparation à l'enseignement, dont ces grades sont la condition, n'en reçoivent-elles pas un pli, qui, presque toujours, sera ineffaçable ? C'est une précaution contre de dangereux écarts, je le veux bien, mais c'est aussi un sérieux obstacle au progrès.

D'où vient que la liberté d'enseignement a porté en France si peu de fruits ? Elle a fait passer aux mains du clergé la direction d'une partie de la jeunesse et ceux qui ne la demandaient que dans cet intérêt doivent être satisfaits ; mais elle n'a pas transformé l'enseignement ; elle n'a pas fait surgir de nouvelles méthodes, elle n'a pas imprimé aux intelligences un mouvement plus vif et plus libéral. A part le caractère et la science des maîtres, en quoi les écoles libres diffèrent-elles des écoles de l'État ? Les cours y sont distribués de la même manière ; on y suit à peu près les mêmes programmes ; on se sert, en général, des mêmes livres. Cédant aux instances souvent mal entendues des familles, plusieurs établissements d'instruction secondaire ont cherché, il est vrai, depuis quelques années, à abréger le temps des études ; mais de quelle façon ? On n'essaye pas, par des méthodes plus intelligentes et plus rapides, d'enseigner solidement en six ou sept ans ce qu'on apprend mal en dix ans ; mais, après avoir laissé aux classes inférieures leur organisation séculaire, on dispense les élèves d'une partie des classes supérieures, qui suffisent à peine aux enseignements divers dont elles sont surchargées, et on reporte tout le fardeau sur celles qu'on conserve, sans en modifier sensiblement la distribution. Des études hâtives et indigestes, qui, au bout de peu d'années, laissent à peine quelques traces dans l'intelligence, voilà à peu près, sauf d'honorables et très-rares exceptions, la seule innovation dont nous soyons redevables à la liberté d'enseignement. Est-ce à dire qu'il n'y eût rien à changer au système de nos études? Tout le monde en sent les défauts, tout le monde réclame des réformes. Comment se fait-il qu'au lieu de demander ces réformes à la liberté, on ne les attende que de l'initiative de l'État? C'est évidemment intervertir les rôles. L'État, qui ne procède que par des mesures générales, s'expose à tout désorganiser, s'il décrète une réforme dont l'expérience n'a pas encore démontré les bons effets. La première tentative doit venir des particuliers, qui, n'opérant que sur un point, ne compromettent, s'ils échouent, que des intérêts restreints. Si la crainte d'un échec peut paralyser leurs efforts, quel stimulant ne devraient-ils pas trouver dans l'espoir du succès, sous un régime qui leur laisserait toute liberté? D'où vient donc, je le répète, que la liberté d'enseignement s'est montrée infidèle à son rôle? C'est qu'en la reconnaissant en principe, nous l'avons embarrassée de toutes sortes d'entraves; c'est que l'État la tient dans ses mains, et par les conditions qu'il impose à ceux qui en réclament le bénéfice, et par la surveillance minutieuse qu'il exerce sur elle, et par les examens obligatoires qu'il place au terme des études comme le *Sesame, ouvre-toi!* de la plupart des carrières libérales.

Faut-il s'étonner qu'en présence de ces entraves

l'enseignement n'attire souvent que des esprits timides, défiants d'eux-mêmes, se résignant à enfermer leur pensée dans un moule convenu et à répéter, sans y rien mettre qui soit à eux, les leçons d'après lesquelles ils se sont formés? Ces dispositions routinières se font surtout sentir dans l'enseignement qu'on appelle classique, dans l'enseignement des langues et des littératures anciennes. Nous avons vu naître, de nos jours, pour l'étude des langues vivantes, de nouvelles méthodes qui, sans avoir dit leur dernier mot, ont été couronnées par un succès incontesté. L'enseignement de la musique et du dessin tend à se transformer, et, là encore, l'épreuve est faite pour des méthodes plus rapides et plus sûres. L'enseignement classique reste seul stationnaire, d'aucuns diraient qu'il rétrograde : or c'est précisément le seul sur lequel pèse absolument l'obligation des grades (1).

Quoi donc! faut-il abandonner l'enseignement, dépourvu de la garantie des grades obligatoires, à

---

(1) Cette condition des grades, imposée à l'exercice de l'enseignement libre, a déjà souffert plus d'une brèche, du consentement de l'État lui-même ; mais elle n'a été entamée qu'aux dépens des vrais principes. C'est ce qui a eu lieu, pour l'enseignement secondaire, par la faculté de substituer au grade de bachelier ès lettres ou ès sciences un certificat d'études, délivré par une commission spéciale, et, pour l'enseignement primaire, par l'acceptation des *lettres d'obédience* de certaines congrégations, comme l'équivalent des examens officiels. Que l'examen se passe devant une commission ou devant une faculté universitaire, c'est toujours un examen imposé par l'État; et nous ne voyons pas pourquoi on attendrait plus d'impartialité d'une commission choisie arbitrairement et annuellement par un ministre, que d'un corps savant dont les membres sont nommés à vie, ou du moins ne sont révocables que par un décret du chef de l'État. D'un autre côté, c'est constituer en faveur des congrégations un injuste privilège

l'influence de ces congrégations envahissantes qui deviendraient si aisément un État dans l'État? Faut-il permettre à des sociétés politiques de propager, sous le couvert de l'enseignement classique, des principes subversifs? — Rien de plus ordinaire que d'opposer à la liberté, ici le fantôme des empiétements du clergé, là celui de la propagande révolutionnaire. Mais, pour être logique, ce n'est pas la liberté spéciale de l'enseignement qu'il faudrait frapper avec cette arme à deux tranchants, c'est la liberté de conscience. Vous prétendez défendre à des parents catholiques de s'en rapporter aveuglément aux conseils d'un prêtre pour l'éducation de leurs enfants : pourriez-vous leur défendre, sans porter atteinte à leur foi, de livrer à leur guide spirituel, par la confession et par la direction, la conduite de leur ménage, la réglementation de tous leurs actes, soit privés, soit publics? Le vrai remède aux abus d'influence, c'est la liberté pour tout le monde, c'est la lutte à armes égales entre toutes les prétentions opposées.

que d'incliner, devant leurs lettres d'obédience, le prétendu droit de l'État, quand on le maintient tout entier pour les autres associations enseignantes, de même que pour les individus isolés. L'État ne doit abdiquer que devant le droit commun de la liberté. N'est-ce pas d'ailleurs une inconséquence que de renoncer aux grades pour l'enseignement primaire, qui s'adresse aux familles les moins éclairées, et de continuer à les exiger pour les deux autres degrés, où l'intérêt public est moins pressant et l'intérêt privé mieux en état de se protéger lui-même? La loi sur la liberté de l'enseignement supérieur a eu du moins le mérite de n'exiger aucun grade pour les établissements et les cours libres qui ne prétendent pas au titre de facultés ou d'universités, sauf en ce qui concerne l'enseignement de la médecine, et par là, elle a déjà favorisé le développement d'une institution excellente, l'École libre des sciences politiques, dont les professeurs se recrutent en dehors de toute condition de grades.

En renonçant aux mesures préventives, la société ne désarme pas, d'ailleurs, devant les manœuvres frauduleuses : la vigilance de la police et la sévérité des tribunaux les atteindront plus sûrement que les exigences d'un jury d'examen. — La répression vient trop tard, direz-vous, quand la confiance des familles a été trompée par de fallacieuses promesses, quand la droiture de l'enfance a été faussée par un enseignement inintelligent ou immoral. — Elle vient trop tard aussi quand un enfant a été perverti dans sa famille elle-même, dans l'atelier qui l'a reçu comme apprenti, dans le magasin où il est entré comme commis, dans la maison qui, sous prétexte de bienfaisance, lui a donné un refuge. Allez donc jusqu'au bout : imposez des examens non-seulement aux maîtres d'école, aux professeurs de belles-lettres ou de sciences, mais à tous ceux qui se chargent ou que la nature a chargés de prendre soin des enfants. La logique demanderait qu'on en imposât même aux nourrices. Quiconque respecte l'institution de la famille doit craindre de l'ébranler en exagérant la répression, même contre l'abus le plus manifeste de son autorité, à plus forte raison en prenant trop de précautions contre ses erreurs.

Si la famille peut se tromper, si elle peut être trompée, les représentants de l'État ne sont pas plus infaillibles, leur examen n'est pas plus à l'abri d'influences exclusives et funestes. Les erreurs des parents ne sont pas, du moins, universelles : celles des examinateurs publics, quand ils exercent une juridiction obligatoire, se font sentir à toute la société.

On craint l'influence que pourrait exercer une congrégation religieuse ou une association politique, si elle avait le droit de délivrer des diplômes facultatifs, en concurrence avec ceux de l'État, qui cesseraient d'être obligatoires ; mais cette influence ne s'imposerait à personne : celle de l'État peut être aussi mauvaise, et, si ses diplômes sont obligatoires, elle pèse sur tout le monde. Vous ne voulez pas, vous libre penseur, que des jésuites puissent enseigner, à moins qu'ils n'aient passé sous les fourches caudines d'un examen public : qui vous assure que l'État ne tombera pas un jour aux mains des jésuites et ne vous imposera pas, en vertu du droit que vous réclamez pour lui, des maîtres formés d'après leurs principes? Vous ne voulez pas, vous conservateur, que des novateurs révolutionnaires puissent ouvrir des écoles, ou du moins vous prétendez que l'État se fasse juge de leur capacité et par suite de leurs doctrines : êtes-vous certain que leurs doctrines ne deviendront jamais celles de l'État? Faites donc en sorte que l'habitude de la liberté et de l'initiative individuelle entre tellement dans les mœurs que les changements politiques les plus radicaux puissent se produire sans ôter tout refuge aux croyances vaincues et aux intérêts des minorités.

On fait valoir une dernière considération en faveur de l'obligation des grades pour la profession de l'enseignement : c'est la nécessité de maintenir à une certaine hauteur le niveau général des études. La prospérité d'un pays, ses progrès matériels, aussi bien que ses progrès moraux, son influence et son honneur au dehors, tiennent au développement des intelligences, à la direction que reçoit l'éducation nationale. C'est là un de ces intérêts communs pour lesquels tous les individus qui composent une nation sont solidaires et qui ne sauraient être délaissés par l'État, représentant légal de la nation. Or, si le premier venu peut ouvrir une école sans justifier de sa capacité, combien de familles, séduites par le bon marché, donneront leur confiance, sinon à des maîtres tout à fait ignorants, du moins à des individus d'une instruction superficielle et mal assise, qui ne sauront que répéter par routine le peu qu'ils auront appris, ou mettre entre les mains de leurs élèves quelques livres de classe dont ils seront incapables et d'éclaircir les passages obscurs et de combler les lacunes, et de rectifier les inexactitudes! Depuis que la liberté d'enseignement a succédé en France au monopole de l'État, il est facile de reconnaître que les études se sont abaissées. Que serait-ce donc si l'on abattait les barrières que l'on oppose encore à leur décadence?

Du moment qu'on invoque l'expérience, nous avons le droit de demander si elle a été bien faite, si ce ne sont pas ces barrières mêmes qui ont empêché la liberté de porter ses fruits. Nous n'avons fait que passer, en ce qui concerne l'enseignement, du monopole absolu au système des maîtrises; nous n'avons pas encore essayé de la libre concurrence, et il est permis de croire qu'elle ne serait pas moins favorable au progrès dans l'ordre intellectuel que dans l'ordre industriel. Ce niveau que l'on espère maintenir dans l'enseignement à l'aide des grades obligatoires, ne sera jamais que celui de la médiocrité; il empêchera, je le veux bien, les études de tomber trop bas, mais il les empêchera aussi de s'élever.

Un grade obligatoire est forcé, en effet, de chercher sa mesure non dans l'intérêt des études, mais dans celui de la profession pour laquelle il est exigé. Aussi, la vraie cause de la décadence de notre enseignement classique, ce n'est pas la liberté d'enseignement, c'est l'extension imprudente que l'on a donnée à l'obligation professionnelle du baccalauréat. On y a gagné sans doute d'écarter de certaines carrières les candidats illettrés; mais, sous peine de briser l'avenir d'un grand nombre de jeunes gens, il a fallu se contenter d'études médiocres, et cette médiocrité, au-dessous de laquelle on ne voulait pas descendre, est devenue le niveau au-dessus duquel bien peu cherchent à monter. La préparation au baccalauréat, dans les limites de capacité exigées pour le baccalauréat, voilà quel a été dès lors le seul but des études, et la supériorité d'intelligence n'a plus été considérée que comme un moyen d'arriver plus vite au but, non de le dépasser. Il n'y a que les grades facultatifs qui présentent des garanties de capacité vraiment sérieuses, parce qu'ils peuvent exagérer leurs exigences, sans qu'elles prennent un caractère vexatoire. Le doctorat en droit a incontestablement plus de prix que le doctorat en médecine : c'est que celui-ci est un grade professionnel, l'autre est en quelque sorte un titre de luxe, sauf pour ceux, et c'est le petit nombre, qui se destinent à l'enseignement ; si l'on venait à l'exiger pour la magistrature ou pour le barreau, il ne tarderait pas à se déprécier. Le doctorat en médecine lui-même ne se maintient à une certaine hauteur que parce qu'on peut s'en passer pour exercer l'art de guérir ; la suppression des officiers de santé, si imprudemment demandée par les docteurs, lui porterait un coup fatal. Il en est de même pour l'enseignement classique. Ce qui en maintient le niveau, ce n'est pas le baccalauréat, dont les exigences ne peuvent être que très-modestes, par suite de son caractère obligatoire : ce sont les grades facultatifs, la licence et le doctorat ; c'est aussi l'émulation des maîtres, qui les engage à suppléer, par un travail persévérant, à l'imperfection des études qui ont suffi pour leur ouvrir l'entrée de la carrière.

XIV

En instituant des examens, soit obligatoires, soit facultatifs, l'État peut y ajouter des conditions d'études préalables. Ce n'est pas, en principe, une exigence contraire à la liberté. Si le grade est facultatif, toutes les conditions imposées pour l'obtenir sont également facultatives ; s'il est obligatoire, le fond emporte la forme et la liberté n'est pas plus atteinte par les conditions du grade que par le grade lui-même.

Des certificats d'études sont exigés en France pour les examens de droit et de médecine. Le baccalauréat ès lettres et ès sciences a été, depuis 1849, affranchi de cette obligation, dont le rétablissement n'a pas cessé d'être réclamé, dans l'intérêt des études, par l'université. Il semble en effet que si un examen doit appeler cette garantie, c'est surtout quand il embrasse les matières les plus étendues et les plus diverses. Un examen de droit ou de médecine ne porte, en général, que sur l'enseignement d'une année ; le baccalauréat, sur celui de plusieurs années. Le premier se renferme dans une seule science et dans une portion limitée de cette science. Le second est une véritable encyclopédie : la langue maternelle, les langues anciennes et les langues étrangères vivantes, les chefs-d'œuvre de toutes les littératures, l'histoire, la géographie, les sciences physiques et mathématiques, la philosophie, voilà le champ qu'il faut parcourir dans une série d'interrogations, condamnées, par la durée nécessairement très-restreinte de l'examen, à se contenter pour réponses d'assez vagues généralités. Mieux vaudrait peut-être un certificat d'études sans la sanction d'un examen, qu'un examen de ce genre sans la garantie d'un certificat d'études.

Nous sommes loin de nous dissimuler la force de ces raisons ; nous croyons cependant que le maintien ou le rétablissement des certificats d'études, s'il n'est pas inconciliable avec la liberté, ne peut que la mettre en péril. Si l'on exige que les études aient été faites dans les écoles de l'État, on crée en leur faveur un privilége énorme. Ce privilége ne s'est maintenu en France, pour l'enseignement supérieur, jusqu'à ces dernières années, qu'en enlevant à cet enseignement le bénéfice de la liberté. Il subsiste encore en partie, depuis la nouvelle loi ; car tous les cours libres ne sont pas placés sur un pied d'égalité avec les cours publics, et les étudiants qui n'appartiennent pas à certains établissements décorés du nom de *facultés libres* sont toujours obligés de prendre leurs inscriptions devant les facultés de l'État. Le monopole de ces facultés n'est pas, sans doute, une conséquence forcée de l'obligation d'assister à leurs cours. Mais quel succès peuvent espérer des cours libres, à côté de cours obligatoires, à moins qu'ils n'aient l'attrait d'un grand talent ou qu'une sorte de mode ne les prenne sous son patronage? L'enseignement primaire et l'enseignement secondaire ont conquis parmi nous presque toutes les garanties de la liberté : l'enseignement supérieur a les mêmes droits, et il ne faut pas qu'ils soient confisqués, soit directement par les entraves apportées aux cours libres, soit indirectement par l'obligation des inscriptions auprès des facultés de l'État. Il serait aussi inconséquent qu'injuste que l'enseignement de la jeunesse restât en tutelle quand celui de l'enfance a cessé de l'être. J'admets que les professeurs qui enseignent au nom de l'État ont été choisis avec la plus grande impartialité : la liberté est défiante de sa nature, et elle ne peut remettre ses plus chers intérêts entre les mains du gouvernement le plus éclairé et le plus équitable.

Le privilége serait moins excessif si les grades devenaient simplement facultatifs. Il subsisterait cependant; car les grades ne seraient pas moins très-recherchés, et si la fréquentation des cours institués par l'État était nécessaire pour les conquérir, ces cours défieraient toujours la concurrence de l'enseignement libre. Qu'on se représente la situation des établissements libres d'instruction secondaire, s'il fallait encore un certificat d'études dans les colléges de l'État pour se présenter au baccalauréat, lors même que le baccalauréat ne serait plus exigé à l'entrée de toutes les carrières libérales; qu'on se représente surtout quelle atteinte une telle obligation porterait à la liberté des esprits. S'il est difficile à un examinateur de faire abstraction de ses doctrines personnelles, comment un professeur le pourrait-il? Que son cours soit imposé à tous ceux qui ont besoin des grades ou qui croient devoir les rechercher, ses théories leur seront imposées par là même. Privilége chèrement acheté d'ailleurs, car, en exagérant les droits qu'il confère à ceux qui enseignent en son nom, l'État exagère nécessairement leur responsabilité. L'enseignement donné par l'État peut être, à beaucoup d'égards (c'est un point sur lequel nous aurons à revenir), un enseignement libre, car l'existence de l'État n'est proprement attachée à aucune doctrine littéraire, scientifique, médicale ou même juridique; mais la liberté est incompatible avec un enseignement imposé. Chacun a le droit de protester contre des théories qu'il est forcé d'écouter, si ces théories blessent ses convictions; chacun a le droit de réclamer soit contre une obligation pénible pour sa conscience, soit contre un enseignement qu'il juge faux ou dangereux, et c'est le devoir de l'État, s'il maintient l'obligation, d'exiger de ses professeurs le respect de ces susceptibilités, dont il ne lui appartient pas de se faire juge. Faire violence à la conscience des professeurs ou à celle de leurs auditeurs forcés, telle est l'alternative à laquelle il ne saurait se soustraire.

Échappera-t-on à tout péril en accordant les mêmes droits aux certificats d'études de l'enseignement libre qu'à ceux de l'enseignement public? Non, à moins que l'obligation ne devienne tout à fait illusoire. L'État peut maintenir le niveau des études, dans les établissements qui lui appartiennent, par la surveillance qu'il exerce sur les maîtres et sur les élèves, par les conditions qu'il impose soit à la nomination ou à l'avancement des premiers, soit au passage des seconds d'une classe dans une autre, enfin par ses programmes d'enseignement et par la durée qu'il assigne à chaque branche des études. Toutes ces garanties lui font défaut vis-à-vis des écoles libres si elles méritent vraiment ce nom; car la liberté d'enseignement ne suppose pas seulement des maisons d'instruction fondées, entretenues et dirigées par des particuliers, mais des établissements vraiment libres dans leur organisation, dans le choix de leurs méthodes, dans les doctrines qu'ils professent (1).

(1) Quand on parle de certificats d'études délivrés par des établissements libres, on entend qu'ils attesteront des études faites sur le même plan que celles des établissements publics. C'est ainsi qu'on réclame pour le baccalauréat un certificat de rhétorique et de philosophie comprenant les matières de l'enseignement de ces deux classes, tel qu'il est organisé dans les lycées. Mais quoi! si je crois pouvoir distribuer ces matières en plusieurs classes ou les réunir en une seule, pourquoi me défendriez-vous d'en tenter l'épreuve? S'il faut deux classes distinctes, m'empêcherez-vous, du moins, de ré-

Le certificat d'études répond à un besoin réel, mais il est loin d'avoir la vertu qu'on lui suppose. Considérons d'abord l'enseignement supérieur où il se maintient encore, non plus, comme autrefois, au profit exclusif des facultés de l'État, mais par un partage du monopole entre ces facultés et certains grands établissements que, d'ici longtemps, les associations religieuses pourront seules fonder. Des inscriptions auprès des facultés sont exigées pour les licences ès lettres et ès sciences; mais ce n'est qu'une mesure fiscale, car les inscriptions peuvent être prises toutes à la fois, sans justifier de l'assiduité aux cours. Ces deux examens n'en sont pas moins sérieux, et ils portent avec eux toutes les garanties qu'on peut souhaiter, sans avoir besoin de celle d'un certificat d'études. Pour le droit et pour la médecine, la présence régulière aux cours des facultés est exigée en principe; mais, dans la pratique, surtout pour le droit, de nombreuses dispenses sont accordées, et on sait à quoi se réduit l'assiduité, pour ceux mêmes à

partir sur elles une partie de l'enseignement que vos lycées donnent dans les classes précédentes? Faudra-t-il que j'adopte tout votre plan d'études avec les dix années qu'il embrasse? On n'a rien obtenu si l'on ne va pas jusque-là. La rhétorique et la philosophie des lycées n'ont de valeur que comme couronnement des études antérieures, non comme pouvant en tenir lieu. Et ce n'est rien encore que de supprimer la liberté des méthodes en astreignant les établissements libres aux programmes des établissements publics. En supposant qu'ils ne donnent jamais des certificats de complaisance, que prouveront leurs attestations? Qu'on a suivi leurs cours pendant un certain temps, mais non pas qu'on en a profité, non pas que ces cours ont été bien dirigés, non pas, en un mot, qu'on a fait de bonnes études. Quelles garanties peuvent offrir de telles attestations, que n'offre pas l'examen lui-même? Et si l'on prétend les contrôler par une action directe et efficace, exercée, au nom de l'État, sur les maîtres, sur les élèves et sur les études, que reste-t-il de la liberté d'enseignement?

qui elle est imposée. Des mesures plus rigoureuses pourraient sans doute être prises. On pourrait assimiler les cours de facultés aux classes des colléges, exiger la présence des élèves à toutes les leçons, les obliger à prendre des notes, leur imposer des rédactions. On ne leur imposera pas le goût du travail; on ne fera pas qu'une besogne machinale soit une besogne féconde. La discipline est une belle chose : il vient un âge où la liberté est encore meilleure. Que les étudiants abusent trop souvent de la liberté qui leur est laissée, nous sommes loin de le nier; que sans les traiter en enfants, on ne doive pas les traiter tout à fait en hommes, nous l'admettons encore; mais pour les engager au travail, nous préférons à la contrainte l'intérêt des cours, l'attrait des récompenses, la juste sévérité des examens. Nous sommes persuadé que les cours seraient mieux suivis s'ils étaient tout à fait libres et surtout s'il y avait une salutaire émulation entre les professeurs de l'État et des professeurs indépendants, comme ces *privat docenten* que la France, malgré quelques tentatives de réforme toutes nouvelles et encore bien imparfaites, est réduite à envier à l'Allemagne. D'un autre côté, les récompenses scolaires seraient plus recherchées si les diplômes portaient la mention des prix remportés dans les concours ou des marques de distinction obtenues dans les examens, si l'usage permettait de s'en parer devant le public et si l'État en faisait un titre à ses faveurs. Enfin, pour ceux qui ne peuvent pas ou qui ne veulent pas viser aux récompenses, les examens offriraient une garantie plus sérieuse si l'on n'y ajoutait pas cette autre garantie à peu près illusoire de l'obligation des études. Rien de plus naturel que de se laisser entraîner à un excès d'indulgence, quand on sait que l'on dispose de la destinée d'un jeune homme ; or la conscience des examinateurs se tiendra toujours moins en garde contre un tel entraînement si elle peut se donner pour excuse que la fréquentation des cours rachète ce qu'il y a d'insuffisant dans les examens.

C'est surtout dans l'enseignement secondaire et pour le baccalauréat que le certificat d'études apparaît à de bons esprits comme le seul remède à un état de choses déplorable, dont on sentait déjà la gravité lorsque ce certificat était éludé par des déclarations mensongères, et qui est devenu manifeste pour tout le monde lorsqu'il a été entièrement supprimé. Sans nous dissimuler le mal, nous croyons qu'il en faut chercher la cause dans le baccalauréat lui-même, et qu'en lui ôtant l'importance exagérée qu'il a usurpée, on fera disparaître avec le mal la nécessité apparente du remède. Bien qu'il ne s'agisse que d'une question toute pratique, l'importance qu'elle a prise de nos jours et les graves intérêts qui s'y rattachent nous engagent à la traiter avec quelque développement.

Le baccalauréat a subi bien des métamorphoses depuis la création de l'université. Ce n'était d'abord qu'un examen assez facile et assez restreint, imposé seulement à ceux qui voulaient prendre d'autres grades devant les facultés. Il embrasse aujourd'hui tout le cercle des études classiques et il est exigé pour tant de carrières que c'est un signe d'incapacité et une sorte de déchéance que de ne pouvoir y réussir. Or il est remarquable que plus le baccalauréat a vu croître ses exigences, plus on s'est plaint de l'affaiblissement des études. Nous en avons déjà indiqué la raison. C'est que la force d'un examen n'est pas dans l'extension de son programme, mais dans la destination qui lui est assignée. L'examen pour l'École polytechnique n'était pas moins élevé qu'aujourd'hui, lorsqu'il se bornait aux mathématiques, avec la simple addition d'une composition littéraire dont la faiblesse n'était presque jamais un motif d'exclusion. Le baccalauréat, au contraire, en s'imposant comme une commune mesure aux aptitudes et aux professions les plus diverses, a été condamné par la force des choses à courber sous un niveau de plus en plus bas ses prétentions encyclopédiques.

Tous les enfants qui font leurs classes de huit à dix-huit ans ne sont ni également intelligents ni également laborieux. Ceux mêmes qui se valent sous ce double rapport ne marchent pas d'un pas égal dans la durée de leurs études. Pour les uns, l'esprit paraît longtemps engourdi et se révèle tout à coup dans les dernières années; d'autres manifestent dans l'enfance une vivacité qui ne tient pas toujours ses promesses. De même pour le travail. Qui n'a eu, soit au début, soit dans le cours de ses études, des boutades de paresse plus ou moins prolongées, qui n'empêchent pas qu'on ne puisse se montrer plus tard un homme actif et dévoué à ses devoirs? Lors même que l'intelligence et le travail n'ont souffert aucune éclipse, les aptitudes ne sont pas toujours les mêmes. Tel a le goût des lettres, tel autre celui des sciences. Celui-ci, faute de mémoire, ne peut retenir que des notions vagues et incomplètes d'histoire et de géographie; celui-là ne sera jamais qu'un très-médiocre humaniste. Il y aurait une véritable injustice à frapper d'exclusion tous ceux qui, par l'effet de la diversité de leurs dispositions ou par suite d'un retard dans le développement de leur intelligence, n'ont pu atteindre à une force égale sur toutes les matières d'un programme aussi vaste et qui demande d'aussi longues études. Beaucoup d'hommes distingués, même parmi les littérateurs et les savants, ont été dans leurs classes d'assez mauvais élèves, et lors même qu'on aurait le droit de juger de l'homme par l'écolier, il ne faut pas décourager ceux qui, sans avoir fait de très-bonnes études, n'en ont pas fait cependant de tout à fait mauvaises. L'injustice serait d'autant plus grande qu'on ne répare pas les lacunes des études classiques comme celles des études spéciales. Celui qui a échoué à un examen de droit peut, sans beaucoup d'efforts, tenter, au bout de trois mois, une nouvelle épreuve avec des chances de succès. Celui qui a échoué au baccalauréat, faute d'avoir suffisamment profité d'un enseignement de plusieurs années, aurait besoin de refaire ses classes pour se mettre en état de passer un bon examen.

Il est donc juste que le baccalauréat rabaisse ses prétentions, qu'il accepte des études faibles et incomplètes, qu'il se contente d'une honnête médiocrité. Mais son ambition a beau être modeste, ce grade, à l'aide duquel on peut prétendre à tout et sans lequel on n'est presque rien, garde toujours tout son prestige aux yeux des jeunes gens et de leurs familles. Ce n'est plus seulement le signe des études, c'est un but auquel on vise pour lui-même et sur lequel chacun règle ses efforts. De là une tendance générale, chez ceux qui participent aux bienfaits de l'instruction secondaire, à renfermer leur ambition dans les exigences du baccalauréat. S'il oblige les uns à s'élever jusqu'à lui, il engage les autres à ne pas prétendre plus haut. C'est ainsi que le niveau des élèves médiocres est devenu celui des bons.

Que faut-il donc pour relever les études? Supprimer cet examen uniforme, qui est devenu une sorte de lit de Procuste, ou, si l'on tient à le conserver, lui superposer d'autres examens qui offrent aux élèves capables un prix plus digne d'eux, et le rendre lui-même encore plus facile, en ne le considérant que comme la dernière limite de la médiocrité. Si les professions libérales supposent une certaine moyenne d'instruction que peut constater un examen commun, chacune d'elles, en dehors ou au-dessus de cette moyenne, demande une capacité particulière qu'il est juste de vérifier par un autre examen plus ou moins élevé. Convient-il, par exemple, de ne rien exiger de plus, en fait d'instruction littéraire, d'un avocat ou d'un juge, que d'un commis des contributions indirectes (1)?

(1) Nos institutions universitaires ont fait un pas dans cette voie, en créant deux baccalauréats rivaux, l'un pour les lettres, l'autre pour les sciences. Mais la réforme était mal entendue. Elle gênait à la fois et ceux qui pouvaient prétendre à des succès égaux dans les lettres et dans les sciences, et ceux qui, sans pouvoir s'élever bien haut de l'un et de l'autre côté, réunissaient cependant, dans un

Par là, sans décourager personne, on fera naître une émulation féconde qui, en offrant une prime aux efforts des bons élèves, se fera sentir dans toutes les professions libérales, même dans celles qui deviendront plus abordables. Si quelques-uns, se rendant justice ou n'écoutant que la voix de la paresse, se résignent de bonne heure à ne poursuivre que le but le plus rapproché, beaucoup ne consentiront à descendre qu'après avoir frappé, vainement pour leur ambition, mais non pour le développement de leur esprit, à la porte la plus élevée. Voyez ce qui a lieu pour les sciences, où la décadence est beaucoup moins sensible que dans les lettres. Dès qu'un enfant montre quelque goût pour les mathématiques, il est rare qu'on ne songe pas pour lui à l'École polytechnique

---

degré inférieur, les deux aptitudes. Elle avait un tort plus grave, en ne reconnaissant que deux catégories tranchées là où il eût fallu tenir compte d'un plus grand nombre de nuances. C'est ce dont on s'est aperçu tout de suite pour la médecine, qui a forcément un pied dans les deux camps. Mais ce qui a surtout compromis l'institution, c'est ce qu'on a appelé la bifurcation, la séparation des élèves, dès douze ou treize ans, en deux sections radicalement distinctes, répondant non-seulement à des examens différents, mais à des professions différentes, et préjugeant les vocations à l'entrée de l'adolescence. La plupart des parents, quand ils font faire à leurs enfants des études classiques, n'entendent pas enchaîner leur avenir, mais au contraire les mettre à même, au sortir du collége, de choisir entre les carrières libérales. Il n'y a pas lieu de décourager cette ambition, qui contribue au développement intellectuel de la nation en donnant aux études un prix qu'elles n'auraient pas toujours par elles-mêmes. Qu'il y ait donc un enseignement commun pour tous ceux qui prétendent aux professions libérales, ou du moins que la séparation ne commence que lorsqu'elle est tout à fait inévitable. Mais si tous suivent les mêmes cours, tous n'y obtiendront pas les mêmes succès. Rien de plus juste que de constater, par des examens gradués, la diversité des résultats; rien de plus juste aussi que de manifester des exigences plus grandes, à mesure que l'ambition des postulants vise plus haut.

et, parmi les carrières auxquelles conduit cette grande école, aux services civils. Bien peu arriveront au terme de leurs vœux ; mais si l'on ne peut être ingénieur des mines ou des ponts et chaussées, on n'est pas moins fier de revêtir l'uniforme d'officier d'artillerie ou du génie, et si l'on échoue aux examens de l'École polytechnique ou si, faute de chances suffisantes, on renonce à s'y présenter, on est heureux de mettre à profit, soit pour une autre école, soit pour certains emplois qui demandent des connaissances scientifiques, soit enfin pour l'industrie ou le commerce, ces hautes études qui, sans avoir atteint leur but, seront loin d'être infructueuses. Ainsi se maintient le niveau de l'enseignement scientifique, sans certificat d'études, et même sans le concours du baccalauréat, qui n'a exercé aucune influence ou plutôt qui n'a exercé, comme partout, qu'une influence fâcheuse sur les examens des grandes écoles. Ajoutez que personne ne se plaint de ces ricochets auxquels est condamnée l'ambition des jeunes gens et de leurs familles. Chacun comprend qu'un examen spécial a le droit d'être sévère et de repousser les présomptueux vers une autre porte : un examen général, hors duquel il n'y a, pour ainsi dire, aucune issue, ne saurait, au contraire, être trop facile. L'influence d'un examen unique et uniformément obligatoire, voilà la véritable cause de la faiblesse toujours croissante des études littéraires. Quand on sème l'uniformité, faut-il s'étonner qu'on ne récolte que la médiocrité ?

XV

Nous résoudrons par les mêmes principes la question si vivement débattue depuis quelques années de l'enseignement primaire obligatoire. Nous repoussons l'*obligation des écoles;* nous acceptons, dans certaines limites, comme garantie générale des devoirs et des droits du citoyen, l'*obligation des examens primaires*, de même que nous acceptons pour les fonctions publiques, l'obligation des grades et des examens spéciaux.

L'obligation légale de la fréquentation des écoles existe dans plusieurs pays. Elle a été à la veille de s'introduire en France, même sous l'empire, à la suite d'un rapport favorable de M. Duruy, ministre de l'instruction publique. Depuis la chute de l'empire, elle a trouvé place dans un projet de loi présenté par M. Jules Simon et dans plusieurs propositions dues à l'initiative parlementaire. Les intérêts élevés auxquels elle prétend donner satisfaction et les sympathies qu'elle excite dans les camps les plus opposés, nous font un devoir de ne pas repousser cette institution sans une discussion approfondie.

On nous permettra, en discutant le principe même de l'enseignement obligatoire, d'écarter provisoirement les arguments tirés de l'expérience. Il est peu d'institutions, si mauvaises et si injustes qu'elles soient en principe, qui ne puissent invoquer le succès qu'elles ont obtenu dans certains temps et dans certains pays. Nous voyons, dans l'antiquité, l'esclavage établi par toute la terre, se faisant accepter partout sans trop de résistance et pouvant se faire un titre, dans les États les plus civilisés et les plus libres, des facilités qu'il offrait à la vie politique des citoyens. Ce n'est là, sans doute, qu'un des côtés de la médaille, et le revers nous offrirait non-seulement l'oppression la plus horrible pesant sur le corps et sur l'âme des esclaves, mais la corruption des maîtres eux-mêmes par le fait seul de l'esclavage. Toute expérience a sa contre-partie et, tant qu'elle n'a pas dit son dernier mot, on peut toujours opposer les résultats aux résultats, sans qu'on ait le droit d'en tirer une conclusion définitive. Aujourd'hui l'épreuve est faite pour l'esclavage ; il est condamné sans retour par l'expérience comme par la raison. Mais, tant qu'il a été en vigueur, les faits qui parlent contre lui paraissaient probablement beaucoup moins évidents que ceux qui semblent témoigner en sa faveur, et nous-mêmes nous aurions peut-être quelque peine à nous prononcer entre les uns et les autres, si nous n'étions pas éclairés par certains principes qui règnent dans nos âmes et qui ont plus de force pour nous convaincre que tous les enseignements de l'histoire. L'épreuve ne fait que commencer pour l'instruction obligatoire, et il serait téméraire d'en préjuger les résultats, si la question était de celles que l'expérience seule suffit à trancher. Comme celle de l'esclavage, quoique dans un moindre degré, hâtons-nous de le dire, c'est une question de principe, et, laissant de côté les faits allégués pour ou contre, c'est sur le terrain idéal du droit naturel que nous devons tout d'abord en chercher la solution.

Remarquons, d'ailleurs, que l'épreuve n'a été sérieusement tentée, avec un succès apparent, qu'en Allemagne ou dans des pays de race allemande. Or les Allemands sont un des peuples les mieux doués pour la liberté et les moins heureux dans leurs efforts pour s'élever jusqu'à elle. Qu'on les compare, sous ce rapport, avec les Anglais, leurs frères d'origine. Ceux-ci ont, depuis plusieurs siècles, consacré l'indépendance de l'individu en restreignant dans une juste mesure la puissance de l'État ; ceux-là commencent à peine à rompre les mailles dans lesquelles les enserrent encore des institutions plus ou moins despotiques, et leurs instincts de liberté n'ont guère trouvé d'issue, jusqu'à présent, que dans l'ordre spéculatif. C'est ainsi qu'ils se sont élevés à un haut degré de culture intellectuelle et qu'ils en sont comme embarrassés dès qu'il s'agit d'en tirer parti dans la vie active. Or un régime qui fait de la fréquentation des écoles un devoir civil et une sorte d'impôt, acquittable sous forme d'amende quand il n'est pas acquitté en nature, peut être éminemment favorable à la diffusion des connaissances au sein de la nation : je doute qu'il le soit autant à l'émancipation pratique des individus. L'Allemagne est fière, à bon droit, de ses conquêtes sur l'ignorance, qui sont en même temps des conquêtes sur le vice ; mais ceux de ses enfants qui rougissent pour elle de la lenteur de ses progrès vers des institutions franchement libérales et qui croient que les succès merveilleux, dans ces dernières années, d'une politique toute personnelle ne sont pas tout pour sa grandeur, seraient peut-être fondés à souhaiter qu'elle comptât un peu moins d'individus sachant lire, si elle pouvait gagner à ce prix quelques individus de plus sachant agir par eux-mêmes.

Considérons donc les arguments de droit, qui doivent être les premiers dans la question. Nous ne nous dissimulons pas la gravité de ceux qui sont allégués en faveur de l'obligation scolaire. S'il faut des connaissances spéciales pour l'exercice de certaines professions, comme la médecine et le barreau, s'il faut un niveau général d'instruction pour toutes les professions qu'on nomme justement libérales, parce qu'elles s'exercent par ce qu'il y a de plus libre en nous, par l'esprit, n'y a-t-il pas un niveau inférieur au-dessous duquel personne ne peut descendre, en quelque condition que le sort l'ait placé, sans compromettre ses devoirs d'homme et de citoyen? L'ignorance est le pire fléau d'une société. Toutes les statistiques constatent, parmi les accusés de crimes ou de délits, une grande majorité à peu près illettrée (1). L'ignorance ne contribue pas seulement à faire des criminels, mais des esprits faibles et grossiers, livrés à toutes les influences qui peuvent abuser de leur stupidité, esclaves de mille superstitions, opposant d'incurables préjugés à tous les progrès sociaux. Or ces terribles ignorants n'ont pas seulement à remplir des devoirs individuels; ils auront charge d'âmes, ils décideront des destinées d'autrui; ils

(1) 81 sur 100, suivant le rapport de M. Duruy.

exerceront une véritable magistrature, dans la famille comme pères, dans l'État comme citoyens. On prend des précautions contre l'incapacité des magistrats, en leur demandant des grades qui supposent un degré plus ou moins élevé d'instruction : est-ce une exigence exorbitante que de prendre aussi des précautions contre l'incapacité des particuliers, en leur imposant, non pas des grades ou des examens, mais la fréquentation des écoles où l'on apprend à lire et à écrire ?

Serait-il juste toutefois de frapper personnellement d'exclusion ceux qui ne justifient pas de cette fréquentation ? Leur refuser l'exercice de certains droits civils ou politiques, ce serait les punir d'une faute qui n'est pas la leur. Le tort vient tout entier de leurs parents, qui ont négligé de les envoyer à l'école. Si l'enseignement doit être obligatoire, ce n'est pas aux enfants, c'est aux parents qu'incombe la responsabilité de cette obligation ; c'est sur eux que doit retomber la peine. Leurs droits ne peuvent couvrir la violation de leurs devoirs. Tenir leurs enfants dans l'ignorance, ce n'est qu'une négligence, mais plus grave que bien des fautes positives. C'est pécher contre la société à qui ils doivent des hommes et des citoyens capables de remplir toutes les obligations qu'impliquent ces deux grands noms; c'est pécher surtout contre leurs enfants à qui ils doivent non-seulement le pain du corps, mais celui de l'esprit. Ils n'échapperaient pas à des poursuites s'ils laissaient sans nourriture ces faibles êtres qui ne peuvent subsister que par leurs soins : l'impunité serait-elle mieux justifiée, parce que la négligence n'aurait eu pour objet que la nourriture intellectuelle? Sans doute l'âme ne meurt pas comme le corps, faute d'aliments; mais son immortalité ne rend pas sa condition meilleure. Elle ne meurt pas, mais elle se dégrade, elle traîne avec elle, peut-être pour l'éternité, le fardeau de tous les vices que contracte aisément un esprit sans culture.

Non-seulement l'instruction moralise, non-seulement elle prévient les conséquences funestes de l'ignorance; mais, par le travail salutaire qu'elle impose, elle arrache l'enfant aux mauvaises habitudes qui naissent du désœuvrement et du vagabondage. Refuser à un enfant le bénéfice de l'école pour lui imposer de bonne heure et d'une manière exclusive le travail manuel, c'est étioler son corps en même temps qu'on néglige le soin de son âme. L'affranchir à la fois de l'atelier et de l'école, c'est le livrer à toutes les séductions de l'oisiveté, ou plutôt, car l'oisiveté n'est pas le mot propre et la paresse elle-même n'est le plus souvent chez l'enfant qu'un emploi vicieux de son activité, c'est encourager la mendicité, le maraudage et le vol. Ne serait-ce pas pousser trop loin le respect de la liberté que d'interdire à la société de se protéger elle-même et de protéger ses plus jeunes membres, qui sont sous sa tutelle aussi bien que sous celle des familles, en décrétant l'obligation de l'enseignement et en lui donnant une sanction efficace?

Il faut distinguer, dans les arguments qui précèdent, un double point de vue, l'un politique, l'autre purement moral. Le premier est loin de nous laisser indifférent, mais il ne saurait avoir la valeur d'un principe universel et absolu. Le droit de suffrage n'est pas un de ces droits naturels dont la privation peut être considérée comme une injustice, quand elle n'est pas le châtiment d'un délit ou d'un crime; ce n'est qu'une institution qui varie très-légitimement suivant les pays et suivant les temps. Nos lois électorales elles-mêmes, malgré l'universalité qu'elles lui attribuent en principe, ne se font pas scrupule d'en exclure tout un sexe. L'incapacité politique dont les femmes sont frappées serait souverainement injuste, si on pouvait y voir la privation d'un droit naturel. Cette incapacité est parfaitement légitime, s'il s'agit, nous ne dirons pas d'une fonction, mais d'un devoir spécial, dont il appartient à la loi de fixer les conditions, en tenant compte de tous les intérêts. En quoi l'exclusion des illettrés, si on la jugeait nécessaire au bon exercice du droit de suffrage, serait-elle moins légitime? Ils porteraient, dira-t-on, le châtiment de la négligence de leurs parents, qui ne les ont pas envoyés à l'école. — Pas plus que les femmes ne portent le châtiment de la faute de la nature, qui, en les destinant aux devoirs d'épouses et de mères, leur a fermé l'entrée de la vie publique. Il ne faut pas parler de châtiment quand le droit dont on est privé, quelque large qu'il soit, quelque fondé en raison qu'il paraisse, ne saurait être considéré comme antérieur à la loi qui le consacre.

Il ne faut pas parler davantage d'une peine à infliger aux parents pour avoir causé par leur négligence l'incapacité politique de leurs enfants. Dans les pays où règne un cens électoral, punira-t-on l'incurie du père qui n'aura pas su conserver à son fils le revenu nécessaire pour devenir un citoyen actif? On ne serait pas plus fondé à punir un père pour avoir laissé son fils dans l'ignorance, si la capacité électorale était attachée, non au cens, mais à une certaine somme d'instruction. Il pourrait y avoir, dans les deux cas, un oubli très-répréhensible des devoirs paternels; mais, sous peine de porter atteinte soit au droit de propriété, soit aux droits de la famille, on ne saurait y voir un délit légalement punissable. Si un père était passible d'un châtiment quelconque, pour avoir mis ses enfants, par mauvaise volonté ou par négligence, non pas dans l'impossibilité morale de remplir leurs devoirs, mais dans une situation plus ou moins défavorable à l'exercice de leurs droits, autant vaudrait dire que l'action coactive de la loi doit se substituer en tout et partout à la libre action de la famille dans l'éducation des futurs citoyens. Les droits politiques, les droits civils eux-mêmes sont une arme dangereuse aux mains d'un homme entièrement illettré : offrent-ils moins de péril sous l'influence d'une éducation mal dirigée, faussée par de mauvais principes ou compromise par de mauvais exemples? Qu'on traîne donc devant les tribunaux tout père qui n'élève pas ses enfants suivant le vœu de la loi et de ses interprètes officiels, ou plutôt, car ce serait à la fois plus logique et plus sage, qu'on s'empare des enfants eux-mêmes pour les soumettre à une éducation commune, soustraite aux inégalités et aux imperfections de l'éducation domestique et dirigée suivant le plus grand intérêt de la société : qu'on décrète, en un mot, pour rappeler une comparaison malheureuse, qu'aurait désavouée plus tard, nous en sommes convaincu, l'illustre orateur qui l'invoquait il y a quarante ans en faveur d'un système dont elle est la meilleure réfutation, l'expropriation forcée de la famille pour cause d'utilité publique (1).

Nul ne saurait soutenir que des parents ne soient coupables, en général, quand ils laissent leurs enfants sans instruction. Les partisans de l'enseignement obligatoire n'ont que trop raison quand ils se placent au point de vue moral. Toute la question est de savoir si ce point de vue peut être celui de la loi. Nous n'allons pas, pour notre part, jusqu'à réclamer l'impunité légale pour tous les abus d'autorité ou tous les actes de négligence qui se commettent dans l'intérieur de la famille ; mais nous pensons que si la liberté légale du mal peut être, dans une certaine mesure, une condition nécessaire de la liberté du bien, c'est surtout dans les rapports des parents avec leur enfants. Tout châtiment infligé à un père de famille, dans l'intérêt de ses devoirs comme père de famille, non-seulement trouble la vie domestique ou lui enlève une partie de ses ressources, mais affaiblit les liens d'autorité et de respect sans lesquels elle ne peut longtemps subsister.

(1) « Une loi qui ferait de l'instruction populaire une obligation légale, ne nous a pas paru plus au-dessus des pouvoirs du législateur que la loi sur la garde nationale et *celle que vous venez de faire sur l'expropriation forcée pour cause d'utilité publique.* » — M. Cousin, Rapport à la Chambre des pairs, cité par M. Duruy.

Pour justifier l'intervention de la loi pénale, il faut un crime ou un délit patent, odieux, sans excuse, ajoutons, un crime ou un délit de l'ordre matériel. Les intérêts de l'âme sont plus précieux que ceux du corps; mais ils ne touchent pas aussi directement l'État et, en les prenant sous sa protection, il doit craindre de se placer en travers du droit des consciences. Pour un catholique fervent, un père de famille qui ne prend aucun soin de l'éducation religieuse de ses enfants ou qui leur fait sucer le lait de l'hérésie est beaucoup plus coupable que celui qui ne leur fait pas apprendre à lire. Il n'appartient cependant qu'au prêtre et aux hommes religieux qui l'entourent de lui adresser des avertissements; l'immixtion de la magistrature pénale serait une atteinte évidente à la liberté de conscience. Serait-elle mieux justifiée si, en dehors de toutes les croyances dogmatiques entre lesquelles l'État ne doit pas se prononcer, les principes de la religion naturelle n'avaient aucune part à l'éducation qu'un enfant reçoit dans sa famille? Rousseau croit qu'on ne doit pas parler de Dieu aux enfants. Beaucoup sont convaincus, au contraire, que l'éducation morale est impuissante, si on lui ôte la base du sentiment religieux. C'est aussi notre conviction; mais, lors même qu'elle serait partagée par tous ceux qui sont appelés à faire les lois ou à les appliquer, ils doivent la garder pour leur conscience d'hommes; ce serait la transporter sur un terrain qui n'est pas le sien que d'en faire une règle pour la conscience du législateur ou du juge. L'irréligion dans la famille est peut-être un crime, ce n'est peut-être aussi qu'une erreur : crime ou erreur, l'État est incompétent pour en connaître. Pourrait-il obliger un père de famille qui ne croit pas en Dieu à parler de Dieu à ses enfants? Il ne pourrait que les soustraire à son autorité, et le remède, à tous égards, serait pire que le mal.

Les mêmes principes s'appliquent à l'instruction. Sans doute, s'il se peut trouver des pères de famille qui repoussent toute éducation religieuse et fassent de bonne foi, pour eux-mêmes et pour leur enfants, profession d'athéisme, il n'est pas vraisemblable qu'aucun père, même le plus ignorant, ferme les yeux sur les bienfaits de l'instruction. Mais il ne s'agit pas seulement, pour la conscience des parents, de décider s'ils feront ou non instruire leurs enfants : le choix libre des maîtres à qui ils doivent les confier est leur droit le plus précieux. L'État ferait évidemment violence à leur liberté, s'il leur imposait ses écoles; or, même en acceptant un enseignement libre à côté de celui qu'il patronne, laissera-t-il toujours à leur choix toute la latitude nécessaire? Dans la plupart des communes il ne peut y avoir qu'une école, soit privée, soit publique, et il n'est pas rare que l'instituteur, à tort ou à raison, soit l'objet des préventions invincibles d'un certain nombre de parents. Admettez qu'il y ait deux écoles, qu'il y en ait même plusieurs : il peut se trouver des pères de famille à qui toutes inspireront de la défiance. Il reste encore en France quelques familles catholiques qui repoussent le concordat comme attentatoire aux droits de l'Église. Pour elles, le curé de leur paroisse, l'évêque de leur diocèse ne sont que des intrus, et plutôt que de les appeler auprès d'elles, elles préfèrent se priver des secours religieux. Scrupules mal entendus assurément, mais consciencieux, et auxquels il serait odieux de faire violence. Des scrupules du même genre ne sont pas impossibles et ne seraient pas moins respectables par rapport au choix d'une école.

Enfin, lors même qu'on ne se défierait pas du caractère ou des principes du maître, le régime des écoles peut inspirer aux familles de sérieuses inquiétudes. La fréquentation d'une école vaut mieux, sous tous les rapports, que le vagabondage ; mais vaut-elle mieux, au point de vue de la moralité, que le foyer domestique? Toute réunion d'enfants, quand un choix sévère n'y préside pas, développe et entretient des germes de corruption dont ne saurait trop se préoccuper un père jaloux de la pureté de ses enfants. Sans fermer les yeux sur ces redoutables écueils de l'éducation commune, nous n'irions pas assurément, pour notre part, jusqu'à les mettre en balance avec les bienfaits de l'instruction. Rien de plus précieux que l'innocence, rien de plus aimable que l'ignorance du mal ; mais, quoi qu'on fasse, il viendra toujours un temps, avant le terme de l'adolescence, où cette heureuse innocence aura reçu plus d'une atteinte, où le mal se sera révélé avec quelques-unes de ses séductions, et les moins exposés ne seront pas toujours ceux pour qui on aura retardé le plus longtemps possible l'heure de ces périlleuses révélations. Les bons principes puisés au sein de la famille sont l'arme la plus sûre contre les entraînements du dehors, à quelque moment qu'ils se fassent sentir. L'instruction elle-même contribue à les conjurer en éclairant et en fortifiant l'esprit et en le prémunissant, par l'habitude du raisonnement, contre l'erreur et le sophisme. Voilà ce que nous dirions aux parents qu'une prudence exagérée pourrait mettre en garde contre les périls de la vie scolaire. Mais nous nous bornerions à des conseils; nous ne nous croirions pas le droit, si nous avions en main le glaive de la loi, de leur imposer notre sagesse et de nous jouer de leurs scrupules. Entre les dangers qu'ils redoutent et l'absence d'instruction, nous aurions raison de ne pas hésiter, car on ne gagne rien à vouloir éteindre les lumières dans l'intérêt des mœurs; mais des hésitations qui ont leur principe dans ce que la conscience a de plus respectable ne sauraient être l'objet d'une condamnation pénale.

Il peut, d'ailleurs, se présenter des cas où l'on n'aurait pas même le droit de blâmer ces hésitations. Il est des enfants pour qui l'éducation commune est absolument mauvaise : des natures faibles, sans initiative pour le mal, mais accessibles à toutes les influences corruptrices; des âmes délicates, que brise le moindre froissement; des caractères fiers et indépendants, pleins de ressources peut-être, si l'on sait s'en emparer sans leur faire sentir le frein, mais que révoltent toute discipline et tout appareil d'autorité. Quand les parents sont assez instruits pour diriger eux-mêmes l'instruction de leurs enfants ou assez riches pour leur donner des précepteurs, rien de mieux; mais quand on n'a pas la ressource des études domestiques, le sacrifice de l'instruction se présente quelquefois comme le parti le moins dangereux. Ce sont là des cas extrêmes, nous en convenons, mais ils sont possibles; ils peuvent exciter de justes alarmes, et il serait tyrannique de n'en pas laisser l'appréciation à la conscience des pères de famille.

S'il est des enfants qu'on peut craindre d'envoyer à l'école, il en est d'autres qu'on doit craindre d'y garder. Le bon ordre d'une classe et la sécurité des familles exigent également que le maître ait la faculté de renvoyer des élèves obstinément rebelles à ses leçons ou d'un exemple funeste pour leurs camarades. Or peut-il conserver cette faculté s'il n'y a pas un libre contrat entre lui et les parents, mais une sorte d'impôt qu'ils sont forcés d'acquitter entre ses mains? En faisant de l'enseignement une obligation, l'État en fait par là même un droit pour les familles. Il ne peut les contraindre à envoyer leurs enfants à l'école sans leur donner le droit de contraindre le maître d'école à les recevoir; ou du moins, s'il peut y avoir des cas d'exclusion, le maître n'en saurait être le souverain appréciateur; ils doivent être l'objet d'un débat contradictoire et d'une décision judiciaire. C'en serait fait, d'ailleurs, de l'obligation, si l'on pouvait y échapper en se faisant renvoyer de l'école, ou si des parents mal inspirés par le ressentiment d'une exigence vexatoire pouvaient encourager, dans ce but, l'indiscipline de leurs enfants. Là, l'exclusion ne serait plus une peine, mais une prime. Or quelle autre arme peut-on donner à l'autorité méconnue du maître? C'est la réduire à l'impuissance, c'est compromettre tous les intérêts dont elle est la gardienne que de maintenir par force dans une classe des élèves qui en sont le fléau. Ce serait, d'un autre côté, une ressource extrême et pleine de périls, que de lui prêter l'appui des châtiments légaux. J'aimerais mieux, je l'avoue, pour la société, voir les écoles à moitié vides que de voir les maisons de correction devenir les succursales des maisons d'instruction.

Nous n'avons parlé, jusqu'à présent, que des obstacles moraux qui peuvent s'opposer à l'universalité de la fréquentation des écoles. Ces obstacles doivent surtout être combattus par des moyens moraux, par l'influence officieuse de toutes les personnes à qui leur position, leur caractère ou la confiance qu'elles inspirent donnent le droit et le pouvoir d'agir sur les âmes. L'État peut contribuer à les écarter, en allant au-devant des scrupules et en désarmant le mauvais vouloir par le choix des maîtres qu'il institue et par le régime qu'il prescrit aux écoles placées sous son patronage. Il y contribuera mieux encore en n'apportant aucune entrave à la libre multiplication des écoles, aux libres rapports des maîtres et des familles. Il risquerait de tout perdre en usant de contrainte, en donnant à une obligation toute morale une sanction légale.

Il est un obstacle d'un autre genre, qu'il peut lever plus directement, mais qui n'appelle pas davantage une action coercitive : c'est la misère des parents, qui les empêche souvent de pourvoir aux frais de l'éducation de leurs enfants et qui les oblige soit à les garder près d'eux pour les associer à leurs travaux, soit à les mettre de bonne heure en état de gagner leur vie, comme ouvriers ou comme domestiques. Quand la négligence des familles peut invoquer cette terrible excuse de la misère, ce n'est pas par des obligations légales, escortées de châtiments pécuniaires ou personnels, qu'il est possible de lui répondre, mais avec toutes les ressources de la bienfaisance publique ou privée. Où pouvez-vous mieux placer vos bienfaits qu'en luttant contre l'ignorance? Ce n'est pas seulement de la charité, c'est de l'intérêt bien entendu, s'il est vrai que la diffusion des lumières, au sein de la société, contribue naturellement à augmenter pour chacun de ses membres les chances de sécurité et la somme du bien-être. C'est également de l'intérêt bien entendu, de la part de l'État, s'il comprend que les droits dont il est le protecteur ne peuvent trouver une meilleure sauvegarde que dans le développement de l'instruction populaire. Qu'il multiplie les écoles, qu'il les rende accessibles aux plus pauvres familles par la gratuité et, s'il le faut, par des secours; qu'il sache enfin, par l'heureuse distribution de toutes les matières de l'enseignement public et par tout l'ensemble de ses institutions, faire sentir à tous les avantages de l'instruction : il atteindra ainsi son but plus sûrement, avec moins de péril et plus d'honneur, que s'il imposait à la liberté des parents la contrainte de l'école obligatoire.

Les mêmes objections s'appliqueraient avec non moins de force aux examens primaires obligatoires, si ces examens n'avaient pour but que de donner une sanction à la fréquentation obligatoire des écoles.

Elles pourraient toutefois être levées en partie si la contrainte légale se prêtait à tous les tempéraments que peuvent réclamer les droits de la famille et la liberté de l'enseignement. Il faudrait se borner à s'assurer par des examens que tous les jeunes gens parvenus à un certain âge ont reçu, sous une forme quelconque, par les soins de leurs parents ou par leurs propres soins, un minimum d'instruction. Nous accepterions, comme l'équivalent de ces examens, les attestations des instituteurs publics ou libres, en prenant seulement les précautions nécessaires contre la complaisance et la fraude. Nous voudrions que la sanction des récompenses, pour les enfants et pour leurs familles, se joignît à celle des peines, et nous n'admettrions cette dernière que comme une ressource extrême, avec l'espoir qu'elle resterait à l'état de simple menace et qu'elle ne serait jamais appliquée. Enfin, pour ne blesser aucun droit, non plus qu'aucun intérêt respectable, nous ferions très-large la part des excuses légitimes, des exceptions et des délais. Avec ces tempéraments et sous cette forme, l'enseignement obligatoire pourrait avoir, sur l'avenir d'une société telle que la nôtre, une salutaire influence, sans éveiller les scrupules d'aucune conscience libérale (1).

(1) La proposition de loi que nous avions présentée à l'Assemblée nationale de 1871 contenait tous ces tempéraments. Voici la partie de cette proposition qui se rapporte à l'enseignement obligatoire :

TITRE V. — DE LA SANCTION DE L'INSTRUCTION PRIMAIRE.

Art. 33. Les chefs d'établissements publics ou libres d'instruction primaire ou secondaire sont autorisés, sous leur responsabilité, à

Ce serait toujours un régime de contrainte, et, s'il était permis de ne tenir aucun compte des leçons de l'expérience, nous préférerions un régime de liberté pure; mais il est des temps où une telle restriction de la liberté doit être acceptée, non comme un bien

délivrer à leurs élèves des certificats constatant qu'ils possèdent soit le minimum, soit la totalité des connaissances qui forment l'objet de l'instruction primaire.

Des copies authentiques de ces certificats devront être remises aux commissions scolaires des communes dans lesquelles résident les parents ou les tuteurs des élèves.

En cas de changement de résidence, les parents ont le droit de se faire délivrer gratuitement de nouvelles copies, qu'ils devront remettre aux commissions scolaires de leurs nouvelles résidences.

Tout certificat reconnu mensonger, soit à la suite d'une inspection, soit par tout autre moyen de constatation, donnera lieu à des poursuites disciplinaires contre le chef de l'établissement qui l'aura signé. La peine sera la suspension et, en cas de récidive, la révocation ou l'interdiction, suivant que le chef d'établissement appartiendra à l'enseignement public ou à l'enseignement libre. Le certificat sera déclaré non avenu, et avis sera donné de cette déclaration aux commissions scolaires qui en auront reçu copie.

Art. 34. Chaque année, dans le courant des mois de mars, d'avril et de mai, les inspecteurs de l'instruction primaire se transporteront dans les communes ou arrondissements municipaux de leurs circonscriptions respectives et tiendront, dans chaque commune ou arrondissement municipal, avec l'assistance de la commission scolaire, une session d'examens sur toutes les matières de l'instruction primaire.

Des certificats seront délivrés à ceux qui auront satisfait à ces examens.

Ces certificats porteront mention, pour chaque matière et pour l'ensemble, de la façon *passable*, *bonne*, *très-bonne* ou *parfaitement bonne* dont les examens auront été subis. Ils ne pourront être obtenus que s'il a été répondu au moins d'une façon passable sur les matières formant le minimum de l'instruction primaire.

Des copies authentiques de ces certificats devront être remises à la commission scolaire et de nouvelles copies devront être délivrées en cas de changement de résidence, comme pour les certificats qui font l'objet de l'article précédent.

Art. 35. Toute falsification dans les certificats institués par les deux articles précédents, toute supposition de personne dans les examens à la suite desquels ils ont été obtenus ou dans l'usage qui en soi et comme l'application d'un principe absolu, mais comme une nécessité sociale et le seul remède à un plus grand mal. Nous l'avons rappelé dès le début de ce livre. Les questions de droit naturel se prêtent rarement à des solutions inflexibles et presque

en est fait, donnent lieu à des poursuites disciplinaires contre les auteurs ou complices devant le comité cantonal, avec la faculté d'appel devant le conseil départemental, et en dernier ressort devant le conseil supérieur de l'instruction publique, sans préjudice des poursuites correctionnelles ou criminelles, s'il y a connexité avec un délit ou un crime de droit commun. La peine est une amende égale au montant et, en cas de récidive, au double de la contribution personnelle et mobilière du coupable ou de ceux qui sont civilement responsables de ses actes. Si la peine est prononcée contre un instituteur ou une institutrice, elle entraîne de plus, de plein droit, la suspension pour un an et, en cas de récidive, l'interdiction ou la révocation.

Art. 36. Les jeunes gens qui auront mérité à leur examen la mention *parfaitement bien* pour le tiers au moins des matières, et la mention *très-bien* pour l'ensemble, pourront obtenir sur les fonds dont disposent les commissions scolaires, les comités cantonaux et les conseils départementaux, des bourses dans les écoles des cantons, dans les écoles normales, ainsi que dans les établissements publics ou libres d'instruction secondaire. Ces bourses seront personnelles et n'entraîneront pour ceux qui les auront obtenues que l'obligation de suivre régulièrement, dans un établissement au choix de leurs familles, le genre d'enseignement auquel elles auront été affectées. Les commissions scolaires, les comités cantonaux et les conseils départementaux veilleront, en ce qui concerne les bourses qu'ils auront accordées, à ce que cette obligation soit remplie.

Des récompenses pécuniaires pourront également être accordées sur les mêmes fonds, soit aux familles des jeunes gens qui auront mérité lesdites mentions, soit aux écoles dans lesquelles ils auront reçu leur instruction.

Art. 37. Sont admis à se présenter aux examens tous les enfants ou jeunes gens mineurs âgés de plus de dix ans et résidant dans la commune ou dans l'arrondissement municipal.

Les examens seront obligatoires pour les enfants ou jeunes gens mineurs âgés de plus de treize ans qui ne possèdent pas les certificats institués par les articles 33 et 34.

Art. 38. Huit jours au moins avant la session d'examens, la commission scolaire convoque, au domicile de leurs parents ou tuteurs, toujours elles laissent au législateur, dans une large mesure et en s'inspirant des circonstances, le soin de concilier des principes et des intérêts opposés. La France pouvait se soustraire il y a dix ans à la nécessité de faire une place dans ses lois à l'obligation de l'instruction primaire; elle y voit aujourd'hui une des conditions de son relèvement, et l'opinion publique y est tellement préparée que les scrupules les plus légitimes des esprits sincèrement libéraux osent à peine se produire, de crainte d'être confondus avec la résistance aveugle de l'esprit de parti et du fanatisme religieux.

Les évenements ont marché depuis que la question a commencé à être débattue à la tribune et

de leurs maîtres ou de leurs patrons, les enfants ou les jeunes gens pour lesquels les examens sont obligatoires.

Elle cite devant elle, dans un délai d'un mois après les examens, les parents ou tuteurs, les maîtres ou les patrons dont les enfants ou pupilles, les domestiques, les apprentis ou les ouvriers ne se sont pas rendus à ladite convocation ou bien n'ont pu satisfaire, sur le minimum prescrit, aux conditions de l'examen, et si elle juge qu'il y ait de leur faute, elle leur inflige un avertissement; si, l'année suivante, ils n'ont pas tenu compte de cet avertissement, elle peut les frapper d'une amende égale au maximum de la rétribution scolaire dans les écoles de la commune ou de l'arrondissement municipal. Ils restent passibles de la même amende jusqu'à la majorité des jeunes gens, tant qu'ils se rendent coupables de la même négligence. La faculté de recevoir des secours publics peut en outre leur être retirée. Communication de cette dernière décision est faite au bureau de bienfaisance, ainsi qu'à toute autre institution charitable dont le bénéfice appartient ou s'étend à la commune ou à l'arrondissement municipal.

Art. 39. En cas de mauvais vouloir constaté des enfants ou jeunes gens, les parents ou tuteurs, sur l'avis conforme de la commission scolaire, peuvent user des droits que leur confèrent les articles 373 à 392, ainsi que l'article 468 du code civil.

L'amende édictée par l'article précédent peut d'ailleurs être infligée directement aux jeunes gens âgés de plus de seize ans.

dans la presse, et ils ont dissipé bien des illusions. Les terribles désastres dont le manque d'instruction a été une des principales causes, ne permettent plus à des esprits vraiment conservateurs de refuser à la société, par un scrupule excessif de libéralisme, le seul moyen efficace de guérir la plus honteuse et la plus funeste de ses plaies. La France vaincue a dû se résigner à établir l'obligation universelle du service militaire; cette obligation en appelle une autre, celle de l'instruction, qui, en facilitant l'éducation militaire des jeunes soldats et le recrutement des sous-officiers, peut permettre d'atténuer dans leur durée les charges du recrutement. Nos divisions politiques ne permettent plus de toucher, sous une forme quelconque, au suffrage universel, si nous ne voulons pas laisser aux mains des partis une arme redoutable : puisque nous ne pouvons pas faire de l'ignorance un motif légal d'exclusion, quoi de plus nécessaire et de plus urgent que d'employer tous les moyens pour écarter l'ignorance du corps électoral? Enfin l'horrible guerre civile que nous avons vue succéder aux désastres de la guerre étrangère a ajouté un exemple décisif à ceux que nous fournissaient déjà les statistiques sur les funestes effets de l'ignorance. Les journaux ont publié en 1872 une lettre d'un déporté, qui signale comme *complétement illettrés* la plupart de ses compagnons d'exil, condamnés avec lui pour participation aux crimes de la commune. Un rapport du colonel Gaillard, inséré dans l'enquête parlementaire sur les causes de l'insurrection du 18 mars 1871, constate également que presque tous les enfants arrêtés à la suite de cette insurrection étaient illettrés. Devant ces ravages de l'ignorance, est-il encore possible de soutenir d'une manière absolue que la loi n'a pas le droit d'imposer aux jeunes générations le frein salutaire et bienfaisant de l'instruction? Qu'elle concilie, autant que possible, ses nouvelles exigences avec les droits des familles; qu'elle n'impose pas directement la fréquentation des écoles; mais qu'elle ne craigne pas de prendre des précautions efficaces contre l'ignorance sans excuse des futurs électeurs et et des futurs soldats.

XVI

Aucune école, à aucun degré, ne doit être obligatoire, mais l'enseignement, sous toutes ses formes, doit être mis à la portée de tous, soit par des encouragements donnés aux écoles libres, soit par l'institution d'écoles publiques. Répandre l'instruction est un de ces devoirs que la plupart des politiques prescrivent à l'État, souvent même en l'exagérant, et que tout gouvernement civilisé se fait un honneur de remplir. Ce n'est qu'un devoir d'assistance, mais qui tient le premier rang parmi ceux où l'État, sans imposer son intervention exclusive, comme dans l'administration de la justice, se borne à prêter son concours aux efforts individuels. Quand il ne s'agit que de la vie matérielle, chacun, à la rigueur, se suffit à soi-même. Le plus pauvre peut demander à son travail des moyens de subsistance,

8.

ou, du moins, l'incapacité absolue de vivre en travaillant n'est jamais qu'une exception. Pour la vie intellectuelle, au contraire, ce n'est que le petit nombre qui peut se passer d'autrui en cultivant soi-même et sans auxiliaire son esprit et celui de ses enfants. L'instruction, pour le riche comme pour le pauvre, exige des écoles, des colléges, des cours littéraires et scientifiques, des maîtres de toute sorte qui se donnent pour mission de la répandre. Et ce n'est pas assez de quelques foyers d'instruction, il faut qu'ils soient assez multipliés pour suffire à tous les besoins. S'agit-il de l'enseignement élémentaire? c'est l'enseignement nécessaire à tout le monde, la lumière qui doit éclairer l'exercice de toutes les professions et la pratique de tous les devoirs. Chacun doit pouvoir le trouver à sa porte, pour ainsi dire; il faut aux moindres villages une maison d'école. S'agit-il de cet enseignement plus élevé qu'on appelle secondaire ou classique? désirable pour lui-même, il est la condition indispensable des professions libérales. S'il ne peut pas être distribué partout, il faut du moins qu'aucun centre un peu important n'en soit dépourvu. S'agit-il, enfin, de cet enseignement supérieur qui prépare, nous ne dirons pas aux plus hautes professions, mais à celles qui supposent le plus de connaissances? sa destination spéciale demande naturellement qu'il soit plus restreint; mais il ne doit faire défaut à aucun État et, dans un grand État, il doit trouver plusieurs centres.

Ce n'est pas encore assez qu'il y ait une école dans chaque commune, un collége dans chaque ville, un corps de facultés pour chaque État ou pour chaque division régionale d'un grand État : tous les besoins légitimes ne seraient pas satisfaits, si des influences particulières et prédominantes pouvaient faire de ces écoles, de ces colléges, de ces facultés, les représentants exclusifs d'une seule doctrine, religieuse ou politique. Il n'est pas possible, sans doute, que les minorités, quand elles sont peu nombreuses, aient partout à leur portée des établissements d'instruction; mais que, dans une pauvre commune, grâce à des libéralités inspirées par l'esprit de parti, il n'y ait qu'une école, qui, sans répondre aux vœux de la majorité des habitants, rende impossible la concurrence d'une autre école réduite à ses seules ressources; que, dans une contrée qui ne comporte qu'un seul collége, le monopole de l'instruction secondaire soit aux mains d'une association riche et puissante, dont toutes les familles subissent la loi, bien que la plupart se défient de ses tendances; que, dans une vaste région et quelquefois même dans tout un pays, d'anciennes fondations, perpétuant au sein des générations nouvelles l'esprit des générations précédentes, maintiennent sans rivales des universités dont l'enseignement n'est plus en rapport avec les idées et les besoins de la société : c'est, sans contredit, un mauvais régime, aussi préjudiciable à l'intérêt public qu'aux intérêts privés. Nous ne sommes pas de ceux qui ne se feraient aucun scrupule d'appeler contre un tel régime la contrainte et la confiscation, au nom de l'omnipotence du gouvernement ou du prétendu droit des majorités; mais, s'il est protégé par les droits inviolables de la propriété et de la liberté, tout ce qui peut aider les opinions qu'il opprime à lui opposer une concurrence loyale et sérieuse mérite assurément les plus grands encouragements.

Des écoles de tous les degrés, en nombre suffisant et dans les conditions les plus favorables pour donner satisfaction à tous les vœux légitimes, n'atteindraient pas encore leur but, si le recrutement des maîtres, avec les meilleures garanties de capacité et de zèle, n'était pas assuré par la perspective d'un salaire honorable. Il faut qu'un homme instruit, qui se voue aux pénibles devoirs de l'enseignement, puisse compter sur un traitement plus ou moins élevé, pour payer non-seulement son travail intellectuel, mais les études préparatoires auxquelles il a été obligé de se livrer, et pour compenser les avantages qu'il pourrait trouver dans un autre emploi de son talent.

Enfin, un lien est nécessaire entre les divers établissements d'instruction. L'enseignement supérieur repose sur l'enseignement secondaire; l'enseignement secondaire, sur l'enseignement primaire, et chacun d'eux remplit imparfaitement sa tâche s'il la remplit isolément. Il faut même un lien, dans l'intérêt des maîtres et par suite dans l'intérêt des études, entre les établissements d'un même ordre. L'espoir de l'avancement, tout autant que celui du salaire prochain, entre parmi les motifs qui peuvent attirer vers l'enseignement. Or, l'avancement ne peut être assuré régulièrement, s'il n'y a que des établissements isolés et purement locaux, s'ils ne forment pas, dans tout le pays ou au moins dans toute une région, une association universitaire.

Que si l'industrie privée peut satisfaire à toutes ces exigences; si des écoles primaires, des institutions secondaires, des facultés, des universités peuvent s'élever d'elles-mêmes, partout où le besoin s'en fait sentir et sans servir des tendances exclusives; si la rétribution payée par les élèves répond partout aux justes espérances des maîtres et suffit pour garantir à des hommes d'un vrai talent un avenir honorable, sinon très-brillant : c'est évidemment le régime le meilleur, celui qui témoigne le mieux de la prospérité et de la civilisation d'un pays, et qui offre le plus de sécurité pour la liberté, précisément parce qu'il rend superflue l'intervention de l'État. Si, pour seconder l'industrie privée, c'est assez de l'assistance des communes et des provinces, qui sont comme l'État en petit, dans des conditions plus rapprochées de l'activité individuelle, rien n'appelle encore le concours du gouvernement central, et son abstention est toujours un hommage qu'il rend à la liberté. Si, enfin, il suffit de quelques secours ajoutés par l'État à ceux des provinces et des communes, qu'il borne là son rôle, et qu'il se fasse un mérite, non de prodiguer ses bienfaits, mais de ne rien faire que ce qui ne peut être fait que par lui.

Il n'est, malheureusement, aucun pays où l'intervention de l'État dans l'enseignement puisse être aussi restreinte, où l'on puisse se confier exclusivement dans l'industrie privée, plus ou moins secondée par l'initiative locale et plus ou moins assistée des deniers publics, pour créer tous les foyers d'instruction qui doivent satisfaire aux besoins de la société tout entière, sans distinction de classes, d'opinions ou de croyances, pour leur assurer tous les avantages qui sont nécessaires à leur succès, enfin pour les coordonner par une sorte de lien hiérarchique, sans lequel ils ne rempliraient qu'imparfaitement leur destination. Tous ces intérêts réunis appellent partout non-seulement le concours indirect et purement pécuniaire de l'État, mais des fondations dont il lui appartient de prendre l'initiative.

Ce sont, en effet, des intérêts vitaux pour la société, dont l'État est le représentant, l'organe actif et personnel, et quand la société, livrée à elle-même, ne peut pas y faire face, il ne peut se dispenser de mettre dans la balance le poids de la puissance publique. Qu'il n'y ait point d'écoles de médecine ou de droit, ou que, pour ces deux sciences, l'enseignement soit donné par des maîtres incapables : ce ne seront pas les médecins ou les avocats qui en souffriront, mais les malades et les plaideurs. Que l'agriculture et l'industrie se recrutent en majorité parmi des hommes complétement illettrés, entretenus par une crasse ignorance dans tous les préjugés de la routine, faute d'écoles en nombre suffisant et, dans ces écoles, d'un enseignement suffisamment étendu : qui en portera la peine ? les cultivateurs et les artisans ? non, mais la société tout entière, qui consomme les produits du sol et qui fait usage de ceux des manufactures. Enfin, si nous considérons, non plus les intérêts matériels, mais les intérêts moraux, quand l'ignorance multiplie les crimes et accroît la nécessité de la répression, je consens à plaindre ces misérables qu'un esprit plus cultivé aurait peut-être détournés de la voie du bagne ou de l'échafaud; mais je plaindrai encore davantage les innocents que la diffusion générale des lumières aurait pu soustraire à leurs attentats. Ici, nous touchons aux intérêts propres de l'État. L'instruction publique est l'auxiliaire de la justice. L'instituteur rend plus facile la tâche du législateur et du juge. Plus il y a de lumières dans la société, moins la puissance publique est obligée d'agir, et son action, en même temps qu'elle se restreint, devient plus intelligente et plus efficace.

L'État, d'ailleurs, n'est pas une pure abstraction, mais une collection d'individus appelés à remplir des devoirs déterminés, dans l'intérêt de tous. Depuis les plus hautes sphères de l'administration jusqu'aux plus humbles emplois, ces devoirs demandent des connaissances générales ou spéciales, constatées pour quelques-uns par des examens, mais qui, dans tous les cas, ne peuvent être acquises que si l'instruction est suffisamment répandue dans la société. Or, quand nous parlons des fonctionnaires de l'État, il faut entendre tous les citoyens. Qui n'est pas appelé, en effet, à prêter son concours actif à l'État, quand ce ne serait que comme soldat? Et quelque service qui soit demandé à un citoyen, l'instruction élémentaire n'en est-elle pas une condition sinon tout à fait nécessaire, au moins infiniment désirable?

Tous les États ont intérêt à la multiplication des

écoles, quelle que soit leur constitution; mais cet intérêt croît évidemment quand des institutions libérales veulent que tous les emplois publics soient accessibles à tous les citoyens, sans distinction de naissance ou de fortune et sous la seule condition de la capacité. Est-ce trop dire que de le considérer comme le plus pressant de tous, quand des institutions démocratiques font de tous les citoyens, par l'universalité du droit de suffrage, des législateurs et des magistrats? Un pays où tous les citoyens sont électeurs et où près d'un tiers des électeurs ne savent ni lire ni écrire offre une anomalie monstrueuse, que tous les efforts réunis des particuliers et de l'État doivent s'attacher à faire disparaître.

XVII

Si, en dehors d'un idéal à peu près irréalisable, il doit y avoir un ensemble d'écoles fondées, entretenues, coordonnées par l'État, l'enseignement doit-il y être gratuit? Il semble peu convenable que l'État fasse payer ses services, qu'il se fasse marchand de science, élevant ou abaissant ses prix suivant les intérêts de la concurrence qu'il est obligé de soutenir avec l'industrie privée. Il est vrai que si l'enseignement de l'État n'est pas payé par ceux qui le reçoivent, il faudra qu'il le soit par la masse des contribuables; mais ceux-ci n'auront pas le droit de se plaindre. Si la diffusion de l'enseignement doit profiter à tous, n'est-il pas juste qu'il soit distribué aux frais de tous? La gratuité absolue a cet avantage qu'elle sauvegarde la dignité des familles pauvres, pour qui il faudrait toujours demander la dispense totale ou partielle des frais d'études ; ce n'est plus une aumône qui leur est faite : elles jouissent du droit commun.

Sans méconnaître la force de ces raisons, nous répondrons que le droit commun ne serait ici que le droit pour tous les parents, quelle que fût leur fortune, de ne pas contribuer aux frais de l'éducation de leurs enfants, c'est-à-dire la dispense d'un devoir. Sans doute ils y contribueront par l'impôt : cela revient au même au point de vue matériel, non pas au point de vue moral. L'un des meilleurs liens de la famille, ce sont les sacrifices que demande l'éducation des enfants. On a remarqué que l'affection croît souvent chez les parents à proportion de ces sacrifices ; ils y puisent, du moins, de nouveaux droits à la reconnaissance de ceux qui en recueillent les fruits. N'avoir donné que la vie à ses enfants, ce n'est pas proprement un bienfait ; les avoir entourés de soins vigilants depuis leur enfance, ce n'est que l'accomplissement du plus vulgaire devoir, et ils s'y accoutument si aisément qu'ils oublieront quelquefois de s'en montrer reconnaissants. Les faire participer à l'instruction commune, dispensée gratuitement par l'État, ce serait appeler toute leur gratitude sur l'État lui-même ou sur les maîtres qui le représentent « Mes parents n'ont formé que mon corps, vous avez formé mon âme », est un cri qui est souvent sorti des lèvres d'un élève reconnaissant. Ah ! que, du moins, il puisse se dire que ces maîtres à qui il doit tant, ce sont ses parents qui les lui ont donnés. C'est assez, pour l'État, de s'attacher les générations nouvelles en mettant à leur disposition tous les moyens d'instruction : il est bon qu'il en partage le mérite avec les parents eux-mêmes ; il n'a rien à gagner à l'affaiblissement des sentiments de famille.

La gratuité n'a plus cet effet quand l'indigence est seule appelée à en profiter. C'est toujours un sacrifice pénible et méritoire pour de pauvres parents que de se priver du travail de leurs enfants pour les envoyer à l'école. Qu'on ne craigne pas, d'ailleurs, que la gratuité, présentée comme une sorte d'aumône, répugne à la juste fierté d'un grand nombre de familles, pour qui elle serait un bienfait nécessaire. Il n'en est pas de l'aumône intellectuelle comme de l'aumône matérielle ; celui qui rougit de la seconde va au-devant de la première, surtout quand on doit la demander non pour soi-même, mais pour ses enfants. Voyez combien de familles, relativement aisées et souvent même presque riches, sollicitent des bourses dans les colléges ou dans les grandes écoles. Loin de craindre des scrupules excessifs, il y aurait peut-être à souhaiter, sous ce rapport, plus de délicatesse. On s'accoutume trop aisément à considérer comme un droit les bienfaits de l'État et à se décharger sur lui des devoirs qu'on est appelé à remplir. Il ne faut pas qu'une libéralité mal entendue encourage ces funestes habitudes. Que l'État ne soit pour la famille, dans la distribution de l'enseignement, qu'un auxiliaire attentif et prévoyant ; qu'il ne la dispense que des sacrifices qui sont au-dessus de ses forces ; que, partout ailleurs, il se borne à mettre à sa portée le champ où elle devra déployer son dévouement en s'attachant plus étroitement ces jeunes cœurs, dont l'affection lui est acquise par la nature.

Il y a, contre la gratuité absolue, une autre considération qui n'a pas moins de force. S'il doit y avoir un enseignement de l'État, la liberté demande que cet enseignement ne soit pas le seul. Il est juste, il est même utile qu'il y ait concurrence entre les écoles publiques et celles qu'entretiennent les particuliers. Concurrence mercantile, dira-t-on, au-dessous de la dignité de l'État, s'il s'y joint un intérêt pécuniaire. Concurrence inique, dirons-nous à notre tour, si l'État, par l'appât de la gratuité, qui ne lui coûte rien, puisqu'il la fait payer aux contribuables, assure à ses écoles des avantages contre lesquels ne peuvent pas lutter les écoles libres, à moins d'énormes sacrifices. La lutte serait d'autant plus inégale que le sacrifice serait double pour le zèle des particuliers : les frais qu'ils auraient à supporter, pour mettre leurs écoles sur le même pied que celles de l'État, ne les dispenseraient pas de concourir, comme contribuables, à l'entretien des écoles rivales. Dans de telles conditions, la concurrence ne serait possible que pour une association puissante, soutenue par la passion politique ou religieuse et disposant d'une vaste influence. La liberté vraie, la liberté à l'usage des individus, serait écrasée entre ces puissances rivales, qui ne lui laisseraient aucune place. Nous sommes tellement jaloux des intérêts de la liberté que, même en réclamant la gratuité pour les familles qui en ont besoin, nous ne voudrions pas qu'elle contribuât exclusivement au recrutement des écoles de l'État. S'il est bon que l'enseignement, à tous ses degrés, soit ouvert aux plus pauvres, il conviendrait que les bourses fondées par l'État ne fussent qu'un secours pécuniaire, qui ne gênât en rien la liberté des familles dans le choix d'une maison d'instruction ; il conviendrait, en un mot, que les écoles de l'État n'eussent pas d'autre attrait que la supériorité de leur enseignement.

XVIII

On croit, en général, que la liberté d'enseignement est suffisamment assurée quand des établissements privés peuvent s'élever à côté des établissements publics et leur faire une libre concurrence. Nous voulons plus encore : nous voulons que la liberté d'enseignement subsiste au sein même des établissements publics. Quand on parle de l'enseignement de l'État, il ne faut pas entendre un enseignement distribué par des agents directs de l'État, comme la justice ou la police. On dit quelquefois *l'État enseignant;* c'est une expression fausse et propre à entretenir la confusion. Autant vaudrait dire l'État médecin, l'État littérateur, l'État philosophe, voire même l'État théologien, puisque nous possédons des facultés de théologie. L'État, nous ne saurions trop le répéter, n'a point de doctrines, pas mêmes celles qui servent de base à ses lois. Il lui appartient de régler les actions, non les opinions. Pour les premières, il doit exiger l'unité, dans les limites des prescriptions légales; pour les secondes, il doit souffrir, que dis-je? il doit appeler la diversité. Nul ne doit marchander sa soumission à la loi, mais il est dans l'intérêt même de la loi qu'elle soit discutée dans ses principes, pour éclairer les changements dont elle peut être susceptible.

Sans doute, la discussion sera toujours possible si, à côté des établissements publics, dépositaires des doctrines de l'État, il y a des établissements privés où la liberté des opinions peut trouver les garanties dont elle a besoin. Garanties précieuses assurément, mais insuffisantes. La liberté religieuse serait-elle entière, si une religion d'État se maintenait en face des Églises dissidentes, lors même que celles-ci jouiraient d'une tolérance sans limites? Une vérité officielle, une vérité de l'État, dans tous les ordres de sciences, n'est pas moins contraire à la liberté d'enseignement, lors même que celle-ci, en dehors des écoles de l'État, aurait toute latitude pour se créer des asiles. C'est un grand poids en faveur d'une opinion que d'avoir l'appui de l'État; c'est un argument décisif pour cette foule de gens qui se dispensent si aisément de penser par eux-mêmes. « Cet homme a quatre laquais, et je n'en ai qu'un, dit Pascal : cela est visible; il n'y a qu'à compter; c'est à moi à céder, et je suis un sot si je conteste. Nous voilà en paix par ce moyen, ce qui est le plus grand des biens (1). » Cette doctrine a l'appui

---

(1) *Pensées*, édition Havet.

du gouvernement, qui la fait enseigner en son nom et qui en garantit la vérité en lui donnant sa livrée; cette autre a pour elle quelques pauvres diables qui ne représentent qu'eux-mêmes : c'est à eux de céder, et bien fou qui se battrait pour eux! « Nous voilà en paix par ce moyen! » Est-ce vraiment le plus grand des biens?

S'il doit y avoir une vérité de l'État, s'il ne doit pas souffrir que d'autres soient enseignées en son nom, il se heurte aux mêmes principes qui lui défendent de s'immiscer par sa surveillance dans les doctrines de l'enseignement libre. Et d'abord, où trouvera-t-il cette vérité légale? Toutes les écoles de l'université impériale, aux termes du décret constitutif, devaient prendre pour base de leur enseignement les préceptes de la religion catholique : une telle prétention équivaut à la reconnaissance d'une religion d'État. Si l'on veut respecter la liberté de conscience, on ne peut demander aux professeurs de l'État qu'une doctrine négative en quelque sorte, sur toutes les questions religieuses. Recrutés au sein de toutes les communions, ils n'en devront blesser aucune. Le principe paraît sage : est-il applicable? Il n'est pas une branche d'enseignement où ne se présentent sans cesse des occasions de conflit, soit entre les croyances rivales, soit entre la raison et la foi. Le premier besoin de la foi, c'est de s'affirmer, et par conséquent de nier toute opinion contraire; le premier besoin de la science, c'est de suivre librement sa voie, d'aller jusqu'au bout des expériences qui l'éclairent et des raisonnements qui la dirigent, sans s'inquiéter si elle est arrêtée par des barrières qu'elle-même n'a point élevées. Obliger le professeur à renfermer sa foi en lui-même, c'est exclure la foi de l'enseignement public; lui faire une loi de ne contredire les dogmes d'aucune Église, c'est bannir tout ensemble et la foi et la science.

Les sciences qu'on appelle positives, et dont le domaine est le plus exactement circonscrit, touchent de tout côté à celui de la religion. Quand leurs résultats semblent acquis d'une manière indubitable, aucune religion, sous peine de se condamner elle-même, ne fait aujourd'hui difficulté de les accepter. Elles ont changé, depuis trois siècles, toutes les idées reçues sur le système du monde et la formation des choses, et la foi la plus exigeante, après de vaines censures, a dû s'incliner devant l'évidence de leurs démonstrations. Mais, avant qu'il y ait pour une découverte scientifique ce qu'on peut appeler possession d'état, l'intolérance religieuse ou, pour parler plus exactement, les scrupules religieux, peuvent encore lui susciter des entraves. Si le système de Galilée se produisait de nos jours pour la première fois, il pourrait faire plus aisément son chemin : je ne sais si l'État oserait le laisser enseigner dans ses colléges.

Que dirons-nous des autres sciences, plus vagues dans leur objet et dans leurs méthodes, plus incertaines dans leurs résultats? La philologie elle-même peut porter ombrage à l'orthodoxie religieuse, car elle touche aux questions d'origines et, si elle fait entrer, comme c'est son droit, la langue hébraïque dans le cercle de ses études, elle ne peut se dispenser de soumettre à ses interprétations le texte de la Bible. Et l'histoire, comment serait-il possible de l'enseigner dans les écoles de l'État, si le professeur ne doit se montrer dans ses appréciations ni juif, ni protestant, ni catholique?

Je ne parle pas de la philosophie, elle a toujours été un champ de bataille; mais la morale? Elle a place dans tous les enseignements. On ne veut pas sans doute qu'un maître d'école croie sa tâche achevée quand il a appris à ses élèves à lire et à écrire : par le choix des livres qu'il met entre leurs mains et qu'il les aide à comprendre, par celui même des exemples d'écriture qu'il leur donne à copier, il concourt à former leur cœur aussi bien qu'à éclairer leur esprit. Le sens grammatical des mots n'est pas tout pour le professeur de langues, quand il dicte un texte de thème ou de version ou quand il fait expliquer un passage d'un auteur : les pensées appellent aussi ses commentaires; il se fait un devoir de les éclaircir quand elles lui semblent obscures, de les rectifier quand il les juge fausses. Or, quelles pensées tiennent le plus de place dans les auteurs anciens, comme dans les modernes, sinon les pensées morales? Nulle partie de l'enseignement public n'échappe donc à la nécessité ou plutôt à l'obligation de donner des conseils de morale. De là, pour l'État, la responsabilité la plus redoutable, s'il ne se tient pas en dehors de toute doctrine. Permettra-t-il à ses professeurs de parler suivant la foi qu'ils professent? Ils ne seront jamais sûrs de ne pas alarmer la foi d'autrui. La morale n'est pas toujours un terrain neutre : le catholique y craindra sur plus d'un point les tendances du protestantisme ; le protestant, celles du catholicisme ; ni l'un ni l'autre n'y souffriraient aisément l'esprit du libre penseur et une morale indépendante de toute foi positive. Quel parti prendra l'État au milieu de ces conflits inévitables ? S'il abdiquait toute juridiction sur les doctrines professées dans ses chaires, elles n'engageraient que leurs auteurs ; du moment qu'il s'en reconnaît responsable, elles ne peuvent appeler la contradiction sans le compromettre lui-même. Les censures dont elles sont frappées au nom des dogmes religieux prennent dès lors le caractère d'une agression contre le gouvernement qui les couvre de son patronage ; la tolérance qu'il leur accorde en dépit de ces censures ne peut être considérée que comme un acte d'hostilité contre l'Église qui les condamne.

Nous ne faisons pas de vaines hypothèses. Combien de fois n'avons-nous pas entendu accuser la faiblesse ou le mauvais esprit d'un gouvernement, ici parce que ses chaires étaient pleines de libres penseurs, là parce que quelques-unes semblaient un foyer de propagande protestante, ailleurs parce que des professeurs imbus de la foi du moyen âge semaient dans les jeunes intelligences le mépris des idées modernes ? Réclamations pleines de périls pour l'État, s'il refuse d'y faire droit ; plus funestes encore, s'il se fait un devoir de leur ôter tout prétexte, en écartant de ses chaires tous ceux qui pourraient les compromettre, c'est-à-dire tous ceux qui pourraient

9.

les honorer par la sincérité et l'indépendance de leurs convictions et par la fermeté de leur caractère; si, en un mot, l'enseignement public, voué aux ménagements excessifs d'une prudence intéressée, ne désarme que trop aisément la défiance par son insignifiance et sa stérilité.

Sans doute, l'État doit interdire à ses professeurs ce qu'il interdirait à tous les citoyens, l'injure et la violence à l'égard de ceux qui ne partagent pas leur foi ou les écarts d'un prosélytisme qui tromperait les vœux ou la bonne foi des familles. Mais il doit leur permettre d'être franchement de leur religion ou de n'en avoir aucune, si leur conscience abjure toute foi surnaturelle. Sa responsabilité ne doit jamais être engagée dans la manifestation de leur foi religieuse.

Est-il besoin d'ajouter maintenant qu'elle ne doit pas l'être davantage dans la manifestation de leurs opinions scientifiques ou littéraires qui ne touchent pas à la foi? Sur ce point, la plus large tolérance s'est introduite dans la pratique. Il existe en France deux facultés de médecine qui obéissent, depuis un temps immémorial, à des tendances différentes, et dont la rivalité a certainement tourné au profit de la science. Pendant longtemps une seule école a occupé à peu près toutes nos chaires de philosophie; les disciples attardés de Condillac avaient peu à peu disparu et on avait fermé prudemment la porte au panthéisme allemand : c'eût été toutefois faire injure à l'école régnante que de se la figurer professant comme un seul homme des doctrines rigoureusement uniformes. Depuis la retraite de M. Cousin, cette école a perdu sa prépondérance et aucune autre ne l'a remplacée comme école dominante; la philosophie universitaire obéit aujourd'hui à des tendances très-diverses, et elle n'a pas besoin d'une prudence excessive pour faire accepter de l'État et du public l'indépendance de ses doctrines. L'anarchie est plus grande encore dans les lettres. Tel professeur est resté classique, tel autre a embrassé la foi romantique et lui reste fidèle après sa chute. Celui-là s'est donné pour mission de combattre le réalisme au nom du bon goût et de la morale; celui-ci se fait un devoir de mettre ses élèves en garde contre les chimères de l'idéalisme. L'État ferme les yeux sur toutes ces oppositions d'opinions entre ses professeurs, et la conscience publique ne semble pas s'en émouvoir.

Elles ont peine toutefois à se faire accepter en principe. C'est, en effet, un spectacle étrange, non-seulement pour les fanatiques de l'unité, mais pour beaucoup de bons esprits qui ne sauraient comprendre un enseignement de l'État sans une doctrine de l'État. Quoi! dans la même université, que dis-je? dans le même établissement et souvent dans la même chaire, devant les mêmes élèves, au nom et aux frais d'un même gouvernement, on viendra, à quelques heures de distance, professer le pour et le contre! Vérité le matin, erreur le soir, et l'une et l'autre payées des mêmes deniers! C'est pourtant une nécessité qu'il faut subir, si l'on ne veut pas pousser jusqu'à l'absurde la responsabilité de l'État. Est-il possible que l'État, c'est-à-dire une assemblée politique, un président, un roi ou un empereur, ou, si l'on veut, un ministre, dépositaire de la confiance du chef de l'État, ait des doctrines toutes faites sur toutes les matières qui peuvent faire l'objet de l'enseignement? Lors même que le ministre de l'instruction publique aurait l'infatuation de se croire éclairé d'en haut pour trancher toutes les questions littéraires ou scientifiques, se représente-t-on une armée de médecins, de jurisconsultes, de littérateurs ou de philosophes recevant d'un seul homme, comme un mot d'ordre, les saines doctrines qu'elle doit infuser à la jeunesse? Instituera-t-on un conseil chargé de veiller à la pureté des doctrines de l'État, et fera-t-on décider par une majorité ce qui est vrai et ce qui est faux dans chaque ordre de science? Faut-il se résigner à voir, suivant les fluctuations de cette majorité, l'homœopathie substituée à l'allopathie dans toutes les facultés de médecine, Racine immolé à la gloire de Shakespeare dans toutes les facultés des lettres, ou l'hégélianisme prenant possession de toutes les chaires de philosophie, sauf à revenir, si le respect des traditions reprend le dessus, aux principes de Descartes, aux règles d'Aristote et aux formules d'Hippocrate?

On n'ira jamais jusque-là, nous en sommes convaincu. L'État aura beau afficher la prétention d'avoir une doctrine, de même qu'il a un enseignement, il sera toujours forcé de souffrir la contradiction parmi les dépositaires de son enseignement et de sa doctrine. C'est seulement, dans la pratique, une affaire de mesure. Mais qui fixera la mesure et, le principe une fois admis, qui en empêchera les applications téméraires? On laissera en paix l'enseignement purement scientifique ; mais les lettres et la philosophie, sur lesquelles tout le monde se croit compétent, s'abstiendra-t-on toujours d'y toucher? Des voix en possession de se faire écouter ne s'élèveront-elles jamais, de bonne foi sans doute, mais sous l'empire d'un zèle exagéré, pour signaler au gouvernement, dans l'enseignement qu'il salarie, la contagion du mauvais goût et des mauvais principes? Je veux que le gouvernement use toujours avec discrétion du droit qu'il s'est réservé de répudier les doctrines suspectes et de révoquer ceux qui les propagent dans ses écoles : un tel droit n'est pas moins une menace toujours suspendue sur la tête des professeurs, et qui suffit pour paralyser leurs efforts, soit qu'ils en sentent le joug, soit, ce qui est plus triste encore, que l'habitude de ne plus penser par eux-mêmes les rende insensibles à la contrainte. Mieux vaudrait, sans contredit, renoncer à l'enseignement de l'État que de lui refuser, soit absolument, soit dans une mesure quelconque, les avantages féconds de la liberté de penser.

La suppression de l'enseignement public, tel est, en effet, le parti auquel s'arrêtent les esprits extrêmes, qui ne peuvent comprendre ni la science sans indépendance, ni l'indépendance chez ceux qui reçoivent de l'État leur mission et leur salaire. La difficulté s'évanouit dès qu'on se fait une juste idée des intérêts auxquels doivent répondre des écoles instituées par l'État. Ce ne sont pas les intérêts d'une seule doctrine, mais les intérêts intellectuels de la société, c'est-à-dire, dans le sens le plus général, la culture des esprits, la diffusion des lumières, le progrès des sciences. Or, l'indépendance de l'enseignement public peut seule sauvegarder tous ces intérêts. Cette indépendance est une garantie pour les familles, qui ne demandent à l'État que des professeurs capables et des établissements bien organisés, offrant à leur libre choix des représentants de toutes les opinions entre lesquelles elles se partagent. C'est également une garantie pour la société tout entière. En appelant l'intervention de l'État, non-seulement pour la gouverner, mais pour lui ouvrir d'abondantes sources de lumières, la société n'entend pas lui remettre la disposition de son avenir. Or, l'avenir serait enchaîné au présent, et le plus souvent même au passé, si un esprit exclusif présidait à l'enseignement de la jeunesse. C'est, enfin, une garantie évidente pour la science, dont les progrès ne sont possibles que si elle jouit d'une vraie liberté. Vous voulez une nation éclairée et vous vous chargez de lui distribuer la lumière ? Ne commencez donc pas par en gêner la propagation et par en altérer la pureté, en la forçant à ne traverser que des milieux de votre choix.

Nous allons même plus loin et, quoique cette proposition ait l'air d'un paradoxe, nous croyons que la liberté d'enseignement doit trouver son plus sûr asile dans les écoles de l'État (1). Il faut des écoles libres, d'abord par respect pour les principes, pour que la

---

(1) C'est ce que sentaient d'instinct ces esprits libéraux qui, dans tous les temps, ont exagéré les droits de l'Etat sur l'enseignement : théories injustes, car elles immolaient la liberté sur l'autel de la liberté, mais qui, en fait, auraient pu servir ses intérêts, si l'on eût pris soin de stipuler pour elle les garanties qu'elle doit trouver entre les mains de l'Etat lui-même.

liberté ne soit pas à la merci des institutions variables de l'État, puis parce que l'État, quelque précaution qu'il prenne pour éviter toute tendance exclusive, ne peut jamais se flatter de donner satisfaction à tous les vœux légitimes des individus et des familles. Ajoutons qu'il faut des écoles libres dans un intérêt contraire à celui de la liberté, parce qu'il est des familles à qui ne saurait convenir cette indépendance nécessaire de l'enseignement public, ouvert aux représentants de toutes les doctrines, comme de toutes les religions. Il suit de là qu'il y aura des écoles libres qui ne seront pas des écoles libérales, et dont les maîtres feront vœu de ne jamais se départir d'une doctrine rigoureusement définie. Dans celles mêmes qui ne prétendraient pas, pour toutes les matières de leur enseignement, à une orthodoxie exclusive, la nécessité de ménager des scrupules plus ou moins respectables, chez les familles à qui elles font appel, imposera toujours des entraves à l'indépendance des professeurs. L'État, plus libre parce qu'il est plus fort, obligé d'ailleurs, par sa nature même, à se déclarer incompétent dans toute matière doctrinale, n'ayant point, enfin, de scrupules à ménager, du moment que son enseignement n'est obligatoire pour personne, peut seul donner un enseignement parfaitement indépendant. Un enseignement privé, constitué, comme doit l'être celui de l'État, sur les bases de la liberté la plus large, rencontrerait des difficultés insurmontables. Il n'appartient qu'à l'enseignement de l'État, sans gêner la liberté soit de ceux qui le reçoivent, soit de ceux qui le dispensent, de faire une propagande efficace en faveur de la liberté elle-même.

XIX

Quel est donc le régime qu'il convient d'établir pour l'enseignement public? S'il s'agit d'une chaire isolée, l'État, en l'instituant, fixera les conditions à remplir pour la nomination du professeur, puis il laissera à ce dernier toute liberté dans l'exercice de ses fonctions, soit en lui garantissant l'inamovibilité, soit en exigeant un jugement, motivé non par sa doctrine, mais par une infraction à ses devoirs, pour qu'il soit touché à sa position. S'agit-il de la réunion d'un certain nombre de professeurs dans une école, un collége ou une faculté, ou de celle d'un certain nombre d'établissements de tous ordres dans un corps universitaire? l'État n'interviendra directement que par des règlements généraux, pour fixer la matière des cours, la discipline intérieure, les conditions qui doivent présider au choix des professeurs, à leur avancement, à la répression de leurs fautes. S'il prend sur lui de nommer les administrateurs et les professeurs, ses choix ne seront point arbitraires, et il devra, d'ailleurs, maintenir partout la garantie de l'inamovibilité ou d'un jugement régulier. Enfin, il devra laisser chaque établissement isolé ou chaque université se gouverner librement, en veillant seulement à l'exacte observation des règlements. Un point essentiel, dans ces règlements, devra être d'assurer l'indépendance des corps enseignants, non-seulement contre l'arbitraire de l'État, mais contre celui de leur gouvernement intérieur. La loi n'atteindrait pas son but, si elle n'affranchissait les professeurs du joug de l'État que pour les mettre à la merci des fantaisies d'un principal de collége ou d'un recteur d'université. Chacun de ces corps à qui l'État confie la distribution de l'enseignement public doit être libre dans son administration et dans sa discipline, mais à la condition de respecter le principe sur lequel repose l'enseignement public lui-même. Or, ce principe, c'est l'indépendance du professeur en tout ce qui tient à ses opinions.

Nous sommes tellement accoutumés à exagérer la responsabilité du gouvernement, que des corps indépendants institués par l'État et recevant de lui un salaire sembleront peut-être une utopie. Ce ne serait pas cependant, même en France, une institution sans exemple. L'inamovibilité dont jouit notre magistrature, et que toutes nos constitutions ont respectée, lui donne le droit de s'opposer, non pas sans doute à l'autorité législative, mais à toutes les exigences du pouvoir exécutif. Nos grands établissements financiers, la Banque de France, le Crédit foncier, ont, sans contredit, le caractère d'établissements publics, puisqu'ils reçoivent de l'État leurs chartes, leurs gouverneurs et, sinon une subvention directe, du moins des priviléges très-étendus. Ce sont cependant, dans leur administration intérieure, des établissements privés, fonctionnant en vue d'intérêts privés, en même temps qu'ils servent l'intérêt général, et dont les opérations n'engagent la responsabilité de l'État qu'autant que ses agents ont négligé de s'assurer de l'exécution des statuts.

L'exemple des théâtres est encore plus frappant. L'État croit, à tort ou à raison, que l'intérêt des lettres ou des arts exige des théâtres subventionnés et, jusqu'à un certain point, dirigés par lui. Il nomme leurs administrateurs, il leur impose des règlements, il charge des commissions de veiller à l'observation de ces règlements : ce sont, en un mot, sans que la comparaison aille plus loin, ses théâtres, comme les établissements universitaires sont ses écoles. Est-ce à dire qu'il soit directement responsable des pièces qu'on y joue et de la façon dont elles sont jouées? Doit-on dire l'État comédien, l'État chanteur, l'État danseur, comme on croit pouvoir dire l'État enseignant? A-t-il des principes d'esthétique ou de morale engagés dans les pirouettes du corps de ballet? S'il s'attribue sur les pièces un droit de censure, accepte-t-il comme siennes les tendances morales ou littéraires de celles qu'il laisse représenter? Se fait-il romantique quand on joue Hernani au Théâtre-Français, et classique quand on refuse d'y jouer Macbecth? Serait-il juste de lui imputer la justification du suicide, quand il laisse ses comédiens ordinaires jouer Chatterton, ou celle de la virginité refaite par l'amour, quand ils représentent Marion Delorme? Non; quand l'État prend certains théâtres sous son patronage, il n'a en vue que les intérêts de l'art dramatique, et il comprend qu'il irait contre son but, s'il gênait par son intervention directe la liberté des auteurs, des acteurs et des directeurs eux-mêmes. Les entraves, à notre avis fort discutables, qu'il met à cette liberté, ne répondent du moins qu'à des exigences de police et n'impliquent pas son immixtion dans le domaine propre des arts.

Il ne prétend pas davantage s'approprier celui des lettres et des sciences, quand il fonde des académies. L'Institut de France est une création de l'État. La nomination de ses membres est soumise à l'approbation du gouvernement. Ils reçoivent un traitement aux frais du Trésor. L'Institut n'en est pas moins un corps indépendant, composé de corps eux-mêmes indépendants et laissant à leurs membres, comme écrivains et comme savants, une complète indépendance. Le contrôle de l'État sur les élections académiques n'a pour but que d'assurer l'observation des règlements. Ces élections sont parfaitement libres; elles peuvent même se produire comme des actes d'opposition politique, sans avoir à craindre que l'approbation du chef de l'État leur soit refusée. Ni cette approbation, ni le traitement qui en est la suite ne créent pour l'académicien, vis-à-vis du gouvernement, des obligations différentes de celles des autres citoyens et n'engagent une autre responsabilité que la sienne dans les opinions qu'il peut manifester, même quand il les publie comme membre de l'Institut. La responsabilité de chaque académie à l'égard des doctrines littéraires, religieuses ou politiques de ses membres expire elle-même après l'élection. Une académie est libre de fermer ses portes à une opinion, en refusant obstinément ses suffrages aux écrivains et aux savants, même les plus illustres, qui s'en sont faits les représentants. Mais si, sous ce rapport, elle peut affecter une sorte d'orthodoxie, elle n'a aucun pouvoir pour la maintenir chez ceux qu'elle a admis dans son sein. Les doctrines d'un académicien peuvent être blâmées par un de ses confrères, soit personnellement, soit au nom de l'académie elle-même : son caractère et ses droits, comme académicien, n'en sont pas entamés. Ils ne sont pas davantage entamés par une condamnation politique. Lorsque l'Institut a ressenti le contre-coup de nos discordes civiles, l'exil a fait des vides dans ses séances, il n'en a plus fait depuis longtemps dans son sein. Depuis les tristes réactions qui ont marqué la chute du premier empire, une seule exclusion a été prononcée par une académie contre un de ses membres : elle avait pour motif une condamnation aux travaux forcés, pour crime de vol.

Ici la comparaison ne laisse rien à désirer. Les académies, comme institution de l'État, ont la même destination que l'enseignement public, dont elles sont, en quelque sorte, la forme la plus haute. Elles sont appelées à maintenir et à élever, s'il est possible, le niveau intellectuel de la nation. En les prenant sous son patronage, en les faisant entrer dans la sphère de son action, l'État a compris que le succès de la mission qu'il leur confiait était précisément attaché à leur indépendance. Il en doit être ainsi de l'enseignement public; que dis-je? il en a été ainsi de l'enseignement public, pendant une notable partie de ce siècle, et il n'est pas besoin d'exemples étrangers pour expliquer la liberté dont il peut jouir.

Certes, quand Napoléon a fondé l'université, il n'avait pas l'intention d'en faire un corps indépendant. Elle devait représenter, à tous les degrés, nonseulement l'action directe de l'État, mais ce que son fondateur croyait pouvoir appeler les doctrines de l'État. Et cependant, au bout de quelques années, par la force des choses, en vertu de cet esprit de liberté que développe naturellement la culture de l'intelligence, elle s'était transformée, sans changer sensiblement ses règlements, et en laissant seulement tomber en désuétude ce qu'ils avaient d'illibéral, au point de réaliser dans son sein à peu près toutes les garanties de cette liberté d'enseignement au nom de laquelle on lui livrait de si rudes assauts. Elle avait toujours à sa tête un grand maître, membre du gouvernement sous le nom de ministre de l'instruction publique, à qui appartenaient l'initiative et la responsabilité de tous les actes destinés à modifier ses règlements, de même que toutes les nominations qui pouvaient modifier son personnel ; mais, en fait, la direction de l'enseignement public était passée des mains du ministre dans celles d'un conseil inamovible. C'est de ce conseil, soustrait par son inamovibilité aux vicissitudes de la politique et à la pression du gouvernement, qu'émanaient à la fois les arrêtés relatifs aux études et les nominations des professeurs. Ces nominations étaient entourées elles-mêmes des garanties les plus propres à exclure l'arbitraire. Pour le haut enseignement, c'était, avec le grade de docteur, le concours public ou la présentation des facultés et, après la nomination, l'inamovibilité.

Pour l'enseignement secondaire, c'était le titre d'agrégé, obtenu à la suite d'un concours et conférant des droits positifs à ceux qui en étaient investis, dans des conditions analogues à celles des grades dans l'armée. Pour l'enseignement primaire, le ministre n'avait également sur les maîtres qu'un droit suprême d'institution ; ils étaient nommés, non par le conseil royal, placé trop loin des besoins auxquels il fallait satisfaire, mais par des comités d'arrondissement dont la composition offrait à la liberté, aussi bien qu'aux droits de l'État, toutes les garanties désirables ; et ces conseils eux-mêmes devaient renfermer leur choix dans les limites des présentations faites par les conseils municipaux. Enfin, s'il y avait lieu, sans toucher aux droits des membres du corps enseignant, de les frapper de peines disciplinaires, ce n'était pas le ministre seul qui les condamnait : ils avaient des juges indépendants, dans les comités d'arrondissement pour l'instruction primaire, avec appel au conseil royal, dans les conseils académiques et dans le conseil royal pour l'instruction secondaire et l'instruction supérieure, et aucun jugement n'était prononcé sans que l'inculpé eût été admis à présenter ses moyens de défense. Ces garanties tutélaires étaient d'ailleurs non-seulement acceptées, mais provoquées par le gouvernement lui-même. « La carrière de l'enseignement, écrivait dans un rapport officiel un des ministres les plus libéraux qui aient gouverné l'instruction publique, exige tant de dévouement et de sacrifices, que ceux qui l'embrassent ont besoin d'être spécialement protégés contre l'arbitraire par une législation prévoyante (1). »

Est-ce à dire que ce régime fût irréprochable ? Non, sans doute, pas plus qu'aucune institution de ce monde. Son premier tort, inhérent à cet esprit de centralisation qui a prévalu en France depuis la Révolution, était de concentrer l'enseignement public dans une seule université : un corps unique tend naturellement à l'uniformité et, par suite, à la routine. Le progrès ne peut naître que d'efforts partiels, de tentatives diverses et d'influences rivales. Quelques précautions qui fussent prises pour assurer l'indépendance respective des professeurs, l'unité de direction menaçait de faire disparaître l'heureuse opposition des écoles de médecine de Paris et de Montpellier ; un système unique de philosophie tendait à prendre possession de toutes les chaires des facultés et des colléges ; déjà on commençait à réclamer, entre tous les membres de l'université, une solidarité de sentiments et de doctrines, un esprit de corps, qui est assurément fort souhaitable quand il y a plusieurs corps rivaux, chez qui la vie est entretenue par leur rivalité même, mais qu'il faut bannir autant que possible d'un corps exclusif, qui ne peut vivre qu'en appelant dans son sein la diversité et la lutte.

Un autre défaut, qui viciait et qui vicie encore par la tête notre organisation universitaire, c'était la confusion des fonctions de grand maître et de membre d'un cabinet politique. Cette confusion livrait l'en-

(1) M. de Vatimesnil, Rapport au roi Charles X, 21 avril 1828.

seignement aux vicissitudes de la politique ; elle faisait dépendre ses destinées de toutes les combinaisons que peut réclamer l'esprit de parti. Non-seulement le ministère de l'instruction publique devait suivre tous les déplacements de la majorité parlementaire, mais il pouvait être une prime accordée à une minorité dont on avait besoin de se ménager l'appoint. Il y avait, sans doute, une garantie dans les droits du conseil royal ; mais un ministre, responsable devant le souverain, qui l'avait investi de sa confiance, et devant les chambres, dont il subissait le contrôle, pouvait difficilement se résigner à subir encore la loi d'un conseil inamovible et irresponsable, et il était naturel qu'il cherchât à sortir de tutelle. C'est ce qu'on a vu en 1845, quand M. de Salvandy, en adjoignant aux membres inamovibles du conseil un nombre supérieur de membres amovibles et en reprenant entre ses mains le droit de nomination, accomplit un véritable coup d'État universitaire, qui fut le prélude de toutes les atteintes que devait recevoir, quelques années plus tard, l'indépendance du corps enseignant. Ce coup d'État, il faut bien le dire, rencontra presque de la faveur dans le corps à qui il enlevait une de ses principales garanties. Le conseil royal, par le petit nombre de ses membres, constituait une sorte d'oligarchie qui, en se partageant toutes les branches de l'enseignement, remettait proprement chacune d'elles à la discrétion d'un seul homme. C'était, sans contredit, par la compétence et l'autorité spéciale de ceux qui l'exerçaient, un arbitraire plus intelligent que celui d'un ministre politique ou d'un chef de division; mais c'était toujours de l'arbitraire, et il pesait d'autant plus sur ceux qui s'en croyaient les victimes, que l'inamovibilité même des membres du conseil ajournait indéfiniment tout espoir de réparation.

Enfin, le régime libéral dont jouissait l'université avait l'inconvénient de ne reposer que sur des usages qui avaient pris peu à peu force de loi. Il suffisait, comme on l'a vu, de la volonté d'un ministre, pour revenir à l'esprit et à la lettre des premiers règlements, qui étaient loin d'avoir en vue les libertés universitaires.

C'était donc un régime imparfait et précaire; et pourtant, tel qu'il était, il s'en fallait de bien peu qu'il n'eût réalisé le problème de la liberté d'enseignement au sein de l'État. Les conditions préalables imposées aux professeurs assuraient à l'État leur capacité; les garanties dont ils jouissaient, soit pour leur nomination, soit dans l'exercice de leurs fonctions, assuraient leur liberté contre les empiétements de l'État. D'un autre côté, les divers degrés de juridiction qui leur étaient ouverts, permettaient de punir leurs écarts, sans les mettre à la merci d'une autorité arbitraire. Il s'était ainsi formé, grâce à cet ensemble de garanties, un corps éminent en science, d'une moralité incontestée, sans rien d'exclusif dans ses doctrines. L'université appelait la confiance des familles par l'excellence de son enseignement; elle se prêtait à la diversité de leurs tendances en leur offrant, dans son sein, des représentants de toutes les opinions. Même l'opposition la plus avancée en politique n'était pas exclue de l'enseignement public. Le salaire que recevaient les professeurs n'était pas considéré comme un engagement de s'associer, au moins par le silence, à la politique du gouvernement, et ils pouvaient, sinon attaquer violemment cette politique, du moins la blâmer impunément, soit dans leurs cours, soit dans leurs livres, soit dans les journaux, auxquels ils prêtaient librement leur collaboration. En ce qui concerne la religion, l'université, malgré son caractère laïque, ouvrait ses portes au clergé et confiait même à des prêtres la direction de quelques-uns de ses établissements; d'un autre côté, parmi les laïques, elle admettait non-seulement des catholiques, des protestants et des juifs, mais des philosophes, qui ne craignaient pas de placer la raison au-dessus de la foi. Est-il besoin d'ajouter qu'elle ne se montrait pas plus exclusive en philosophie, bien qu'elle tendît à y faire prédominer le spiritualisme cartésien, ni en littérature, bien que la majorité de ses membres restât fidèle aux traditions classiques?

C'était, dira-t-on, la tour de Babel. Non; c'était la liberté; c'était le seul régime qui puisse convenir à l'enseignement de l'État, quand l'État, se renfermant dans son rôle de puissance temporelle, abdique toute prétention à l'infaillibilité doctrinale; et ce régime, où l'on ne voit que confusion, et où nous voyons, dans la diversité même de ses éléments, une véritable harmonie, s'impose tellement à un État tant soit peu libéral, qu'il s'est maintenu en fait presque entièrement, quoiqu'il ait perdu la plupart des garanties qui le consacraient en principe. Il faut en faire honneur et à la sagesse des ministres à qui a été confié successivement le gouvernement de l'université, et à cet esprit de liberté que rien n'a pu affaiblir au sein de l'université elle-même (1).

C'était la liberté pour l'université ; mais, en dehors, c'était le monopole, le monopole le plus libéral assurément, et l'on comprend les sympathies qu'il s'était acquises et qu'il a conservées parmi tant d'esprits sincèrement libéraux, mais odieux, à ce titre seul de monopole, et doublement inconséquent par la double face avec laquelle il se présentait aux particuliers et à l'État. « Si vous êtes la liberté, pouvaient dire les particuliers, pourquoi employez-vous la contrainte ? Si vous ne vous croyez pas le droit d'imposer à vos professeurs des doctrines exclusives, de quel droit nous imposez-vous vos professeurs ? » « Si vous êtes

---

(1) Il faut faire honneur à l'un des derniers ministres de l'instruction publique d'avoir hautement reconnu et pleinement accepté cet esprit de liberté dans l'enseignement public. « Il ne faut pas croire, a dit M. Waddington, que dans l'université il y ait un corps absolu de doctrines. L'université se recrute dans toutes les opinions. Il y a dans son sein des représentants des idées les plus diverses : des idées dites ultramontaines, des idées gallicanes, de la libre pensée ; il y a des indifférents, des hommes qui ne pensent qu'à la science pure ; il y a toutes les opinions dans l'université, et c'est là ce qui fait son impartialité... Il y a autre chose : il y a une liberté très-grande pour les étudiants, dont on ne tient pas assez compte dans cette discussion. Même à l'heure qu'il est, un étudiant est libre d'aller subir ses examens devant la faculté de son choix, et s'il trouve, par exemple, que la faculté de médecine de Paris ne représente pas les convictions qui lui sont chères, il peut parfaitement aller passer ses examens devant celle de Montpellier, devant celle de Nancy. » (Discours prononcé par M. Waddington, ministre de l'instruction publique, dans la discussion du projet de loi sur la collation des grades à la Chambre des députés, séance du 3 juin 1876.)

le monopole, disait l'État de son côté, il importe à ma responsabilité de vous replacer dans les conditions du monopole. C'est en mon nom que vous vous imposez aux familles; c'est à moi qu'elles s'en prennent si leurs opinions sont blessées par vos doctrines. Je pourrais, par respect pour la liberté, tolérer un enseignement que je désapprouve : vous ne pouvez exiger que je force ceux qui le désapprouvent comme moi, non-seulement à le tolérer, mais à le subir. » En présence de ces deux courants de plaintes également logiques, l'université a eu le tort de s'attacher, autant qu'elle a pu, à son monopole et de défendre faiblement sa liberté. Elle a pu ainsi conserver une partie de l'un, mais elle s'est laissé enlever presque toutes les institutions qui protégeaient l'autre.

La première condition, pour que l'enseignement public reprenne l'indépendance dont il a besoin, c'est donc qu'il renonce à tout vestige de monopole. Plus d'études obligatoires, ni dans les facultés où elles se sont en partie maintenues, ni dans les colléges où les regrettent encore d'imprudents amis de l'université, ni dans les écoles primaires où l'on voudrait les introduire. Plus de grades exigés pour l'enseignement libre : si l'État croit utile de mettre des conditions à l'ouverture d'une maison d'éducation ou d'exercer sur elle un droit de surveillance, ni ces conditions ni cette surveillance ne doivent porter sur les doctrines professées, si ce n'est pour protéger la bonne foi des familles. Enfin, ce n'est pas assez de l'enseignement individuel, donné par un professeur isolé, soit au sein de la famille, soit dans un cours public; ce n'est pas même assez que des professeurs puissent s'associer pour diriger en commun des écoles libres, des colléges libres ou des facultés libres : il faut que des universités vraiment libres, qui ne soient pas exclusivement des fondations ecclésiastiques, puissent se créer, groupant dans une direction commune un certain nombre d'établissements d'instruction répandus sur toute la surface du pays. Lorsque la liberté aura reçu ces garanties en dehors de l'enseignement de l'État, toute objection aura disparu pour que l'enseignement de l'État soit replacé lui-même sous un régime de liberté.

Non pas qu'il faille rétablir dans toutes ses parties le régime qui a subsisté de 1828 à 1845, mais seulement tout ce qu'il avait de libéral. Au lieu d'une université unique, des universités provinciales, reliées, pour sauvegarder l'unité nationale, par des institutions communes et, dans tout ce qui intéresse le maintien de ces institutions, recevant une direction commune, soit celle d'un ministre, soit celle d'un conseil suprême, mais, pour le reste, vivant de leur vie propre, se gouvernant elles-mêmes dans la sphère de leur action et, sans gêner la liberté de leurs membres, pouvant avoir leurs traditions et leur esprit. Au sein de chaque université, non le pouvoir absolu d'un chef, grand maître ou recteur, mais le contrôle d'un conseil indépendant, et pour la nomination, pour l'avancement, pour le jugement des professeurs, toutes les garanties que s'était assurées, dans sa période de liberté, l'université de France. C'est ainsi que l'État remplira ses devoirs de protection et d'assistance, sans assumer une responsabilité étrangère à sa nature et compromettante pour son autorité, et en laissant à la science, à ceux qui l'enseignent et à ceux qui la reçoivent, toute la liberté dont elle a besoin pour présider efficacement à tous les progrès sociaux, dans l'ordre matériel et dans l'ordre moral.

CHAPITRE II

LA LIBERTÉ DE CONSCIENCE.

> Ibi violentissimè regnatur, ubi opiniones quæ unius cujusque juris sunt, quo nemo cedere potest, pro crimine habentur.
>
> SPINOZA.

ARGUMENT

I. La liberté de conscience et la liberté religieuse ; dans quel sens elles se confondent.
II. Caractère social de la liberté religieuse.
III. Ses vicissitudes.
IV. La liberté de conscience et le scepticisme : leur alliance de fait n'est pas une alliance de droit.
V. Jusqu'où peut aller la liberté de conscience : 1° dans l'ordre moral ;
VI. 2° Dans l'ordre civil et politique.
VII. La liberté des cultes et l'autorisation préalable.
VIII. Impossibilité d'une séparation absolue de l'Eglise et de l'Etat.
IX. Les concordats ; leur légitimité.
X. Principes qui doivent présider aux rapports de l'Eglise et de l'Etat.
XI. Liberté du prosélytisme. — Dans quelles limites le prosélytisme peut-il être légitime à l'égard de l'enfance ?

Nous avons déjà discuté, en traitant de la liberté d'enseignement, la plupart des questions que soulèvent les autres libertés de l'ordre moral : la liberté de conscience, la liberté de la presse, la liberté d'association. Il nous sera donc permis d'exposer plus brièvement les principes sur lesquels elles s'appuient et les garanties qu'elles réclament.

I

La liberté religieuse n'est pas toute la liberté de conscience. L'une se rapporte proprement aux croyances et aux devoirs qui ont Dieu pour objet; l'autre embrasse tous les devoirs et, pour en assurer le libre accomplissement, toutes les opinions, toutes les manifestations de l'âme. La première éveille surtout l'idée d'une association de croyants, d'une Église défendant, contre d'autres Églises ou contre l'État, l'indépendance de ses dogmes et de son culte. Les opinions isolées, les doctrines individuelles, invoquent plutôt le nom de la seconde.

Toutefois, ce n'est pas sans raison que ces expressions de liberté de conscience et de liberté religieuse sont prises généralement pour synonymes. La conscience et la religion s'enveloppent réciproquement. La révélation et la foi supposent la conscience et s'appuient sur elle. L'obligation d'obéir à Dieu est un de ces devoirs qui se révèlent naturellement à la conscience : la foi ne fait que déterminer la matière de cette obligation. Les sources des croyances humaines peuvent varier, suivant les différentes religions; la foi a toujours le même caractère : c'est une adhésion intime de la conscience aux devoirs qui lui sont présentés au nom de Dieu, et qu'elle s'approprie pour les imposer à la volonté. Une religion révélée fait croître, en quelque sorte, de nouvelles plantes sur le sol de la conscience ; mais elle ne se crée pas un nouveau domaine ; elle n'a pas à revendiquer d'autres libertés que celles de la conscience elle-même.

Toutes les religions ne reposent pas sur une révélation surnaturelle. Leur fond commun, c'est la croyance en Dieu ou, du moins, en quelque chose de divin. Or, cette croyance, dans sa généralité, appartient à la conscience naturelle ; elle est impliquée dans toute idée de devoir.

La morale est-elle possible en dehors de toute conception métaphysique ou religieuse ? C'est une question vivement débattue aujourd'hui, et dans laquelle il ne faut voir qu'un malentendu. Pour la plupart des âmes, le devoir se présente comme un commandement non de la raison pure, mais d'une volonté suprême, c'est-à-dire d'une volonté divine. C'est ainsi qu'on l'enseigne aux enfants ; c'est sous cette forme qu'ils en sentent le mieux la nécessité. Plus tard, ils pourront sans doute dégager l'idée d'obligation de l'idée de Dieu ; ils pourront même rejeter entièrement cette dernière idée sans rejeter tout devoir avec elle. Mais, qu'on ne s'y trompe pas, le pur déiste, qui croit que le devoir puise toute sa force en lui-même ou dans l'assentiment de la raison, ne refuse pas cependant de le rapporter à Dieu comme à son principe et à sa fin. Il ne refuse pas davantage de faire intervenir l'idée de Dieu pour donner une sanction à la morale et de considérer ainsi, avec Kant, l'existence de Dieu comme un *postulat* nécessaire de la *raison pratique*. Quant au panthéiste, à l'idéaliste, au positiviste, à l'athée déclaré lui-même, à tous ceux, en un mot, qui ne voient dans un Dieu personnel qu'un Dieu fait à l'image de l'homme, cette idée du devoir qu'ils continuent à invoquer comme une loi que l'homme s'impose à lui-même, ne peut garder pour eux son caractère obligatoire, sans retenir en même temps quelque chose de son essence divine. Elle devient leur Dieu, et leur donne, quoi qu'ils fassent, une foi religieuse. Les uns ne voient rien au delà ; les autres sentent le besoin de la réaliser au sein de la nature divinisée ; et si quelques-uns osent s'écrier, avec le Prométhée de Gœthe :

N'est-ce pas toi-même qui as tout fait, cœur brûlant d'un feu sacré?

c'est qu'ils placent dans leur cœur la divinité qu'ils nient au dehors. Religion de la nature, religion de l'idée, religion du devoir, c'est toujours une religion, une foi en quelque chose d'absolu et d'universel ou tout au moins d'idéal. Or, la liberté religieuse est le commun droit de toutes les formes de la pensée du divin ; elle n'exclut aucune des croyances qui soumettent l'homme à une loi obligatoire : elle protège donc, en réalité, toutes les opinions qui, par leur empire sur la volonté, se présentent comme des manifestations de la conscience.

Nous l'étendrons même à ces opinions négatives qui rejettent, avec l'idée de Dieu, tout principe absolu de morale. S'il est des doctrines qui placent la règle de la conduite humaine non dans le devoir, mais dans l'intérêt ou dans la passion, sous cette altération de la vérité morale on reconnaît encore une foi et une loi, c'est-à-dire les conditions extérieures d'une croyance religieuse. Ces doctrines ont eu leurs sectateurs, comme les religions proprement dites, et, dès que ceux-ci ont voulu réunir leurs efforts pour la propagation de leurs opinions, ils ont affecté le même dogmatisme, la même intolérance, la même ardeur de prosélytisme; ils ont fondé, en un mot, de véritables Églises. N'est-ce pas le spectacle qu'ont offert, dans notre siècle, les saint-simoniens et d'autres sectes socialistes? Le positivisme lui-même, qui proscrit toute recherche métaphysique, n'a-t-il pas voulu être une Église, avec un sacerdoce et tous les dehors d'un culte? Ceux-là même qui pratiquent à la lettre la religion de la matière et le culte du plaisir, le langage populaire les caractérise naïvement, mais avec vérité, quand il dit qu'ils se font un Dieu de leur intérêt, un Dieu de leur argent, un Dieu de leur ventre.

Mais n'est-ce pas profaner le nom de religion que d'en revêtir toutes les sectes, toutes les opinions qui se parent du nom de Dieu, ou qui lui substituent n'importe quelle idole? Dieu ne peut avoir qu'un langage, qu'une loi, qu'une volonté. C'est le Dieu jaloux de l'Écriture. Il n'y a donc qu'une religion vraie, qu'une seule religion, à parler rigoureusement. Les autres ne peuvent invoquer les droits du souverain maître, qu'elles offensent par leurs impostures, pour s'attribuer une liberté qui est la négation de son autorité même. Ces mots de liberté et de religion ne peuvent être accouplés sans contradiction, sans une sorte de *délire*, comme l'ont déclaré, à deux reprises, en face des prétentions de notre siècle, les chefs de l'Église catholique (1). Parler de liberté religieuse, c'est nier qu'il y ait une vérité religieuse.

On pourrait dire, avec la même apparence de raison, que parler de liberté de conscience, c'est nier qu'il y ait une conscience. La conscience est une et universelle, comme Dieu même. Entre ces opinions opposées qui se produisent sous son nom, une seule peut être vraie; les autres sont des erreurs ou des mensonges; elles ne sont pas la conscience; elles usurpent ses droits quand elles revendiquent à leur profit la liberté qui lui est due.

La contradiction tombe, si l'on distingue, dans la liberté religieuse ou dans la liberté de conscience, le point de vue moral et le point de vue légal. Moralement, l'erreur n'a pas de droits contre la vérité, pas plus que le mal n'a de droits contre le bien. Ce sont deux ennemis acharnés, qui ont le droit de se combattre, même jusqu'à l'extermination. Dieu et la conscience n'ont qu'un empire, au sein duquel ils ne souffrent pas de rivaux. La foi sincère, la foi sûre d'elle-même ne peut être qu'intolérante. Elle ne peut voir dans la liberté religieuse, au profit des croyances ou des illusions qu'elle condamne, que la liberté de l'irréligion, c'est-à-dire d'une révolte ouverte contre Dieu même. Une conscience pure éprouve la même indi-

---

(1) Encycliques de Grégoire XVI et de Pie IX.

gnation à l'égard des doctrines qu'elle juge immorales et funestes ; loin de les admettre à partager ses droits, elle se fait un devoir de les repousser, de les flétrir, de chercher, par tous les moyens, à les déraciner.

La guerre, la guerre à outrance, tel est donc l'état naturel de la vérité, de la conscience, de la foi en face des opinions rivales. Mais avec quelles armes? Avec les armes propres de l'esprit, avec la discussion raisonnée ou passionnée, mais sans recours à la force. La force ne détruit pas l'erreur dans les âmes que l'erreur aveugle; elle n'ajoute rien à l'empire de la vérité dans les âmes que la vérité éclaire. Elle protége tout au plus les âmes neutres et indécises, en écartant d'elles les doctrines qui pourraient les corrompre; mais à quel prix? En les laissant dans leur indifférence, en leur retirant, avec les dangers de la lutte, les bénéfices de la discussion, en y greffant des doctrines mortes, incapables de porter des fruits, et que le plus léger souffle fera tomber en poussière. Et il faut supposer encore que la force sera toujours au service de la vérité, et qu'elle ne s'emploiera jamais pour la combattre ou pour l'étouffer. La vérité peut toujours disposer de ses armes naturelles : le raisonnement, la persuasion, le sentiment du bien ou du beau. La force est pour elle une arme d'emprunt, que la fortune lui prête ou lui refuse. C'est un auxiliaire perfide, sur lequel il est dangereux de se reposer, car il est toujours prêt à passer du côté de l'ennemi.

La force au service du droit, c'est l'ordre légal, qu'il faut accepter avec reconnaissance, malgré la possibilité de ses erreurs, quand il s'agit d'opposer un frein aux violences individuelles. Nous devons sacrifier aux exigences des lois une portion de notre activité physique, pour assurer au reste la liberté et la sécurité; mais nous n'avons pas le droit de faire un semblable partage quand il s'agit de notre activité intellectuelle. La vérité ne doit être à la merci d'aucun pouvoir étranger, et comme il n'appartient qu'à elle de vérifier ses titres et ceux de ses adversaires, elle doit, vis-à-vis des lois, réclamer pour ses adversaires la même indépendance que pour elle-même (1). Cette indépendance légale assurée à toutes les opinions, ce n'est pas l'indifférence pour la vérité, c'est, au contraire, le respect de la vérité, affranchie à la fois d'une protection injurieuse et de toute chance d'oppression.

Ainsi entendue et bornée à l'ordre légal, la liberté de conscience a tout à gagner à se confondre avec la liberté religieuse. Le nom de conscience n'est qu'un terme abstrait. La religion, c'est le royaume de Dieu même, élevé au-dessus des royaumes humains, leur refusant tout droit sur lui et repoussant leur concours pour la défense des droits qui lui sont propres. Or, on a beau idéaliser Dieu, il se personnifie, quoi qu'on fasse, dans la conscience et dans le langage. C'est une puissance réelle, qui se pose en face de celle de l'État,

---

(1) Jure igitur agendi ex proprio decreto unusquisque tantum cessit, non autem ratiocinandi et judicandi; adeoque, salvo summarum potestatum jure, nemo quidem contra earum decretum agere potest, at omnino sentire et judicare, et consequenter etiam dicere, modo simpliciter tantum dicat vel doceat, et sola ratione, non autem dolo, ira, odio. (Spinoza, *Tract. theol. polit.*, c. xx.)

et qu'il suffit de nommer pour comprendre qu'elle ne peut souffrir ni partage ni dépendance. Que la force ne touche pas à l'esprit; que l'ordre légal n'envahisse pas l'ordre moral; que le domaine de la conscience reste en dehors de celui de l'État : ce sont là des formules qui peuvent convaincre une intelligence éclairée, mais où beaucoup ne verront que de vagues antithèses. « Rendez à César ce qui appartient à César, et à Dieu ce qui appartient à Dieu » : voilà qui est clair et net, et qui s'empare aussitôt des esprits les plus rebelles.

II

La liberté religieuse, par son caractère éminemment social, s'appuie partout sur des sociétés organisées, et, d'abord, sur la famille. La mission de la famille, c'est de former l'homme au devoir. Or, qu'il y ait ou non un lien métaphysique entre l'idée morale et l'idée religieuse, il est permis d'affirmer, en fait, que le devoir n'a jamais parlé clairement à l'âme d'un enfant, sans le secours du nom de Dieu. Rousseau ne se passe de Dieu, dans l'éducation de l'enfance, qu'en ajournant jusqu'à l'adolescence tout appel à la raison et toute instruction purement morale. Toute famille, même celle de l'athée, quand elle ne renonce pas à former le cœur de ses plus jeunes membres, est une Église en petit. Aussi la persécution religieuse est forcément un attentat contre la famille. Fermer les temples, frapper de terreur les réunions clandestines, exiger des abjurations publiques, confirmées par des actes sacriléges, élever des potences ou des bûchers pour les récalcitrants, tout cela n'est rien ; le sang des martyrs est une semence de fidèles : s'emparer des enfants, les arracher à leurs parents et à leurs proches, sans se fier à des conversions forcées ; les remettre en mains sûres, c'est-à-dire en des mains fanatiques ; se charger en un mot de pétrir, au gré des opinions persécutrices, ces âmes encore neuves, voilà seulement ce qui peut étouffer dans leurs germes les croyances qu'on veut détruire.

Mais cette violation de la famille rencontre une résistance désespérée dans les sentiments naturels de la famille. Ceux qui craignent le martyre peuvent cacher leur foi au fond de leur cœur, ils ne cacheront pas leurs enfants : il faut les livrer ou les défendre. Le plus faible trouvera du courage pour les disputer aux ravisseurs. Le plus indifférent à sa foi ne souffrira pas qu'elle soit violée dans son enfant. Et il faudra compter, non-seulement avec les familles auxquelles on fait violence, mais, du côté même des persécuteurs, avec la conscience de toutes les autres, si le fanatisme n'a pas fait taire en elles la voix de la nature. On peut différer de religion, on ne diffère que par le degré dans l'amour paternel ou maternel. Chaque famille est un sanctuaire pour toutes les familles. Chacun se sent frappé dans quelqu'un des siens, quand il entend des cris dans Rama.

La liberté religieuse trouve dans la famille une organisation toute faite ; elle s'en crée une dans chaque Église. Les opinions philosophiques, même quand elles sont professées par une école ou une secte, gardent toujours un caractère individuel. On n'est philosophe qu'à la condition de penser par soi-même. Une religion, au contraire, est la mise en commun de certaines croyances ; elle suppose toujours une association dans le but de les conserver et de les répandre, un culte extérieur et collectif, en vue de les manifester publiquement ; en un mot, une Église constituée. La persécution philosophique ne prend pour ses victimes que les chefs d'école : Anytus n'accuse que Socrate. La persécution religieuse est entraînée irrésistiblement à sévir, non sur des individus isolés, mais sur des masses de croyants, unis dans une foi commune, dans un égal attachement aux mêmes doctrines et aux mêmes pratiques. Ses victimes portent des noms communs : ce sont les chrétiens, du Ier au IVe siècles ; les albigeois, au XIIe ; les huguenots, au XVIe. Ses annales n'enregistrent pas seulement des supplices, mais des massacres.

Si l'intolérance frappe ses ennemis en masse, c'est en masse qu'ils lui résistent ; c'est contre des armées qu'elle est forcée de combattre : armées d'insurgés ou armées de martyrs, aussi redoutables les unes que les autres à leurs persécuteurs. Après le massacre de Vassy, les protestants soutiennent une lutte de dix ans contre l'intolérance catholique, tour à tour vainqueurs ou vaincus, mais toujours assez forts pour dicter les conditions de la paix. Après la Saint-Barthélemy, après la formation de la Ligue, leurs forces semblent croître encore. Ce n'est plus dix ans, c'est vingt-cinq ans que dure la guerre civile, et le traité qui la termine consacre la victoire des dissidents. Les chrétiens des premiers siècles n'ont pas eu besoin, pour vaincre, de la rébellion et de la guerre civile. Ils courent au-devant de leurs bourreaux et, à chaque persécution, leurs bourreaux les retrouvent plus nombreux et plus fermes; et après la dernière, la plus sanglante, la plus générale, la mieux organisée, le christianisme est maître de l'empire. Cette nécessité et, en même temps, cette impuissance des persécutions générales, quand on veut abattre une secte religieuse, plaide la cause de la tolérance, auprès de toutes les âmes sages et modérées, avec plus de force que tous les arguments des philosophes.

Du moment que la tolérance est conquise par les religions, la logique veut qu'elle profite aux doctrines individuelles. Si l'on respecte une secte organisée, que craindra-t-on d'une opinion isolée? Si l'on a le droit de changer de religion, comment n'aurait-on pas celui de rester sur un terrain neutre, en attendant qu'on retrouve assez de lumières pour revenir à la foi qu'on a perdue ou, s'il est possible, pour en embrasser une nouvelle?

III

La raison, l'humanité, la logique, tout doit contribuer à élargir le cercle de la liberté de conscience. Mais le monde n'est pas gouverné par la raison, par l'humanité et par la logique. La liberté de conscience est, sans contredit, la plus précieuse au cœur de l'homme. Elle a pour elle l'énergie des convictions individuelles et l'ardeur des dévouements collectifs. Il n'est pas un siècle, il n'est pas une contrée où elle n'ait été défendue avec un courage enthousiaste. C'est d'hier seulement que date la revendication franche et complète de ses droits, et il n'est pas une seule législation qui les ait reconnus sans réserve. Un éloquent écrivain (1) a fait le triste bilan des atteintes qu'elle reçoit encore sur tous les points du globe : ici la persécution ouverte, s'exerçant au profit d'une religion exclusive ou maintenant toutes les religions sous la dépendance de l'État, et si elle ne réclame plus de supplices, du moins dans les pays civilisés, appelant toujours à son aide la prison, l'amende, la confiscation, la privation des droits civils; là, la liberté admise en principe, soumise en fait aux décisions arbitraires des autorités administratives; ailleurs, une liberté égale pour toutes les sectes religieuses, mais sans une égale jouissance des droits politiques; dans certains pays, des questions de dogme tranchées par un prince ou par un parlement; dans d'autres, les tribunaux appelés à se prononcer sur des théories philosophiques. Et au milieu de tous ces empiétements de l'ordre légal sur l'ordre moral ou religieux, prêtez l'oreille à toutes ces voix qui s'élèvent contre la liberté de conscience, depuis Rome jusqu'à New-York : voix franchement ennemies, qui la proscrivent absolument; voix faussement amies, qui l'étendent ou la resserrent, au gré des intérêts de parti; voix théocratiques, qui

---

(1) M. Jules Simon, *La Liberté de conscience*, 1857.

subordonnent l'État à l'Église; voix autocratiques, qui asservissent l'Église à l'État; voix politiques, qui cherchent des compromis impossibles entre des prétentions inconciliables. En présence de ces dénégations, de ces restrictions, de ces réserves de toute sorte, il ne faut pas sans doute désespérer de la liberté, mais il ne faut pas non plus, avec un imprudent optimisme, croire ses conquêtes tellement assurées qu'il soit superflu de chercher à les accroître et presque puéril de songer à les défendre.

La liberté de conscience aura longtemps des adversaires : d'abord au sein des gouvernements, toujours jaloux de leur autorité, toujours prêts à exagérer leur responsabilité pour exagérer leurs droits, toujours portés, malgré de cruels mécomptes, à chercher, dans les religions qu'ils protègent, des instruments de domination; puis parmi ceux mêmes dont elle est la sauvegarde, parmi les sectateurs des diverses croyances, souvent plus désireux d'assurer leur empire par l'extinction de leurs rivaux que d'abriter leurs droits derrière les droits de tous. Quand même toutes les opinions seraient assez sûres d'elles-mêmes pour ne se confier qu'à la force morale que donne la possession de la vérité, elles sont professées par des hommes, mélange de passion et de raison, que la contradiction irrite et pousse à la violence; toujours enclins, s'ils sont les plus forts, à abuser de la victoire et, s'ils sont les plus faibles, songeant moins à demander justice qu'à se tenir prêts pour la vengeance et pour les représailles.

Ce qui nuit plus que tout le reste à la liberté de

conscience, c'est qu'elle est le plus souvent mal défendue, tantôt appuyée sur des prémisses fausses ou équivoques, tantôt compromise, soit par des prétentions immodérées, soit par d'imprudentes réserves, d'où une logique rigoureuse tire aisément sa condamnation. Il est rare, en effet, que l'idée de la liberté se fasse jour dans l'intelligence à la lumière de la raison pure. Elle naît le plus souvent d'un mouvement d'indignation, à la vue d'une oppression dont on souffre soi-même ou dont on voit souffrir les autres. Il s'y mêle une sorte de colère qui trouble et obscurcit le regard de l'esprit. Son langage est celui de la révolte, non celui du droit. Si elle réussit à se dégager de toute passion, elle reste concentrée sur l'intérêt particulier qui l'a éveillée; elle ne se présente pas comme la liberté pour tous et à tous les points de vue, mais comme la liberté de l'Église contre les empiétements de l'État, ou comme la liberté de l'État contre les empiétements de l'Église, ou encore comme la liberté de la science contre les prétentions réunies de l'Église et de l'État. Elle prend des armes ou élève des remparts pour la défense des points menacés; elle ne sait pas fonder un vaste royaume où tous, amis et ennemis, puissent vivre en paix côte à côte, dans la pleine jouissance de leurs droits respectifs. De là les principes mal posés, les préjugés toujours subsistants, les contradictions de toute nature qui voilent la pure image du droit. La liberté ne se montrera dans tout son éclat, aux yeux de ses blasphémateurs comme de ses adorateurs, que lorsqu'elle aura écarté tous les nuages.

IV

La liberté de conscience n'a été longtemps qu'un sentiment mal défini. On a commencé par plaindre les persécutés, sans les excuser, sans contester la légitimité de la persécution elle-même. On avait peine à voir des criminels dans ces condamnés dont le seul crime était leurs opinions, dont la conduite générale avait toujours été pure, et qui montraient dans les tourments toute la fermeté d'une bonne conscience. Plus tard, on en vint à penser que, s'il y avait crime dans des opinions contraires aux lois établies ou aux croyances dominantes, c'était un égarement fatal de l'intelligence, plutôt qu'une libre révolte de la volonté. Dès lors, le sentiment de la tolérance entra peu à peu dans les âmes, d'abord faible et timide, tant qu'il eut à lutter contre des convictions ardentes, puis gagnant du terrain, à mesure que la foi s'affaiblissait du côté des persécuteurs.

Il n'est rien, en effet, de plus favorable à la tolérance que le doute. Une certitude absolue admet difficilement la sincérité chez ceux qui ne se rendent pas à son évidence. Il faut qu'elle commence à être ébranlée pour qu'on hésite à voir, dans les affirmations contraires, une obstination coupable. Si faible que soit encore le doute dans l'âme du croyant, il y plaide la cause des croyances rivales. Il ne réclame d'abord que l'indulgence, en alléguant la possibilité de la bonne foi ; il s'enhardit bientôt jusqu'à demander une tolérance entière ; enfin, quand il peut parler haut, quand il n'a plus devant lui qu'une foi mal assurée, il se fait, sans crainte et sans scrupule, l'avocat de la liberté. Au xvi⁶ siècle, au milieu de l'ardeur des luttes entre les sectes nées de la réforme et le catholicisme rajeuni par la nécessité de se défendre, il n'est question que de persécutions réciproques. On entend à peine quelques voix timides prêcher la douceur dans le désert. Ces voix deviennent plus nombreuses et plus pressantes au xvii⁶ siècle : les croyances n'ont encore rien perdu de leur force, elles ont perdu de leur fureur; le scepticisme du siècle suivant se prépare dans l'ombre; bientôt il envahit tout, et comme dédommagement des ruines qu'il sème autour de lui, il apporte le bienfait de la tolérance. La tolérance est le mot d'ordre du xviii⁶ siècle (1). Avec le progrès du scepticisme, ce mot d'ordre est devenu plus précis au xix⁶, non plus un sentiment, mais une idée, non plus une concession, mais un droit : la liberté de conscience.

Il n'est donc pas étonnant que la liberté de conscience se soit surtout appuyée sur des arguments de scepticisme. Condamner, dit-on, une croyance contraire à la vôtre, chercher à l'étouffer par la persécution, c'est la supposer nécessairement fausse et vous arroger le privilège indubitable de la vérité.

(1) Ce mot d'ordre était cependant repoussé par le dogmatisme philosophique aussi bien que par le dogmatisme théologique. On peut voir dans les documents inédits que nous avons publiés sur la philosophie du xviii⁶ siècle (*Antécédents de l'hégélianisme dans la philosophie française*), les anathèmes prononcés contre la liberté de conscience par un métaphysicien athée.

Mais êtes-vous infaillible? Possédez-vous la certitude absolue? Jetez les yeux sur l'histoire de l'esprit humain : ce n'est que l'histoire de ses illusions. Vérité aujourd'hui, erreur demain : voilà le sort de toutes les opinions, tour à tour persécutées ou persécutrices. On élève une statue à Socrate après qu'il a bu la ciguë. Galilée expie par la réclusion, que dis-je? par un désaveu solennel, plus odieux que la prison, l'opinion mensongère et blasphématoire du mouvement de la terre : l'opinion contraire serait renvoyée aujourd'hui aux petites-maisons. Sachez donc vous défier de vos croyances, et quelque crédit qu'elles aient sur votre esprit, n'en faites pas la mesure des croyances d'autrui.

Arguments excellents pour le sceptique, mais sans valeur pour le croyant convaincu. Oui, je dois m'abstenir, quand le doute est possible; les religions les moins tolérantes m'en font un devoir : *in dubiis libertas!* Mais, si large que vous fassiez le champ du doute, il reste encore une place dans l'âme humaine pour la certitude, et tous les efforts des pyrrhoniens ne l'en arracheront pas. Ils ne l'arracheront pas même de leur propre intelligence : *secte, non de philosophes, mais de menteurs!* Conseillez-moi la défiance, je pourrai vous écouter; mais ce n'est pas me défier de moi-même, c'est renoncer en quelque sorte à moi-même, c'est me crever les yeux de gaieté de cœur, que de supposer l'erreur quand je vois clairement la vérité, l'ignorance quand je suis illuminé par la foi. Comme Pauline, *je vois, je sais, je crois.* Géomètre, je crois aux propositions d'Euclide;

physicien, je crois au principe d'Archimède; chrétien, je crois à l'Évangile. Là, une démonstration rigoureuse ou une expérience décisive, ici, une foi invincible, qui n'est pas seulement l'œuvre de la grâce, mais qui est confirmée par les raisons les plus fortes et par les témoignages les plus convaincants, ne me permettent pas d'hésiter. Hors de ces croyances inébranlables, je ne puis voir de salut pour la vérité. Il faut s'y rallier, si l'on ne veut pas s'obstiner dans une erreur sans fondement et sans excuse : *in necessariis unitas!* Heureux si l'on ajoute : *in omnibus caritas!*

Voilà le langage du croyant. Vous lui donnez le droit de rejeter avec horreur la liberté de conscience, si vous ne la faites reposer que sur l'incertitude de la vérité. Il ne peut y voir que la perte des âmes, dès qu'elle ne s'établit que sur les ruines de toute certitude. Il se fera sans doute un devoir de n'admettre aucune croyance sans l'avoir vérifiée avec un soin scrupuleux; mais, une fois que sa conviction est solidement assise, son devoir est de la défendre, en repoussant tous les sophismes qui la menacent, et tant que la liberté de conscience fait cause commune avec le scepticisme, il ne peut que la traiter en ennemie.

Si le progrès du doute a favorisé la liberté de conscience en ébranlant l'autorité des opinions les plus intolérantes, on ne saurait nier qu'il ne l'ait compromise en lui donnant une base suspecte et périlleuse. La foi n'est pas morte, au sein des diverses religions. Il y a encore, dans chaque Église, des âmes ardentes, pour qui les croyances qu'elles ont sucées avec le lait ou qu'elles ont embrassées par choix ont tous les caractères de la certitude absolue. En vain leur parlez-vous de la possibilité de l'erreur, la défiance même que vous prétendez leur inspirer à l'égard des opinions humaines leur est une arme contre vous. Elles acceptent, elles exagèrent volontiers votre scepticisme pour tout ce qui vient des hommes : elles y puisent une nouvelle confiance dans l'infaillibilité de la foi divine.

Cette foi vive, entière, sûre d'elle-même, n'est-elle qu'une exception? Je le veux. Le scepticisme absolu n'est aussi qu'une exception. Si, depuis plus d'un siècle, le doute a envahi la plupart des âmes, s'il a été accepté d'abord avec une sorte d'enthousiasme comme une délivrance, une réaction naturelle n'a pas tardé à lui disputer pied à pied le terrain. Chacun cherche à s'envelopper dans un lambeau de croyances, auquel il attache d'autant plus de prix qu'après avoir goûté, comme Adam, aux fruits de l'arbre de la science, il a senti, comme lui, l'horreur de sa nudité. L'un cherche à conserver toute la foi de son Église; il ne laisse de prise au doute que sur quelques miracles plus ou moins contestables, sur quelques croyances accessoires ou quelques pratiques de surérogation. Un autre fait bon marché de tout symbole ecclésiastique; mais il ne permet pas le doute sur l'autorité fondamentale des Évangiles. Celui-ci livre tout, même l'Écriture; il abandonne entièrement l'ordre surnaturel, mais il a une foi inébranlable dans certaines vérités naturelles, comme l'existence et la personnalité de Dieu, la spiritualité et l'immortalité de l'âme : l'athéisme et le matérialisme lui font horreur. Celui-là, indifférent à toute doctrine spéculative, ne souffrira pas qu'on touche aux principes de la morale. Or, si la tolérance ne doit être que l'effet du doute, autant de degrés dans la foi, autant de degrés dans l'intolérance.

Chacun mesure ainsi à ses doutes la liberté qu'il veut bien laisser aux opinions d'autrui : ici, elle ne dépassera pas l'horizon commun des diverses communions chrétiennes; là, elle s'étendra à toutes les religions positives; ailleurs, on en fera profiter toutes les doctrines spiritualistes; les plus libéraux en accorderont le bénéfice à toutes les doctrines qui respectent les bases de la morale; nulle part on n'en voudra pour toutes les opinions. Le scepticisme absolu lui-même ne donnera pas pleine carrière à la liberté. Tout sceptique est dogmatique à sa façon. Il croit à son doute. Il est convaincu de l'ignorance, de la folie, de la mauvaise foi de ceux qui se prétendent en possession de la vérité. Il ne permet à aucune doctrine d'imposer silence aux autres, car toutes lui paraissent également pleines d'incertitude et d'erreur; mais, s'il a la force en main, il se permettra volontiers d'arrêter la propagation de ce qu'il regarde comme une superstition grossière, comme un abandon de la raison, car lui seul est la raison même, lui seul est infaillible. Le scepticisme du XVIIIe siècle a commencé par réclamer la tolérance pour toutes les religions : il a fini par persécuter toutes les religions, comme outrageant également la vérité par leurs impostures.

C'est que, si l'on veut fonder solidement la liberté de conscience, il ne doit être question ni de vérité ni d'erreur, ni de certitude ni de doute. Il ne s'agit pas de se prononcer entre les croyants et les sceptiques, entre la foi et la raison, entre une doctrine et les doctrines contraires. Toutes les opinions sont *légalement* respectables, non parce qu'elles sont toutes douteuses, non parce que le discernement du vrai et du faux n'est pas donné à l'homme, mais parce que ce discernement n'appartient pas proprement à la *loi*. La loi règle l'usage de la liberté, non celui de l'intelligence, les actions, non les croyances. La fausseté, l'absurdité même d'une opinion, fût-elle aussi déraisonnable que le paraissent, au XIXe siècle, la magie et la sorcellerie, n'est pas un motif pour la proscrire. Ni l'Académie des sciences au nom du bon sens, ni la faculté de théologie au nom de la foi, n'ont le droit de réclamer des châtiments légaux contre la prédication du *spiritisme*. Il faut éclairer celui qui s'égare et raffermir celui qui hésite; mais ce n'est pas l'affaire de la loi; c'est le droit et le devoir de tout homme qui a la conviction de posséder la vérité. La seule garantie qu'il doive demander à la loi, c'est une liberté entière. Il n'a pas besoin qu'on ferme la bouche à ses adversaires. Il a tout avantage à les connaître, à les combattre seul à seul, en opposant les arguments aux arguments, les sentiments aux sentiments, et en ne réclamant protection que si l'on emploie contre lui la fraude ou la violence. La discussion lui révélera les erreurs qui ont pu se glisser dans son esprit à l'ombre de la vérité elle-même, les points faibles qui la compromettent, les développements qu'elle a besoin de recevoir, pour échapper à toutes les objections et pour satisfaire à toutes les exigences des âmes.

L'histoire de la philosophie nous montre partout le développement progressif de chaque système provoqué par les objections des systèmes adverses. L'histoire de l'Église catholique elle-même, comme le proclament aujourd'hui les apologistes les plus autorisés, n'est que l'histoire des développements du dogme, qui doit aux discussions des théologiens et aux attaques des hérésiarques les définitions, de plus en plus précises, qu'il a reçues des conciles et des papes (1). Partout la contradiction est utile aux fortes croyances, c'est-à-dire aux croyances les plus voisines de la vérité. Si la liberté de conscience a été le fruit du scepticisme, elle pouvait naître aussi bien de la foi : plus les convictions se sentent sûres d'elles-mêmes, plus elles doivent se montrer jalouses de ne devoir qu'à leur propre force leur empire sur les âmes : c'est leur intérêt aussi bien que leur honneur.

V

La liberté de conscience, en matière purement religieuse, est à peu près entrée dans nos mœurs. Soit qu'on l'admette ou qu'on la conteste en principe, on n'en refuse guère le bénéfice à des doctrines spé-

(1) Voir le livre du docteur Newman, traduit par M. Jules Gondon : *Histoire du développement de la doctrine chrétienne, ou Motifs de retour à l'Eglise catholique*, Paris, Sagnier et Bray, 1848.

culatives plus ou moins mystérieuses, qui semblent indifférentes pour la pratique. Y a-t-il en Dieu trois personnes ou une seule? Une des personnes divines est-elle réellement ou symboliquement présente dans l'Eucharistie? La Vierge a-t-elle été conçue sans péché, ou a-t-elle eu sa part de la souillure originelle? Questions fort importantes pour la foi; mais en quoi, dira-t-on, leur solution intéresse-t-elle la conduite des hommes? Le seul point à considérer, ce n'est pas la vérité ou la fausseté des opinions, ce sont les dangers qu'elles peuvent présenter pour les individus ou pour l'État. Que toutes les opinions soient donc libres, pourvu qu'elles n'offensent pas les bonnes mœurs : telle est la limite extrême jusqu'où veulent bien aller les esprits les plus circonspects, et que leur accordent, en général, les défenseurs les plus hardis de la liberté. Nous avons posé, à propos de l'enseignement, des principes plus larges, et nous n'avons pas craint de réclamer la liberté, même pour les opinions réputées immorales. Ce point est tellement important, il est obscurci par des préjugés tellement enracinés et tellement respectables, que nous ne pouvons nous dispenser de le discuter de nouveau, dans l'intérêt spécial de la liberté religieuse.

C'est livrer la liberté à la merci des opinions dominantes que de lui donner pour limite les dangers qui peuvent naître de certaines erreurs. Toute erreur est plus ou moins dangereuse. Dans le domaine de la pure science, quelles conséquences ne peuvent pas résulter d'une fausse notion de physique? Écoutez les discussions des philosophes : s'occupent-ils seulement d'erreurs spéculatives? Et s'il est un point sur lequel toutes les religions soient d'accord, n'est-ce pas l'importance pratique de leurs dogmes? Non, il n'est pas indifférent pour le chrétien que l'homme se courbe devant une révélation surnaturelle, ou qu'il ne veuille ouvrir les yeux qu'à la lumière naturelle; qu'il se croie frappé d'une déchéance originelle et qu'il attribue tout son mérite au mystère de la croix et à la grâce divine, ou qu'il se repose de son salut sur lui-même; qu'il attende la règle de sa foi des décisions infaillibles de l'Église, ou qu'il se confie dans une inspiration d'en haut pour interpréter lui-même les saintes Écritures. Toutes ces questions dogmatiques peuvent faire sourire le scepticisme. Pour la foi, il s'agit du salut de l'âme, du bonheur de la vie future et des devoirs à remplir dans cette vie. L'erreur en ces matières est, à ses yeux, la plus grave, la plus dangereuse, la plus digne d'être proscrite, si les dangers qui peuvent résulter d'une erreur sont un motif de proscription.

Interrogez tous les docteurs du christianisme, depuis les Pères de l'Église jusqu'aux apologistes de nos jours : les plus modérés reconnaissent sans doute des vertus chez les païens, mais exceptionnelles et imparfaites, une sorte de demi-victoire de la nature humaine sur le péché originel et sur la corruption inhérente à l'idolâtrie. Vertus, d'ailleurs, plus brillantes que solides, sagesse mondaine, qui perdrait le chrétien, s'il n'avait pas d'autre règle, et dont il serait juste de le préserver, si elle pouvait encore le séduire !

Il ne s'agit plus du paganisme, dira-t-on. Qu'on le condamne ou qu'on le justifie, il ne sortira pas de son tombeau pour protester contre l'intolérance ou pour refleurir à l'ombre de la liberté. — Si le paganisme est mort, la philosophie pure, le rationalisme vit toujours. Or, ce que le christianisme repousse comme immoral, sous le nom d'esprit païen, ce n'est pas seulement le polythéisme ou l'idolâtrie ; c'est la négation de ses mystères et de son autorité surnaturelle, ce sont les prétentions de la raison à gouverner par elle-même la conduite humaine. Nous ne parlons pas ici des chrétiens immodérés qui croient servir les intérêts de la foi en ôtant tout crédit à la raison. La foi accepte la raison, mais elle ne permet pas, elle ne peut pas permettre à la raison de s'élever contre elle. Elle ne peut accepter la philosophie que comme une alliée, sinon comme une servante. Une philosophie indépendante et hostile, une philosophie toute profane, comme celle des païens, doit lui paraître d'autant plus dangereuse, qu'une telle philosophie n'a plus l'excuse de l'imperfection de ses lumières : c'est une révolte contre les lumières reçues d'en haut ; c'est un orgueil sacrilége ; c'est l'abus de l'intelligence et la corruption du cœur ; c'est un prélude au renversement de toutes les barrières qui protégent les bonnes mœurs. Si l'immoralité d'une doctrine suffit pour la rendre condamnable, tout chrétien convaincu se fera un devoir de dénoncer à la vindicte des lois ce reste de paganisme qui, sous le nom de rationalisme, ébranle dans sa base le temple du Christ.

Point de salut pour la morale en dehors du christianisme ; point de salut pour la morale en dehors de chaque Église. Que les vertus des protestants soient plus parfaites que celles des païens, que leurs doctrines soient moins grossières, un catholique en convient sans peine : ils ont, bien qu'obscurcie, la lumière de l'Évangile. Mais le principe propre du protestantisme n'en est pas moins, aux yeux du catholique, un principe immoral. Qu'est-ce autre chose, en effet, avec une inconséquence de plus, que le principe même du rationalisme, le libre examen, le sens individuel substitué à l'autorité de l'Église, c'est-à-dire à l'autorité de Dieu même? Et le danger est plus grand peut-être qu'avec le rationalisme lui-même. Réduite à ses propres forces, la raison a beau se complaire dans son indépendance, elle sent toujours sa faiblesse. Appuyée sur l'Évangile, elle ne craint rien. Mais la passion veille, mais l'orgueil est debout, mais l'intérêt plaide sa cause : tous ces ennemis de la vérité et de la saine morale sauront bien trouver des textes qui se prêteront, sans trop d'efforts, à leur justification. Le vice autorisé par l'abus de la raison, voilà le péril du rationalisme ; le vice autorisé par une interprétation erronée de l'Écriture elle-même, voilà le péril du protestantisme.

Ainsi parle le catholique. Écoutez maintenant ses adversaires, protestants ou philosophes. Le fond propre de la religion romaine n'est, suivant eux, qu'idolâtrie et superstition : l'infaillibilité d'un homme ou d'une réunion d'hommes mise à la place de l'infaillibilité de Dieu; l'énergie de l'âme hébétée par une soumission inerte à des décisions qu'on ne cherche pas à comprendre; les sens flattés, aux dépens de l'intelligence, par le culte des images, par la pompe matérielle des cérémonies, par une foule de pratiques qui demandent tout aux attitudes du corps et au mouvement des lèvres, rien à l'esprit ou au cœur; la perfection cherchée dans l'abdication de soi-même et dans le renoncement aux devoirs de famille, sans souci de la violence que le célibat fait à la nature et du péril qu'il fait courir aux mœurs. Ce reproche d'immoralité que le catholicisme adressait aux principes de ses adversaires, ceux-ci le renvoient à presque toutes ses institutions : immoralité dans la célébration du culte, immoralité dans la confession auriculaire, immoralité dans le célibat des prêtres, immoralité dans les vœux monastiques. En faut-il plus, partout où dominent dans l'État des passions hostiles au catholicisme, pour que l'intolérance s'autorise contre lui des intérêts de la morale?

Le bon sens public, direz-vous, saura rester neutre au milieu de ces accusations réciproques; elles n'empêchent pas les honnêtes gens, au sein de toutes les sectes, de se conduire par des maximes communes. Attachons-nous à ces maximes, préservons-les de toute atteinte, et abandonnons le reste aux discussions des théologiens. — Cela revient à dire qu'il faut séparer les intérêts de la morale de ceux des religions. Mais cette indépendance de la morale à l'égard des dogmes religieux, aucune religion ne l'admet; toutes sont d'accord pour considérer comme inefficace et funeste une morale purement rationnelle. Il ne suffit donc pas que vous écartiez leurs prétentions, il faut, pour que la liberté de conscience soit à l'abri de leurs atteintes, que vous engagiez la lutte avec elles; il faut que votre philosophie devienne, à tout prix, l'opinion dominante et, en quelque sorte, la religion de l'État. On ne veut pas qu'une religion puisse dénoncer comme un danger public la négation de ses dogmes : on dénoncera comme dangereux tout dogme exclusif, tout effort de prosélytisme, toute manifestation extérieure propre à raviver le zèle des croyants. Au lieu de la tyrannie d'une religion sur les autres, on aura celle d'une loi indifférente et sceptique sur toutes les religions : là, la liberté sacrifiée à la foi; ici, la liberté s'immolant de ses propres mains.

C'est vainement, en effet, que l'on compte sur l'impartialité des hommes, dès qu'on laisse un prétexte à l'intolérance. J'admets que la liberté religieuse trouve dans la loi et dans les mœurs de telles garanties que la persécution directe et violente de toute une religion soit désormais impossible. Faut-il compter qu'on ne verra jamais de fervents catholiques, investis du pouvoir par les vicissitudes de la politique, poursuivre, comme des manœuvres frauduleuses, les efforts du prosélytisme protestant? Des protestants ou des philosophes, également intolérants, ne réussiront-ils jamais à entraver la liberté des catholiques dans leurs cérémonies, dans leurs associations, dans les communications hiérarchiques des fidèles avec leurs pasteurs, des pasteurs avec leur chef commun? Enfin, si l'apaisement des esprits protége suffisamment les religions existantes, que ferez-vous à l'égard des religions nouvelles? Quelle autorité sera appelée à contrôler la moralité de leurs dogmes? Toutes seront étouffées dans leur berceau, si le zèle religieux préside à ce contrôle.

Elles n'ont guère moins à craindre, hélas! du zèle philosophique. Chaque école philosophique, comme chaque secte religieuse, ne voit que dans ses principes le salut de la morale. Toutes les discussions métaphysiques se changent aisément en procès de tendance. « Vous, spiritualistes, dit l'un, vous vous débattez en vain contre les chimères de l'idéalisme; vous passez votre vie, comme le Socrate d'Aristophane, au milieu des nuages; vous faites le vide autour de vous et en vous-mêmes, incapables de bien, quand vous ne faites pas le mal. » « Vous, panthéistes, dit-on ailleurs, vous asservissez l'homme à la matière; vous le laissez sans Dieu en qui il puisse espérer, sans personnalité qu'il puisse développer et défendre, sans relations avec d'autres personnes qui puissent être l'objet de ses affections et de ses devoirs, etc., etc. » Tous ces reproches peuvent être mérités; ils sont dans les droits de la controverse philosophique; mais craignons d'en faire la base d'interdictions légales ou de condamnations pénales.

Quand on s'en prend à des doctrines, non à des actes positifs, l'intolérance d'une conviction honnête et sincère ne connaît point de limites. On ne veut frapper qu'une maxime directement immorale; mais cette maxime repose sur une théorie générale, qui n'est pas moins dangereuse pour l'être moins immédiatement : se contentera-t-on de couper la branche sans toucher à l'arbre? La théorie générale elle-même sort de tout un système, toujours vivant, toujours fécond en conséquences funestes : se contentera-t-on d'abattre l'arbre sans arracher ses racines? Nous n'éveillons pas de vaines craintes. N'avons-nous pas vu, il y a quarante ans, une accusation légale intentée au nom de la morale publique, non par des théologiens, mais par des légistes philosophes, aux sectateurs d'une religion nouvelle? Plus récemment, ne traduisait-on pas devant la police correctionnelle de jeunes écrivains pour avoir professé des théories matérialistes, et s'ils étaient acquittés en première instance en vertu des droits de la discussion philosophique, n'étaient-ils pas condamnés en appel au nom de la morale outragée par leurs principes (1)? Et, dans ces dernières années, n'avons-nous pas vu un éloquent prélat, la plus haute lumière de ce qu'on a appelé pendant quelque temps le catholicisme libéral, adresser aux pouvoirs publics et aux philosophes spiritualistes d'incessants appels pour opposer au matérialisme et à l'athéisme toutes les armes de l'intolérance (2)?

Nous n'avons de sympathies ni pour le saint-simonisme ni pour le matérialisme. Nous n'avons pas moins à cœur les intérêts de la morale que ceux de la liberté. Mais ce n'est pas à la loi que nous voudrions confier ces intérêts délicats. Il lui appartient

(1) Procès du journal *le Travail*, arrêts du tribunal de police correctionnelle de Paris en date du 29 mars et de la cour impériale de Paris en date du 17 mai 1862.
(2) Brochures et discours de Mgr Dupanloup, évêque d'Orléans : *L'Athéisme et le péril social; Où allons-nous?* etc.

de les protéger quand ils sont menacés par des actes criminels en opposition avec les droits d'autrui : nous déclinons sa compétence quand le danger moral est dans les opinions et dans leurs tendances. Pour les opinions qui touchent à la morale, comme pour toutes les autres, la loi est impuissante à empêcher le mal; elle ne peut que faire obstacle au bien lui-même. Il est des âmes que révoltent les doctrines perverses, il en est d'autres qu'elles empoisonnent. D'où vient la différence? C'est que ces doctrines se brisent contre les bons sentiments des unes, tandis qu'elles s'appuient sur les mauvaises passions des autres. Or, que peut la loi sur la sensibilité? Vous arrêtez, vous punissez la propagation des doctrines; vous les frappez dans leurs principes et dans leurs conséquences; vous proscrivez les religions et les systèmes de philosophie qui leur donnent asile : le sol où elles prennent naissance, par une véritable génération spontanée, échappera toujours à votre action. On ne les professera plus tout haut, elles circuleront tout bas; elles ne seront plus réduites en dogmes ou en systèmes, elles se feront adages ou proverbes.

Tâchez de surprendre les conversations des plus jeunes enfants dans toutes les écoles, des paysans les plus grossiers dans les campagnes qu'a le moins envahies la civilisation générale : vous serez souvent effrayés de l'immoralité de leur langage. Qu'ils se corrompent les uns les autres, cela n'est pas douteux; mais comment? Est-ce en propageant ces théories que vous cherchez à déraciner? elles ne sont pas descendues jusqu'à eux, et leur intelligence ne pourrait pas les comprendre. Tout au plus pourrait-on supposer que les conséquences qui en découlent se sont infiltrées insensiblement dans ces âmes ignorantes et simples, si l'on ne voyait des maximes non moins immorales professées par les peuples les plus sauvages. La racine du mal n'est pas dans l'influence directe ou indirecte d'une mauvaise philosophie ou d'une théologie mensongère; elle est dans les bas-fonds de la nature humaine : espérez-vous l'atteindre à l'aide de mesures légales ?

Opposer une digue à l'erreur, en réprimer la manifestation, ce n'est pas assez; il faudrait descendre dans ces âmes égarées, pénétrer jusqu'à l'origine des sophismes qui les ont séduites, des passions qui leur ont voilé la vérité. Les effrayer, les punir, mauvais moyen. Obtenez plutôt leur confiance, ranimez le zèle des auxiliaires que vous trouvez encore dans leurs bons instincts ou dans leurs saines croyances, discutez avec elles doucement, paisiblement, avec l'onction de la charité, avec la fermeté calme d'une conviction arrêtée, tentez, en un mot, ce qu'on appelle dans le langage religieux une conversion. Est-ce l'affaire de la police et des tribunaux ? Non, mais de la religion et de la philosophie. Le magistrat, le représentant de la loi, si honnête et si éclairé qu'on le suppose, ne peut pas, comme le moraliste ou le prêtre, entrer en communication directe avec les âmes. Son caractère officiel y est un obstacle invincible. Quoi qu'il en fasse, il est toujours armé des menaces de la loi. C'est l'homme qui châtie, non celui qui console. La confiance s'accorde à celui qui ne parle qu'à l'âme, elle se refuse à celui qui peut enchaîner le corps. Je veux bien discuter avec vous, si vous n'avez à m'opposer que le glaive de la raison et de la foi : si vous tenez en réserve celui de la loi, je m'incline et je garde ma conviction.

Quand il s'agit de repousser la violence matérielle, chacun doit s'en remettre à l'État. Chacun doit s'armer, au contraire, des armes du bon sens et de la conscience, des armes morales, en un mot, pour repousser toute erreur funeste à la vertu. Il n'y a rien à craindre pour la paix publique de ces luttes pacifiques des idées contre les idées, des sentiments contre les sentiments. Plus elles se multiplient, plus elles annoncent de vitalité dans les âmes, plus elles laissent d'espoir dans le triomphe de la vérité et des saines croyances. L'État, par son intervention, ne peut que les gêner ou les décourager. Ses menaces donnent naissance à une hypocrisie de langage, à une moralité tout extérieure, qui n'ôte rien à la corruption des idées ou des mœurs, mais qui empêche de la voir et d'y porter remède. Ceux mêmes qui discernent le mal sous cette honnêteté de convention, s'en rapportent à l'État du soin de le guérir : ne s'en est-il pas donné la mission? D'ailleurs, signaler l'erreur, quand elle peut être punie, c'est jouer le rôle, toujours odieux, de dénonciateur. On renoncera donc à cette intolérance morale, qui est le droit éternel de la vérité contre l'erreur, pour ne pas se rendre complice de l'intolérance légale. On comprimera la révolte de sa conscience contre les maximes perverses. Bientôt on s'habituera à ne plus la sentir.

Une confiance inerte dans la protection de la loi prendra la place de l'énergie de l'âme. Que dis-je? c'est par les yeux de la loi qu'on jugera. On ne reconnaîtra plus d'autres erreurs que les opinions que la loi condamne. Celles qu'elle ne pourra atteindre feront impunément leur chemin, d'autant plus dangereuses, souvent, que leur venin sera plus caché. L'immoralité, en un mot, n'aura plus qu'un adversaire, impuissant par sa toute-puissance même, qui réussira tout au plus à défendre la société contre des attaques directes et démasquées, tandis que des millions de complices saperont en silence les fondements de la place.

L'intervention de l'État ne nuit pas seulement aux esprits sages, aux défenseurs des saines doctrines, elle blesse aussi, nous ne devons pas l'oublier, les devoirs, les droits, les intérêts des esprits égarés eux-mêmes. Vraie ou fausse, chacun doit proclamer hautement sa pensée. Vraie, elle pourra faire du bien; fausse, elle provoquera la contradiction, et si elle n'est pas renversée par une réfutation directe, elle tombera tôt ou tard par ses conséquences. C'est l'histoire de toutes les erreurs. Laissez l'arbre porter ses fruits : celui qui l'a planté finira par le désavouer, sinon des lèvres, du moins au fond du cœur.

Vous direz qu'on cherche rarement la lumière quand on se fait le fauteur d'opinions paradoxales; qu'on la fuit plutôt quand elle se montre, et qu'on ne craint rien tant que d'être obligé de renoncer à des théories flatteuses pour l'amour-propre par leur singularité, agréables aux passions par la licence qu'elles autorisent. Cela peut être vrai des chefs d'école ou de secte : leurs convictions sont naturellement plus entières et leur orgueil plus intéressé à ne pas se départir d'une doctrine à laquelle est attaché leur nom. Et encore, si vous pouviez lire dans leurs âmes, vous les verriez souvent inquiets et troublés, non-seulement par la crainte d'être mal compris, d'être victimes des préjugés, mais aussi par un doute secret, qui ne s'avoue pas à lui-même, qui n'ose pas élever la voix contre l'approbation partielle du dedans, mais qui cherche dans l'appréciation du dehors sa confirmation ou sa défaite. On repoussera peut-être les objections avec dédain : on les avait prévues, on les avait réfutées d'avance. Elles se font entendre cependant, comme l'esclave qui rabaissait l'orgueil du triomphateur antique. L'assurance faiblit peu à peu avec le premier enivrement de la lutte, et si l'on ne finit pas par une rétractation formelle, humiliante pour l'amour-propre, on environne sa pensée de telles explications, de telles réserves, qu'elle devient tout autre en réalité, sous la ressemblance des mots, d'autant moins dangereuse qu'elle a dépouillé à la fois toute sa force logique et tout son venin.

S'il en est ainsi des maîtres, quelle prise n'offre pas à la vérité le commun des hommes, toujours flottants entre les opinions les plus contraires, passant de l'une à l'autre, sans presque s'en apercevoir, au gré des entraînements du moment! Ce qui est à craindre, ce n'est pas de laisser un libre cours à toutes ces opinions qui les séduisent tour à tour; c'est de chercher à comprimer celles qui vous déplaisent ou qui vous révoltent. S'ils n'ont pas un vif amour de la lumière, ils n'ont pas de parti pris pour les ténèbres. Vous ne faites qu'épaissir les ténèbres en empêchant la discussion. Ce demi-jour, auquel vous condamnez l'opinion proscrite, est tout à son avantage. Si elle circule dans l'ombre, à mots couverts, sans donner ses raisons, sans réfuter celles de ses adversaires, ce n'est pas à elle qu'on s'en prendra, mais à la loi qui prétend l'étouffer. L'opinion favorisée, au contraire, gagne peu à se produire au grand jour, sous les auspices de la force légale. Sa lumière paraît empruntée; ses arguments sont suspects, tant qu'il n'est pas permis de les contredire. Pourquoi écouterait-on l'accusation, puisqu'il n'est pas permis d'entendre la défense? Aux appuis que l'erreur trouve naturellement dans l'âme humaine vous joignez la paresse, toujours prête à se payer de toute excuse qui la dispense d'examen, et ce vague sentiment d'équité qui incline à chercher le bon droit du côté où porte la persécution.

Laissons donc à la libre discussion le soin de corriger l'erreur. La loi répressive ne peut faire l'office que d'un chirurgien ignorant, qui ne voit pas d'autre remède au mal que de tailler ou d'enlever les parties atteintes. Un habile médecin reconnaît dans le mal extérieur l'indice du mal intérieur, un symptôme à la fois utile et funeste, qu'il ne cherchera à faire disparaître qu'après en avoir tiré parti pour remonter à son origine. Dans tout ce qui touche aux opinions, une loi libérale doit agir comme ce médecin. Si l'on veut que l'erreur soit frappée dans sa racine, il faut qu'elle puisse se manifester librement, avec tout le cortége de ses conséquences, et que toute liberté soit également laissée à sa réfutation.

Jusqu'ici, nous avons supposé que l'État était en possession de la vérité morale. Mais il n'est pas plus infaillible sur ce point que sur tous les autres. Une loi immorale est un grand malheur, contre lequel on n'a d'autres garanties que la sagesse, toujours imparfaite, des institutions, et la prudence, toujours bornée, du législateur; mais une croyance immorale imposée au nom de la loi, est-il une tyrannie plus odieuse? Une législation qui autorise l'esclavage est une législation inique : que penser d'une législation qui en ferait un article de foi? L'immoralité est plus rare, j'en conviens, dans les lois que dans les opinions, et elle ne s'y étale jamais avec la même impudence; mais la perfection dans les lois, de même que la vérité absolue dans les doctrines sur lesquelles elles reposent, est une vaine utopie. Contre l'imperfection des lois et des théories légales, il y a du moins un remède, si les opinions sont libres, si l'on peut signaler le mal, s'il est permis d'en appeler de la conscience aveuglée à la conscience mieux informée.

Si la loi s'empare des opinions, la plus sage, au milieu d'idées justes, fera toujours régner quelque idée fausse. Qu'elle s'appuie sur la vraie religion, dit l'intolérance théocratique, et elle sera assurée de ne faire régner que la vérité! — Oui, si Dieu, en donnant la vraie religion, s'était engagé, partout et toujours, à la faire asseoir sur les trônes de ce monde, et si l'on ne voyait pas sans cesse toutes les religions qui ont invoqué le bras séculier frappées des mêmes armes qu'elles lui ont confiées contre leurs adversaires. Tout est-il réglé, d'ailleurs, même en fait de croyances morales, par le dogme religieux? Son immutabilité exclut-elle le progrès? Parmi ceux qui conservent la foi du moyen âge, en est-il beaucoup qui voulussent reprendre toutes les idées morales du moyen âge? Combien de théories, condamnées d'abord comme immorales parce qu'elles choquaient les idées reçues, sont devenues, dans l'âge suivant, des vérités banales, et ont obtenu l'adhésion tacite de l'Église elle-même! Nous n'en voulons pour preuve que le prêt à intérêt, dont on condamne encore l'abus, mais dont l'usage modéré n'a plus besoin des artifices des casuistes pour échapper aux anathèmes qui le frappaient naguère d'une manière absolue. Laissez donc un libre cours à ces théories malsonnantes, pour que du sein des erreurs jaillisse la vérité salutaire. Que dis-je! l'erreur même est quelquefois un instrument de progrès. Le philosophe qui a le plus contribué à déraciner les superstitions du paganisme et à déblayer le terrain devant la prédication chrétienne, ce n'est pas Platon, c'est Épicure. Le scepticisme voltairien nous a donné la tolérance. La philosophie sensualiste de Locke et de Condillac a fait germer dans les esprits les maximes de liberté qu'à consacrées la Révolution française.

Sans doute, il faut un frein à la corruption des mœurs, et l'espoir d'un progrès problématique ne doit pas nous faire fermer les yeux sur les maux présents et certains dont le dévergondage des opinions peut infecter la société. Mais ce frein nécessaire, il ne faut le demander qu'aux puissances purement morales, devant lesquelles doit s'abaisser, pour tout ce qui touche aux mœurs et aux idées, le glaive de la puissance civile. Toutes les armes bienfaisantes dont l'État pourrait se servir, une Église en dispose. Elle porte des lois contre les doctrines immorales et contre leurs fauteurs; elle a des tribunaux pour faire exécuter ses lois; elle peut même infliger des châtiments. Il ne lui manque, pour ressembler en tout à l'État, que l'emploi de la contrainte. Mais c'est là ce qui fait sa force véritable; c'est là ce qui lui donne l'âme des fidèles, en lui permettant de s'y insinuer par la persuasion et d'obtenir une confiance qui se refuse à la violence matérielle. C'est, en même temps, ce qui prévient l'abus. Si une religion est fausse, elle n'a, du moins, aucun pouvoir pour empêcher la diffusion de la vérité. Ses armes contre ses adversaires sont toutes morales, comme ses moyens d'action sur ses sujets.

Tel est le caractère que l'État doit laisser à l'action des diverses Églises : une indépendance absolue, avec la seule exclusion de la contrainte, c'est-à-dire une égale liberté pour toutes les religions. Si une religion ne réussit pas à ramener à la vérité une intelligence égarée, qu'une autre le tente. Si toutes les religions sont impuissantes, que la philosophie puisse intervenir à son tour. Moins forte que les religions, car elle n'est pas organisée comme elles, elle a, pour beaucoup d'esprits, l'avantage de ne s'adresser qu'à la raison et de provoquer elle-même le libre examen. Elle se subdivise, d'ailleurs, en écoles ou en systèmes, comme les religions se subdivisent en sectes. Que l'État ne se mêle aux luttes de ces systèmes, de ces écoles ou de ces sectes, que pour empêcher tout recours à la violence. Qu'il se confie, en un mot, dans la vérité pour triompher de l'erreur, dans la conscience droite pour redresser les consciences faussées.

Verra-t-il, à la suite de ces discussions plus ou moins passionnées, mais forcément pacifiques, disparaître toutes les doctrines dangereuses pour les mœurs? Ce serait folie de l'espérer. La liberté assure au bien le moyen de se défendre et de combattre avec avantage : elle ne lui promet pas une victoire complète et décisive sur des ennemis sans cesse renaissants. Elle ne change pas la nature humaine. Si l'immoralité se manifeste par des actes positifs, contraires aux droits qu'il a mission de protéger, que l'État intervienne, avec fermeté, avec rigueur, avec toutes les armes qui sont en son pouvoir ; qu'il se garde seulement de vouloir tout régler dans la conduite privée. Son action est essentiellement générale et nécessairement restreinte par sa généralité même. Elle doit s'abstenir d'entrer dans le détail, si elle ne veut pas étouffer la liberté. Trop de précautions décourage les bons et ne fait qu'irriter les méchants, sans les corriger (1); c'est les inviter à éluder ou à violer la loi, en faisant peser sur eux une gêne insupportable, sans s'assurer l'appui des bons ins-

---

(1) Qui omnia legibus determinare vult, vitia irritabit potius quam corriget. (Spinoza, *Tract. theol. pol.*, c. XX.)

tincts, sur lesquels l'Etat ne peut rien. Qu'il renonce, à plus forte raison, à poursuivre l'immoralité dans la sphère des idées et de leur expression directe. Devant un mal qu'il ne saurait guérir, qu'il sache se retirer, avec regret sans doute, mais avec la conviction d'avoir rempli tout son devoir. Quand le médecin du corps a mis en œuvre toutes les ressources de son art pour sauver un malade, il cède la place au médecin de l'âme, et quand celui-ci échoue à son tour, il se confie dans la miséricorde et dans le juste jugement de Dieu.

VI

Est-il besoin de prouver maintenant que la tolérance de l'État pour les doctrines immorales doit s'étendre aux doctrines contraires aux lois? Nous avons revendiqué, pour l'enseignement, la liberté de discuter les lois, même celles qui règlent la constitution de l'État, même celles où sont proclamés les principes fondamentaux des sociétés. La même liberté ne saurait évidemment être refusée aux religions. Il n'est pas permis, sous prétexte de religion, de prêcher la désobéissance aux lois ou d'en provoquer le renversement : il est toujours permis d'en signaler les imperfections et les erreurs. La distinction est délicate, mais elle est juste et nécessaire. Il n'est pas une opinion qui n'ait le droit de se produire tant qu'elle ne se présente que comme une opinion.

Ce droit, qui semble énorme, de contredire, dans

leurs principes, les institutions civiles, a pu de tout temps, et aujourd'hui plus que jamais, être exercé, non sans réclamations et sans résistance, mais sans péril sérieux pour la paix publique, par la plus haute autorité religieuse qui soit sur la terre. Dans une pièce officielle adressée à tous les évêques, le chef de l'Église catholique a condamné, comme contraires à la foi, un certain nombre de maximes suivies par les gouvernements temporels dans leur législation et dans leur politique (1). Aucune entrave n'a été mise à la publication de cette pièce par la plupart des gouvernements, qu'elle frappait d'une sorte d'anathème. En France, on a usé contre elle de restrictions légales qui n'ont jamais prouvé plus clairement leur inefficacité; mais ces restrictions n'avaient pour but, dans l'intention déclarée du gouvernement, que de répudier solennellement, au nom de l'État, les doctrines professées au nom de l'Église. S'il n'a pas été permis de lire du haut de la chaire le manifeste pontifical, il a pu être porté à la connaissance des fidèles par toutes les voix de la presse. Tous les évêques, tous les prêtres ont pu s'en approprier publiquement toutes les propositions. Atténuées par les uns, aggravées par les autres, aucune voix ayant quelque autorité dans l'Église ne les a désavouées, et la proclamation, par le concile de 1870, de l'infaillibilité papale est venue leur donner, auprès de tous les catholiques, une force irrésistible. Tout ce qu'on a gagné à un semblant de persécution en France, à un

---

(1) Voir l'Encyclique du 8 décembre 1864 et le *Syllabus* qui l'accompagne.

commencement de persécution en Allemagne, ç'a été de constater l'accord unanime du clergé catholique avec son chef dans ce que l'État considérait comme une attaque ouverte contre ses institutions; et cette attaque s'est compliquée encore des censures publiques prononcées par la majorité des évêques et par le souverain pontife contre les lois particulières au nom desquelles on prétendait leur fermer la bouche.

Qu'eût-il fallu, en effet, pour protéger efficacement, contre les sentences de l'autorité religieuse, les institutions attaquées? Arrêter à la frontière tout exemplaire de l'*Encyclique* et du *Syllabus*, en interdire la reproduction par la presse, ce n'était pas assez. Qui ne sait avec quelle facilité circulent, en dépit de l'inquisition la plus tracassière, les écrits prohibés? Que pouvait-on, d'ailleurs, contre les copies manuscrites et, à leur défaut, contre les communications verbales? En vain eût-on violé, à l'égard de tout le clergé, le secret des lettres, on ne pouvait espérer de le tenir longtemps dans l'ignorance des décisions du souverain pontife, et, une fois éclairé, on pouvait encore moins compter, il faut le dire à son honneur, sur sa faiblesse ou sur sa prudence pour l'engager à garder la lumière sous le boisseau. Placer au pied de chaque chaire des agents de police, chargés de signaler à l'autorité administrative ou judiciaire toute propagation directe ou indirecte des doctrines illégales, ce n'eût été qu'un inutile appareil d'intimidation. Le prêtre n'est pas réduit à la prédication et, à moins de vous placer en tiers dans le confessionnal, entre lui et ses pénitents, vous ne l'empêcherez pas de souffler à leur oreille le mot d'ordre parti de Rome. La persécution ouverte comme au temps de la terreur où sous le premier empire, la fermeture des temples, la dispersion et l'emprisonnement des prêtres, la violence exercée sur la personne du pape lui-même, voilà ce qu'il eût fallu tenter, voilà ce qui eût réussi peut-être à étouffer pour un temps les théories proscrites : pour un temps, disons-nous, car l'exemple même de la persécution révolutionnaire ou autocratique prouve trop bien l'impuissance de la violence contre la foi religieuse.

Il n'est venu, Dieu merci, à la pensée de personne, même dans les pays en révolution, de protéger contre les anathèmes de l'Église la liberté de conscience, en renouvelant contre la liberté de l'Église d'odieux attentats. Sauf de vains appels aux foudres légales, on s'est confié presque partout dans la liberté de discussion, et elle a prouvé, comme toujours, qu'elle était la meilleure sauvegarde de la vérité. La controverse a été, des deux parts, passionnée et sans ménagements ; mais les invectives n'ont pas empêché les bonnes raisons de se faire jour, et les opinions conciliantes d'intervenir avec avantage. Dans les deux camps, les bons esprits ont senti le prix de la liberté : ici, puisqu'on la revendiquait pour l'enseignement doctrinal de l'Église ; là, puisqu'on en défendait le principe contre les censures de l'Église. D'un côté, on a été amené, sinon à retirer ces censures, du moins à leur ôter ce qu'elles avaient de trop absolu, et, à Rome même, de libres interprétations, qui ne laissaient guère subsister que la lettre du document pontifical, ont été accueillies avec reconnaissance. D'autre part, les vrais libéraux ont dû comprendre qu'il était à la fois illogique et imprudent de maintenir des lois destructives de la liberté, quand on mettait son honneur à soutenir les principes de liberté posés dans les lois. Tous les préjugés ne sont pas tombés sans doute ; tous les nuages qui, pour les deux partis, voilent l'image de la liberté ne se sont pas dissipés ; de nouvelles crises politiques ont au contraire ravivé les passions religieuses : qui pourrait nier cependant l'heureux effet de tels débats pour éclairer l'opinion publique ? Et quel plus fort argument, d'ailleurs, en faveur de la liberté des opinions, que ce débat solennel entre la puissance religieuse et la puissance civile, sur les plus chers intérêts des sociétés, passionnant tous les esprits, d'un bout à l'autre du monde, dans les États despotiques comme dans les États libres, sans troubler nulle part l'ordre matériel ?

Si, en effet, une grande religion, puissante par le nombre de ses sectateurs, puissante par son organisation, puissante surtout par les vérités dont elle garde le dépôt et qu'elle contribue à faire régner dans le monde, a pu impunément et sans danger, par ses organes les plus autorisés et par la voix de son chef lui-même, se mettre en opposition avec les institutions des plus grands États, n'y aurait-il pas une inconséquence flagrante à refuser aux autres religions l'usage de la même liberté ? Vous voulez, vous catholiques, garder le droit de croire à la parole infaillible du pape, sans la soumettre au contrôle de l'État : cessez donc de réclamer contre vos adversaires des prohibitions légales dont la gêne se fera tôt ou tard sentir à vous-mêmes. Vous redoutez, vous libres penseurs, l'intolérance cléricale, et vous inclinez trop souvent à vous armer contre elle des droits de l'État : reconnaissez que la libre discussion est, après tout, la seule arme efficace et sans péril et, lorsqu'elle vous suffit contre les puissants, n'en invoquez pas une autre contre les faibles. Et vous, représentants de la loi, qui voulez qu'elle soit non-seulement obéie, mais respectée, que pouvez-vous redouter pour elle des opinions qui la contredisent, lorsque vous êtes forcés, dans l'intérêt même de la paix publique, de renoncer à leur faire violence, dès qu'elles peuvent vous opposer de gros bataillons ?

Nous professons, ce livre en fait foi, la plupart des propositions dont la condamnation, de la part de l'Église, a éveillé, en France et dans d'autres pays, la juste susceptibilité de l'État. Nous n'en reconnaissons pas moins que l'Église était dans son droit en les dénonçant aux fidèles comme dangereuses pour leur foi. « Nous ne devons à l'État que notre obéissance, disaient avec raison les défenseurs de l'Église, et nous la lui accordons sans réserve ; nous ne revendiquons que la liberté de nos croyances et le droit de ne pas approuver en principe, quand elles blessent notre conscience, les lois devant lesquelles notre volonté s'incline dans la pratique. » La distinction est légitime, et il est juste qu'elle profite à tous les adversaires de nos institutions politiques ou sociales, soit au sein de la grande Église catholique, soit dans une de ces sectes obscures et grossières dont on se fait un épouvantail contre la liberté de conscience.

Qu'il nous soit donc permis de plaider la cause des mormons eux-mêmes, au nom des mêmes principes et en vertu des mêmes distinctions dont il serait difficile et périlleux de refuser le bénéfice à une grande religion, entourée du respect de plusieurs millions d'hommes, et par là infiniment plus redoutable aux institutions civiles, lorsqu'elle se met en opposition avec elles. Qu'un individu, mormon ou autre, en France, en Angleterre ou aux États-Unis, veuille prendre plusieurs femmes, la loi civile et, s'il cherche à l'éluder, la loi pénale sont suffisamment armées contre ses prétentions. Il ne peut contracter légalement un second mariage tant que le premier n'est pas dissous. S'il surprend la bonne foi des gardiens de l'état civil, il sera poursuivi et condamné comme bigame. S'il se passe, pour ses unions ultérieures, de la consécration civile, il pourra être poursuivi comme adultère. S'il aime mieux s'affranchir de tout lien légal, il sera dans le même cas que tout ceux qui vivent, sous la tolérance des lois, dans un état de concubinage multiple, qui, du moins, ne peut donner lieu, devant les pouvoirs publics, à aucune revendication de droit. Mais si, sans désobéir à la loi, ni dans sa lettre ni dans son esprit, il se borne à soutenir théoriquement la légitimité de la polygamie, l'antipathie que vous inspire une telle doctrine ne vous autorise pas à la proscrire. Contre les actes qui violent les lois, servez-vous des armes légales. Contre une simple opinion, même quand elle s'érige en dogme, même quand elle sert de lien à toute une société religieuse, même quand elle blesse la majorité des consciences et tend à infirmer l'autorité morale des lois, contentez-vous des armes intellectuelles : réfutez, ne persécutez pas (1).

VII

Nos lois sont loin encore de ces principes de liberté. Non-seulement elles n'admettent pas la liberté absolue des doctrines, mais on peut dire sans exagération qu'elle n'admettent à aucun degré la liberté des cultes. Les cultes sont restés sous le régime de la simple tolérance. Pour les plus considérables, la tolérance est le fait de la loi elle-même : ils sont reconnus par l'État ; pour les autres, la tolérance dépend du bon vouloir des autorités administratives : aucune réunion religieuse ne peut se tenir sans une autorisation préalable, qui peut toujours être révoquée ; c'est le pur arbitraire.

Comment un tel régime a-t-il pu se maintenir dans un pays qui se fait honneur, depuis sa grande révolution, d'avoir mis hors de toute atteinte la liberté

(1) « La polygamie, adoptée par les mormons, est la cause principale de cette antipathie contre leurs doctrines, qui viole ainsi les lois de la tolérance religieuse ; la polygamie, quoique permise aux mahométans, aux Hindous, aux Chinois, semble exciter une animosité implacable quand elle est pratiquée par des gens qui parlent anglais et qui se donnent pour une sorte de chrétiens. » — J. Stuart Mill, *De la liberté*, p. 167 et 168 de la traduction française.

de conscience? L'autorisation préalable ne s'impose plus ni à l'enseignement ni à la presse : pourquoi s'impose-t-elle encore aux cultes? Nulle part peut-être elle ne blesse davantage les droits des âmes. Le plus humble, le plus ignorant se sent entravé, non dans l'exercice d'un simple droit, mais dans l'accomplissement d'un devoir sacré, s'il a besoin d'une autorisation arbitraire pour la célébration de son culte; sa conscience tout entière se révolte et proclame l'iniquité de la loi.

On alléguerait en vain le danger des mauvaises doctrines et des pratiques immorales. Ce danger existe ailleurs que pour les cultes, et ce n'est pas sans doute dans l'ordre religieux qu'il est le plus apparent et le plus redoutable. Partout ailleurs la loi croit assez faire pour écarter les plus grands périls en leur opposant la répression pénale et certaines garanties préventives. Elle ne reste armée de l'autorisation préalable que pour les associations en général et pour les réunions où doivent se traiter des matières politiques ou religieuses. Nous montrerons, en traitant des droits d'association et de réunion, qu'elle doit ouvrir à la liberté ces derniers asiles de l'arbitraire; mais alors même qu'ils devraient lui rester fermés d'une manière générale, nul danger ne saurait justifier le maintien de l'autorisation préalable pour cet ordre particulier de réunions qui a pour objet la célébration d'un culte.

Quand on parle en général de réunions politiques ou religieuses, on se représente des discussions passionnées, de nature à troubler la paix publique. Or aucun culte, dans sa célébration publique, n'appelle ou ne souffre la discussion. Elle n'a de place que dans les conciles ou les synodes, qui ne sont pas ouverts à tous les fidèles. Craint-on toutefois que ces controverses, dont on se fait un épouvantail, ne se glissent dans certains lieux de culte, on peut en faire l'objet d'une exception formelle : une telle exception pourrait être une gêne, mais elle n'enlèverait rien à la liberté des cultes de ce qui fait proprement son essence.

Deux choses, dans toute religion, constituent le culte : la prédication et la prière en commun. La prédication n'est qu'un enseignement. Or l'enseignement, à tous ses degrés, sous toutes ses formes et sur toutes les matières, même sur les matières politiques, même sur les matières religieuses, est affranchi aujourd'hui de l'autorisation préalable : il n'y a aucune raison de continuer à l'y soumettre, lorsqu'il se produit comme prédication dans un lieu de culte. La prière en commun paraîtra-t-elle plus dangereuse? Elle est partout accompagnée de certaines cérémonies, de certains rites, qui ont souvent donné lieu à des accusations odieuses, même contre les religions les plus respectables. Le christianisme lui-même n'y a pas échappé. Des actes coupables peuvent sans doute se produire à la faveur des cérémonies religieuses; ils peuvent appeler la répression et autoriser la surveillance; mais s'ils autorisaient la suppression de la liberté, nulle sphère d'action ne devrait rester libre.

Quel est donc le véritable obstacle à l'extension ou,

pour parler rigoureusement, à l'établissement de la liberté des cultes? L'intérêt moral n'est qu'un prétexte. On a ri, dans une discussion législative, lorsqu'un orateur a menacé la société actuelle de voir revivre le culte de Vénus, si l'autorisation préalable venait à disparaître (1). Le seul danger que redoute véritablement cette intolérance, en grande partie inconsciente, que la civilisation moderne et nos révolutions successives sont loin d'avoir emportée, ce n'est pas la propagation de religions nouvelles contraires à la morale ou à l'ordre public; c'est un schisme au sein de la religion dominante. Il s'élèverait dans Paris un temple bouddhique ou une église mormone que bien peu crieraient au scandale. Le sentiment général parmi les indifférents et parmi les croyants eux-mêmes serait la curiosité plutôt que la colère. Mais qu'un prêtre catholique, rompant avec sa communion, prétende célébrer un culte dissident, aussi voisin que possible du culte orthodoxe, il verra s'élever contre lui non-seulement les adversaires déclarés de la liberté de conscience, mais des gens du monde, des magistrats, des hommes d'État, qui se croient fermement attachés à cette liberté et à toutes les autres. Nous n'avons pas assez de foi pour comprendre et

(1) Discours de M. Alfred Giraud contre la proposition de M. Bardoux, relative à la suppression de l'autorisation préalable en matière de cultes. — Cette proposition a été votée en première lecture par l'Assemblée nationale en 1874; mais elle n'a pu franchir les deux autres délibérations. L'élévation de son auteur au ministère des cultes et l'élection d'une majorité libérale à la Chambre des députés lui donnent aujourd'hui des chances plus favorables; mais on peut toujours craindre qu'elle ne rencontre moins de faveur devant l'autre Chambre.

pour goûter l'esprit de secte. La liberté religieuse est surtout pour nous la paix religieuse, la paix au sein de chaque Église comme entre les différentes Églises. Nous supportons mal les dissidences ardentes et passionnées sur des questions qui, depuis longtemps, ont perdu pour nous presque tout leur intérêt. Ces dissidences nous choquent surtout dans l'Église catholique, où nous sommes accoutumés à voir tout reposer sur l'unité de foi et sur la soumission à une autorité réputée infaillible. Elles inquiètent d'autant plus les esprits timorés que cette Église a confondu pendant des siècles ses destinées avec celles de l'État, qu'elle embrasse encore la très-grande majorité de la nation, et qu'elle ne peut ressentir aucune agitation sans que la paix publique semble menacée avec elle. Nous ne voyons plus dans l'apostasie, dans la rupture publique avec l'Église dominante, un crime légalement punissable, mais nous y voyons toujours un scandale.

C'est sous l'empire de ce préjugé que nos lois conservent encore tant de dispositions absolument contraires à la liberté religieuse. Ce préjugé n'ose pas s'avouer dans les débats parlementaires; mais, dans les discussions plus intimes des bureaux et des commissions, il s'est souvent produit sans fausse honte et avec succès. Le fantôme du « vieux catholicisme » retarde seul aujourd'hui la suppression de l'autorisation préalable en matière de cultes. Il est temps que des législateurs libéraux ne se laissent plus arrêter par un tel fantôme et que la liberté religieuse, pleinement et définitivement reconnue, prenne place dans nos lois à côté de la liberté d'enseignement et de la liberté de la presse.

VIII

La forme la plus simple et la plus séduisante de la liberté religieuse, c'est la séparation absolue de l'Église et de l'État. Une Église est un gouvernement tout spirituel; un État, un gouvernement temporel. Au premier, la direction des croyances; au second, celle des actions. Le premier s'appuie sur la force morale, sur l'adhésion des âmes; le second, sur la force matérielle, sur la contrainte. L'un a en vue le bonheur futur, dans une vie meilleure : son royaume n'est pas de ce monde; l'autre ne peut placer sa fin qu'ici-bas, dans la liberté, la sécurité et le bien-être dont on peut jouir sur la terre. Qu'ils poursuivent donc librement, chacun dans sa sphère, leur double destination. L'Église, en tant qu'Église, n'a rien à voir dans l'État; ses membres, lorsqu'ils doivent agir comme sujets ou comme citoyens, ne sont plus ni des catholiques, ni des protestants, ni des juifs, mais des hommes, unis par les mêmes droits et par les mêmes devoirs, et trouvant dans les lois de leur pays, la détermination des uns et la garantie des autres. L'État, de son côté, en tant qu'État, n'a pas à s'immiscer dans les affaires de l'Église. Il n'est proprement d'aucune religion, il ne reconnaît aucune religion, mais seulement des individus, isolés ou associés, et, dans les deux cas, soumis également et uniformément à ses lois. Tant qu'il se renferme dans son domaine, il ne peut qu'appliquer à tous la même règle, sans faire acception de leur culte ou du caractère religieux dont ils sont revêtus. Envers les croyances de la majorité, comme envers celles de la minorité, envers les pasteurs, quel que soit leur rang hiérarchique, comme envers les simples fidèles, il ne doit jamais se départir du droit commun, soit dans la liberté, soit dans l'obéissance.

Ces distinctions sont fondées du côté de l'État; elles ne le sont pas ou, du moins, elles ne le sont qu'en partie du côté de l'Église. L'État doit rester étranger au gouvernement de l'Église, à sa foi, à ses moyens d'action, à sa fin toute spirituelle. L'Église ne saurait rester étrangère au gouvernement de l'État, à sa constitution, à ses lois, à l'exercice de son pouvoir. Elle est l'empire des croyances, sans exception, dans le sens le plus absolu. De quel droit exclurait-on de son domaine les croyances politiques? Sa fin est hors de ce monde; mais nous arrivons à l'autre monde par celui-ci, par les devoirs que nous remplissons sur la terre, par l'usage que nous faisons non-seulement de nos facultés intellectuelles, mais de nos facultés physiques. Sa mission n'est pas purement dogmatique, elle est morale, ou plutôt le dogme embrasse la morale, et la morale religieuse comprend tous les devoirs des hommes, sans laisser en dehors ceux qui sont réglés par les lois. La loi est-elle juste ou injuste? Le gouvernement qui la promulgue et qui la fait exécuter, est-il légitime ou illégitime? Suis-je tenu de lui obéir, ou bien ai-je le droit de lui résister, et jusqu'où doit aller ma résistance?

Voilà des questions capitales pour la conscience. Chacun a évidemment le droit d'en chercher la solution en soi-même et, s'il ne se sent pas suffisamment éclairé par sa raison, de recourir aux lumières surnaturelles qui sont l'objet de sa foi. Comment n'aurait-il pas celui d'interroger ceux de ses semblables qui partagent ses croyances et, parmi eux, ceux qu'il accepte comme ses guides spirituels? A quel titre la décision des questions légales et politiques serait-elle donc refusée à l'Église?

Rien de ce qui est du ressort de la philosophie ne saurait être exclu de la religion. C'est le droit et le devoir d'une philosophie complète d'élever des théories politiques, comme des théories de morale générale, comme des théories de logique ou de métaphysique. C'est également le droit et le devoir que s'est toujours attribués toute grande religion. Le traité des lois a sa place légitime dans la *Somme de théologie* de saint Thomas; il y tiendrait une place plus grande, il serait la théologie tout entière, qu'il n'y aurait pas usurpation. Parmi toutes les formes que peut revêtir une religion, j'admets la religion politique, la foi dans certaines institutions comme pouvant seules réaliser la cité de Dieu sur la terre. Une telle religion pourra être fausse, dangereuse, immorale, en opposition avec les lois établies; mais, en fait d'opinions, ni l'erreur, ni le danger, ni la critique de l'ordre légal ne sont un motif d'exclusion. L'État doit souffrir qu'on juge ses institutions, car il ne saurait prétendre à l'infaillibilité. Il doit se féliciter qu'on en propose de meilleures, car il est fait pour le progrès. La seule chose qu'il ne doive pas tolérer, c'est la provocation à la désobéissance et à l'insurrection ; car, pour une société constituée, le respect des droits de tous se résume dans le respect des lois qui les protégent. L'État manquerait également à ses devoirs envers ses sujets, s'il mettait obstacle aux manifestations de leur raison ou de leur foi et s'il ne savait pas se défendre contre des pratiques séditieuses, lors même qu'elles se couvriraient d'un manteau sacré.

Si une doctrine religieuse ne doit pas avoir des droits moins étendus qu'une doctrine philosophique, il y a cependant, dans l'organisation d'une religion, des dangers que ne présente pas le simple enseignement de la philosophie. Une Église est, à certains égards, un État dans l'État. C'est une société qui a ses lois, son gouvernement, son budget. Le conflit est déjà redoutable quand la loi morale, telle qu'elle apparaît à la conscience individuelle, ne s'accorde pas avec la loi de l'État : si l'opposition se produit au nom de la loi religieuse, le péril s'accroît, non-seulement en proportion du nombre et de l'union des fidèles qui soumettent leur conscience aux décisions de cette loi, mais par suite du caractère public, officiel, en quelque sorte, des devoirs qu'elle leur prescrit.

Il y a généralement, dans les simples devoirs de conscience, quelque chose d'indéterminé, qui résulte de l'indétermination naturelle des droits auxquels ils correspondent. Dans la loi religieuse, tout est fixe et positif, comme dans la loi civile. Il suffit de citer le cas du mariage. La loi civile et la loi religieuse ont également le droit de régler, non-seulement les formes sous lesquelles doit s'accomplir l'union conjugale, mais les conditions qui peuvent seules la rendre valable. Si elles sont en désaccord, quel trouble pour les consciences! quelle atteinte à l'union des familles! quels périls pour la paix publique! Et quelles facilités pour la révolte, quand elle peut s'appuyer sur un gouvernement organisé, comme en possède chaque Église! Voilà des armées toutes prêtes, habituées à se réunir, à mettre en commun leurs pensées, leur désirs, leurs espérances, et conduites par des chefs dont la voix leur inspire d'autant plus de confiance qu'elle leur parle au nom de Dieu.

Enfin, les besoins du culte, en autorisant un budget de l'Église, peuvent aisément servir de prétexte pour recueillir toutes les ressources nécessaires à la résistance et à la lutte. Même quand la paix n'est pas menacée, ces contributions levées sur les fidèles ne peuvent laisser l'État indifférent; car elles touchent aux intérêts temporels qu'il est chargé de protéger. Elles ne peuvent être que volontaires, si l'Église reste dans ses limites naturelles, si elle est privée de tout moyen de coercition; mais, à défaut de la contrainte, il y a les influences, il y a les promesses et les menaces spirituelles, plus efficaces sur certaines âmes que si l'on ne faisait appel qu'aux intérêts de ce monde; il y a mille manœuvres, plus ou moins frauduleuses, qu'il est d'autant plus difficile de prévoir ou de réprimer, qu'elles se pratiquent dans une sphère toute morale. D'ailleurs, l'abandon qu'un individu fait de son bien, pour être volontaire, n'est pas toujours légitime. La propriété n'appartient pas d'une manière absolue à l'individu, elle est le bien commun de la famille. Quelque liberté qui doive être laissée à chacun dans l'administration de sa fortune, époux, on en doit compte à sa femme; père, on en doit compte à ses enfants. Sous ces impôts facultatifs, étrangers à toute proportionnalité exacte, car les plus zélés payent naturellement pour les tièdes, soustraits, enfin, à tout contrôle, si l'Église et l'État se renferment chacun dans son domaine, peuvent se cacher trop souvent la désunion des familles et la spoliation des patrimoines. Ici, l'ordre moral se rattache évidemment à l'ordre légal.

Il est surtout une religion qui a eu, dans tous les temps, le privilége d'exciter la défiance de tous les gouvernements, même de ceux qui lui ont accordé une protection exclusive : c'est la religion catholique. Nous ne faisons pas cette remarque dans une intention hostile à cette grande et noble religion; nous constatons plutôt un fait qui l'honore; car ces inquiétudes qu'elle inspire à tous les pouvoirs sont la preuve de son indépendance aussi bien que de sa force, et, bien que nous gardions devant elle, comme devant l'État, toute la liberté de nos opinions, nous ne sommes pas de ceux qui s'effrayent de cette indépendance et de cette force.

Dans toutes les religions, les principales relations de la vie civile sont soumises à des obligations déterminées. Les naissances, les mariages, les décès, les funérailles ont leurs lois, leur jurisprudence et leur police dans l'Église comme dans l'État. Mais, dans aucune Église, la concurrence entre la loi religieuse et la loi civile n'est plus complète et plus minutieuse qu'au sein du catholicisme. Et les conflits sont d'autant plus à craindre que, pour les relations les plus importantes, les devoirs prescrits par le dogme catholique ont le caractère de sacrements : le baptême, le mariage, la pénitence, etc. Les violer, c'est plus qu'un péché, c'est un sacrilége ; les entraver au nom des droits de l'État, c'est outrager la foi jusque dans son sanctuaire. Résister, dans leur intérêt, aux empiétements de la loi, c'est s'appuyer sur ce qu'il a de plus sacré dans la conscience.

Toutes les religions cherchent à régner sur les âmes, non-seulement par des lois générales et par la prédication publique, mais par une action individuelle et privée : c'est le devoir du pasteur de se mettre en rapport avec chacune de ses brebis, pour la diriger, pour la ramener si elle s'égare, pour la relever si elle tombe, pour la porter dans ses bras si elle n'a plus la force de se porter elle-même. Dans l'Église catholique, la pratique de la confession prête à cette action individuelle une influence toute-puissante. Le prêtre n'est pas un simple conseiller, c'est un juge à qui on est obligé d'ouvrir son âme sans réserve, et qui a le pouvoir absolu de condamner ou d'absoudre ; et tout se passe entre ce juge et l'accusé volontaire, sans publicité, sans témoins, sous le sceau d'une discrétion mutuelle. Il a, comme on dit, charge d'âmes ; mais à cette charge est attachée la disposition des âmes qui se confient à lui. Il a le droit de leur dicter tous leurs devoirs sans exception, devoirs de famille, devoirs de citoyens, devoirs de princes ; rien, dans la vie publique et dans la vie privée, n'est en dehors de sa compétence.

La loi religieuse a sa sanction, comme la loi civile. Pour la plupart des religions, cette sanction est tout entière entre les mains de Dieu, dans les récompenses et les châtiments de l'autre vie. Pour le catholique, elle est en partie entre les mains de l'Église. L'Église catholique a ses châtiments terrestres, qu'elle inflige au tribunal de la pénitence. Elle a même un droit sur les châtiments ultérieurs. Elle dispose, dans une certaine mesure, du sort des âmes coupables, quand leur peine ne doit pas être éternelle, par l'influence qu'elle s'attribue, au moyen des prières et des bonnes œuvres, sur la durée des peines du purgatoire. Elle participe également à la rémunération des âmes pieuses, en cette vie par les indulgences, dans l'autre par la canonisation et par les honneurs qu'elle rend aux saints. Quelque opinion qu'on ait sur tous ces moyens d'influence, ils constituent, sans contredit, pour l'Église qui les met en œuvre, une puissance énorme et sans rivale.

Toutes les religions ont un gouvernement. L'Église catholique possède seule un gouvernement absolu. Il n'est pas une question que ce gouvernement n'ait le droit de trancher souverainement, et toute conscience qui lui refuse sa soumission sur un point qu'il a décidé se place, par sa désobéissance, en dehors de la communion des fidèles. C'est d'ailleurs un gouvernement monarchique, avec une hiérarchie fortement organisée, sous la dépendance d'un chef suprême. Le pape concentre-t-il en lui toute l'infaillibilité de l'Église, ou bien a-t-il besoin des lumières d'un concile? Question encore indécise peut-être entre les catholiques éclairés malgré le dernier concile, mais qui laisse subsister, en tout état de cause, les droits absolus de l'Église sur les croyances des fidèles et la force qu'elle puise dans sa constitution monarchique. En effet, le concile ne peut rien sans le pape, et le pape, dans son gouvernement, sinon dans sa législation dogmatique, peut se passer du concile. Ajoutez que le chef de l'Église catholique est, pour tous les États, un souverain étranger; qu'il était naguère et qu'il est toujours à ses propres yeux et aux yeux de ses plus dévoués partisans un prince temporel, pouvant avoir, comme tel, ses intérêts politiques, ses alliances, ses inimitiés; qu'il est aujourd'hui sinon le sujet, du moins l'hôte forcé d'un autre prince, et qu'il est exposé à subir des influences qui le mettraient en hostilité avec le reste des gouvernements.

Cette domination spirituelle, exercée par un étranger sur les sujets catholiques des divers États, a pour instruments non-seulement toute la hiérarchie ecclésisastique, mais des associations plus ou moins vastes, unies par des liens plus étroits, par une solidarité plus intime que la grande société catholique dont elles font partie, et placées directement sous la dépendance du père commun des fidèles. Ces ordres monastiques n'ont nulle part un caractère national. Chacun d'eux étend ses rameaux dans le monde entier.

Leurs chefs particuliers, aussi bien que leur chef suprême, sont des étrangers pour la plupart des États où s'exerce leur action. Le caractère, les mœurs, les intérêts, la politique des pays qui leur donnent asile ne sont rien pour eux. Chaque ordre a son esprit, sa pensée propre qu'il porte partout avec soi; tous obéissent à l'impulsion commune qu'ils reçoivent de Rome.

Les gouvernements temporels ne pourraient voir sans ombrage cette puissante organisation de l'Église catholique, que s'il était possible de réaliser cette séparation absolue que l'on se plaît à supposer entre l'ordre religieux et l'ordre politique. Mais si une Église a revendiqué avec force et avec succès le droit de faire sentir son influence dans la conduite des affaires de ce monde, c'est assurément l'Église catholique. Tout la prépare à un rôle politique. Sur toutes les questions de droit, de législation, de gouvernement, elle a ses traditions déposées dans ses livres sacrés, dans les décisions de ses conciles, dans les bulles de ses pontifes, dans les commentaires de ses théologiens. Et ces traditions, dans une religion qui se glorifie de son immutabilité, reçoivent une double force de leur accord à peu près constant et des autorités souveraines de qui elles émanent. Constituée, d'ailleurs, plus qu'aucune Église, comme un véritable gouvernement, ayant réuni, pendant une longue série de siècles, la puissance spirituelle à la puissance temporelle, non-seulement sur la tête de son chef, mais sur celle d'un grand nombre de ses prélats, comment l'Église catholique pourrait-elle rester étrangère aux intérêts des sociétés civiles? comment n'aurait-elle pas sa politique? et comment un État qui voit cette politique soulever les consciences d'une partie de ses sujets contre les institutions sur lesquelles il repose, contre les lois qu'il s'est données, contre la conduite qu'il croit devoir tenir à l'intérieur ou à l'extérieur, fermerait-il les yeux sur les dangers dont peut menacer sa sécurité et ses droits un tel usage de la liberté religieuse?

Ces dangers sont réels. Mais autorisent-ils l'État à violer la liberté de conscience en intervenant dans les rapports obligatoires des fidèles avec leurs chefs nationaux ou étrangers, en plaçant sous sa dépendance les associations monastiques, en entravant l'exercice de tous les actes du culte qui peuvent lui porter ombrage, en interdisant la publication de toute décision dogmatique en contradiction avec ses lois, en s'opposant, d'une manière absolue, à toute prédication politique? Nous ne dirons pas : *Périsse l'État plutôt qu'un principe!* mais nous sommes convaincu qu'un État fondé sur la justice ne peut pas périr quand il respecte les droits des consciences. Le plus grand péril pour lui, c'est de les blesser dans leur foi. Elles sont toujours assez fortes pour ébranler une autorité tyrannique, lors même qu'elles n'opposeraient à l'oppression que la résistance passive du martyre. Mais s'il agit avec modération, dans la mesure de ses droits essentiels, renonçant à tout pouvoir qui ne lui est pas indispensable, en vain une Église fortement constituée s'élèvera-t-elle contre lui; il trouvera un appui non-seulement dans les autres religions, mais au sein même de cette Église, dont les plus sages sectateurs, malgré leur confiance dans leurs directeurs spirituels, ne pourront s'empêcher de reconnaître la bonté de sa cause.

Quelle que soit la puissance apparente d'une Église, toute sa force réelle est dans l'adhésion morale des fidèles, adhésion compromise, dès que la foi est d'un côté et la raison de l'autre. Hélas! il n'est pas même besoin que l'État ait pour lui la raison. La foi est assez tiède dans la plupart des âmes pour que les moyens d'action dont un gouvernement dispose, les intérêts qui s'appuient sur lui, les passions qu'il peut surexciter, viennent aisément contre-balancer les efforts du zèle religieux. Cette organisation même, qui rend si redoutables aux gouvernements temporels les prétentions de l'Église catholique, est souvent une gêne, en même temps qu'une force. En ne laissant presque rien à l'initiative des fidèles, elle contribue à accroître cette tiédeur, cette indifférence qui permet à l'État de lutter contre elle avec avantage ; bien plus, elle provoque parmi les fidèles eux-mêmes ce sentiment d'hostilité qui naît partout de la compression de la liberté, et c'est souvent dans leurs rangs qu'elle trouve ses adversaires les plus ardents et ses persécuteurs les plus implacables. Combien de fois l'histoire de l'Église ne nous montre-t-elle pas sa discipline entravée, son culte empêché, ses prêtres emprisonnés ou mis à mort par des gouvernements qui se disaient catholiques, avec le concours ou l'approbation d'une grande partie de leurs sujets catholiques!

Si l'indépendance de l'Église peut être un danger pour les droits de l'État, les droits de l'Église n'ont pas moins à craindre de la puissance de l'État. Nous ne parlons pas ici d'une persécution déclarée, mais de l'usage le plus légitime, le plus modéré de l'autorité temporelle, du droit commun renfermé dans les limites les plus étroites. L'État, sans sortir de son rôle, sans porter une atteinte directe à la liberté des opinions, pourrait gêner la prédication et le culte par des mesures de police, faire pénétrer sa surveillance au sein des congrégations, sans tenir compte des barrières qu'elles ont élevées entre leurs asiles et le monde extérieur, entraver par les exigences des services publics, surtout du service militaire, le recrutement du sacerdoce, contrôler enfin et, au besoin, restreindre le droit de lever des contributions volontaires pour subvenir aux frais du culte. Il pourrait également, en cas de contravention, effrayer, par la rigueur de ses lois répressives, tous ceux des ministres de l'Église dont la foi ou le fanatisme n'a pas assez de force pour braver le martyre. Il pourrait enfin, par l'opposition de sa politique avec les maximes suivies dans l'Église, jeter le trouble dans les consciences, et un tel trouble ne met pas moins en péril l'autorité morale de l'Église que l'autorité matérielle de l'État. Toutes ces chances de conflit seraient à redouter pour toutes les Églises; elles sont surtout pleines de périls pour l'Église catholique, en raison de la précision de ses dogmes, de la multiplicité de ses lois, de l'étendue de son action et de la solennité de son culte. Ce n'est pas seulement dans les pays en révolution, c'est sous les gouvernements les plus réguliers qu'elle se voit aujourd'hui en butte aux vexations les plus pénibles, par le seul fait d'une lutte déclarée entre ses prétentions et celles de la puissance civile.

IX

Quand les périls sont réciproques, il est naturel que l'on cherche à y obvier par un accord : c'est l'origine des concordats. Au lieu de rester étrangères l'une à l'autre, les deux puissances s'entendent sur ce qu'elles peuvent abandonner de leurs prétentions, sans compromettre soit les droits dont l'une est la gardienne et la protectrice, soit les croyances dont l'autre est dépositaire. Ainsi, dans le concordat qui règle les rapports de l'Église catholique avec le gouvernement français, la première a renoncé au droit de choisir elle-même ses ministres et de lever directement les impôts dont elle a besoin, en échange d'une liberté assurée, quoique restreinte, dans l'exercice de son culte et dans l'emploi de son revenu, et de l'exemption de quelques-unes des charges que le droit commun fait peser sur tous les citoyens. Si l'État pouvait ainsi entrer en accord avec tous ses sujets, au lieu de leur imposer des lois sans les consulter, ce serait assurément la meilleure garantie de leur liberté ; ce serait la réalisation de l'hypothèse du contrat social, qui ne suppose pas seulement le consentement du plus grand nombre, mais l'assentiment de tous aux lois que tous sont obligés d'observer. Chacun ne supporterait que la loi qu'il se serait faite, et ne serait lié que par ses engagements personnels. Entre l'État et chaque individu, ce n'est évidemment qu'une conception idéale. Entre l'État et de grandes associations comme les Églises, c'est un arrangement difficile sans doute, mais l'expérience prouve qu'il n'est pas impossible et, si la conciliation de la sécurité et de la liberté est la fin de toute société, il faut le proclamer comme infiniment désirable.

D'où vient donc que les concordats semblent exciter la répulsion de ceux qui professent le plus vif attachement pour la liberté de conscience? En signant de pareils traités, l'Église sacrifie, dit-on, à des avantages matériels sa dignité et son indépendance. Mais n'est-ce pas elle qui est le meilleur juge de la convenance des sacrifices qu'elle s'impose? Si vous lui êtes étranger, de quel droit prétendez-vous lui dicter ce qu'elle doit faire? Vous trouvez qu'elle se déshonore et qu'elle s'enchaîne : eh bien! félicitez-vous de n'avoir pas à partager sa honte et son esclavage. Comptez-vous, au contraire, parmi ses enfants? votre liberté n'est pas davantage entravée, puisque vous conservez le droit de vous retirer de son sein. Dans les Églises protestantes, chaque fidèle peut chercher en lui-même la règle de sa foi : tout traité conclu par ces Églises n'enchaine donc que les individus qui veulent bien l'accepter; leurs coreligionnaires, sans rompre avec eux pour le reste, peuvent renoncer aux bénéfices et aux charges du concordat, en formant une ou plusieurs associations indépendantes. C'est ainsi qu'il est formé en France une Église libre, dont le trait distinctif n'est pas un dogme étranger aux autres communions protestantes, mais la rupture de tout lien avec l'État. Dans le catholicisme, il n'appartient qu'aux chefs de l'Église de décider toutes les questions de dogme et de discipline et, dès lors, les stipulations auxquelles ils ont consenti engagent l'Église tout entière. Mais dans quelle mesure? en tant qu'elle garde son empire sur la conscience des fidèles. Tout catholique est obligé de croire que l'Église a été éclairée d'en haut, dans la conclusion du concordat, comme dans tous ses autres actes; on cesse d'être catholique dès qu'on conteste ses lumières surnaturelles et ses droits souverains, et on se met ainsi en dehors de ce traité auquel on répugne.

Les concordats sont surtout attaqués par ces catholiques de nom, qui semblent ne retenir le titre d'enfants de l'Église que pour se donner le droit de se plaindre de leur mère. Ce sont eux qui accusent avec le plus d'amertume son avarice, son ambition, sa tyrannie. Elle achète de l'État, lui reprochent-ils, le droit d'opprimer les consciences. Si l'on entend, par l'oppression dont on accuse l'Église catholique, l'autorité qu'elle s'arroge sur les croyances, c'est son principe propre, c'est par là qu'elle se sépare surtout des autres communions chrétiennes fondées sur la liberté d'examen. L'indépendance qu'elle réclame, ce n'est pas le droit, pour chaque fidèle, de penser et de croire par soi-même; c'est le droit, pour ses chefs, de diriger librement et souverainement les croyances de tous les fidèles. Ce droit, qui est son essence, elle ne l'achète pas, elle ne cherche qu'à s'en assurer l'exercice au prix de toutes les concessions qu'elle juge compatibles avec son autorité. Ne parlez donc pas d'oppression, si vous êtes vraiment catholique; applaudissez, au contraire, à toutes les conventions qui permettent à l'Église de jouir dans sa plénitude de ce gouvernement des âmes pour lequel elle est instituée. Si vous voulez être libre, sortez de l'Église, ne parlez pas au nom d'une foi que vous n'avez pas; vous ne sauriez être catholique sans le pape et contre le pape. Êtes-vous avec lui? vous devez vous incliner devant les engagements qu'il avait seul le droit de prendre en votre nom; rejetez-vous son autorité? que vous font alors ces engagements? Je comprendrais vos protestations si la puissance publique, en vertu du concordat, devait prêter mainforte à l'Église, pour vous courber sous ses lois : ce serait là un engagement sans valeur morale, qui appellerait justement la résistance; mais l'iniquité d'un tel engagement ne prouverait rien contre la légitimité générale des concordats.

On s'élève encore contre les concordats au nom de l'égalité. Ils confèrent, dit-on, aux Églises qui les obtiennent un privilége injuste, puisqu'il n'est pas partagé par les autres Églises. On oublie que c'est un privilége fondé sur des concessions mutuelles. Si vous n'avez pas voulu traiter, si vous avez aimé mieux conserver toute votre indépendance, en ne réclamant que les garanties et en acceptant tous les risques du droit commun, de quoi vous plaignez-vous? Si vous n'avez pas pu vous entendre avec l'État, vous ne pouvez que lui demander de respecter vos droits et vos devoirs; il ne vous fait aucun tort en profitant des facilités plus grandes qu'il a trouvées ailleurs pour un accord. Quand l'État a besoin d'un terrain pour cause d'utilité publique, quoi de plus équitable que d'entrer en marché avec le propriétaire? L'expropriation forcée ne doit être prononcée, et l'indemnité fixée par autorité de justice, que si le propriétaire préfère lui-même ce dernier mode, ou si l'acquisition n'a pu se faire de gré à gré. Or, dans ce dernier cas, le propriétaire exproprié et justement indemnisé aurait-il le droit de crier au privilége, parce qu'un autre aurait pu traiter à l'amiable avec l'État? En fait de concordats, d'ailleurs, je ne verrais pas même une injustice, de la part de l'État, s'il refusait de conclure des conventions de ce genre avec certaines religions. De même qu'aucune Église ne peut être forcée de traiter avec lui, il ne saurait être obligé de traiter avec toutes les Églises. En s'en tenant au droit commun vis-à-vis d'une religion, il marque par là qu'il n'a pas besoin, pour sa sécurité, de lui demander des concessions ni de lui en faire. Tant qu'il reste avec elle sur le terrain de la liberté légale, il ne sort pas évidemment de celui de l'égalité et de la justice.

C'est surtout le salaire des cultes qui soulève des plaintes passionnées contre les concordats où il est stipulé. Il n'est rien, en effet, qui semble plus injuste que de forcer tous les citoyens sans exception, sans distinction de croyances, à payer les frais de tous les cultes que l'État reconnaît officiellement, par suite d'un concordat. Chacun contribue ainsi à entretenir des religions qu'il réprouve ; le judaïsme vit aux dépens du christianisme ; les diverses communions chrétiennes se fournissent mutuellement des armes pour se combattre. Au moins y a-t-il réciprocité pour les Églises salariées. Mais celles qui n'ont pas voulu ou qui n'ont pas pu obtenir un concordat, quel n'est pas leur désavantage, obligées de rétribuer à leurs frais leurs propres ministres et de concourir, sans compensation, à rétribuer ceux des Églises rivales ! Et les individus qui vivent en dehors de toute religion positive, de quel droit puise-t-on dans leur bourse, pour encourager des croyances et des pratiques qu'ils repoussent comme des superstitions absurdes et funestes ?

Ces plaintes seraient fondées si le salaire des cultes, aux frais de l'État, était un avantage gratuit, une simple donation, non une concession à titre onéreux, en vertu de stipulations réciproques, en échange de concessions équivalentes. L'État paye, en réalité, l'abandon que lui fait chaque Église salariée d'une partie de son indépendance ; il achète des garanties pour sa propre sécurité, c'est-à-dire pour la sécurité de tous les citoyens ; en un mot, le salaire n'est pas le signe des avantages qu'il accorde, mais le prix de ceux qu'il obtient. Dès lors, n'est-il pas juste qu'il soit payé par tous, puisqu'il doit profiter à tous ? On peut contester sans doute que tous aient à y gagner ; on peut le blâmer comme onéreux pour l'État, sans compensations suffisantes ; on peut estimer qu'il y aurait moins de périls à l'indépendance absolue de part et d'autre qu'à ce système de concessions mutuelles dont le trésor public doit faire les frais. C'est un point sur lequel l'expérience seule permet de se prononcer, comme dans la plupart des charges que l'État impose. Mais, en droit, un impôt est juste quand il est établi par les pouvoirs publics, en vue d'un intérêt général dont l'appréciation légale n'appartient qu'à eux. Il faudrait rayer presque tous les articles du budget, s'ils avaient besoin, pour être légitimes, de l'approbation unanime de tous les contribuables.

Mais pourquoi l'État payerait-il ou plutôt ferait-il payer aux citoyens des concessions qu'il a le droit d'exiger? N'est-il pas le maître? n'est-ce pas lui qui fait la loi? — Ici, on repousse les concordats, non plus au nom de la liberté des individus, mais au nom de l'omnipotence de l'État. L'argument est plus logique, mais il n'a de valeur que pour ceux qui acceptent l'omnipotence absolue de l'État. Pour nous, la fin véritable de l'État n'est autre que la liberté, comme dit Spinoza (1). S'il restreint la liberté, que ce soit dans l'intérêt de la liberté même. Il doit la respecter, autant que possible, dans l'ordre matériel; à plus forte raison dans l'ordre moral, où il n'est plus sur son terrain. Aussi, si un traité conclu d'un commun accord peut le dispenser de fixer à lui seul les frontières qu'il ne doit pas dépasser, il doit le signer des deux mains. Tel est le but des concordats. Les

---

(1) Finis reipublicæ revera libertas est. (*Tract. theol. pol.*, ch. xx.)

concessions qu'ils assurent à l'État lui doivent être doublement précieuses, parce qu'elles augmentent sa sécurité et parce qu'elles lui sont accordées de gré à gré, sans rien coûter à la liberté. Ce salaire qu'il prend à sa charge ne paye pas seulement cette portion de leur indépendance que lui abandonnent les Églises : il aurait pu leur imposer ce sacrifice ; c'est le prix d'un avantage plus important, ou du moins plus élevé : l'assurance qu'il obtient, par leur consentement au concordat, de ne pas s'exposer à faire violence à leur liberté, à porter atteinte aux droits des consciences. Loin de croire que l'État se dégrade en traitant avec ses sujets, nous voudrions de semblables contrats pour tout ce qui représente, au sein de la société, une pensée, une intention morale : non-seulement pour les communions religieuses, mais pour les universités, pour les académies, pour les associations de bienfaisance. L'État se rend respectable quand il respecte la liberté de l'âme ; il consolide son empire quand il s'incline devant un autre empire, celui des consciences, qui n'est autre que celui de Dieu même.

X

La liberté religieuse marque elle-même, dans un concordat, les garanties qu'elle réclame et les limites légales auxquelles elle s'assujettit. Un concordat n'est légitime qu'autant qu'il ne renferme aucune clause qui soit incompatible avec les conditions essentielles de la liberté religieuse. Il importe donc de reconnaître exactement les conditions qui doivent présider à tous les rapports de l'État et de l'Église, soit qu'ils soient réglés par des traités, soit qu'ils restent sous l'empire du droit commun.

L'État doit aux sociétés religieuses ce qu'il doit aux individus : protection contre la violence. Il peut leur accorder, comme aux individus, son assistance spéciale, sous la forme d'une subvention pécuniaire. Elles peuvent, de leur côté, remettre entre ses mains une partie de leurs droits, par exemple le choix de leurs ministres. Mais elles ne peuvent pas, avec sa permission ou son concours, changer la nature de leur puissance, en l'exerçant par la force. Cette puissance est absolue, pourvu qu'elle reste exclusivement morale. Une Église peut prescrire à ses membres, par la voix de ses chefs, tout ce qu'ils doivent croire, tout ce qu'ils doivent faire. Elle peut s'immiscer dans leurs travaux, dans leurs plaisirs, dans leurs lectures, régler l'emploi de leur temps, le choix de leurs aliments, et jusqu'à la forme et à la couleur de leurs habits. Elle peut enfin, en cas de désobéissance, anticiper, par des pénitences plus ou moins sévères, sur les châtiments de l'autre vie. Mais, dans l'exercice de ses droits, elle ne peut agir que sur les consciences. Si elle a recours à la force, elle usurpe sur les droits de l'État, elle commet un de ces actes de violence que les lois ont pour mission de réprimer. A l'État seul appartient le droit de contraindre, et il ne doit, sous aucun prétexte, le mettre au service d'une religion, quelque vraie, quelque sainte qu'elle lui paraisse. Il n'est chargé de réprimer et il ne doit laisser réprimer par des moyens coercitifs ni l'erreur, ni ni l'immoralité, ni l'impiété, mais seulement toute violation volontaire des droits d'autrui.

Il se rendrait coupable d'une usurpation du même genre, s'il s'engageait à favoriser les prétentions d'une Église sur ceux de ses membres qui lui refusent leur soumission; à plus forte raison ne saurait-il autoriser ou seconder les persécutions exercées par une Église sur ceux qui se retirent de sa communion et sur les Églises dissidentes en général. Une religion a le droit de réprouver ou de flétrir toute croyance contraire aux siennes, tout culte différent du sien; mais, sur ses adversaires comme sur ses sujets, son droit est tout moral : l'appuyer sur la force, c'est usurper les droits de l'État; réclamer le concours de l'État, c'est armer le pouvoir civil contre les droits qu'il a le devoir de protéger. Donc, point de concordat ni de loi portant des peines ou des exclusions contre l'hérésie, le sacrilége, la violation des lois ecclésiastiques. Si l'État pouvait s'approprier quelqu'une des lois de l'Église, ce serait non pour elle-même, mais en vue d'un intérêt général, et à condition de ne pas toucher à la liberté des opinions et au domaine propre de la conscience. Ainsi la loi pénale sort de son domaine quand elle prétend donner une sanction à la loi religieuse du repos du dimanche; elle n'a le droit d'intervenir que pour protéger contre toute pression ceux qui observent ce repos par scrupule de conscience. De même les lois administratives et les règlements de police portent atteinte à la liberté de conscience s'ils prétendent noter d'une sorte d'infamie ceux dont les funérailles et la sépulture sont privées des honneurs religieux; la puissance civile ne peut intervenir dans ces délicates matières que pour faire respecter d'un côté la volonté exprimée ou présumée des mourants et, de l'autre, les justes droits de la puissance religieuse, qui doit toujours rester maîtresse d'accorder ou de refuser les honneurs dont elle dispose.

Si l'État ne doit pas prêter main-forte aux lois de l'Église, il doit du moins tout faire, sans trahir ses devoirs propres, pour ne pas entrer en conflit avec elles; car il n'a qu'une responsabilité restreinte, et celle de l'Église est indéfinie. Il n'est obligé de réaliser ni tout ce qui est juste ni tout ce qui est utile, mais seulement ce qui est indispensable. L'Église, au contraire, doit sa sanction sans réserve à tous les devoirs qu'elle prescrit à ses fidèles au nom d'une révélation divine. Aussi cette séparation absolue, qui rendrait l'État étranger aux lois religieuses, n'est désirable ni pour la conscience du législateur ni pour celle des citoyens. Il faut, au contraire, que l'État connaisse ces lois et qu'il fasse tous ses efforts pour que les siennes ne leur apportent aucun obstacle. Combien, par exemple, ne serait pas périlleuse pour le repos des âmes et pour la paix publique une contradiction flagrante entre la loi civile et la loi religieuse relativement aux mariages! Cette conciliation des devoirs civils et des devoirs religieux, dans la constitution de la famille, est un des points qui plaident le plus en faveur d'un concordat, et qui, en l'absence de toute convention, réclament, de la part de l'État, le plus de discrétion et de mesure.

Quand l'État a cru nécessaire de porter une loi, c'est son droit et son devoir de la faire respecter, même par la contrainte, sans se laisser arrêter par l'opposition de la foi religieuse. La résistance pour cause de religion ou pour tout autre motif ne peut être à ses yeux qu'un acte criminel qu'il doit déférer à la justice pénale. Nous voudrions que, dans ce cas, comme pour les délits politiques et les délits de presse et en général pour tous les délits qui intéressent l'ordre intellectuel et moral, l'appréciation du fait incriminé et de l'intention coupable fût toujours déférée au jury. Cette obligation d'en appeler au jury serait le meilleur frein contre les lois oppressives en matière de religion. Elles seraient, en effet, dépourvues de sanction, du moment que la généralité des consciences, représentées par le jury, leur refuserait son assentiment.

En soumettant à des règlements de police l'exercice du culte extérieur, la loi ne devient oppressive que si elle s'oppose à la manifestation et à la propagation des croyances. Ses prescriptions peuvent être aussi justes qu'utiles, quand elles n'ont pour but que d'empêcher le désordre, la violence, toute atteinte, en un mot, à la paix publique. Ainsi l'État ne dépasse pas ses droits quand il interdit, en dehors des temples, certaines cérémonies qui pourraient être un obstacle à la circulation publique, ou quand il exige que toute réunion religieuse soit publique, ouverte à tous, assujettie à toutes les conditions qui peuvent faciliter sa surveillance. Nous ne trouverons pas même ses prétentions exorbitantes quand il se fait accorder par un concordat le droit de désigner les ministres du culte et de contrôler leurs doctrines, pourvu que chacun reste libre, en rompant avec l'Église qui accepte cette servitude, de se soustraire à l'autorité de ses ministres et de professer d'autres doctrines. Il n'y aurait excès de pouvoir que s'il interdisait d'une manière absolue la prédication des idées qui lui déplaisent, s'il forçait toute Église à lui confier le choix de ses pasteurs, s'il continuait à soumettre tout exercice du culte à l'obligation d'une autorisation préalable, si, enfin, il empêchait autre chose, dans la manifestation des croyances, que la provocation à des actes illégaux ou criminels.

La manifestation des croyances, comme actes de la pensée, voilà, en effet, ce qui constitue proprement la liberté de conscience. Réduite à ces termes, elle est sans limites. Aussi les concordats et les lois qui règlent les rapports de la puissance religieuse et de la puissance civile ne concernent pas la liberté de conscience considérée en elle-même, mais son enveloppe extérieure en quelque sorte, la forme sous laquelle elle se manifeste dans l'organisation des Églises. Tous ces actes n'ont rien à voir avec les croyances individuelles, soit religieuses, soit philosophiques; et ils n'atteignent pas davantage les croyances collectives elles-mêmes au sein des religions, quelque restrictions qu'ils apportent à l'exercice du culte qui leur sert de vêtement. Vraies ou fausses, saines ou malsaines, les opinions restent au-dessus des lois humaines; elles n'ont aucune protection à leur demander, aucune concession à leur faire ; elles ne doivent subir de leur part aucune entrave.

XI

La liberté de conscience est essentiellement la liberté du prosélytisme. Manifester sa croyance, pour l'homme religieux ou pour le philosophe, ce n'est pas seulement une satisfaction personnelle, c'est une conquête à entreprendre sur les esprits. Employer dans ce but la contrainte, la menace ou la ruse, c'est une violation du droit qui doit être réprimée ; se servir de la persuasion, faire appel au sentiment ou à la raison, c'est l'accomplissement d'un devoir qui ne doit souffrir aucune atteinte. On ne fait aucune violence à ceux qu'on cherche à convaincre. Si vous craignez leur faiblesse, soutenez-les par vos exhortations et par vos conseils ; mais ne demandez pas à l'État de prendre charge d'âmes, en empêchant la diffusion des idées que vous regardez comme dangereuses.

Le prosélytisme est de droit naturel vis-à-vis de l'homme fait : l'est-il également vis-à-vis de l'enfant ? L'enfant est confié naturellement à ses parents ; c'est à eux, non-seulement de nourrir son corps, mais de former son esprit, parce que ni son esprit ni son corps ne peuvent se développer d'eux-mêmes. Arracher un enfant à ses parents, c'est une violence que ni l'État ni aucune puissance ne doit se permettre. Le détourner du respect qu'il leur doit, le provoquer à leur désobéir, c'est également une violation de leur droit. Mais l'âme de l'enfant n'est pas une simple argile que le père et la mère peuvent pétrir à leur gré. Le sentiment, la conscience, le raisonnement s'y éveillent d'eux-mêmes, et, quelque pli qu'ils reçoivent de l'éducation domestique, ils n'attendent pas la majorité légale pour entrer peu à peu dans la jouissance de leurs droits. Aux conseils que l'enfant reçoit de ses parents se joignent bientôt ceux qu'il se donne à lui-même, sous l'inspiration de l'instinct, de la passion, des penchants bons ou mauvais qu'il a reçus en naissant. Il s'y joint également, dès le berceau, les influences du dehors, que la mère la plus vigilante ne peut jamais entièrement écarter. Un enfant qui ne connaîtrait que la pensée de ses parents, qui ne serait façonné que par elle, est une chimère irréalisable. Ce n'est pas même une chimère désirable. Il s'agit de former un homme, un être intelligent, capable de penser par lui-même, un être libre, appelé à diriger sa propre conduite. Il faut qu'il acquière de bonne heure le discernement du bien et du mal ; il n'est pas bon qu'il reste trop longtemps étranger à toutes les sollicitations, à toutes les séductions entre lesquelles il aura tôt ou tard à exercer son libre choix. C'est à la prudence des parents à juger quelle part il convient de faire à ces influences extérieures, à les combattre par de sages conseils quand elles leur paraissent dangereuses, à user de l'autorité qui leur appartient pour retenir dans la voie qu'ils lui ont tracée la jeune âme qu'elles tendent à séduire.

En substituant sa surveillance à celle des parents, l'État ne ferait qu'encourager chez eux la négligence de leurs devoirs ; il pourrait nuire, en même temps, à d'autres devoirs. N'est-ce pas, en effet, notre devoir, quand nous voyons un enfant se livrer à de mauvais propos ou à de mauvaises actions, de le réprimander, de lui donner de bons avis, de faire tous nos efforts pour le ramener au bien? S'il est vrai qu'aucun enfant n'échappe à des influences étrangères à sa famille, n'est-il pas juste que les bonnes puissent contre-balancer les mauvaises et seconder ainsi l'œuvre légitime des parents eux-mêmes? Nous pourrions également, sans crime et même par devoir, contrarier l'œuvre des parents, quand nous la croyons funeste. Ils gâtent, sous nos yeux, l'esprit et le cœur de leurs enfants; ils leur font contracter les habitudes les plus vicieuses : nous avons assurément le droit de faire entendre à ces parents dénaturés tous les reproches que nous suggère notre conscience indignée; comment n'aurions-nous pas celui de combattre l'effet de leur perversité dans l'âme de leurs enfants eux-mêmes?

C'est une entreprise délicate, j'en conviens. Il y a une limite à la fois morale et légale, devant laquelle doivent s'arrêter nos efforts les plus légitimes : c'est le respect qui est dû à l'autorité paternelle jusque dans ses excès. L'action que je puis exercer est toute morale; elle se borne à donner des conseils, à semer les pensées que je crois les plus salutaires, à éveiller les sentiments les plus propres à arrêter la contagion du mal. Il est permis à ces parents, dont la conduite me révolte, d'opposer à mes conseils non-seulement leur influence morale, mais le pouvoir dont ils sont investis; ils peuvent défendre à leurs enfants de me fréquenter et de m'écouter, et je suis coupable si je fomente la rébellion dans ce petit royaume dont ils sont les souverains. Il en est, sous ce rapport, de la famille comme de l'État : l'appel à la résistance ne saurait être toléré ; mais, devant l'enfant comme devant l'homme fait, chacun doit garder le droit de remplir son devoir en parlant librement suivant sa conscience.

Si le prosélytisme moral peut être légitime à l'égard de l'enfant lui-même, de quel droit interdirait-on le prosélytisme religieux ? Si je crois que le devoir se suffit à lui-même, je puis me borner à en ranimer le sentiment dans le cœur de l'enfant. Si je crois, au contraire, que le devoir n'est qu'un vain mot tant qu'on ne fait pas intervenir l'idée de Dieu, il ne saurait m'être interdit de faire appel aux sentiments religieux. On ne saurait davantage me faire un crime d'invoquer les dogmes chrétiens, si je suis convaincu qu'une âme ne peut être sauvée que par la foi en Jésus-Christ, et de parler en catholique, si je n'admets pas de salut pour l'âme en dehors de l'Église catholique. L'opinion qui veut que la morale soit indépendante de toute religion, soit naturelle, soit positive, peut être fort soutenable ; on ne peut exiger qu'elle fasse loi pour toutes les consciences. Sans doute le terrain est plus glissant quand mes conseils prennent un caractère religieux, que lorsque je me renferme dans la morale générale. Ici je m'appuie sur des principes que j'ai le droit de supposer dans l'âme des parents eux-mêmes ; là, je blesse évidemment leur conscience quand je sers les intérêts d'une autre religion que la leur.

Une extrême réserve est donc commandée pour concilier les exigences de la foi avec le respect de l'autorité paternelle. Si j'ai recours à l'intrigue, aux moyens détournés, aux manœuvres subreptices, je puis être aussi justement poursuivi que si j'usais de violence au préjudice des droits de la famille. Quand un enfant a été remis entre mes mains comme élève ou comme domestique, je me rends coupable d'un abus de confiance en cherchant à le détourner, à l'insu de ses parents, de la foi qu'ils lui ont inculquée. Je ferais également un acte répréhensible et punissable, si je m'emparais de l'esprit d'un tout jeune enfant, encore étranger à toute responsabilité personnelle, soit pour sa conduite, soit pour ses pensées. Mais si, franchement, ouvertement, dans mes rapports licites avec un adolescent, qui peut comprendre mes raisons et les comparer avec celles de ses parents, je lui tiens le langage de mes convictions ; si je vais au-devant de lui sans détour et sans déguisement, sous l'impulsion de l'intérêt que m'inspire son salut; si surtout c'est lui qui vient au-devant de moi pour m'exposer ses doutes et pour recourir à mes lumières, il peut y avoir quelquefois, dans l'ardeur de mon prosélytisme, un manque de discrétion qui appellera justement la vigilance des parents ; mais la loi ne peut y voir que l'exercice plus ou moins sage d'un droit incontestable.

L'âge fixé par la loi pour la majorité n'a pour but que de protéger les intérêts des tiers ; il ne concerne pas les croyances, l'usage de la raison et de la liberté, la responsabilité morale. Dès seize ans, la responsabilité de l'enfant est toujours présumée devant la loi pénale. Elle est admise avant seize ans quand le jury déclare qu'il a agi avec discernement. Cet être raisonnable et libre qui doit compte de ses actes à la justice humaine, j'ai sans doute le droit de m'inquiéter du compte qu'il peut avoir à rendre à la justice divine. Comment ne me serait-il pas permis d'éclairer sa conscience sur les périls que court son âme et dont ma foi ne me permet pas de douter?

Quand l'adolescent, soit de son propre mouvement, soit à l'instigation d'autrui, croit devoir rompre avec la foi de ses parents, la liberté de conscience est-elle un droit pour lui, au sein de sa famille, comme pour l'homme fait, au sein de la société civile? Il faut reconnaître que l'analogie n'est pas entière. La famille a des droits plus étendus que l'État; son gouvernement embrasse les croyances comme les actions, les âmes aussi bien que les corps. Après comme avant son changement de religion, l'enfant reste soumis à l'autorité de sa famille. Elle continue à régner sur lui moralement et matériellement, d'un côté par les conseils, les exhortations, les réprimandes; de l'autre par tous les moyens de coercition qu'autorise la loi naturelle et dont la loi civile garantit et règle l'usage. Il ne lui est pas permis d'alléguer sa foi nouvelle pour secouer ce joug obligatoire. Il n'est pas permis davantage à ceux dont il a embrassé les croyances de l'exciter à la résistance ou à la fuite. Mais le droit des parents n'est pas absolu et sans limite. Longtemps avant la majorité il doit se restreindre. A tous les âges il est des violences qu'il ne saurait justifier. Celui qui demain jouira de tous les droits de l'homme et du citoyen, ne peut pas aujourd'hui être traité en esclave. Un adolescent que ses parents non-seulement empêcheraient de remplir les devoirs que lui prescrit sa conscience, mais contraindraient, par de mauvais traitements, à des actes contraires à sa foi, aurait droit à la protection de la loi, et l'Église dans laquelle il serait entré remplirait un devoir incontestable en appuyant ses réclamations.

C'est devant un conseil de famille et, en dernier ressort, devant un jury que devraient être portées les plaintes de ce genre, comme toutes celles dont l'appréciation n'appartient qu'à la conscience. Leur fermer toute issue légale, c'est plutôt ébranler la famille que consacrer ses droits. L'enfant qu'on livre sans défense à la persécution domestique ne garde pas le respect; il cède à la force, en cherchant des moyens de délivrance. Les hommes religieux qui font passer avant toute autre considération l'intérêt de cette âme, qu'ils se félicitent de voir arrachée à l'erreur, se croient autorisés à employer toutes les fraudes pieuses qui peuvent leur permettre d'éluder la loi. Le divorce n'est pas plus conforme au droit naturel entre un enfant et ses parents qu'entre le père et la mère; mais, dans un cas comme dans l'autre, la séparation de fait peut devenir une nécessité morale, quand la vie commune a perdu sa raison d'être et qu'elle n'est plus qu'un obstacle à la jouissance des droits les plus essentiels et à l'accomplissement des devoirs les plus sacrés.

CHAPITRE III

LA LIBERTÉ DE LA PRESSE.

> If New and Old, disastrous feud,
> Must ever shock, like armed foes,
> And this be true, till Time shall close,
> That Principles are rain'd in blood,
> Not yet the Wise of heart would cease
> To hold his hope, thro' shame and guilt,
> . . . .
> Certain, if Knowledge bring the sword,
> That Knowledge takes the sword away.
> Tennyson.

ARGUMENT

I. Bienfaits de la presse comme auxiliaire et, jusqu'à un certain point, comme substitut de toutes les formes de la liberté de penser.
II. Ses dangers.
III. Dangers de l'arbitraire ou d'une législation exceptionnelle à l'égard de la presse.
IV. Liberté légitime de la presse : 1° dans l'ordre moral et religieux ;
V. 2° Dans l'ordre civil et politique.
VI. Application des principes du droit commun à toutes les industries qui relèvent de la presse : 1° colportage, 2° librairie, 3° imprimerie.
VII. La presse périodique.
VIII. Les délits de presse. — Compétence nécessaire du jury. — Publicité des procès de presse.

La liberté de la presse n'est qu'une forme indirecte de la liberté de la pensée. Elle ne fait que lui assurer le concours d'un procédé artificiel, dont l'humanité a pu se passer pendant des milliers d'années. La pensée, de quelque façon qu'elle se manifeste, tire d'elle-même tout son prix. Un siècle de l'histoire d'Athènes, sans l'imprimerie, compte infiniment plus, pour l'esprit humain, que dix siècles de l'histoire de la Chine. D'où vient donc que cette liberté accessoire, subordonnée, contingente, tient un rang égal, dans les préoccupations des peuples, à celui de ces vieilles libertés qui sont un besoin de notre nature morale, un besoin de tous les temps, jamais méconnu, quoique jamais entièrement satisfait? La presse n'est qu'un instrument; mais, comme la langue dans la légende d'Ésope, il n'en est pas de plus puissant et pour le bien et pour le mal. Aussi ne se lasse-t-on pas de refaire son panégyrique et d'instruire à nouveau son procès; et, bien que ce soit, des deux parts, le thème le plus rebattu, c'est toujours le plus propre à passionner les esprits. Il ne peut, en effet, rien perdre de son à-propos, tant que les hommes n'ont pas appris soit à se désintéresser des bienfaits de la presse, soit à conjurer ses dangers, sans la tenir en dehors des garanties nécessaires de la liberté légale.

I

La presse, si elle ne crée pas la pensée, lui prête, en quelque sorte, une vie infinie, en l'affranchissant, dans sa diffusion, des bornes de l'espace et du temps.

Cela même, c'est concourir véritablement à la faire naître. Quel stimulant plus énergique, pour une intelligence active et féconde, que cet espoir de se faire entendre partout où un livre pourra pénétrer, partout où il pourra se conserver et se produire? Espoir généreux de contribuer à l'amélioration intellectuelle et morale des autres hommes, ou simplement à leurs jouissances les plus délicates et les plus pures; espoir intéressé, mais également légitime d'une gloire étendue et durable et d'une fortune acquise par le seul travail de l'esprit. C'est seulement depuis l'imprimerie que les livres ont pu enrichir, en même temps qu'illustrer leurs auteurs. La consécration des droits des auteurs sur les produits de leurs œuvres n'a pas sans doute eu le pouvoir de susciter des hommes de génie : le génie se fait jour par sa propre force, en dépit des entraves que lui opposent l'injustice et la misère; mais elle a, sans contredit, multiplié le nombre des écrivains utiles, qui, dans une sphère plus modeste, se donnent pour mission d'éclairer leurs semblables, et qui ne sont pas moins dignes de reconnaissance et d'estime, parce que la perspective d'une rémunération pécuniaire n'a pas été étrangère à leurs efforts. Nous sommes loin d'accepter, sous le nom de propriété intellectuelle, l'assimilation de la production littéraire à une industrie et de l'esprit à un fonds de terre; mais, si la dignité des lettres n'a pas toujours gagné à l'accroissement de leurs profits, elles y ont trouvé, en somme, de nouvelles garanties de sécurité et d'indépendance.

N'oublions pas une autre action plus délicate et

non moins féconde de l'imprimerie sur la pensée de l'écrivain. L'influence du signe est un des lieux communs de la philosophie. Par cela seul qu'il donne à l'idée une forme arrêtée et précise, le signe a la puissance de la faire éclore. Penser, c'est déjà revêtir sa pensée de mots; c'est, proprement, la parler à soi-même. Mais la parole intérieure est encore trop vague et trop fugitive; la parole extérieure elle-même est entraînée par une sorte de mouvement presque fatal, que nous ne dirigeons qu'à moitié et dont nous avons à peine conscience. C'est la parole écrite qui fixe surtout la pensée, et qui la présente à l'esprit tout ensemble comme une matière extérieure, qu'il peut façonner à son gré, et comme une création intérieure, comme une inspiration personnelle et spontanée; c'est elle qui introduit dans le travail de l'intelligence la méthode et la mesure, sans affaiblir son énergie productive, ou plutôt en lui prêtant de nouvelles forces par le point d'appui qu'elle lui donne. Toutefois l'écriture elle-même garde, comme la parole, quelque chose de trop personnel. Ces signes que nous avons tracés avec précipitation ou avec lenteur, suivant le mouvement de la composition, ils sont à nous, ils sont nous-mêmes; la pensée y conserve l'empreinte de l'inspiration, bonne ou mauvaise, qui l'a mise au jour, et il faut un effort, toujours difficile, pour la juger avec impartialité. Les caractères d'impression sont impersonnels; ils revêtent notre pensée d'une forme générale, où nous la voyons non-seulement telle qu'elle est sortie de notre cerveau, mais telle qu'elle apparaîtra à l'esprit des autres hommes. C'est un effet familier à tous ceux qui se sont fait imprimer : on aperçoit son œuvre, en quelque sorte, sous un autre angle que lorsqu'on l'avait écrite. Les qualités et les défauts se manifestent avec une netteté nouvelle ; la correction devient plus facile et plus sûre. Pour quelques-uns, la correction des épreuves donne lieu à un remaniement complet ; pour la plupart, elle est l'occasion d'heureuses et importantes retouches.

Il en est, sous ce rapport, de l'impression comme de la représentation dramatique. Des corrections, dont l'idée ne s'était pas présentée dans le cabinet, qu'aucun ami, qu'aucun critique n'avait suggérées, paraissent souvent indispensables, quand l'auteur a pu voir sa pièce à travers le jeu des acteurs, à travers l'indifférence ou l'émotion du public. Que si un auteur expérimenté, habitué à écrire pour la scène, échappe en général à cette nécessité des corrections ultérieures, c'est que, dans son cabinet même, il se représente le théâtre ; il entend, il voit les acteurs ; son imagination fait l'office du décorateur, non pas en s'abandonnant à sa libre fantaisie, mais en se pliant aux exigences de l'illusion scénique ; enfin, il a devant lui le public, et son âme, sans cesser d'être elle-même, entre en communication directe avec l'âme impersonnelle de la foule. De même pour l'influence de la presse sur la pensée écrite. Il n'est pas besoin que le livre revienne à l'écrivain des mains du compositeur. On acquiert insensiblement l'habitude de se représenter les pages que l'on écrit sous la forme de l'impression, comme celui qui compose de tête se représente déjà sa pensée sous la forme de l'écriture.

L'imagination va au-devant des épreuves typographiques; la main prépare le travail de l'imprimeur; l'esprit s'abstrait de lui-même pour se voir dans cette image plus nette et plus distincte, qui doit assurer son action sur les autres esprits. De là ces habitudes d'ordre méthodique et de clarté qui ont rendu plus facile et plus fructueuse la lecture des ouvrages. C'est depuis l'imprimerie que l'orthographe a cessé d'être capricieuse, que la ponctuation, dont on trouve à peine des traces dans les anciens manuscrits, s'est imposée comme un usage général et rigoureux; enfin, que l'alinéa a introduit dans l'évolution de la pensée un repos nécessaire entre la brièveté de la phrase et la longueur du chapitre.

Petits détails, dira-t-on, peu dignes d'être mentionnés, et qui n'ont rien ajouté à la puissance créatrice de l'esprit : ils ont certainement ajouté à l'efficacité générale de ses œuvres. On ne traitera pas, du moins, de petits détails ce caractère de plus en plus analytique qu'affectent toutes les langues modernes, même celles qui, comme l'allemand, ont un génie éminemment synthétique, et cet art de la composition, par lequel les moindres ouvrages modernes l'emportent souvent sur les chefs-d'œuvre de l'antiquité. Je ne parle pas ici de la composition proprement littéraire, soumise aux lois du génie et du goût, mais de l'exacte distribution des matières, en vue de l'ordre et de la clarté, dans un livre d'histoire, de philosophie ou de science. Sous ce rapport, il n'est aujourd'hui si mince historien qui ne compose mieux que Thucydide, et le savant le moins exercé en remontrerait à Aristote lui-même. Ce n'est pas un progrès dont il faille faire honneur à l'esprit allemand, ou à l'esprit anglais, ou à l'esprit français, mais à l'esprit moderne dirigé par l'imprimerie.

Si l'imprimerie a fécondé le champ de l'esprit chez ceux dont elle propage et perpétue les travaux, combien n'a-t-elle pas été plus bienfaisante encore pour la masse des intelligences! Le livre, voilà le véritable instituteur du genre humain. S'il n'a pas la vie de la parole, il n'est pas fugitif comme elle. Il donne à la pensée une forme fixe sur laquelle l'esprit peut s'arrêter; il attend patiemment l'examen et la réflexion; sans avoir besoin de se répéter, il se laisse relire, et, quand on est fatigué, il souffre qu'on le ferme, pour le reprendre dans un meilleur moment. Il faut, pour la parole, d'un côté, des auditeurs réunis et attentifs, de l'autre, un orateur disposé à parler et capable de bien dire. Avec le livre, des hommes dispersés, choisissant chacun le moment qui leur plaît, choisissant également l'orateur qu'ils préfèrent, assistent à un même discours, et ce discours, ils peuvent le demander aux meilleurs écrivains de tous les pays et de tous les temps. Telle était déjà la puissance du livre, dès l'antiquité, quand la parole semblait suffire à tout. Ce sont les livres, bien plus que les discours, qui ont fait et qui ont propagé la civilisation de la Grèce et de l'Italie. Si le public s'éclairait en écoutant les orateurs, les orateurs se formaient par la lecture des historiens, des philosophes et des poëtes, et ils sentaient eux-mêmes le besoin de se créer un auditoire plus vaste et plus durable, en écrivant et en publiant leurs discours. Or qu'est-ce que la publicité du livre manuscrit auprès de celle du livre imprimé? C'est comme l'assemblée du peuple d'Athènes ou de Rome auprès d'une immense réunion qui embrasserait dans son sein, non tous les citoyens d'une ville ou d'une province, mais toute la population d'un des grands États modernes.

La comparaison est d'autant plus exacte que la presse a pu seule réaliser la liberté politique, hors des proportions de la cité antique. De toutes les parties d'un vaste empire, chaque citoyen peut suivre et contrôler la marche de son gouvernement, assister aux débats qu'elle soulève, se faire juge de toutes les opinions comme de tous les actes et, sans sortir de chez lui, sans se soustraire aux devoirs de la vie privée, revendiquer sa part d'action dans la direction des intérêts communs. C'est ainsi que l'idéal démocratique a pu se réaliser au sein de grandes nations, en substituant aux assemblées directes du peuple entier, devenues inutiles en même temps qu'impossibles, un système électif qui n'exige pas l'abdication du peuple entre les mains de ses représentants, mais pour lequel son choix et sa surveillance peuvent toujours s'exercer en connaissance de cause. Et il n'est pas même besoin d'une constitution purement démocratique. Cette puissance indéfinie d'expansion qui appartient à la presse, assurera toujours, si elle est libre, sinon le règne, du moins le contrôle de l'opinion générale; et l'opinion générale, quand chacun peut s'éclairer, ce n'est pas l'opinion d'une classe, c'est l'opinion de tout le monde, même des plus ignorants, même de ceux qui ne savent pas lire. La presse répand la lumière partout où elle trouve accès ; la parole, même réduite aux conversations particulières, mais partout vivifiée par les livres, les brochures et les journaux, suffit à faire le reste.

La publicité de la presse n'a pas été moins féconde pour la liberté religieuse. Des superstitions invétérées, des traditions que nul ne songe à discuter, des dogmes vrais ou faux, acceptés sur la foi des prêtres, voilà la religion des peuples ignorants. Lorsque la lumière commence à se faire jour, tant qu'elle est réduite à la parole et à l'écriture, elle ne fait que susciter une aristocratie intelligente, qui s'élève au-dessus des superstitions vulgaires et, si elles répugnent à sa raison, au-dessus des croyances elles-mêmes. Quant au peuple, rivé à son ignorance, il laisse peut-être affaiblir sa foi religieuse par la contagion des exemples partis de haut ; mais ses superstitions, auxquelles il tient d'autant plus qu'elles sont siennes en quelque sorte, ne lâchent pas aussi aisément la prise. Pour chasser la superstition de ses derniers asiles, il faut l'action toute-puissante de la presse. C'est l'œuvre qu'elle accomplit depuis quatre siècles et, quoiqu'elle soit loin de l'avoir achevée, elle a plus fait, dans ces quatre siècles, auprès des masses ignorantes, que n'avait pu faire, auprès des esprits les plus éclairés, dans toute la durée de l'antiquité païenne et du moyen âge chrétien, l'esprit philosophique privé de son secours.

En provoquant l'examen sur les superstitions, la

presse l'a appelé aussi sur les croyances. Elle a mis à la disposition des fidèles ces livres dogmatiques dont les prêtres seuls étaient presque forcément dépositaires, et du moment qu'on a pu les lire, on a voulu les comprendre, on a voulu remonter soi-même à la source de sa foi et substituer le choix raisonné à l'adhésion aveugle. La publication de la Bible en langue vulgaire et sa propagation par l'imprimerie, tel a été le grand instrument de la Réforme, et c'est, en même temps, ce qui lui donne son caractère particulier dans l'histoire des dogmes chrétiens. La Réforme, en effet, ce n'est pas, comme les hérésies qui l'ont précédée, un changement plus ou moins radical dans les dogmes reçus; c'est, en dépit des réserves de Luther et de Calvin eux-mêmes, l'examen personnel pris pour mesure des croyances; c'est l'autorité religieuse se réduisant à la persuasion et s'inclinant devant la liberté des consciences. Or ce principe, que la presse n'a pas introduit dans le monde, mais dont elle a pu seule assurer le triomphe, n'est pas resté la propriété du protestantisme; il a, sans toucher à ses dogmes, transformé le catholicisme lui-même. Le catholicisme n'a jamais exclu la discussion : elle est nécessaire avec les hérétiques; elle a toujours été permise entre les orthodoxes sur tous les points qui n'ont pas reçu une solution dogmatique. Mais tant que les livres, qui pouvaient seuls l'éclairer, n'avaient qu'une publicité restreinte, la discussion n'était possible qu'entre les théologiens de profession. Quand tout le monde a pu lire, il a fallu discuter avec tout le monde et devant tout le monde, tantôt pour consolider l'orthodoxie, tantôt pour faire prévaloir des opinions particulières auxquelles on tenait d'autant plus qu'on les avait embrassées par raison et par choix. Il faut voir quel intérêt passionné prennent aux controverses théologiques les gens du monde même les plus frivoles, du XVIe au XVIIIe siècle, et comme l'examen raisonné s'y fait de plus en plus sa part, à mesure que s'élargit le cercle des champions et des juges du camp.

Si ces controverses ont perdu aujourd'hui presque tout leur intérêt, c'est que d'autres, infiniment plus graves, les ont remplacées, non plus entre des opinions également orthodoxes ou entre l'orthodoxie et l'hérésie, mais entre les prétentions de la science humaine, se renfermant dans l'ordre naturel, et les efforts réunis de toutes les religions et de toutes les sectes dans l'intérêt de l'ordre surnaturel. Sur ce terrain, la discussion ne peut plus être purement théologique : contre des adversaires qui ne reconnaissent que la raison, la foi ne peut se servir que des armes de la raison elle-même ; et, comme le procès se vide devant le public, à qui la presse en communique sans cesse toutes les pièces, on ne peut espérer de retenir ou de regagner les âmes qu'en les éclairant et en s'assurant de leur libre adhésion. Aucune Église n'a jamais professé, d'une manière absolue, le principe de la foi aveugle ; mais l'absence de lumières en a souvent fait une nécessité. Le progrès des connaissances, dont l'imprimerie a été le plus puissant instrument, doit amener partout le règne de la foi raisonnable, qui appelle naturellement avec elle, au lieu de la contrainte, la persuasion ; au lieu de la confusion du pouvoir spirituel et du pouvoir temporel, toutes les garanties de la liberté de conscience.

Enfin, la liberté de la science et particulièrement la liberté de l'enseignement n'ont pas moins ressenti les bienfaits de la presse. La liberté de l'enseignement, c'est, avant tout, pour les familles et pour les maîtres, le libre choix des méthodes et des doctrines. Un père de famille soucieux de ses devoirs et qui peut les accomplir sans obstacle continue à s'instruire pour veiller à l'instruction de ses enfants. Il se tient au courant des discussions littéraires ou scientifiques ; il se rend compte des méthodes nouvelles et de toutes les réformes qui tendent à s'introduire dans le système des études ; il se met, en un mot, en état de juger de la capacité des maîtres qu'il investit de sa confiance, et des progrès que ses enfants font sous leur direction. De même, un maître qui ne veut pas rester au-dessous de ses fonctions ne se contente pas de reproduire pour les autres l'enseignement qu'il a reçu lui-même ; il se l'assimile, en le modifiant d'après ses réflexions et son expérience personnelles ; il met également à profit l'expérience d'autrui ; il n'est étranger à aucun des essais tentés pour élargir le cadre des matières qu'il enseigne ou pour perfectionner la façon de les enseigner. Or ce n'est que par la lecture que les familles et les maîtres peuvent s'éclairer efficacement. Si des écrits sans cesse renouvelés et accessibles à tous par l'étendue de leur publicité et par la modicité de leur prix ne portent pas partout la lumière, la routine régnera nécessairement dans l'enseignement, les écoles rivales ne chercheront à se distinguer que par leur régime extérieur et matériel. Ce seront les yeux du corps et non de l'esprit qui choisiront entre elles.

Toutes ces universités qui couvraient la face de l'Europe au moyen âge portent dans l'histoire un nom collectif : on les appelle l'*École*. Mais, dès que l'imprimerie se met au service de la Renaissance, l'*École* est battue en brèche sur tous les points : théologie, médecine, philosophie, lettres anciennes, tout se renouvelle. Les réformateurs s'entendent d'un bout de l'Europe à l'autre; ils se communiquent leurs lumières, en quelque sorte à haute voix, par un commerce épistolaire qui n'avait jamais été ni si étendu ni si actif. Livrées à la presse, qui les réclame avec impatience, les lettres d'Érasme, de ses amis et de ses rivaux, deviennent des livres que tout le monde veut lire et dont tout le monde fait son profit. Les vieilles doctrines sont mises en déroute, et avec elles les vieilles méthodes, les procédés surannés d'enseignement. D'Érasme à Montaigne, de Montaigne à Locke, de Locke à Rousseau, les livres se multiplient, appelant dans l'éducation de la jeunesse des réformes de plus en plus larges. Le progrès ne se fait pas sans luttes et sans violences : il a ses martyrs, comme Ramus; mais tel est l'avantage du livre imprimé, du livre assuré d'une publicité sans bornes, qu'il fait triompher les réformes, en dépit des persécutions auxquelles succombent leurs promoteurs. Les hommes passent, les écoles tombent, les livres restent. La Saint-Barthélemy n'a pu tuer que le corps de Ramus; ses livres ont continué à démolir la scolastique grammaticale et philosophique. Les jésuites ont réussi à faire fermer les *petites écoles* de Port-Royal : quels livres ont laissés les jésuites qui aient balancé dans l'enseignement le succès de ceux de Port-Royal?

Que si la routine n'a pas entièrement lâché prise, dans l'enseignement proprement dit, grâce au régime de privilége qui pèse encore sur lui, il ne faut pas oublier que l'instruction ne se répand pas seulement du haut des chaires. Depuis l'imprimerie, le livre tend de plus en plus à remplacer le professeur. Nous avons peine à nous représenter aujourd'hui, dans la solitude de beaucoup de nos cours publics, les milliers d'auditeurs qui affluaient aux arides leçons de la scolastique. *Ceci a tué cela*. Des livres en nombre infini, plus variés, plus clairs, plus attrayants, font l'office des cours et, sans quitter le coin de son feu, sans plier son esprit à la discipline universitaire, chacun peut leur demander tous les genres d'instruction.

Le livre a le double avantage d'être l'auxiliaire de toutes les libertés et de tenir lieu de toutes les libertés, quand il ne réussit pas à briser toutes leurs entraves. Nous l'avons vu pour l'ordre politique. Il suffit que tous les citoyens puissent s'éclairer, à l'aide de la presse, sur leurs intérêts communs, pour qu'ils participent indirectement, par la force de l'opinion, au gouvernement de leur pays. De même pour l'ordre religieux. La persécution peut fermer les temples : le livre sacré remplace jusqu'à un certain point le prédicateur et associe encore, par la communauté des réflexions et des prières, les fidèles dispersés.

Dans l'ordre scientifique, la presse est pour l'enseignement un substitut encore plus efficace. Combien de médiocres élèves, trompant les prédictions de leurs maîtres et l'attente de leurs camarades, sont devenus des hommes distingués! Combien de jeunes gens, sortis des mains de maîtres incapables, égalent plus tard, non-seulement par leur intelligence, mais par leurs connaissances, ceux qui ont fait leurs études dans les établissements les plus renommés! C'est une vaine prétention que de vouloir juger du mérite des hommes par ce qu'ils ont été au collége ou par le collége qui les a formés. Quand il y a de l'étoffe, l'équilibre peut toujours se rétablir, soit que l'éducation première se complète et se rectifie par des lectures personnelles, soit que le commerce du monde suffise à en combler ou à en réparer les lacunes. Or, le commerce du monde ne contribue lui-même à éclairer les esprits qu'à l'aide du courant d'idées que les livres y entretiennent sans cesse. D'ailleurs, la culture la plus parfaite que l'esprit a pu recevoir dans les premières années reste stérile si elle s'arrête au sortir du collége. Il faut, pour n'en pas perdre les fruits, la continuer, la développer et la renouveler pendant toute la vie par l'habitude de la lecture; et il n'est pas douteux que des lectures sagement distribuées, quand l'esprit est dans toute sa maturité, ne comptent beaucoup plus pour le former que l'enseignement de l'enfance.

De là une nouvelle cause de cette indifférence que rencontre trop souvent la liberté propre de l'enseignement. Indifférence regrettable assurément; car des lectures isolées et sans guide ne sauraient remplacer entièrement la parole vivante et la direction éclairée d'un maître. Celui qui parle lit dans les yeux de ses auditeurs les besoins auxquels il doit satisfaire par des développements nouveaux, par des éclaircissements, par des réfutations. L'écrivain, renfermé dans son cabinet, se complaît dans sa pensée, plus préoccupé, quoi qu'il fasse, de se contenter lui-même que de contenter ce public fictif qu'il s'efforce d'avoir sous les yeux en travaillant; et, une fois son livre sorti de ses mains, il n'est plus là pour l'expliquer, pour le mettre à la portée de chacun de ses lecteurs, pour répondre à leurs objections. L'œuvre écrite, comme dit Platon, si celui qui l'a mise au monde ne vient pas sans cesse à son secours, roule de tous côtés sans pouvoir par elle-même ni se comprendre ni se défendre (1). Il est donc bon que l'enseignement des chaires se maintienne partout à côté de celui des livres, pour les hommes faits comme pour les enfants, et il ne faut pas se lasser de réclamer pour lui toutes les libertés qui peuvent féconder son action et assurer ses progrès. Mais il n'en faut pas moins se féliciter si l'instruction, réfugiée dans les livres, y trouve assez de liberté pour oublier les entraves qui asservissent la parole. Aucune chaire n'aurait

---

(1) Platon, *le Phèdre*.

été ouverte à Descartes : il lui a suffi d'écrire le discours de la Méthode, les Méditations et les Principes pour régner sur le XVIIe siècle. Heureux ceux qui, de nos jours, ont pu entendre ces trois voix éloquentes à qui il a été donné de réveiller à la fois, sous l'inspiration de l'esprit moderne, les échos étonnés de la vieille Sorbonne ! Mais la critique littéraire, l'histoire et la philosophie ne leur seraient pas moins redevables, quand cet enseignement fécond aurait été réduit aux beaux livres qui l'ont conservé (1).

Non-seulement la liberté de la presse peut tenir lieu des autres libertés, mais elle les protége en les faisant participer à la sécurité exceptionnelle qu'aucun régime ne réussit à lui enlever. Rien de plus facile pour un gouvernement franchement despotique, ou pour un gouvernement qui, sans renier la liberté en principe, la tient à sa merci dans la pratique, que de fermer la bouche à un orateur politique, à un prédicateur ou à un professeur, et de disperser par la force toute réunion qui lui fait ombrage. Briser ou confisquer un matériel d'impri-

---

(1) Un jeune et brillant professeur* a renouvelé, pendant quelques années, dans la chaire de M. Cousin, les succès du maître. Condamné au silence, il s'est résigné à faire d'excellents livres, au lieu de belles leçons. Il faut regretter sa parole ; mais il est certain qu'il n'a jamais exercé autant d'action sur les générations contemporaines que depuis qu'il ne professe plus. Et lorsque la parole lui a été rendue comme orateur politique, elle a certainement ajouté à l'illustration de son nom, elle a contribué, sous un gouvernement nouveau, à l'élever aux plus hautes fonctions de l'Etat, mais elle ne lui a pas donné une action plus efficace et plus étendue sur les âmes.

* M. Jules Simon.

merie, jeter en prison, déporter ou simplement ruiner par des amendes un imprimeur, un éditeur ou un auteur, ce sont également des procédés familiers à toutes les inquisitions. Mais les livres réussissent toujours à les éluder. Si vite que vienne la poursuite, elle ne saurait mettre la main sur toute une édition. La censure elle-même n'est qu'une ressource impuissante, à moins que tous les États ne s'entendent pour l'exercer à frais communs, au nom des mêmes principes et en vue des mêmes intérêts ; et, fût-il repoussé de partout, un livre trouverait encore des presses clandestines. Une fois imprimé, il circulera toujours. Il n'est douane si bien faite qui puisse arrêter à la frontière les livres proscrits. Tout le monde s'en fait le complice ; ceux mêmes qui les vouent à la persécution les apportent dans leur poche, et ne se font pas scrupule de les communiquer à leurs amis.

Est-il besoin de rappeler la philosophie du dernier siècle et le chemin qu'elle a fait par les livres à travers toutes les couches de la société, quand il y avait encore des censeurs royaux, une législation draconienne, et pour surcroît les lettres de cachet et la Bastille? Aujourd'hui encore, sous un régime plus libéral, la presse n'a pas désappris à se jouer des entraves légales. Il n'est pas une ville en France où, en dépit des condamnations judiciaires et des interdictions de la police, tous les ouvrages que recommande un intérêt de parti, ou simplement de curiosité, n'aient pu pénétrer, au moins par un exemplaire, qui est devenu bientôt l'exemplaire de tout le monde.

Ce colportage clandestin ne se fait pas sans danger, je le sais; mais tel est l'attrait du livre, surtout du livre défendu, que ces dangers n'arrêtent personne; et telle est sa souplesse que, s'il ne préserve pas toujours du péril ceux qui concourent à le publier et à le répandre, lui-même parvient toujours à s'y soustraire. On peut gêner plus ou moins sa diffusion, on ne l'empêche jamais entièrement; et, comme il n'est qu'un instrument, c'est, en définitive, la liberté des opinions, en politique, en religion et dans tous les ordres de sciences, qui lui est redevable d'un asile assuré.

II

Il n'est pas étonnant que cette puissance indéfinie de la presse ait, sous tous les régimes, appelé la sollicitude et la sévérité des législateurs. La liberté de l'individu a des bornes naturelles, outre celles qu'elle reçoit de la loi. Otez à la presse les bornes légales, elle a, pour le mal comme pour le bien, une force d'expansion sans limites. On peut, jusqu'à un certain point, se confier dans le discernement d'un individu : il sait quand il fait mal, et, soit conscience, soit prudence, il craint en général de mal faire, quand il n'est pas sollicité par une passion trop forte. Un livre est aveugle; il porte la lumière sans pouvoir s'en servir pour lui-même. « Une fois écrit, dit Platon, dans ce passage du *Phèdre* que nous avons déjà cité, un discours roule de tous côtés, dans les mains de ceux qui le comprennent comme de ceux pour qui il n'est pas fait, et il ne sait pas même à qui il doit parler, avec qui il doit se taire (1). » Il est des choses que son auteur, s'il ne se servait que de la parole, ne dirait pas à tout le monde ou ne dirait pas de la même manière à tout le monde. Il pourrait enfin, s'il s'apercevait qu'il est entendu à rebours, et que ses paroles, mal interprétées, ont un effet dangereux, s'expliquer plus clairement, ou même s'interrompre tout à fait, s'il désespérait de se faire comprendre. Son livre tiendra partout le même langage, sans discernement, sans explications, et, grâce à la publicité immense que lui ouvre la presse, il exercera cette influence aveugle bien au delà du cercle où sa parole intelligente pourrait se faire entendre, au delà même des bornes de sa vie.

Sans doute, nul n'est forcé de le lire ; mais combien se laissent séduire par un titre attrayant, par une réputation usurpée ! Lors même que l'imprudence des lecteurs serait sans excuse, le mal ne se fait pas moins, avec la participation indirecte de l'auteur et sans qu'il puisse y remédier. Dégagera-t-il sa responsabilité, en mettant au frontispice de son livre un avertissement semblable à celui de la *Nouvelle Héloïse* : « Jamais fille chaste n'a lu de romans, et j'ai mis à celui-ci un titre assez décidé pour qu'en l'ouvrant on sût à quoi s'en tenir, etc. ? » Un avertissement de ce genre n'est souvent qu'une tentation de plus.

Ajoutons qu'il y a pour l'individu qui parle une

---

(1) Traduction de M. Cousin.

responsabilité naturelle, qui ne se trouve pas chez celui qui écrit. Je parle en personne, face à face avec ceux qui m'écoutent. Si je me trompe ou si je mens, ils peuvent me contredire. Si les sentiments que j'exprime ou le langage dont je les revêts blessent leur conscience ou leur délicatesse, ils peuvent me témoigner leur indignation. Je me cache derrière mon livre et, abrité par l'anonyme, je puis marcher le front levé devant ceux que j'ai trompés, que j'ai corrompus ou que j'ai injuriés.

Il n'est pas même besoin que je me couvre d'un masque. On ne me lit pas devant moi; la plupart de ceux qui me lisent n'auront jamais occasion de me voir, et, chez ceux mêmes qui me connaissent, l'impression qu'ils ont ressentie en me lisant, et qui aurait pu faire explosion, si je leur avais dit en face ce que je leur ai fait lire, est presque toujours affaiblie quand ils me rencontrent, à moins qu'il ne s'agisse d'un outrage personnel. Je dois m'attendre à des critiques, et il est peu d'auteurs qui n'y soient très-sensibles; je ne les crains pas toutefois, comme je craindrais les sifflets ou les manifestations hostiles de mon auditoire, si je devais parler en public. Enfin, beaucoup souffrent aisément dans un livre ce qu'ils rougiraient d'entendre. Il s'établit naturellement, entre la personne qui parle et celle qui écoute, un lien de bienséance, qui, d'un côté, retient la langue et, de l'autre, la curiosité et tous les instincts vicieux. On s'affranchit aisément de ce lien dans l'intimité; mais il n'y a pas d'intimité quand le cercle s'élargit, quand la parole s'adresse à un nombreux auditoire,

16.

et, dès lors, les moins sévères se font une loi du respect de soi-même et des autres. Il n'y a pas non plus d'intimité entre un auteur et la masse de ses lecteurs ; mais ils ne subissent pas la même contrainte. Ils ne peuvent se considérer que comme des étrangers, en communication de pensées sans être en présence les uns des autres, se parlant sans se voir et sans se connaître, et ne se sentant plus retenus par ce sentiment de pudeur qu'ils n'oseraient pas entièrement abjurer dans leurs relations personnelles.

Cette force immense, dont la presse dispose aveuglément, sans une responsabilité naturelle et directe, n'est pas, comme celle de la parole, une puissance individuelle, mais une puissance collective ; elle suppose au moins la réunion des efforts de l'écrivain et de l'imprimeur, et ce dernier apporte dans l'association le travail combiné de tous ses ouvriers. Outre l'imprimeur, il y a presque toujours un éditeur distinct et, entre lui et le public, toute une armée d'intermédiaires, libraires ou colporteurs. Que la presse prenne un caractère périodique, que le journal se substitue au livre, l'association s'étend encore. Ce n'est plus un écrivain unique, mais une réunion d'écrivains, se partageant la tâche dans un intérêt commun. Ce n'est plus, en général, un éditeur unique, c'est une société financière dont la direction se concentre entre les mains d'un ou plusieurs gérants ou administrateurs, avec la force que leur prêtent l'appui moral et les capitaux de tous les sociétaires. Enfin, et ce n'est pas la moindre force du journal, c'est une association de matières qui se soutiennent mutuellement pour exciter et pour entretenir l'intérêt du public. Les lecteurs d'un livre ne l'achètent, en général, que lorsqu'ils savent, de réputation, quel en est le fond. Les abonnés d'un journal s'engagent d'avance, sur des promesses, sur un programme, en vue d'un certain ordre de matières qui a pour eux un attrait particulier, soit la partie politique, soit le bulletin financier, soit le feuilleton littéraire ; ils n'en veulent pas moins tout lire, puisqu'ils payent pour le tout, et ils livrent leur esprit à toutes les appréciations de leur journal.

Or, si la puissance est collective, la responsabilité ne l'est pas, du moins avec toutes ses conditions naturelles. L'écrivain seul porte complétement la responsabilité morale de ce qu'il écrit, et encore faut-il faire une distinction entre l'auteur d'un livre et le rédacteur d'un journal. Le premier n'obéit qu'à son inspiration personnelle ; le second est toujours obligé de subordonner plus ou moins la sienne à l'esprit du journal ; ce n'est jamais en son nom seul, sous l'impulsion de ses seuls sentiments, qu'il doit écrire, mais comme organe d'une pensée commune. La loi française exige que tout article de journal porte la signature de son auteur ; cette disposition, non encore abrogée, est depuis longtemps tombée en désuétude ; elle a été condamnée par son inefficacité même. Elle ne pouvait, en effet, faire d'un article de journal une œuvre tout individuelle ; au fond, il n'y a proprement qu'une personnalité collective, représentée par l'ensemble de la rédaction, et la responsabilité s'affaiblit également lorsqu'elle cesse d'être directe, comme celle des éditeurs et des imprimeurs, à plus forte raison des libraires et des ouvriers d'imprimerie, des actionnaires des journaux, etc. Nul n'est dispensé du devoir de refuser sa coopération à toute œuvre qu'il juge absolument mauvaise. Mais si chacun devait répondre, comme de sa pensée propre, de tout ce qu'il contribue à publier, autant vaudrait dire que chaque auteur devrait lui-même imprimer, éditer et vendre ses ouvrages. La loi peut sans doute aggraver les obligations personnelles des imprimeurs et des éditeurs; elle peut les engager, pour sauvegarder leurs intérêts, à se faire les censeurs sévères et méticuleux de tous les écrits qui réclament leur concours; mais elle ne leur impose qu'une responsabilité artificielle, qui dépasse les exigences de la conscience.

En un mot, dans la publicité des livres et des journaux, l'action s'accroît par l'association des efforts; mais la responsabilité morale diminue à mesure qu'elle s'étend et se partage. C'est comme une bataille livrée par les idées contre les idées, par les passions contre les passions, souvent aussi par des volontés égarées ou coupables contre les droits ou les intérêts de quelques individus ou de la société tout entière. De part et d'autre, de nombreux combattants sont aux prises, et chacun contribue pour sa part à l'issue du combat. Il y a des généraux, des officiers, de simples soldats: ici des forces à peu près aveugles, là des forces intelligentes, mais ne faisant qu'un usage subordonné et limité de leur intelligence; en haut seulement l'initiative, la direction, et, par conséquent, la responsabilité véritable, qui n'existe pas ou qui n'existe qu'imparfaitement pour les instruments, bien que tout dépende de leur concours. Pour tenir tête à de telles armées qui combattent pour toutes les causes, avec toute la puissance qui résulte de la combinaison des efforts et sans les justes garanties d'une responsabilité proportionnée, est-ce assez de la résistance des individus? N'est-il pas juste qu'ils puissent compter, pour les protéger, sur la puissance collective que les institutions sociales ont mise aux mains de l'État?

Enfin, les droits de la pensée et la liberté des opinions ne sont pas seuls en jeu dans la presse. Comme la parole, qu'elle ne fait que reproduire en lui prêtant une expansion indéfinie, la presse est l'instrument de l'intelligence; mais elle est aussi l'instrument de la passion et de la volonté. Éclairer les esprits, quelquefois aussi les tromper par de fausses lumières, ce n'est qu'un des effets de la parole. Elle conseille, elle excite, elle commande; elle est proprement une action, qui ne peut rester étrangère à la responsabilité des actes matériels dont elle a souvent l'initiative. Celui qui, par ses provocations, arme le bras d'un meurtrier, est plus que son complice, et ce n'est que justice s'il partage sa peine. Or, si la loi, même la plus libérale, ne doit pas laisser à la parole une immunité absolue, qui n'appartient qu'à la pensée pure, comment s'inclinerait-elle devant la presse, c'est-à-dire devant la parole investie d'un privilége d'ubiquité et de perpétuité, non-seulement pour toutes les idées vraies ou fausses dont elle peut être le signe, mais pour les excitations plus ou moins coupables dont elle peut se faire l'instrument? Ce n'est plus le fer mis aux mains d'un ou de plusieurs individus par un perfide instigateur; c'est peut-être toute une population soulevée à la voix d'un individu qui, du fond de son cabinet, grâce au concours que lui prêtent des instruments aveugles, souffle le feu sur les mauvaises passions, sur les convoitises péniblement comprimées, sur tous les ferments de discorde qui se cachent au sein des sociétés les plus paisibles. Telle est la puissance de la presse, qu'il paraît dangereux de lui laisser sans contrôle la direction des opinions : n'y aurait-il pas folie à livrer aux suggestions criminelles dont elle peut être l'organe la direction des cœurs et des volontés? Ne serait-ce pas, sous prétexte de respecter des foyers de lumière, entretenir, sur toute la surface d'un pays, des foyers de rébellion? L'incompétence de l'État, en matière d'opinions, autorise-t-elle son abdication, quand il s'agit de son intérêt propre et des droits les plus précieux qui réclament sa protection souveraine?

III

Nous reconnaissons que la presse met en jeu une force immense, et qu'elle peut faire infiniment de mal quand elle est dirigée par des volontés égarées ou perverses. Mais la puissance de l'État n'est pas moins immense, et, quand des lois d'exception l'autorisent à franchir ses digues naturelles, elle n'est pas moins dangereuse. La législation la plus sage ne peut prendre des précautions contre le mal sans faire obstacle au bien lui-même. Or, le bien qu'on peut attendre de la presse est infini, comme les maux dont on l'accuse. Ce n'est pas seulement une pensée utile, portée à la fois dans tout l'univers et transmise à toutes les générations; ce sont, avec cette première pensée, toutes celles qu'elle pourra engendrer dans les âmes où elle sera déposée. D'un autre côté, toutes les garanties d'une législation éclairée et impartiale n'empêchent pas que les jurés ou les juges ne soient des hommes, des intelligences faibles et vacillantes, des volontés passionnées et capricieuses sur qui l'erreur a toujours prise, même quand il s'agit d'apprécier des faits matériels, à plus forte raison quand il faut saisir, sous l'expression de la pensée, une intention délictueuse. On frémit quand on se rapelle ces exemples célèbres d'erreurs judiciaires où les annales de la prison, du bagne et de l'échafaud portent inscrits des noms innocents. Combien sont plus fréquents et plus douloureux ceux qui rappellent les persécutions que l'ignorance et le fanatisme ont fait subir à la vérité! Ni le bûcher de Calas ou l'échafaud de Lesurques, ni même la prison de Galilée ou la ciguë de Socrate, n'ont été des erreurs plus funestes que celles dont la presse peut être victime, quand on ne s'arme contre elle que du droit commun, à plus forte raison quand elle est à la merci d'un pouvoir arbitraire. La persécution nous révolte moins quand elle frappe les livres que lorsqu'elle atteint les personnes : elle nous touche en réalité de plus près; car c'est nous-mêmes, c'est l'humanité tout entière, c'est, comme dit Milton, non pas une vie, mais une immortalité qui doit en souffrir (1).

On nous objectera que les livres ne meurent pas, même d'une mort temporaire, et que, dans cette sorte de massacre qui enveloppe une édition tout entière, il subsiste toujours quelques exemplaires pour répandre et pour perpétuer la vérité persécutée, comme le massacre de toute une famille de rois laisse subsister un Joas pour déjouer les complots d'une Athalie. La persécution n'est pas moins funeste, et j'ajoute aveuglément funeste. L'arrêt qui prétend supprimer un livre ne fait qu'en dérober la circulation à tous les yeux intéressés à la surveiller. S'il porte des vérités dangereuses, il ira peut-être les annoncer à ceux qui peuvent le moins les comprendre, à ceux qui s'en feront une arme contre les

(1) « Qui tue un homme tue une créature raisonnable, l'image de Dieu ; mais celui qui détruit un bon livre tue la raison elle-même, tue l'image de Dieu comme si elle était visible. Beaucoup d'hommes vivent comme un fardeau sur la terre ; mais un bon livre est le sang précieux d'un esprit supérieur, recueilli et embaumé précieusement pour une vie qui survit à la vie. Il est vrai que le temps est sans pouvoir pour ramener un homme à la vie, ce qui n'est pas toujours une grande perte : les révolutions des siècles sont aussi sans pouvoir pour réparer la perte d'une vérité rejetée, dont souffriront des nations entières. Prenons donc garde que cette persécution que nous élevons contre les travaux vivants des hommes publics n'ait pour effet d'éteindre cette vie artificielle de l'homme, préservée et accumulée dans les livres, car nous voyons là une sorte d'homicide, et, si la persécution s'étend à l'impression tout entière, une sorte de massacre, qui ne se borne pas à étouffer la vie matérielle, mais la quintessence éthérée de la vie, le souffle de la raison elle-même, une immortalité plutôt qu'une vie. » (Milton, *Areopagitica*.)

On nous permettra de faire encore plus d'un emprunt à cette éloquente revendication de la liberté de la presse, qui n'a pas vieilli depuis plus de deux siècles.

intérêts que vous voulez protéger, et votre persécution les soustraira à la connaissance de ceux qu'elles pourraient éclairer sans péril, de ceux qui ne leur demanderaient que le progrès pacifique des idées ou des mœurs. S'il sert de vêtement au mensonge ou au vice, vous ne faites disparaître, en le proscrivant, que les manifestations extérieures et publiques de la contagion, et avec elles vous en supprimez les symptômes. En un mot, il continue à faire son œuvre, mais sourdement et au hasard; ou plutôt il ne vous laisse pas même le bénéfice du hasard. On peut prévoir presque à coup sûr que ceux qui liront les livres défendus seront ceux à qui, bons ou mauvais, ils peuvent faire le moins de bien et le plus de mal. Ce seront les esprits les plus ardents, les plus téméraires, les moins scrupuleux, ceux pour qui toute défense est un attrait, toute contrainte un aiguillon, toute persécution un signe de vérité. Or, le bon ou le mauvais effet d'un livre dépend moins de son contenu que du caractère et de l'éducation de ceux qui le lisent. Le meilleur peut égarer un esprit mal préparé; le plus mauvais peut fournir de précieuses lumières à un esprit intelligent et sain. Des lois sévères contre la presse courbent sans discernement toutes les intelligences sous un même niveau, dont s'affranchiront le plus aisément celles-là même qu'il est destiné à contenir. Ce niveau aveugle ne pèsera ainsi que sur les âmes les plus droites et les plus honnêtes, leur dérobant la connaissance de la vérité, si la censure légale porte à faux, et, lors même qu'elle est fondée en raison, paralysant leurs efforts pour faire sortir le bien du mal lui-même.

Ajoutons que ces interdictions, par un double effet du même genre, sans arrêter les écrivains les plus passionnés et les plus hardis, qui sauront presque toujours les éluder, ne pourront que décourager tous ceux qui n'apportent pas dans leurs opinions assez d'ardeur pour se mettre au-dessus du respect ou de la crainte des lois, c'est-à-dire les écrivains dont la modération naturelle offrirait le plus de garantie aux intérêts sociaux. Comparons, sous ce rapport, les pays où la presse est libre avec ceux qui l'enserrent encore dans les mailles d'une législation plus ou moins inquisitoriale. Ni les uns ni les autres n'échappent à la contagion des mauvais ouvrages et ne sont étrangers à l'éclat que jettent les bons. On verra même parfois un brillant mouvement littéraire se produire sous un gouvernement oppressif. La littérature proprement dite fait rarement ombrage au despotisme, et, s'il est intelligent, il se fera honneur de l'encourager pour consoler les esprits de leur servitude. Mais les livres vraiment utiles, les livres qui sont, pour un peuple, non-seulement un ornement, mais une source de lumières et un instrument de progrès, ne se multiplient et ne se répandent que sous les auspices de la plus large liberté. Jamais, dans aucun pays et à aucune époque, des idées plus saines et plus fécondes dans l'ordre scientifique, dans l'ordre économique, dans l'ordre politique, et je ne crains pas d'ajouter dans l'ordre moral et religieux, n'ont pénétré dans les masses par la voie de la presse, qu'en Angleterre depuis un siècle et en France depuis cinquante ans (1).

Il faut craindre, enfin, de nuire à ceux-mêmes dont on prend en main les intérêts, en leur ôtant le bénéfice d'une protection plus efficace. On suppose, en effet, que l'honnêteté et la vérité sont tellement menacées par les excès de la presse, que l'État seul peut les sauver. Mais contre l'erreur, il y a la réfutation; contre la provocation au mal, il y a l'exhortation au bien; contre toutes les influences plus ou moins funestes qui tendent à corrompre l'ordre social, il y a d'autres influences qui, avec la force seule de la persuasion, peuvent y ramener la santé et la vie. La presse est douée d'une puissance énorme; mais n'est-ce pas aussi une puissance énorme que la coalition de tous les gens de bien pour propager les saines doctrines et pour les opposer à la contagion des enseignements pervers? Il y a là une mission que toute personne éclairée et bien intentionnée peut remplir efficacement auprès de ses proches, de ses amis, de ses voisins, signalant avec fermeté, suivant le carac-

---

(1) Voir, pour l'Angleterre, le troisième volume de l'*Histoire de la littérature anglaise*, de M. Taine. Je ne connais pas de meilleure démonstration de l'influence d'une législation libérale sur les mœurs. Une étude aussi vivante sur la littérature française conduirait aux mêmes conclusions. Si le progrès y paraissait moins sensible, c'est que, chez nous, les mœurs, moins violentes et plus sociables, n'appelaient pas une transformation aussi radicale, tandis que les institutions avaient à subir, en revanche, une transformation complète, qui n'est pas encore à son terme. Il n'en faut pas moins reconnaître que notre littérature contemporaine, à la prendre dans son ensemble, est incomparablement plus morale que celle des trois siècles précédents, sans excepter le xviie. Nous sommes trop accoutumés à juger le siècle de Louis XIV par ses chefs-d'œuvre en quelque sorte officiels : c'est comme si l'on jugeait l'œuvre de Voltaire par ses tragédies.

tère de chacun, les lectures qui peuvent devenir dangereuses, et, pour en détourner plus sûrement une curiosité imprudente, se livrant à une propagande active en faveur des bons ouvrages.

C'est surtout la mission de tous les hommes dont l'influence peut s'étendre sur la société entière, et d'abord de ceux qui tiennent une plume, des auteurs eux-mêmes. S'il est des écrivains qui abusent de la presse pour troubler et pour corrompre la société, la presse ne se refuse pas à ceux qui, suivant le précepte de Fénelon, ne veulent se servir de la parole que pour la pensée et de la pensée que pour la vérité et la vertu, et, dans son impartialité aveugle, elle offre au bien les mêmes ressources, la même puissance infinie dont le mal s'est emparé.

S'il faut une autorité positive pour décider de la victoire, une telle autorité ne manque pas à la bonne cause, en dehors de la puissance des lois et des moyens de contrainte dont elles sont armées. Elle est aux mains de tous ceux qui tiennent le gouvernement des âmes, comme le professeur et le prêtre : le premier, appelé à les façonner dans l'âge où, comme une cire molle, elles reçoivent toutes les impressions ; le second, investi du droit d'éclairer leurs croyances et de contrôler leurs actions, à tous les âges de la vie, avec la double influence des promesses et des menaces de la vie future. Pour lutter contre les mauvais livres, l'un et l'autre ne se contentent pas de la puissance persuasive de la parole ; ils y joignent souvent eux-mêmes la force indéfiniment expansive de la presse. Les ministres du culte font plus encore : ils ne se bornent pas aux exhortations et aux conseils, ils commandent et ils interdisent; après avoir signalé un ouvrage comme dangereux, ils en défendent la lecture, sous toutes les peines spirituelles dont ils disposent, et ils frappent des mêmes peines tous ceux qui contribuent à le répandre.

C'est un droit dont il est facile d'abuser, et on conçoit qu'il effraye tous ceux qui sont jaloux de l'indépendance de la pensée. Ce n'en est pas moins, pourvu qu'il ne s'y mêle aucune contrainte et que les peines spirituelles n'appellent pas les peines temporelles, le droit strict et incontestable de l'autorité religieuse. L'odieux qui s'y attache encore vient de la confusion qui a si longtemps subsisté et qui n'a pas encore disparu entre l'ordre spirituel et l'ordre temporel, entre la censure de l'Église et celle de l'État. Quand il ne s'appuie que sur lui-même, quand il ne s'impose qu'à ceux dont la foi s'incline devant lui, le droit de censure, entre les mains des diverses Églises, est sans doute une barrière redoutable contre les bienfaits aussi bien que contre les excès de la presse; mais c'est une barrière toute morale et qui ne fait aucune violence à la liberté des âmes.

Tel n'est plus le cas si le même droit est confié à l'État ou revêtu de sa puissance, non plus pour persuader, mais pour contraindre. La persuasion ne s'empare des âmes qu'en vertu d'une adhésion volontaire; la contrainte s'exerce sans distinction, sur tout le monde. La première éclaire en même temps qu'elle commande; elle fait appel à la raison et au libre arbitre. La seconde ne repousse pas absolument la raison ; mais, comme elle ne souffre pas ses réclamations, elle s'aliène d'avance son concours; l'obéissance qu'elle obtient est tout extérieure; le corps s'y soumet, l'esprit est toujours prêt à s'y soustraire. La persuasion choisit son terrain ; force intelligente et discrète, elle sait quand il faut commander et quand il suffit de conseiller ; si elle interdit une lecture, elle ne l'interdit pas uniformément; elle peut tenir compte de l'état des âmes, de leur degré de lumières et de moralité, de la liberté qui peut leur être laissée, non-seulement sans danger, mais avec profit. L'autorité religieuse elle-même, dans l'Église la plus jalouse de l'intégrité de la foi, admet des dispenses individuelles au sein des interdictions générales; elle laisse aux confesseurs, à ceux qui sont chargés d'apprécier les besoins de chaque âme, une certaine latitude pour tempérer la sévérité absolue de la loi. La contrainte légale ne connaît pas ces tempéraments; ses prescriptions sont universelles et sans exception. Est-elle armée d'un droit de censure? elle y soumettra tous les livres, et par suite le public tout entier, sans distinction et sans dispenses; se contente-t-elle d'un droit de châtiment et de suppression? elle ne permettra pour personne la vente des livres condamnés, elle s'attachera à les faire entièrement disparaître; s'ils circulent encore, c'est au hasard et malgré elle, non en vertu d'une exception intelligente et légitime.

Les violences contre les livres seront quelquefois le fruit de la persuasion, comme de la contrainte;

mais elles ne seront pas générales; elles ne seront pas absolument aveugles; elles ne seront pratiquées que par ceux qui les jugent utiles, sur les livres qui leur appartiennent, non sur ceux d'autrui. Que si, enfin, la persuasion peut s'exercer quelquefois au profit de l'erreur et des mauvaises passions, pourquoi aurions-nous plus de confiance dans la contrainte? Les magistrats ne sont ni plus infaillibles ni plus impeccables que les prêtres, les professeurs et les écrivains, avec cette différence que leurs erreurs s'imposent par la force, d'une manière universelle et sans souffrir les mêmes remèdes. Que chacun reste donc dans son rôle : aux forces morales la censure et la critique; à l'État le gouvernement et la protection des intérêts matériels (1).

L'effet ordinaire de l'action publique, dans quelque sphère que ce soit, c'est de décourager l'action privée. Si l'État se charge de la police des livres, les hommes éclairés et honnêtes, qui pourraient, par leurs conseils, propager les bons ouvrages et restreindre la circulation des mauvais, se dispenseront de la faire à sa place. L'Église elle-même se reposera d'une partie de sa tâche sur cette puissance matérielle qui, si elle ne réussit pas à toucher les cœurs, a du moins l'avantage de pouvoir contraindre les volontés. Sa vigilance ne s'emploiera qu'à stimuler le zèle des pouvoirs publics, quand ils refuseront de servir son intolérance. Quant aux particuliers, s'ils ne cèdent pas à l'entraînement d'une foi fanatique, ils craindront souvent, en exerçant cette censure

---

(1) State are my governor, but not my critic. — Milton, *loco citato*.

morale, qui est le droit de toutes les opinions contre les opinions contraires, de se faire les auxiliaires de la police. On n'aime pas, à moins d'une obligation rigoureuse, à jouer le rôle de dénonciateur. Aussi l'un des reproches que redoute le plus un journal et qui lui fait le plus de tort aux yeux du public, c'est de paraître, par l'ardeur de sa polémique, provoquer des poursuites contre ceux dont il combat les opinions et les tendances.

D'où vient que la mise d'un livre à l'*index* excite tant de murmures, même parmi les personnes religieuses et dans les pays où il ne s'y joint aucune interdiction légale? C'est qu'on ne sait pas encore distinguer entre l'intolérance religieuse et l'intolérance civile, et qu'à la suite de l'une on s'attend toujours à trouver l'autre. Le fanatisme se rira de ces murmures; mais ils arrêteront ceux qui ne croient pas que la modération et quelques ménagements pour les préjugés eux-mêmes, soient inutiles dans l'exercice de l'autorité la plus légitime. Enfin, ceux mêmes, laïques ou prêtres, qui se sentiront assez de zèle ou de courage pour faire une guerre ouverte aux livres dangereux, leur laisseront souvent le champ libre faute de les connaître, si la puissance civile a pris les devants par ses saisies, ses condamnations et ses suppressions. Ils n'en circuleront pas moins; mais, lors même qu'ils n'échapperaient pas à la vigilance des honnêtes gens, on ne s'armera pas contre eux comme on le ferait contre un ennemi qui combattrait au grand jour (1).

(1 Qui n'a été surpris, en 1848, de voir les ravages qu'avaient

L'intervention de l'État dans cette lutte de la vérité contre l'erreur n'a pour effet que de séparer les adversaires, comme l'arrivée de la police sur le terrain d'un duel. Plus de discussions, plus d'orages; le calme s'est fait dans les esprits; un heureux accord, à peine troublé par d'inoffensives passes d'armes, règne dans la presse. Paix trompeuse et passagère! L'erreur ne sera jamais si bien abattue par la force qu'elle eût pu l'être par la vérité. Quand la vérité combat avec ses propres armes, elle ne laisse aucune trêve à l'ennemi; elle se refuse à toute concession, à tout ménagement; elle considère la tolérance comme un acte

faits certaines doctrines menaçantes pour la société, dont à peine, l'année précédente, on soupçonnait l'existence? Quelques-uns des livres où elles étaient exposées avaient été condamnés légalement, et n'en étaient pas moins parvenus à leur adresse; les autres avaient été considérés comme trop peu dangereux pour qu'on songeât à les poursuivre. Quelques réfutations savantes avaient paru et n'avaient intéressé que les adeptes de l'économie politique. Le danger venu, la lutte devint générale : dans les livres, les brochures et les journaux, à coups de plume; dans les rues, hélas! à coups de canon. Dès que la victoire a été assurée aux institutions battues en brèche, on est retombé dans les mêmes fautes, au risque des mêmes conséquences. L'Etat a fait usage de ses lois restrictives; quelques journaux ont été supprimés, quelques livres condamnés; et le public, confiant dans l'action protectrice du gouvernement, a repris son indifférence. La discussion à la tribune, dans la chaire ou dans la presse, de ces théories socialistes qui soulevaient de telles passions il y a trente ans, était devenue, quelques années plus tard, un lieu commun passé de mode, auquel nul ne prenait intérêt. Le silence n'a pas tardé à être rompu par de nouvelles et plus terribles tempêtes, et aussitôt les conservateurs aveugles ont recommencé à pousser des cris d'alarme, ne voyant de salut que dans la suspension ou la suppression absolue de la liberté de la presse! Je serais plus rassuré, je l'avoue, si, à la place du régime rigoureux qui entrave encore l'expression des opinions par la presse ou par la parole, nous avions assez de confiance dans la force de la vérité et dans le bon sens public, pour laisser à la discussion, même la plus désordonnée, le soin de mettre l'erreur en déroute.

17.

de trahison envers elle-même, comme un acte de dédain envers son adversaire. L'emploi des armes matérielles oblige toujours à une modération relative, dont le gouvernement le moins tolérant sent la nécessité. Il craint de porter partout le fer et le feu, et, se proposant plutôt la paix que la victoire, il dicte les termes d'une capitulation honorable, qui met dans une certaine mesure l'erreur et le vice à l'abri de la persécution et de la vengeance. Or, dans ce partage inévitable entre le mal qu'il condamne et celui qu'il ne peut se dispenser de tolérer, l'habitude de s'en rapporter à l'État fait que beaucoup prennent ses arrêts pour la mesure de la vérité. En rendant la discussion inutile sur les points où il s'est prononcé, il lui soustrait également, par la force des choses, ceux où il s'est abstenu d'intervenir. Si quelqu'un se montre plus difficile que lui-même, il passe pour un esprit chagrin et fanatique, avide de persécution et hostile à toute liberté. Ainsi, peu à peu, la vérité et l'erreur, le bien et le mal, sont remis à la discrétion de l'État. La masse du public cesse de s'y intéresser, se croyant suffisamment protégée par la sévérité de la loi et ne sentant pas le besoin de faire face à des ennemis qui s'abritent derrière la tolérance de la loi elle-même.

C'est ainsi qu'une nation perd toute énergie, toute ardeur pour le bien et, faute de savoir se défendre elle-même, est livrée à la merci, d'un côté, des opinions de ceux qui la gouvernent, de l'autre, de toutes les mauvaises passions qu'elle recèle et qui échappent à leur vigilance : comme ces États despotiques qui ne connaissent pas les guerres civiles, toujours déplorables, quoiqu'elles ne soient pas toujours sans gloire et sans profit, mais qui voient se renouveler sans cesse les révolutions de palais, toujours honteuses et infructueuses. Si tout le monde pouvait avoir la même foi religieuse, morale et politique, sans que l'uniformité ôtât rien à l'ardeur des convictions, ce serait l'idéal; mais, à défaut de cet idéal chimérique, heureuses les nations où les discussions de secte et de parti attestent du moins qu'il y a quelque vie intellectuelle et morale! Que l'État empêche ces discussions de dégénérer en luttes violentes, c'est son droit et son devoir. Mais je crains encore plus pour un pays où l'accord apparent des opinions n'est qu'indifférence et apathie que pour celui où l'on se bat pour des idées; car je suis certain, avec le poëte auquel est empruntée l'épigraphe de ce chapitre, que « si l'idée arme les combattants, l'idée suffira pour les désarmer ».

IV

Nous n'avons voulu, dans les pages qui précèdent, qu'opposer les dangers d'une législation exceptionnelle à l'égard de la presse à ceux qu'on redoute de la part de la presse elle-même. Nous devons maintenant considérer plus en détail les intérêts menacés par la liberté illimitée des écrits, afin de voir dans quelle mesure ils pourraient réclamer une protection spéciale.

La religion, la morale, l'ordre social et politique, voilà, pour la presse comme pour les autres manifestations de la pensée, les trois grands objets qui se recommandent surtout à la sollicitude de l'État. Est-il nécessaire de revenir sur la religion? Les discussions religieuses ne sont interdites dans la presse que là où n'est pas reconnue la liberté de conscience, et les États mêmes qui, comme la France, n'ont pas encore débarrassé la liberté de conscience de toute entrave, laissent impunément se produire dans la presse des opinions auxquelles ils n'accorderaient pas le droit de s'ériger en Églises, d'ouvrir des temples et de se répandre du haut d'une chaire. L'intervention légale ne paraît justifiée que lorsque les témérités de la presse passent les bornes de la discussion théologique, philosophique ou scientifique, lorsque l'attaque ou la défense prend un caractère passionné et violent qui peut menacer la paix publique.

Pour la presse comme pour la parole, s'il y a provocation directe, non pas aux luttes pacifiques des opinions, mais aux émeutes ou aux persécutions ; si, en un mot, on ne fait usage de la liberté légale que pour attenter à la liberté d'autrui, on est dans le cas d'un assassin qui, en attentant à la personne d'autrui, perd tout droit au respect pour sa propre personne. Mais autre chose est une excitation au renversement des autels, au pillage des temples, au massacre de ceux qu'on traite d'hérétiques ou d'impies, autre chose est la discussion, même la plus véhémente, même dégénérant en outrages et en calomnies. C'est le propre des convictions fortes d'être exclusives : on a peine à croire à la bonne foi de ses adversaires, quand la vérité dont on se croit en possession paraît aussi claire que le jour. Les discussions purement scientifiques, même sur des matières toutes spéculatives, n'épargnent pas toujours les railleries piquantes, et vont quelquefois jusqu'aux gros mots. En matière pratique, et tel est le caractère général des questions religieuses, la modération est encore plus difficile. Qui corrompt la foi menace les mœurs et, par suite, les intérêts eux-mêmes. L'hérétique n'apparaît pas seulement comme un ignorant ou un imposteur, mais comme un malhonnête homme et un perturbateur de l'ordre social.

Quand la discussion laisse place aux personnalités injurieuses, ne refusons pas à l'individu offensé la protection de la loi, s'il juge à propos de l'invoquer; mais, en l'absence de toute réclamation individuelle, pour des motifs individuels, craignons d'appeler la vindicte légale sur les outrages généraux dont une religion peut être l'objet de la part de ses adversaires : on ne nuit pas à la considération d'une religion, comme à celle d'un individu, par des calomnies. Même quand elle ne s'en prend qu'au caractère public d'un individu, la calomnie l'atteint toujours plus ou moins dans sa vie privée, dans cette portion de son existence pour laquelle il a le droit de réclamer le respect de tous, sans être obligé de l'étaler aux yeux de tous. Une religion n'a rien à cacher : à la publicité de l'outrage elle a non-seulement le droit, mais le devoir d'opposer la pureté publique et manifeste de ses dogmes et de ses pratiques; son honneur ne peut pas être entamé par des insultes dont tout le monde peut être juge, et le vrai moyen de les repousser, ce n'est pas de fermer la bouche à ses adversaires, mais de leur répondre. Bien plus, si elle a la vérité pour elle, elle a tout à gagner à des attaques outrageantes. Pour quelques hommes dont la malignité s'y laissera prendre, la plupart ne verront dans ces injures que l'absence de bonnes raisons : « Vous vous emportez, donc vous avez tort (1) ! »

On acceptera moins aisément l'abstention de la loi en ce qui concerne la morale. C'est le point sur lequel ont surtout porté nos efforts, en traitant de la liberté d'enseignement et de la liberté de conscience : nous ne sommes pas assez sûr de la victoire pour nous dispenser de défendre contre les mêmes préjugés la liberté de la presse.

Qu'il y ait des livres corrupteurs, cela n'est pas douteux ; on peut même dire qu'il en est peu qui ne puissent devenir corrupteurs. « La Bible elle-même, dit Milton, rapporte plus d'un blasphème en propres termes ; elle décrit, non sans grâce, les passions charnelles des méchants ; elle met dans la bouche des plus saints personnages des murmures passionnés contre la Providence, qui évoquent tous les arguments d'Épicure (2). » Ce n'est pas sans raison, en effet, que la lecture de la Bible inspire des alarmes aux consciences catholiques et même à plus d'une conscience protestante. Non-seulement elle peut troubler l'innocence par de trop vives peintures du

(1) Les *Annales de la propagation de la foi* se glorifient de plus de conversions du protestantisme au catholicisme, en Angleterre et aux États-Unis, où le catholicisme n'est l'objet d'aucune protection légale, qu'on n'en peut compter en France, où le respect mutuel imposé aux différentes religions n'est en réalité qu'une entrave au prosélytisme.

(2) *Areopagitica*.

mal, mais on sait quelles interprétations hasardeuses y a cherché de tout temps le fanatisme religieux ou politique. Or, si la Bible peut devenir dangereuse, quel livre sera inoffensif? On a souvent répété le mot de Fontenelle sur le livre de l'Imitation : « le plus beau qui soit sorti de la main d'un homme, puisque l'Évangile n'en vient pas (1). » N'est-il pas des âmes tendres à qui cette lecture pourra devenir mauvaise, en entretenant un périlleux mysticisme? Le mal peut s'insinuer à la faveur des livres les plus excellents : parmi ceux qui sont à bon droit suspects, ce ne sont pas toujours les plus blâmables qui font le plus de ravages. Il faut peut-être plus redouter pour une jeune fille innocente et pure la lecture de Paul et Virginie, que pour un jeune homme celle de Faublas. La sévérité d'Arnaud se montrait effrayée, dans la *Phèdre* de Racine, non de l'amour incestueux de Phèdre, mais de l'amour innocent d'Hippolyte; et quand Bossuet veut faire ressortir le danger des représentations dramatiques, ce sont également ces froides et légitimes tendresses d'Hippolyte et d'Aricie qu'il prend pour exemple.

L'indécence dans les peintures ou dans les expressions blesse la pudeur chez ceux qui l'ont gardée tout entière; mais elle ne corrompt personne. Nous la souffrons dans les écrits des anciens et chez nos vieux auteurs, parce que nous savons que la délicatesse du temps n'en était pas offensée; elle nous choque chez un contemporain, parce que nous y

---

(1) *Vie de Corneille.*

voyons un manque d'égards pour nous et de respect pour lui-même ; mais elle n'est pas plus corruptrice dans le *Don Juan* de lord Byron que dans le *Morgante* du prêtre Pulci, que Byron lui-même citait pour son excuse. « En réalité, dit Walter Scott, à qui l'on fait honneur, à si juste titre, d'avoir épuré le roman, ce ne sont pas des passages d'une bouffonne obscénité qui gâtent les mœurs d'un peuple, c'est le fatras sentimental où la grossièreté se cache sous l'appareil de la tirade morale, qui débauche l'intelligence, enflamme les passions endormies, et prépare le lecteur à capituler, dès que se présentera un tentateur (1). » Faudra-t-il confier au législateur ou au magistrat le soin de définir cette immoralité déguisée, si difficile à apprécier, même avec la connaissance la plus profonde du cœur humain ?

En supposant qu'on frappât juste, on s'exposerait encore à repousser le remède, qui, pour l'âme comme pour le corps, se cache souvent sous le poison même. Ce livre ne respire que des sentiments romanesques : le romanesque n'est pas toujours inutile pour réveiller les âmes engourdies par des préoccupations exclusivement vulgaires et positives ; c'est un faux idéal, mais qui peut donner le goût du véritable. Cet ouvrage peint sous les couleurs les plus séduisantes des passions coupables : l'attrait qu'il leur donne, il ne l'a pas malheureusement inventé, et, pour nous y laisser séduire, nous n'avons pas besoin

---

(1) Lettre à Ellis. (Lockart, *Scott' life*, p. 170.)

de lire des romans ou de voir jouer des pièces de théâtre ; mais, pour une âme droite, ces tableaux voluptueux, s'ils échauffent les sens, auront peut-être aussi pour effet de provoquer les murmures de la conscience et d'augmenter le prix de la vertu, en laissant voir les piéges dont elle a à se défendre. Voici un livre plein des sophismes les plus captieux, les plus menaçants pour les mœurs : de tels sophismes peuvent faire naître dans un bon esprit d'heureuses et salutaires réflexions, en mettant à nu la faiblesse de certains arguments que l'on considérait, avant ces habiles attaques, comme le plus ferme boulevard de la vertu.

C'est à chacun, en s'examinant soi-même, en gardant un juste milieu entre une prudence trop circonspecte et une confiance excessive, à se faire le censeur et le juge de ses propres lectures, à préserver ses mœurs, sans écarter d'utiles lumières. Tout homme trouve en lui-même un guide sûr, qui le tient naturellement en garde contre les mauvais livres comme contre les mauvaises compagnies ou les mauvais lieux, et si ce guide peut se laisser séduire, on peut se confier dans ces médecins des âmes dont nous avons déjà opposé l'autorité morale à la puissance matérielle de l'État. Il faudrait désespérer d'une société et, par conséquent, de l'État lui-même, en qui elle se personnifie, si les bonnes mœurs n'y trouvaient pas dans les familles, dans le clergé des diverses religions, dans les relations de la vie privée, enfin dans la presse elle-même, des gardiens aussi nombreux et aussi vigilants que peuvent l'être leurs corrupteurs.

On s'exagère d'ailleurs la part que peuvent avoir les livres à la corruption des mœurs. S'ils ont, pour se faire entendre, des facilités que n'a pas la parole, ils agissent beaucoup moins sur les âmes, comme la parole elle-même agit beaucoup moins que les exemples. Non-seulement les délits et les crimes sont commis le plus souvent par des gens illettrés, mais les mœurs sont loin d'être plus mauvaises dans les classes de la société qui ont le plus de loisirs à consacrer à la lecture, et, parmi ceux qui savent et qui peuvent lire, les plus corrompus ne sont pas, en général, ceux qui lisent le plus, je dis même ceux qui lisent le plus de livres frivoles ou immoraux. Les mauvais principes ont trop de moyens de se répandre en dehors des livres, et le goût de la lecture, même quand il est mal appliqué, suppose toujours dans l'esprit un fond plus ou moins sérieux, qui est déjà une barrière contre la séduction du cœur. Puis, celui qui nous parle à travers un livre n'est jamais un homme comme nous-mêmes. Il est placé, à certains égards, dans une sphère plus élevée, qui lui donne plus d'autorité; mais, d'un autre côté, il garde un caractère abstrait qui diminue son influence sur la vie réelle. « Cela est bon dans les livres », dit-on communément. On dépouille aisément, pendant qu'on lit un roman, les principes, les opinions, les préjugés dans lesquels on a été élevé : on les reprend sans s'en apercevoir, dès qu'on quitte le monde des livres pour celui de la réalité.

Un livre n'exerce une grande influence que si les esprits sont déjà préparés à la recevoir. S'il propage le mal, il l'accuse, il en est le symptôme le plus incontestable; et, à ce point de vue encore, on aurait tort de l'empêcher de se produire. Les mœurs d'une époque sont beaucoup moins dirigées que manifestées par sa littérature. C'est ce qui fait que les livres prohibés trouvent tant de complices, et que l'incendie reçoit de nouveaux et plus sûrs aliments des moyens insuffisants employés pour l'étouffer. Un peu d'eau jetée sur le feu le ravive : il en faut beaucoup pour l'éteindre. Il faut, non pas l'action imparfaite et souvent dangereuse de l'État, mais le concours éclairé de tout le monde, et, pour que tout le monde soit sur ses gardes, il vaut mieux que le feu lance des flammes, puisqu'on ne peut l'empêcher de brûler. Qui ne souhaiterait qu'on pût ôter au gaz d'éclairage cette odeur infecte qui blesse un odorat délicat, comme un livre immoral blesse une conscience scrupuleuse? Il serait cependant dangereux de la faire disparaître entièrement; car elle trahit les fuites et fournit un moyen de prévenir les explosions.

V

La presse, comme l'enseignement, comme les religions, ne doit répondre devant les lois que d'une attaque directe et positive contre les droits placés sous leur sauvegarde. On ne saurait voir une attaque de ce genre dans la critique des lois et des actes du gouvernement, avec quelque vivacité qu'elle s'exprime. « Les hommes croient êtres libres, dit Massillon, quand ils ne sont gouvernés que par les lois : leur soumission fait alors tout leur bonheur, parce qu'elle fait toute leur tranquillité et toute leur confiance (1). » Or, ce sentiment de leur liberté, qui les dispose à l'obéissance, n'est assuré que s'ils sont gouvernés sans mystère, si des actes qui intéressent tout le monde, qui réclament la soumission de tous au profit de tous, ne sont dérobés à la connaissance de personne (2). Qu'il se produise souvent des plaintes mal fondées, d'injustes réclamations contre le gouvernement et les lois, c'est ce qu'on ne peut pas plus empêcher qu'on ne peut empêcher les erreurs du gouvernement et les imperfections des lois. Mais il y a avantage à ce que toutes les plaintes, même les plus injustes, puissent se produire sans obstacle. Il deviendra plus facile d'y répondre et de détruire le mécontentement dans son germe. M'empêcher de parler, ce n'est pas me prouver que j'ai tort ; refuser à mes plaintes la publicité de la presse, ce n'est pas m'ôter tout moyen de les exprimer et de trouver des personnes qui s'y associent ; c'est souvent leur donner plus de crédit. On connaît la marche de la calomnie, dans la célèbre description de Basile, et ce « *chorus* universel de haine et de proscription » qui n'était, au début, « qu'un bruit léger, rasant le sol comme l'hirondelle avant l'orage. » Mieux vaut la

---

(1) *Petit Carême*, sermon pour le jour de l'Incarnation.
(2) « La liberté que nous pouvons espérer ne consiste pas à prévenir tout sujet de plainte qui pourrait s'élever dans l'Etat ; car c'est à quoi nul ne peut s'attendre dans le monde ; mais quand les plaintes peuvent librement se faire entendre, quand elles obtiennent une attention sérieuse et une prompte satisfaction, c'est le plus haut degré de liberté politique auquel les hommes puissent aspirer. » — Milton, *loco citato*.

publicité franche, ouverte, sans entraves, et recevant immédiatement, grâce à la presse, toute l'extension dont elle est susceptible.

Nous souffririons même, dans l'ordre politique comme dans l'ordre religieux, la critique acerbe, violente, injurieuse. Du moment qu'on reconnaît les droits de la critique, la question de forme a peu d'importance. Exiger un langage modéré et sans passion, c'est souvent donner l'avantage à la calomnie froidement habile sur l'indignation sincère. Plus le grief est sérieux, plus il est difficile d'en maîtriser l'expression. La considération d'un gouvernement a, d'ailleurs, moins à craindre d'une attaque violente et sans mesure que d'adroites et perfides insinuations. Si l'injure fait son effet sur quelques esprits passionnés, elle excite la défiance du plus grand nombre, et elle ne manque jamais de provoquer, au sein des opinions qu'elle outrage, de légitimes et vives réclamations. La critique modérée, au contraire, trouve facilement accès auprès de tout le monde, ne fût-ce que par esprit d'impartialité, et ceux mêmes qui sont convaincus de son injustice, se sentent plus embarrassés pour la réfuter. Ajoutons que l'État, en repoussant la critique, sinon d'une manière absolue, du moins quand il y voit une offense, se fait à la fois juge et partie, ce qui dispose déjà les esprits en faveur de ses adversaires. Il s'expose, d'un autre côté, à diminuer le zèle de ses partisans, de tous ceux que leurs convictions ou leur intérêt porteraient à se faire ses avocats, s'il ne se chargeait pas lui-même de sa défense.

Ce qui fait la faiblesse de bien des gouvernements, c'est qu'ils sont assaillis par des partis hostiles et qu'ils n'ont pas eux-mêmes un parti fortement organisé, plein d'ardeur, toujours prêt à la lutte. Au lieu de laisser la discussion s'engager librement entre leurs amis et leurs ennemis, ils ne se croient en sûreté que lorsqu'ils ont fermé la bouche aux uns et aux autres, en dominant le débat de leur voix toute-puissante. Vaine précaution ! A défaut de la presse, la haine et le mépris du gouvernement trouvent toujours des aliments dans la liberté des conversations particulières et de ces rumeurs injurieuses dont aucune loi ne saurait arrêter la circulation. Un des derniers gouvernements de la France est tombé sous une révolution, qu'on a pu appeler « la révolution du mépris » : mépris mal fondé, on le reconnaît aujourd'hui, mais contre lequel n'avaient pu le protéger, malgré son honnêteté, les lois qui, depuis douze ans, avaient élevé une barrière contre les excès de la presse, en limitant les droits de la discussion et de la critique.

Mettrons-nous, du moins, au-dessus de la discussion le chef même de l'État? Dans les monarchies constitutionnelles et dans une république parlementaire, le chef de l'État est considéré comme irresponsable; mais il ne l'est réellement devant l'opinion publique et les passions populaires, sinon devant les lois, que s'il se contente de régner sans gouverner, et si rien ne permet de supposer qu'il fasse prévaloir sa volonté personnelle dans les conseils de son gouvernement. S'il a sa politique à lui, ou, ce qui revient au même, si on lui attribue une politique, il devient inévitablement un objet de discussion ; il peut obtenir les éloges, les bénédictions, l'amour des populations ; il s'expose aussi au blâme, aux malédictions, à la haine ; il peut avoir de son vivant et laisser après sa mort un nom glorieux ou flétri ; il peut consolider son pouvoir ou attirer sur lui la tempête. Or, combien trouvera-t-on de princes ou de présidents de république, qui consentent à abdiquer toute initiative, qui craignent de mériter des louanges, de peur d'encourir des reproches, qui veuillent placer leur nom dans cette sphère d'indifférence où n'atteignent ni l'amour, ni la haine, ni la gloire, ni la honte ? L'Angleterre, qui seule a réussi à réaliser cet idéal, ne compte encore qu'un souverain qui en ait rempli toutes les conditions : c'est la reine actuelle, et sa déférence pour toutes les manifestations légales de l'opinion publique ne l'a pas toujours mise à l'abri du soupçon. Si la révolution de 1688 a fait tomber la prérogative royale, si chère aux Stuarts, les principes qu'elle a consacrés n'ont pu dégager la responsabilité de l'habile Guillaume lui-même, et les quatre Georges, bien que forcés de s'effacer devant un parlement de plus en plus jaloux de ses droits, n'ont pas échappé à l'antipathie populaire et aux attaques les plus outrageantes. On connaît la hardiesse des lettres de Junius. Ces insolentes récriminations, qui étaient montées jusqu'au trône de George III, dès le début de son règne, se renouvelaient encore à la fin, contre un vieillard tombé en enfance, par la plume éloquente et cynique de lord Byron (1). De quel ton le même Byron, Thomas Moore, les poëtes et les publicistes whigs ne parlent-ils pas de son fils George IV ! « Chaque brute a sa nature ; celle d'un roi est de régner. Régner ! En ce mot seul vous voyez comprises les causes de toutes les malédictions que contiennent les annales des peuples, de César le redouté à George le méprisé (2) ! » Voilà ce qu'osait écrire d'un roi constitutionnel, la première année de son règne, le plus illustre des poëtes de son royaume.

On dira que Junius se cachait si bien qu'il est resté le *Masque de fer* de la littérature anglaise et que Byron était protégé par l'exil. Qu'importe ! leurs attaques ne pénétraient pas moins au sein de la nation, elles n'ébranlaient pas moins le principe de l'irresponsabilité monarchique. Or, si ce principe n'est le plus souvent qu'une chimère, même quand il est couvert par toutes les garanties constitutionnelles, il faut choisir entre la discussion publique et sans détour des actes du chef de l'État, dût-elle autoriser jusqu'à l'invective, et ces attaques anonymes ou subreptices, dont aucune précaution légale ne peut le mettre à l'abri. Dans le premier cas, aucun sentiment de crainte n'arrête l'expression et la circulation des critiques les plus violentes et les plus injustes ; mais la publicité qu'elles reçoivent tient le chef d'État en éveil ; il peut juger, par l'effet qu'elles produisent sur l'opinion, de la po-

---

(1) Voir la *Vision du jugement*.
(2) Byron, *Avatar irlandais*.

pularité qu'il conserve et de la confiance qu'il doit avoir dans l'approbation intéressée de ses flatteurs. Tantôt il peut laisser à l'indignation publique le soin d'en faire justice, tantôt elles lui feront sentir la nécessité d'une justification directe de ses actes, ou bien, en l'éclairant sur un commencement de désaffection, elles provoqueront un heureux changement de politique. Dans le second cas, rien ne trouble en apparence ce concert d'éloges qui s'élève toujours autour des palais et des trônes. Le blâme se produit tout bas, et il ne trouve d'écho, dans les discours ou dans la presse, que sous la forme d'allusions, d'allégories ou de réticences; mais on se dédommage, dans les conversations particulières, de la contrainte qu'on s'impose en public. L'injure et la calomnie, aussi bien que les griefs les mieux fondés, trouvent des auditeurs crédules, affamés de scandale, près de qui elles n'ont pas besoin de se déguiser, et qui les colportent sans pudeur. S'il en est qu'elles indignent, ils craignent d'y répondre trop haut, de peur de leur donner cette publicité que la sévérité de la loi a voulu empêcher.

D'ailleurs, quand le blâme n'est pas libre, la louange elle-même éprouve une certaine honte à se produire : beaucoup d'honnêtes gens, dévoués au prince et à son gouvernement, s'abstiennent de le défendre, de peur d'être confondus avec ses flatteurs. Peu à peu, la désaffection pénètre dans les différentes couches du peuple, d'autant plus aisément qu'on ne la voit guère combattue que par le zèle officiel et salarié. Un véritable abîme se creuse entre la nation et son chef, sans que celui-ci, trompé par le silence des uns et par les flatteries des autres, fasse rien pour le combler. Dans les deux cas, le mécontentement, s'en prenant à la personnification la plus élevée de l'État, peut amener une révolution; mais le pouvoir suprême est-il plus menacé quand il reçoit un assaut direct, contre lequel il peut faire usage de tous ses moyens de défense, que lorsqu'il est miné sourdement et que le danger ne lui est révélé qu'au moment où sa base se dérobe sous lui?

Nous avons réclamé, pour l'enseignement et pour la prédication religieuse, le droit de discuter théoriquement la constitution même de l'État. Le même droit ne saurait évidemment être refusé à la presse. Quelque opinion que l'on professe sur le principe ou la forme du gouvernement, et quelque publicité que l'on donne à cette opinion, tant qu'on ne prétend pas la faire prévaloir par la force, tant qu'on n'appelle pas le peuple à la soutenir par les armes, on n'est pas en état de révolte. Et même, lorsqu'on est convaincu que le moment est venu, pour son pays, non-seulement d'un changement de politique, mais d'un changement de gouvernement, on peut remplir un devoir en exposant publiquement une opinion dont on s'est démontré à soi-même la vérité et l'utilité.

J'ajoute qu'on ne fait courir à l'État aucun danger. Si l'on est dans le vrai, c'est que les temps sont mûrs pour une révolution, c'est que les institutions subsistantes n'ont plus désormais assez de force pour protéger les intérêts sociaux, c'est qu'il n'y a plus de choix qu'entre une transformation pacifique et une transformation violente. On fait donc acte de bon citoyen quand on cherche à préparer la première et à prévenir la seconde, en éclairant à la fois le gouvernement et le peuple. Que si l'on se trompe, ou si les idées qu'on expose, bien que vraies en elles-mêmes, n'appellent pas une réalisation prochaine, la publicité qu'on leur donne est encore sans péril. Ce n'est pas avec des théories qu'on renverse un gouvernement, même quand elles sont justes, même quand leur application est nécessaire pour sauver la société ; ce n'est pas même avec des plaintes générales ; c'est presque toujours avec un grief particulier, de nature à soulever l'indignation publique. Rome était mûre pour la liberté lorsque tomba la tyrannie des Tarquins. Mais quand même Brutus, au lieu de contrefaire l'insensé, eût pu impunément célébrer les bienfaits d'un gouvernement républicain, le peuple ne se fût pas soulevé pour lui donner raison, sans le viol de Lucrèce ou tout autre attentat également odieux (1).

On répète souvent qu'il est impossible de gou-

(1) Quel exemple n'offre pas encore la chute du gouvernement de Juillet ! Pendant cinq ans, il eut à défendre son principe, non-seulement contre les attaques de la presse, mais contre des insurrections. Il respecta, en général, la liberté des unes et triompha aisément des autres. A la suite d'un attentat exécrable, il crut devoir à sa sécurité de mettre son principe au-dessus de toute discussion. Dès lors, les oppositions qui en voulaient à ce principe même se confondirent peu à peu avec l'opposition légale, qui ne réclamait des réformes que dans les limites de la Charte. Il ne fut question, dans la presse ou à la tribune, que de changements dans les lois ou dans le personnel du ministère. On sait ce qui advint. Un grief particulier, qui ne touchait en rien à l'existence même du gouvernement, fit éclater une insurrection. Elle arbora le drapeau qui, depuis douze ans, grâce aux précautions imprudentes de la loi, abritait toutes les catégories de mécontents, celui de la réforme légale : il en sortit la république.

verner avec la liberté de la presse : il serait plus juste de dire qu'il est impossible de mal gouverner. Supposer qu'un bon gouvernement peut succomber aux attaques de la presse, c'est supposer une nation tellement aveuglée et corrompue, qu'entre la vérité et l'erreur, le bon droit et l'injustice, l'ordre et le désordre, se combattant à armes égales, elle ne saura pas discerner de quel côté est son intérêt véritable, ou que, renonçant même à faire usage de son discernement, fermant également l'oreille aux arguments des deux partis, elle laissera quelques ambitieux disposer de ses destinées, au gré de leurs passions. On a vu des pays où tous les changements pouvaient se produire sans être provoqués par les fautes du gouvernement, et sans que la masse de la nation y prît une part directe ou indirecte ; mais ces pays ne jouissaient pas de la liberté de la presse, et l'indifférence du peuple venait précisément de l'absence de lumières. Des États plus éclairés et plus libres ont vu aussi se consommer des révolutions auxquelles le peuple ne s'associait qu'en ne faisant rien pour soutenir son gouvernement ; mais cette connivence passive cachait un véritable mécontentement, et ce mécontentement n'était jamais sans motif. « Une révolution est toujours la faute du gouvernement, jamais celle du peuple, » disait Gœthe (1), qui était

C'est l'histoire de presque toutes les révolutions ; elles n'assurent leur succès qu'en dissimulant leurs prétentions. Aussi, c'est la tactique habituelle d'un gouvernement habile de déconsidérer les adversaires de sa politique en les transformant, aux yeux de l'opinion, en adversaires de son principe. Tant il est vrai que ce dernier genre d'adversaires n'est pas, pour lui, le plus redoutable.

(1) Entretiens avec Eckermann.

loin d'être un révolutionnaire et qui n'a pas cessé de poursuivre de ses épigrammes le libéralisme et la démocratie. Bossuet lui-même ne s'exprime pas autrement: « Quelque haut qu'on puisse remonter pour rechercher dans les histoires les exemples des grandes mutations, on trouvera que jusqu'ici elles sont causées ou par la mollesse ou par la violence des princes (1). » L'orateur sacré ne fait exception que pour Charles Ier d'Angleterre, ou du moins il ne lui reproche que l'excès de la clémence. On sait si l'histoire a confirmé cette exception et ce glorieux reproche.

Un gouvernement excellent de tout point n'est qu'une utopie. Ce peut donc être, dans bien des cas, le devoir d'un bon citoyen de pallier des fautes inévitables, dont la révélation et la critique ne feraient qu'irriter les esprits, sans profit pour la société; mais c'est un de ces devoirs dont il faut laisser l'appréciation à la conscience et à la prudence de chacun. Il est dangereux de susciter un mécontentement qui ne saurait jamais obtenir une entière satisfaction; c'est s'exposer à faire naître des exigences qui se renouvelleront toujours les mêmes après tous les changements, et qui peut-être, par le sentiment de leur impuissance, finiront par engendrer le découragement et l'indifférence. Il est plus dangereux encore de laisser la nation et le gouvernement s'endormir également dans une confiance aveugle. Le silence volontaire ou forcé de la presse sauverait peut-être le gou-

---

(1) Oraison funèbre de la reine d'Angleterre.

vernement, si ce pouvait être en même temps le silence complet de l'opinion. Mais des griefs ne laissent pas d'être ressentis, parce qu'il est défendu d'en parler publiquement; et si, comme il arrive toujours, les fautes ont des conséquences générales, le mécontentement ne sera pas moins général parce qu'un organe commun ne ralliera pas tous les mécontents. En hâtant l'explosion de ce mécontentement, la presse aurait du moins l'avantage de mettre le gouvernement en demeure d'y faire face avant que le mal fût sans remède. Il ne pourra pas toujours satisfaire à toutes les réclamations légitimes : ce serait la perfection; mais il sera sans excuse s'il ne profite pas, dans la mesure du possible, de tous les avertissements qu'il reçoit, et, dès lors, il ne devra s'en prendre de sa chute qu'à lui-même.

Combien lui sera-t-il plus facile de s'aveugler, si la presse est muette, si le mécontentement reste longtemps à l'état latent, si les griefs s'accumulent, si les cœurs s'aigrissent insensiblement, si de nouvelles fautes, que personne ne lui signale, viennent sans cesse ajouter à cette irritation générale qui ne se trahit qu'au moment où elle va tout renverser ! La France a connu un siècle et demi d'un despotisme paisible avant sa plus grande perturbation, avant celle qu'on nomme proprement la Révolution. Tous les ferments de guerre civile avaient été étouffés; point de libre parole, et quant à la presse, on pouvait la croire suffisamment muselée par la double censure civile et religieuse. Ce temps d'arrêt pendant lequel toutes les fautes purent être impunément commises, à qui profita-t-il? La révolution se fit plus longtemps attendre; elle n'en fut que plus terrible, soulevant à la fois contre un gouvernement en désarroi, qui, la veille encore, pouvait parler de l'attachement invétéré des Français pour leurs princes, toutes les réclamations, toutes les colères, toutes les espérances légitimes ou illégitimes, toutes les théories raisonnables ou chimériques, que le ressentiment d'une oppression toujours croissante avait suscitées dans tous les rangs de la nation.

Après ce grand bouleversement, les révolutions se sont succédé à des intervalles tellement rapprochés, qu'on en est venu à les considérer comme un mal périodique. Faut-il en accuser la liberté désormais reconnue de la presse? Une société renouvelée de fond en comble ne peut pas, d'un seul coup, trouver son assiette : un grand ébranlement amène toujours à sa suite des oscillations plus ou moins intenses. Mais que sont les révolutions dont nous nous plaignons auprès de celle dont elles n'ont été que le contre-coup? Dans celle-ci, tout est remis en question; on refait la France, on refait l'état social tout entier, et les changements se précipitent pêle-mêle les uns sur les autres, sans préparation, sans étude, sans que l'accord se soit fait entre les novateurs. Depuis que la liberté de la presse, à peu près supprimée sous l'empire, est rentrée en possession de ses droits les plus essentiels, des prétentions semblables, tendant à un renouvellement général de la société, n'ont pas renoncé à se faire jour, et elles ne se sont pas toujours contentées des luttes pacifiques de la plume et de la parole. Mais la nation s'est éclairée, et, en s'éclairant, elle est devenue moins ambitieuse et moins impatiente. Aussi c'est un trait commun de toutes les révolutions de notre siècle, qu'elles se sont spontanément circonscrites, même quand elles affichaient les espérances les plus radicales. Non-seulement l'état social est resté le même, mais ni l'organisation intérieure du pays, ni sa politique générale n'ont souffert de changement sérieux. Les diverses administrations ont pu conserver leur personnel et leurs traditions, et on a pu voir les mêmes hommes d'État prendre part, sous tous les régimes, à la direction des affaires, sans trahir proprement leurs convictions et en ne faisant le sacrifice que de leurs sympathies.

Est-ce à dire qu'un pays puisse sans danger passer brusquement du régime de la presse asservie à celui de la presse libre, ou d'une liberté restreinte à la liberté absolue? Il serait puéril de le soutenir. C'est le malheur de toutes les institutions en dehors des vrais principes, qu'elles ne peuvent y revenir sans mettre en péril des intérêts plus ou moins précieux. Ménager les transitions est le secret de la politique, inconnu aux passions révolutionnaires, et voilà pourquoi les révolutions sont si souvent suivies de réactions qui les frappent de stérilité. Mais c'est toujours une mauvaise politique que de se refuser à l'évidence des principes et de laisser aux révolutions le soin de les réaliser, au risque de les compromettre. Qu'il nous soit donc permis de ne rien retrancher de l'idéal du droit, non-seulement parce qu'il exprime seul la vérité absolue, mais parce que sa réalisation progressive peut seule donner satisfaction à tous les intérêts.

VI

La défense des personnes contre la diffamation ou les outrages, celle du gouvernement contre une provocation directe à la désobéissance et à la révolte : voilà à quoi se réduisent, en principe, les droits de l'État sur la presse. Ce double intérêt justifie-t-il, comme moyen préventif ou répressif, une législation exceptionnelle? Nous croyons inutile de nous étendre sur la censure proprement dite. Elle a disparu de nos lois, et le moment n'est pas loin où elle disparaîtra de celles de tous les peuples civilisés. Ce n'est, en effet, que la loi des suspects appliquée à toute manifestation d'opinion ; c'est, comme dit Milton, un jugement sommaire prononcé sur tous les livres, avant leur naissance même, non par un tribunal régulier, mais par la police, sans aucune des garanties de libre défense et d'appel qui ne sont pas refusées aux prévenus d'un crime : la mise à mort, sans forme de procès, de tous ceux à qui un magistrat au-dessus de tout contrôle ne croit pas à propos de délivrer une carte de civisme (1). Un tel pouvoir est la négation du droit et le renversement de tous les principes.

Les principes ne sont pas moins violés, quoique

(1) « Qu'un livre, dans une condition pire que celle d'une âme pécheresse, doive comparaître devant un jury avant d'avoir été mis au monde, et subir, lorsqu'il est encore dans les ténèbres, le jugement de Rhadamanthe et de ses collègues, avant d'obtenir un libre passage à la lumière, voilà ce qui était inouï jusqu'au moment où cette

d'une façon moins odieuse et moins funeste, par une censure indirecte. Nous voulons parler des droits que l'autorité administrative se réserve, non pas sur les livres eux-mêmes, mais sur les agents de leur publication. Jusqu'à ces dernières années, en France, les imprimeurs et les libraires étaient des espèces de fonctionnaires publics, en nombre limité, analogues aux notaires et aux avoués, pouvant, comme ceux-ci, acheter leurs charges, mais n'ayant le droit de les exercer qu'après l'obtention d'un brevet personnel et la prestation d'un serment politique. Une condamnation pour une simple contravention aux règlements de leur industrie suffisait pour qu'ils pussent être destitués. C'était, en réalité, un droit de censure dont l'État se déchargeait sur les imprimeurs et sur les libraires : censure d'autant plus redoutable qu'elle était confiée à la vigilance, non pas de la conscience, mais de l'intérêt personnel, menacé, en cas de négligence, de la perte d'un emploi et de la confiscation d'une propriété.

Il dépendait sans doute de l'administration d'alléger le poids de cette censure, en n'usant qu'avec discrétion de l'arme terrible qu'elle tenait dans ses mains. Elle ne faisait pas moins de la libre diffusion de la pensée une tolérance, non un droit reconnu. Ce n'était pas non plus une garantie bien réelle que la nécessité d'une condamnation préalable pour au-

---

monstrueuse iniquité de l'inquisition, provoquée et troublée à la première apparition de la Réforme, chercha de nouveaux enfers et de nouveaux limbes, pour y retenir les livres eux-mêmes au nombre de ceux qu'elle damnait. » — Milton, *loco citato*.

toriser le retrait du brevet. C'est, en effet, la menace de la peine de mort, non-seulement pour tout crime et tout délit, mais pour les simples contraventions, qui n'excluent ni la probité, ni la bonne foi, ni même la prudence, et que les plus vigilants, comme les plus honnêtes, sont sans cesse exposés à commettre.

Telle est encore la condition de ces libraires ambulants qu'on appelle des colporteurs, et même le brevet n'est pour eux qu'une simple autorisation, toujours et arbitrairement révocable, sous la condition d'une véritable censure; car ils ne peuvent distribuer aucun écrit qui ne soit revêtu d'une estampille administrative. Comment justifie-t-on ce luxe de précautions? On considère, non sans raison, le colporteur comme un instrument aveugle, qui n'a qu'un but, vendre le plus possible, et à qui on ne peut demander le discernement des livres qu'il distribue. Traduit devant un tribunal comme complice d'une publication illégale, il pourrait toujours exciper de sa bonne foi, et cette excuse ne saurait être entièrement repoussée, sans frapper de mort le colportage, c'est-à-dire le seul mode de librairie qui puisse faire pénétrer les livres dans les campagnes. Ce n'est pas, d'ailleurs, le colportage seul qui est aveugle, mais sa clientèle habituelle. Le paysan achète à peu près au hasard, sur la foi du format, du titre, des images, ou sur les sollicitations importunes d'un marchand aussi ignorant que lui. Où manquent, des deux parts, les conditions d'une responsabilité éclairée, il n'y a que des mineurs, dont la tutelle appartient à l'État, et, entre une tolérance funeste et l'exercice rigoureux du droit de répression, on prend le parti le plus sage en leur imposant une réglementation arbitraire.

Nous ne nions pas la valeur pratique de ces raisons ; nous n'en croyons pas moins dangereux de leur donner crédit. Une première difficulté se manifeste, dès qu'on veut définir le colportage. Il échappe tellement à toute définition légale, qu'on a été conduit à étendre une loi faite expressément pour la librairie ambulante des campagnes au simple fait de prêter un livre à un ami. En le restreignant à sa signification propre, il représente une industrie dont tout le monde reconnaît la nécessité. La remettre à la disposition du gouvernement, c'est faire du gouvernement l'arbitre à peu près exclusif des lumières qui peuvent pénétrer dans les campagnes ; c'est, pour une grande partie de la nation, lui livrer la direction des intelligences : pouvoir exorbitant et contraire à sa nature, s'il l'exerce au nom d'une doctrine exclusive ; pouvoir inefficace et dangereux par son inefficacité même, s'il en use avec réserve et sans parti pris. Qu'on parcoure les listes des ouvrages autorisés par les commissions de colportage : combien, pour des lecteurs ignorants, sont loin d'être inoffensifs ! Les uns ont été protégés par les noms plus ou moins illustres de leurs auteurs. Pour les autres, on a craint le reproche d'une sévérité outrée ; le mal qu'ils peuvent faire à quelques-uns n'a pas paru une raison suffisante de les interdire à tous. Pour beaucoup enfin, le vice qu'ils recèlent a échappé à l'attention de censeurs surchargés de travail, pour qui l'examen consciencieux de tous les livres est une tâche matériellement impossible, quand ce serait le seul emploi de leur temps. Cependant tous portent la même estampille, et cette estampille, pour la plupart des acheteurs, passe pour une approbation formelle qui autorise la confiance.

Une tolérance entière serait, dira-t-on encore, plus funeste que cette demi-tolérance. Il est permis d'en douter; car une tolérance entière éveillerait du moins les scrupules et provoquerait soit l'examen personnel, soit l'appel à des conseils éclairés. Il est sans doute plus commode, pour le colporteur et pour l'acheteur, de s'abriter derrière l'autorisation que le premier a reçue et l'estampille que porte sa marchandise. Il est plus commode aussi de compter sur les gendarmes que sur sa propre vigilance pour garder sa maison des voleurs. Cependant le paysan, qui n'a point de gendarmes à sa porte, sait fort bien que sa meilleure sauvegarde est dans un bon chien et de forts verrous. Que s'il prend moins soin de son esprit que de son corps, une surveillance officieuse peut toujours lui venir en aide, avec plus d'efficacité et moins de péril que la surveillance officielle. Rien n'empêche le clergé des diverses religions, directement intéressé à restreindre la propagation des mauvais livres, d'opposer au colportage sans contrôle un colportage dirigé par lui ; d'avoir ses distributeurs attitrés, et, s'il le faut, ses estampilles ; d'user, en un mot, de toute son influence et, au besoin, de toute son autorité sur ses fidèles pour les détourner d'acheter aucun ouvrage dont il ne leur aurait pas garanti l'innocuité. En s'appuyant sur l'État, il pourrait donner à ses défenses une sanction coercitive ; mais peut-il assez compter sur la sagesse de l'État pour que cette sanction ne se tourne pas un jour contre lui-même, pour que les livres qu'il patronne ne se trouvent jamais au nombre des livres prohibés ?

Rien n'empêche, d'un autre côté, tous ceux qui, en dehors de la foi dogmatique, sont d'accord sur certaines maximes de morale ou de politique, de s'organiser en associations actives pour combattre la diffusion des mauvais livres et pour encourager la publication et la circulation des bons. Provoquer la composition d'ouvrages utiles, examiner avec soin les ouvrages publiés, couvrir d'un patronage effectif tous ceux qui peuvent servir les intérêts, soit matériels, soit moraux, des classes populaires; surveiller les colporteurs et, sans dénoncer à la police ceux qui se refusent à cette surveillance, se porter garant de ceux qui l'acceptent; encourager enfin, dans le moindre village, la création de petites bibliothèques destinées à répandre dans les campagnes les idées les plus pures et les plus saines : c'est une œuvre à laquelle chacun peut concourir, sans en confier la direction à une Église ou à l'État. Des œuvres de ce genre ne manquent pas en France, et l'on peut présumer que leurs bienfaits seraient plus sensibles si l'habitude de tout attendre de l'État ne paralysait pas les efforts auxquels ils sont dus.

Toutes ces influences rivales ne seront pas sans doute irréprochables, et chaque opinion pourra déplorer l'abus que feront de leur ascendant les opinions adverses. Aucune, du moins, ne pourra se plaindre d'être exclue, tant que l'omnipotence de l'État ne viendra pas se placer entre elles. D'ailleurs, malgré la diversité des points de vue, ce seront en grande partie les mêmes ouvrages qui seront repoussés par toutes les associations laïques ou religieuses, et, lorsqu'elles seront en désaccord, on peut se confier dans le bon sens des masses pour ne donner crédit qu'à celles dont les tendances choqueront le moins les idées reçues. S'il en était autrement, le mal serait fait, et ce ne sont ni les livres estampillés ni le colportage autorisé qui pourraient y porter remède.

Le colportage ne doit pas être excepté du droit commun de la librairie; la librairie elle-même ne doit pas être exceptée du droit commun de toutes les professions. Il est difficile de justifier le régime exceptionnel sous lequel elle a vécu jusqu'à notre dernière révolution et dont beaucoup regrettent la brusque disparition. Pourquoi un serment politique? La conscience seule du libraire et, si elle est endormie ou faussée, son intérêt le détourneront suffisamment de prêter sciemment son concours à toute publication qui pourrait l'exposer à des poursuites. Pourquoi la restriction du nombre des libraires? On veut rendre plus facile la surveillance de l'autorité : il vaut mieux qu'elle devienne moins nécessaire, grâce à la surveillance du public lui-même. La plupart des livres, dès leur apparition, sont appréciés par la critique, à tous les points de vue qui peuvent intéresser leurs lecteurs, et la critique remplira son devoir avec d'autant plus de fermeté que la presse sera plus libre et l'intervention de l'État plus restreinte. Beaucoup d'ouvrages se présentent avec l'approbation soit d'un dignitaire ecclésiastique, soit d'un homme public, soit d'un particulier plus ou moins illustre, qui puise son autorité dans la noblesse de son caractère et dans l'élévation de son esprit. Il y a enfin, pour guider le choix du public, des librairies catholiques, protestantes, israélites, et une association purement laïque peut aussi avoir ses librairies, recommandées par son patronage à tous ses adhérents. Ne craignez donc pas la multiplication des sources de lumières; elles seront sans danger si vous laissez se multiplier avec la même liberté toutes les influences qui peuvent en diriger l'usage.

Pourquoi, enfin, un brevet révocable? Le libraire remplit une mission de confiance, et on veut qu'elle ne soit confiée qu'à d'honnêtes gens. On traite la vente des livres comme celle de la poudre, que l'on ne permet pas à tout le monde. L'assimilation n'est que spécieuse. La poudre sert à la défense comme à l'attaque; mais une balle logée dans les flancs d'un adversaire ne sauve pas de celle qu'on a reçue soi-même. La presse est à la fois un moyen de défense et de guérison contre les coups qu'elle peut porter : réfuter un adversaire, ce n'est pas seulement repousser son attaque, c'est la rendre inoffensive. Le commerce des livres peut être un commerce dangereux; mais c'est la liberté, non la réglementation, qui offre le plus sûr remède à ses dangers. Au lieu de libraires privilégiés et dépendants, traitez en

-hommes ceux qui vendent les livres comme ceux qui les achètent; confiez-vous dans le libre contrôle de tous les hommes éclairés et honnêtes : la vérité et le bon sens seront assez forts pour se passer de votre concours.

Les mêmes règlements ont longtemps entravé l'exercice de l'imprimerie : la même liberté doit lui être laissée. On redoute les imprimeries clandestines, et il est juste, en effet, puisqu'il peut y avoir des délits de presse, qu'on puisse remonter à la source de ces délits. Mais il n'est besoin pour cela ni de serment ni de brevet; il suffit d'une police bien faite et d'une répression sévère, une fois le délit judiciairement constaté. L'imprimerie n'est pas la seule industrie dont on puisse abuser. Pourquoi n'impose-t-on pas un serment et un brevet aux épiciers, aux marchands de vin, aux restaurateurs? Toutes ces industries ont besoin d'une surveillance spéciale, qui serait certainement facilitée si des formalités rigoureuses les concentraient dans un petit nombre de mains. On trouverait cependant déraisonnable de consulter la commodité de la police plutôt que les intérêts qu'elle est appelée à protéger. Or, la multiplication des imprimeries est-elle moins utile aux intérêts moraux du public que celle des épiceries, des débits de liquide ou des restaurants à leurs intérêts matériels? Qu'il s'agisse de la nourriture de l'esprit ou de celle du corps, il est bon de prévenir la fraude, mais sans gêner les particuliers dans la recherche et le choix des aliments dont ils ont besoin.

VII

La presse périodique, depuis qu'elle est devenue un des besoins les plus essentiels des sociétés modernes, a presque toujours et presque partout été l'objet d'une législation exceptionnelle. En France, elle n'a joui du droit commun qu'à de rares intervalles. Longtemps elle a été soumise à la censure. Sauf dans la période révolutionnaire, où la liberté, reconnue en principe, était presque toujours ou compromise par la licence ou comprimée par la terreur, les lois qui l'ont traitée le plus favorablement l'ont assujettie à des entraves fiscales et, comme marque de défiance, à la nécessité d'un cautionnement plus ou moins élevé. Jusqu'aux dernières années de l'empire, elle était placée sous la dépendance directe du gouvernement, dès qu'elle prétendait traiter des matières politiques ou d'économie sociale, c'est-à-dire les sujets pour lesquels on peut le moins se passer de son concours. Il fallait une autorisation préalable, qui n'était pas accordée d'une manière générale au journal lui-même, mais personnellement à son éditeur et à son principal rédacteur, et qui était naturellement périmée par la mort ou par la démission de ceux qui l'avaient obtenue. Le bénéfice de cette autorisation pouvait être suspendu ou entièrement retiré après certaines condamnations encourues par le journal. Enfin, elle était toujours révocable sous certaines conditions et suivant certaines formes. Ce droit administratif d'autorisation, de suspension et de suppression n'excluait pas les entraves des lois antérieures, le timbre et le cautionnement; il n'excluait pas non plus la répression pénale, pour laquelle la garantie du jury avait été écartée. En un mot, l'existence d'un journal exigeait la réunion de deux volontés : celle de son fondateur et celle du gouvernement, et il avait quatre manières de mourir : la cessation volontaire de sa publication; un changement, soit volontaire, soit fatal, dans son administration et dans sa rédaction; le retrait d'autorisation de la part du gouvernement, et une condamnation judiciaire.

Entre ce régime et la censure directe, la différence est petite. La censure s'exercerait sur chaque article d'un journal. Avec l'autorisation préalable, non-seulement l'interdit peut être mis sur le journal lui-même, mais, avant qu'il ait reçu un commencement d'existence, lorsqu'il n'est encore qu'en projet, il peut être étouffé par un refus d'autorisation. Dans la période d'existence que lui laisse la tolérance du gouvernement, tous les intérêts qu'il représente, sous peine de se voir frappés de mort, sont obligés de surveiller sa rédaction avec un soin aussi scrupuleux que celui qu'on pourrait attendre de l'administration elle-même. S'ils négligent de s'en acquitter, l'administration se charge de les avertir paternellement, en tenant en réserve, pour les cas les plus graves, le droit rigoureux de suppression immédiate ou de poursuites judiciaires. Que cette censure intéressée ne fût pas toujours assez sévère au gré de l'autorité, les mesures de répression qui frappaient de temps en temps les journaux le prouvent suffisamment; mais un censeur officiel laisse souvent aussi passer bien des choses dont le gouvernement qu'il représente déplore trop tard la publication. Sa négligence profite du moins à ses justiciables et, si elle l'expose lui-même à une disgrâce, d'autres n'ont pas à en pâtir. Quand le gouvernement s'attribue sur les journaux le droit de vie et de mort, une imprudence ou un manque de surveillance, de la part des propriétaires d'un journal, ne serait pas expié par eux seuls, mais par tous ceux qui leur prêtent le concours de leur talent ou même de leurs bras, depuis les écrivains qui rédigent le journal jusqu'aux porteurs qui le distribuent.

C'est un régime funeste pour la presse tout entière, alors même qu'il ne pèse que sur la presse politique, sur celle qui, s'attribuant la discussion des intérêts sociaux, semble appeler surtout la sévérité de l'État. La ligne de démarcation est difficile à tracer entre le domaine de la politique ou de l'économie sociale et celui de la littérature ou de la science. Les mathématiques et la physique peuvent, à la rigueur, être couvertes par la tolérance de la loi, et pourtant, dans ces sciences mêmes, il est plus d'une théorie qui touche sinon à la politique proprement dite, du moins à la législation et aux intérêts généraux des sociétés. Dès qu'on entre sur le terrain des sciences morales, la distinction légale voit chanceler sa base. Des arrêts ont soutenu que des discussions philosophiques ou religieuses rentrent dans l'économie sociale; car l'existence des sociétés n'est pas assurée seulement par l'ordre matériel, mais par l'ordre moral. L'histoire ne peut pas faire un pas sans rencontrer la politique. La littérature elle-même, quelque sujet qu'elle traite, est sans cesse entraînée soit à exprimer directement, soit à faire exprimer par les personnages qu'elle met en scène, des opinions morales, sociales ou politiques. Les priviléges accordés aux journaux non politiques ne les sauvent donc pas de l'arbitraire. Ils n'ont pas besoin d'autorisation; ils ne sont pas menacés directement de suppression; mais si leurs doctrines ou leurs tendances, à tort ou à raison, paraissent dangereuses, ils peuvent se voir poursuivis, condamnés et supprimés, non pour avoir professé des opinions contraires aux lois, mais pour avoir empiété sur un terrain interdit. Ils sont réellement dans la main de l'administration, à qui appartient l'initiative des poursuites, ou du moins ils ne la désarmeront qu'en bornant leurs prétentions à une littérature frivole et vide, et en fuyant comme une tentation funeste tout ce qui peut ressembler à des idées, tout ce qui peut éclairer les hommes sur leurs intérêts, sur leurs droits et sur leurs devoirs. Bien loin que le journalisme littéraire trouve un avantage sérieux, pour les intérêts qu'il représente, dans la tolérance précaire de la loi, ce n'est, en général, que le journalisme politique qui offre à la littérature un asile digne d'elle. Aussi je ne sais s'il ne vaudrait pas mieux, pour les deux catégories de journaux, une égale servitude à défaut d'une égale liberté.

Ce régime détestable, auquel l'empire avait renoncé en partie par la loi de 1868, a reparu après sa chute et peut toujours reparaître sous le couvert de l'état de siége. En dehors de cet état, exceptionnel de sa nature et qui cependant, on l'a vu, peut durer plusieurs années, la presse périodique n'a pas recouvré encore toutes les garanties du droit commun. La publication des journaux reste assujettie à certaines conditions spéciales et à certains droits fiscaux, et, pour ces droits, une distinction subsiste toujours entre la presse politique et la presse soi-disant littéraire.

Parmi les entraves imposées à la presse politique, la plus justifiable est assurément le cautionnement. Il faut des peines pour la presse, puisqu'elle peut être l'instrument d'actes délictueux. Or, un journal, n'étant jamais une entreprise purement personnelle, demande d'autres peines que des peines personnelles. Il ne peut être frappé efficacement que dans les capitaux dont le concours assure sa publication. De là l'utilité d'un cautionnement pour garantir sa responsabilité. Il n'en est pas, en effet, d'une peine pécuniaire comme d'une peine personnelle : ce n'est qu'une vaine menace, si l'on ne s'est pas assuré d'avance de l'existence de sa matière. Toutefois le fait seul de la publication d'un journal suppose une certaine propriété qui peut toujours être saisie et qui doit suffire, si l'on ne multiplie pas les délits et si l'on n'exagère pas le chiffre des amendes. Or, les délits de presse, si l'on s'en tient aux principes que nous avons posés et que nous croyons seuls conformes à la justice, ne peuvent qu'être extrêmement rares. La responsabilité générale de la propriété du journal n'efface pas d'ailleurs la responsabilité personnelle de ses rédacteurs et de son éditeur : la peine pécuniaire destinée à atteindre le journal dans ce qui fait proprement son existence ne sera donc pas la seule : elle peut, dès lors, être modérée et se passer de la garantie d'un cautionnement.

Le cautionnement, surtout lorsqu'il est élevé, met la pensée au service du capital qui la fait vivre. Or, il est rare que le capital prenne les idées à sa solde dans un but entièrement désintéressé. Il est naturel qu'il recherche des bénéfices, et il n'est pas rare qu'il tâche de grossir ses bénéfices en faisant d'un journal l'instrument de spéculations industrielles ou financières. Dans tous les cas, il s'accommodera difficilement d'une politique en opposition avec ses intérêts. Il exercera ainsi sur la conscience des journalistes et, par suite, sur celle du public, une influence séductrice toujours à déplorer, lors même qu'elle ne tendrait pas directement au mal. Rien de plus dangereux, en effet, que tout ce qui peut fausser la droiture de la conscience.

Le cautionnement doit disparaître : l'autorisation préalable ne doit jamais revivre sous aucun prétexte, même celui de l'état de siége, quand l'état de siége n'est pas imposé par les nécessités inéluctables de l'état de guerre. N'autoriser que les journaux qui s'engagent à soutenir la politique du gouvernement, c'est, par le fait, supprimer la discussion politique; c'est supprimer les lumières qu'y peuvent trouver les citoyens et le contrôle que doit lui demander le gouvernement lui-même. Autoriser une certaine opposition, c'est investir d'une force exorbitante les journaux qui en obtiennent le bénéfice. Cette opposition privilégiée, astreinte à une modération relative dans l'intérêt de son privilége, ne paraîtra pas chose si terrible, même aux esprits les plus circonspects, et on l'acceptera d'autant plus volontiers qu'elle satisfera sans péril cet esprit d'indépendance et de contradiction si naturel à l'homme. Le gouvernement, de son côté, n'entendant pas d'autre bruit que celui qu'il provoque lui-même, et qu'il se réserve le droit de faire taire dès que sa tranquillité en sera troublée, ne se croira pas d'autres adversaires que ceux qu'il a ainsi dans sa main; et, tandis qu'il ne craindra pas de leur lâcher la bride, pour tenir l'opinion en haleine et pour la tâter en quelque sorte, il ne soupçonnera pas les sentiments hostiles, les rancunes amères, les prétentions ambitieuses qui se dissimuleront souvent sous la feinte modération de leurs attaques.

Nous l'avons montré en traitant de la presse en général, et nous pouvons le répéter avec plus de force pour la presse périodique : dès qu'un gouvernement comprend la nécessité d'un contrôle, il est de son intérêt de laisser la parole à tous ses adversaires, soit pour apprendre à les compter, soit pour rallier autour de lui ses amis indécis, par le sentiment des périls qu'ils partagent avec lui. En concentrant la direction de l'opinion dans un petit nombre de journaux, il ne fera que la concentrer dans un petit nombre de partis, au sein desquels viendront se fondre et se discipliner les différentes nuances d'opposition, et dont il facilitera la coalition en enlevant à la discussion la plupart des points qui les divisent. Il serait plus habile de les mettre aux prises en ne souffrant entre eux qu'une polémique violente et systématique, si un tel machiavélisme n'était de nature à échouer auprès de la masse honnête du public.

L'un des grands avantages de la publicité, c'est qu'elle impose l'obligation de la franchise. On peut faire peser sur les journaux des chaînes plus ou moins lourdes; mais l'arbitraire lui-même ne peut se dispenser de garder vis-à-vis d'eux les apparences de l'équité. Que l'on renonce donc à la prétention chimérique et périlleuse de diriger l'opposition, et puisqu'il n'est ni possible ni même désirable de la faire entièrement disparaître, qu'on l'abandonne à elle-même, sous la garantie, nettement définie, de sa responsabilité pénale.

Ici, comme partout, l'intérêt du gouvernement se confond avec celui des citoyens. La presse périodique, lorsque rien ne vient la fausser, a la puissance merveilleuse de refléter toutes les nuances de l'opinion publique, en même temps qu'elle les tient sous sa direction. Si des journaux de toute opinion, de tout parti, de toute secte, peuvent se produire sans entraves, aucun d'eux ne sera une force menaçante; chacun d'eux, en restant attaché à son point de vue plus ou moins étroit, pourra éclairer à la fois son propre parti, les partis rivaux et le gouvernement lui-même. On a beau s'obstiner dans la discussion, on y puise toujours, et presque à son insu, des lumières. On sent d'instinct ses points faibles, quand on est obligé de les défendre. En vain se refuse-t-on à l'évidence, on lui cède, quoi qu'on fasse, et, par une de ces équivoques familières à la sophistique intérieure, on recule souvent, quant au fond, au moment même où l'on se décerne, quant à la forme, les honneurs du triomphe. D'ailleurs on ne peut se battre sans se rencontrer sur un terrain commun. Toute lutte est un rapprochement, et lorsque le champ de bataille est l'intelligence elle-même, toute lutte est un accord. On peut en sortir plus ennemi, on n'en sort jamais sans s'être en partie entendu.

La lutte profite aux champions plus ou moins passionnés qui la soutiennent ; elle ne profite pas moins aux spectateurs impartiaux, c'est-à-dire à la majorité de la nation, généralement en garde contre les entraînements de l'esprit de parti, lors même qu'elle paraît s'y abandonner avec le plus de fureur. Le bon sens populaire est naturellement impartial ; mais, faute de lumières, l'impartialité n'est souvent qu'indifférence, laissant la lutte s'engager et se décider entre des minorités également passionnées. Rien de plus salutaire que la liberté des discussions politiques pour vaincre cette indifférence fatale, en entretenant au sein d'une nation un intérêt sérieux pour ses propres destinées. Dussent même les opinions extrêmes s'approprier cet intérêt, elles n'obéiront pas sans profit à la nécessité de s'exposer, de se développer et de se défendre par une polémique de tous les jours : si elles ne se modifient pas, elles se mûrissent. Elles ne représentaient peut-être, dans l'origine, que des intérêts aveugles ; elles deviennent une force intelligente et consciente, plus redoutable peut-être, mais, au fond, meilleure et pour ceux qu'elle entraîne et pour ceux qu'elle menace. Une société gagne toujours à échanger la lutte des passions pour celle des idées, quoiqu'il soit plus facile de venir à bout de l'emportement des unes que du fanatisme des autres. Les fureurs populaires, après le redressement des griefs particuliers qui les ont soulevées, laissent à leur suite un état d'affaiblissement et de dégradation morale éminemment favorable à la démagogie ou au despotisme; mais, lorsque les idées se mettent de la partie, leurs efforts, quelle qu'en soit l'issue immédiate, et quelques sophismes qui les aient inspirés, élèvent toujours le niveau des esprits et finissent tôt ou tard par servir la cause de la civilisation et de la vraie liberté.

Or, la presse périodique est, en quelque sorte, l'instrument nécessaire de la discussion politique. La politique proprement dite ne réside pas dans les théories générales, qui sont le fait de la philosophie, et auxquelles suffisent les chaires et les livres; elle se fait véritablement avec l'histoire de chaque jour, avec les nouvelles de chaque pays, avec les appréciations de toutes sortes auxquelles donnent lieu ces nouvelles. Elle a, si je puis ainsi parler, ses ateliers particuliers : les conseils des cabinets, les assemblées parlementaires, les champs de bataille; mais il lui faut un atelier général, où elle se façonne dans son ensemble. C'était, pour les cités démocratiques de l'antiquité, la place publique; c'est, pour les États modernes, la presse périodique. C'est là que tout vient aboutir; c'est de là que partent tous les courants d'opinion qui, se combinant et se neutralisant, forment l'opinion générale. Cette histoire de chaque jour, le journal la raconte à mesure qu'elle se déroule, et, en la racontant, il la juge : ses jugements, recueillis, commentés, discutés par tous ceux qui s'intéressent aux affaires publiques, préparent ceux des historiens futurs.

Jugements hâtifs et téméraires, dira-t-on, qui se forment au jour le jour, suivant les impressions du moment, sans être mûris par l'expérience, ni éclairés par aucun principe. Le journal ne saurait en effet suffire à tout; mais précisément parce qu'il est plus mobile, il est plus impersonnel, plus dégagé de vues systématiques et exclusives. L'enseignement du livre pourra être plus profond, je ne sais s'il sera toujours aussi sûr. C'est surtout en politique que les premières impressions sont souvent les meilleures. Aussi l'influence propre d'un journal ne tient pas à ces articles de fond, étrangers à sa rédaction quotidienne, qui n'ont de prix que pour des lecteurs spéciaux et plus ou moins lettrés, mais où la masse des lecteurs ne voit, le plus souvent, que de brillants hors-d'œuvre dont elle retire peu de profit, si même elle y jette les yeux. Ce n'est pas là le journal lui-même; ce sont des opinions individuelles auxquelles le journal a prêté sa publicité, et qui se distinguent aisément des aliments plus grossiers, mais moins subtils, qu'il sert chaque jour à l'opinion générale.

Je ne saurais approuver, pour cette raison, l'obligation de la signature imposée aux rédacteurs des journaux. Pour agir efficacement sur les masses, il faut se tenir plus près d'elles, en leur dérobant sa personne sous un voile collectif qui participe de leur universalité. Autrement l'importance d'un journal s'attachera moins à l'exactitude de ses informations et à l'excellence de ses raisonnements qu'à l'éclat du talent ou de la réputation de son principal rédacteur, qui deviendra ainsi une véritable puissance. Cette puissance collective, que l'on reproche à la presse périodique, est, au fond, moins dangereuse. En réunissant les efforts d'un certain nombre de rédacteurs, la rédaction devient moins personnelle ; elle est plus voisine du sens commun, elle apporte, jusque dans l'esprit de parti, une modération dont l'individu livré à lui-même ne sentirait pas le besoin.

Qu'on n'exagère pas, enfin, ce pli exclusif, que chaque journal livré à lui-même tend à imprimer à l'opinion de ses lecteurs habituels. Celui qui ne lit qu'un journal n'est pas tout à fait dans la situation d'un juge qui n'entendrait qu'une partie. On peut, et toutes les lois sur la presse ont donné leur sanction à cette règle, obliger les journaux à insérer toutes les rectifications qui leur sont adressées soit par les particuliers, soit par le gouvernement. C'est d'ailleurs l'intérêt aussi bien que le devoir de tous ceux qui redoutent l'esprit de parti, de prendre à tâche de le combattre, dans les limites où s'étend leur influence respective, en redressant toutes les fausses opinions qu'ils voient se produire autour d'eux, soit qu'elles partent de la presse ou de toute autre source de préjugés.

Une institution, dont l'usage se répand de plus en plus dans les moindres localités, offre le plus sûr remède à cet esprit partial dont on accuse la presse périodique : ce sont ces sociétés littéraires où d'honnêtes gens viennent s'éclairer en commun sur les affaires publiques par la lecture d'un certain nombre de journaux de tous les partis. Tous ceux qui ont à cœur la sincérité de l'opinion publique doivent encourager la multiplication de ces sociétés. C'est aussi le devoir du gouvernement de ne rien faire pour les entraver, sans même s'alarmer des discussions politiques qui pourront s'élever dans leur sein. On peut craindre le lecteur d'un seul journal, comme celui d'un seul livre, suivant le proverbe; mais quelles garanties d'impartialité n'offrent pas des hommes qui se réunissent pour demander des lumières, non-seulement à plusieurs journaux, mais à de paisibles discussions, nécessairement contenues par les égards qu'ils se doivent entre eux? Qu'on laisse donc se multiplier sans crainte et les organes de toutes les opinions politiques et les centres où ils peuvent simultanément exercer leur action. Si l'on veut que la lumière soit féconde, il ne faut intercepter aucun de ses rayons.

VIII

Nous avons exclu, pour toutes les formes de la presse, les lois préventives et la juridiction administrative. Il reste à déterminer les conditions de la répression judiciaire, dans les limites que nous avons posées : offenses envers les personnes, provocation directe à des actes illégaux. Pour le premier délit, la poursuite légale doit attendre la plainte de la partie lésée; pour le second, elle a naturellement lieu d'office. Dans l'un et l'autre cas, elle peut faire peser la responsabilité de l'écrit incriminé sur tous ceux qui ont prêté à sa publication un concours intelligent et volontaire : non pas, sans doute, sur les ouvriers typographes ou sur les commis de librairie, mais sur l'imprimeur et sur l'éditeur, aussi bien que sur l'auteur. La responsabilité des imprimeurs et des éditeurs devant la police, par voie de retrait de brevet et d'autorisation, a presque tous les effets de la censure : devant les tribunaux, cette responsabilité est réclamée par tous les principes du droit pénal. Ni les uns ni les autres ne remplissent un ministère aveugle, et puisqu'ils prennent part à l'action bonne ou mauvaise que peut exercer la pensée de l'écrivain, il est juste qu'ils en partagent l'honneur ou la peine. L'excuse de la bonne foi devra toujours être admise, si les circonstances la rendent vraisemblable ; mais la loi ne saurait dispenser d'un examen consciencieux celui qui concourt, de son plein gré, à une publication d'où peuvent sortir le déshonneur d'une famille et la perturbation d'une société.

Que cet examen soit une espèce de censure, je le reconnais ; mais elle ne s'exerce que dans les conditions de la liberté et de la justice. Il n'y aurait gêne ou oppression que si le nombre des imprimeries et des librairies restait limité, ou si les délits étaient tellement vagues et indéfinis que nul ne pût se croire à l'abri de poursuites. Si toutes les professions qui relèvent de la presse sont ouvertes à tous, si ceux qui les embrassent n'engagent leur responsabilité que dans des cas parfaitement déterminés, il est impossible qu'un ouvrage, à moins qu'il n'affronte une condamnation inévitable ou qu'il n'ait aucune chance de succès, ne trouve personne qui consente à le publier. L'auteur aurait toujours la ressource, à l'abri de la liberté commune, non-seulement de l'éditer, mais de l'imprimer lui-même : comme Aristophane, ne trouvant aucun acteur qui voulût jouer le rôle de Cléon, montait lui-même sur le théâtre, couvert du masque de ce redoutable personnage.

Pour tous les délits de presse et pour tous ceux qui peuvent y être impliqués, la garantie d'un jury est plus nécessaire peut être que pour tout autre procès. Tout ce qui tient aux opinions doit être jugé par les représentants naturels de l'opinion, par des arbitres qu'aucune volonté ne s'attribue le droit de désigner. Qu'on ne dise pas que, dans les délits de presse, tels que nous les avons définis, il ne s'agit pas d'opinions, mais d'atteintes volontaires soit à la considération d'un individu, soit à la sécurité de l'État. Ces atteintes sont toujours de telle nature qu'elles ne peuvent se séparer de la manifestation d'une pensée, et que, si elles ont pour effet d'aigrir les cœurs ou d'armer les bras, leur action la plus immédiate est toujours dans l'intelligence. D'ailleurs, s'il s'agit de l'honneur privé, est-il besoin d'un caractère officiel pour en être juge? L'appréciation de simples particuliers, dégagés de toute préoccupation légale et ne consultant que leur conscience, n'est-elle pas la meilleure garantie? Si l'on craint de trop laisser au sort, n'est-on pas protégé par le droit de récusation? et ne l'est-on pas encore par cette récusation générale qui s'exerce dans la formation de la liste du jury et qui permet d'exclure soit individuellement, soit par catégories, tous ceux qui ne seraient pas suffisamment aptes à remplir les devoirs de jurés (1)? Ce que nous repoussons, non pour l'application de la loi, mais pour l'appréciation morale des faits, ce ne sont pas les exclusions légales, mais des juges désignés personnellement, soit par le gouvernement, soit même par le suffrage de leurs concitoyens, et représentant toujours plus ou moins la volonté qui les a choisis.

Cette considération est surtout décisive en faveur de la juridiction du jury, lorsque l'intérêt politique est en jeu. Ni l'inamovibilité des magistrats, ni aucune des garanties qui peuvent présider à leur nomination, ne peuvent faire qu'ils ne soient pas les représentants de l'État. Ils gardent ce caractère, même quand ils sont électifs; car l'État, ce n'est pas seulement le gouvernement, c'est toute volonté investie de la souveraine puissance, et s'il s'en remet au choix d'une majorité, il lui délègue tous ses droits. L'État serait donc juge et partie, s'il devait faire juger par les organes de la loi les attentats contre sa sécurité. Puisqu'il est le plaignant, il faut qu'il cherche des juges étrangers à son action, intéressés comme lui à l'ordre social, mais n'apportant dans la balance que le poids d'une conscience droite, non celui de la volonté dominante. Tant que cette condition n'est pas remplie, le jugement politique n'est qu'un acte de guerre, non un acte de justice.

On craint la faiblesse du jury et le scandale d'ac-

(1) La loi actuelle sur le jury, de même que les lois qui l'ont précédée, n'est pas parfaite : l'arbitraire y a beaucoup trop de place; mais quelque système que l'on adopte pour la désignation des jurés, il faudra toujours de très-nombreuses exclusions parmi la masse des citoyens.

quittements trop fréquents. Pour que le sort désignât constamment des jurés indifférents ou hostiles aux institutions de l'État, il faudrait supposer que ces institutions ne seraient plus soutenues par l'opinion générale. Dès lors, ce ne sont pas les écrits incriminés qui doivent éveiller la sollicitude du gouvernement, c'est bien plutôt l'antipathie qui commence à se manifester contre lui au sein de la nation. Ces acquittements dont il se plaint ont pour effet de l'éclairer; ils accusent un mécontentement auquel il importe de remédier, soit par la réforme des lois, soit par un changement de politique, soit par un appel direct et énergique aux intérêts conservateurs. Si la faiblesse du jury n'atteste que l'indifférence du public, cette indifférence est souvent plus à craindre pour un gouvernement qu'une hostilité déclarée. Ce qui rend surtout fatal un mécontentement croissant, c'est que rien ne vient le trahir. Le bruit se révèle de lui-même; le silence n'appelle l'attention que lorsqu'on l'invite à se rompre. Un sage gouvernement doit tout faire pour prévenir l'indifférence, et s'il ne peut l'empêcher de se produire, il doit du moins rechercher toutes les occasions qui lui permettent de l'interroger et de lui arracher son secret. Des électeurs indifférents donneront le plus souvent leur suffrage au gouvernement qui les consulte, ne voulant pas son renversement, quoique incapables du moindre effort pour le soutenir. Des jurés indifférents acquitteront presque toujours un accusé politique, n'étant pas assez attachés au gouvernement pour lui sacrifier la liberté ou la fortune d'un de leurs concitoyens. Les décisions du jury, quand elles affectent un caractère constant, sont donc le thermomètre le plus sûr et le plus sensible de l'état de l'opinion, et l'intérêt politique ne les réclame pas moins que la justice.

Les procès de presse doivent-ils être publics? La publicité du délit appelle naturellement la publicité de la répression et, par conséquent, la publicité du jugement; car une condamnation dont on ne peut apprécier les motifs ne produit qu'une vague terreur et reste sans effet sur la conscience. On objecte cependant que le compte-rendu d'un procès de presse par la presse elle-même n'est pas autre chose que la divulgation de l'écrit incriminé, avec tous les commentaires dont l'intérêt de la défense a pu le renforcer. Non poursuivi, il n'eût eu le plus souvent qu'une publicité restreinte; poursuivi, tout le monde voudra le connaître, et, pour satisfaire la curiosité générale, tous les journaux s'empresseront de le reproduire. N'est-il pas à craindre que l'ambition ou le fanatisme, au risque d'une forte amende ou de quelques années d'emprisonnement, ne recherche un procès de presse comme une sorte de tribune du haut de laquelle on se flattera de répandre ses idées et de remuer les passions populaires?

Nous ne nions pas le danger; mais, comme tous ceux qui peuvent naître de la publicité, nous croyons qu'il porte avec lui son remède. Le délit de presse n'est pas dans le fait même de la publicité, mais dans l'intention coupable de faire tort à autrui ou de troubler l'ordre légal. Si la publicité peut assurer à cette mauvaise action la complicité d'autres volontés qu'elle donne le moyen de séduire, elle a aussi pour effet de la dénoncer à l'indignation de tous ceux dont elle blesse les sentiments et de les engager à réunir tous leurs efforts pour la combattre. La publicité nouvelle, et souvent plus étendue, qu'elle reçoit par le compte-rendu du procès, joint, du moins, la défense à l'attaque. Si l'on craint que l'une n'égare les esprits, pourquoi ne compterait-on pas sur l'autre pour les ramener? S'il y a acquittement, le compte-rendu est un appel de la partie plaignante à l'opinion générale contre la décision du jury. Ne connaissant que le résultat, la plupart réserveraient toute leur sympathie pour l'objet d'une poursuite reconnue sans fondement. En livrant les pièces du procès à l'appréciation de tous les honnêtes gens, on est en droit d'espérer que beaucoup refuseront leur approbation au déni de justice dont on croit avoir à se plaindre. Y a-t-il eu condamnation, la publicité lui donne la sanction de l'opinion. Elle pourra être discutée et contestée par quelques-uns; mais beaucoup l'approuveront, qui peut-être, s'ils n'avaient pu en peser les motifs, auraient cru à une susceptibilité déplacée ou à d'inutiles rigueurs. Elle pourra élever un piédestal à la réputation de celui qui l'aura bravée; mais, pour une grande partie du public, ce piédestal ne sera qu'un pilori. Il ne faut pas qu'un acte coupable reste impuni; mais, s'il est réellement coupable, c'est faire injure à la société que de lui en dérober la connaissance, de peur qu'il ne se rencontre plus de passions entraînées à le glorifier que de consciences droites disposées à le flétrir.

CHAPITRE IV

LA LIBERTÉ D'ASSOCIATION.

> Der Isolirte vermag sich eben so wenig bilden als der Gefesselte.
> W. Von Humbolt.

ARGUMENT

I. Vicissitudes du droit d'association; défiance qu'il inspire.
II. Ses rapports avec les autres droits, dont il est le complément nécessaire.
III. Les associations politiques. — Les clubs.
IV. Le droit d'association et les intérêts de la morale.
V. Les associations littéraires ou scientifiques.
VI. Les associations religieuses.
VII. Les associations de bienfaisance.
VIII. Le droit de réunion.

Nous n'avons pu faire un pas dans le domaine des libertés morales sans rencontrer les droits de réunion et d'association. Des écoles, des colléges, des facultés, des universités, toutes les institutions en un mot qu'implique la liberté d'enseignement, sont des réunions d'élèves; ce sont aussi, sauf les plus petites écoles, des associations de professeurs, et, dans la pluspart des cas, des associations de capitaux et, par conséquent, de fondateurs et d'intéressés. La prière en commun est le droit le plus essentiel de la liberté religieuse, et le lien des mêmes croyances demande autre chose que des réunions particulières et accidentelles. Il faut une Église, soumise à des lois communes, sous le gouvernement d'un corps de prêtres, et, au sein de chaque Église, des sociétés plus restreintes et plus étroitement unies ont encore une place légitime. Nous avons vu quelle association d'efforts, de pensées, de capitaux suppose, sous toutes ses formes et pour tous ses organes, la liberté de la presse. En dehors de ces libertés spéciales, qui ont fait le sujet des précédentes études, tous les intérêts moraux, comme tous les intérêts matériels des hommes, les invitent à se réunir et à s'associer librement. Isolé, l'homme ne peut rien pour le développement de son âme, rien pour l'accomplissement de ses devoirs positifs envers ses semblables. Il est comme enchaîné, suivant la forte image que nous avons empruntée à Guillaume de Humboldt. Or, il garderait encore ses chaînes, s'il remettait à une seule société, à l'Église ou à l'État, le soin de tous ses intérêts. Les besoins les plus précieux des âmes réclament l'indépendance réciproque de ces deux sociétés, et, à côté d'elles, quoique sans préjudice de leur autorité légitime, une foule d'autres associations, les unes industrielles et commerciales, qui ne rentrent pas dans notre cadre, les autres scientifiques, littéraires, charitables ou même politiques, se produisant au nom des droits mêmes de l'âme et dans l'intérêt de ses devoirs, peuvent également revendiquer une existence distincte et indépendante.

I

La liberté de réunion n'a jamais été comprimée que dans un intérêt de police, au nom de l'ordre public. La liberté d'association a souvent été contestée au nom de la liberté même. Loin de faire des conquêtes, elle a vu se resserrer son domaine, à mesure que les idées de liberté se faisaient une place plus grande dans les esprits et dans les institutions. Les corporations industrielles avaient été frappées de mort avant la révolution de 1789, et il n'en reste plus que quelques vestiges, que l'on conserve, en quelque sorte, dans un intérêt archéologique, comme on respecte les monuments encore subsistants de l'âge féodal. La Révolution a emporté les universités, les congrégations, les Églises elles-mêmes, toutes les associations plus ou moins libres qui prétendaient donner satisfaction aux besoins de l'intelligence et de la foi. Les Églises ne se sont relevées après la tempête qu'en vertu d'un acte de la puissance politique, et en subissant la nécessité d'une reconnaissance légale et d'une autorisation préalable. Quelques-unes des anciennes congrégations se sont reconstituées, de nouvelles même ont été fondées ; mais la plupart ne subsistent que par une tolérance tacite et précaire, et toute action collective leur est légalement interdite. Ces associations sont, d'ailleurs, encore plus menacées par ce qu'on appelle l'esprit libéral que par l'omnipotence de l'État, dont on accuse souvent la faiblesse à leur égard. Dans l'ordre intellectuel, les sociétés indépendantes ne rencontrent pas beaucoup plus de faveur; elles ne peuvent se passer de l'autorisation de l'État, et la plupart cèdent docilement aux efforts du pouvoir central pour leur imposer son patronage et pour les faire entrer dans sa sphère d'action. Quant aux associations enseignantes, nous avons vu quelles luttes elles ont eu à soutenir pour obtenir une demi-liberté qui leur a été longtemps marchandée au nom des intérêts libéraux eux-mêmes.

La liberté d'association n'était, dans les siècles précédents, que la consécration de priviléges oppressifs. C'est le souvenir d'un régime odieux qui pèse encore sur elle. Dans ces temps de barbarie, où la force légale était impuissante, chacun devait se protéger soi-même. Or, le seul moyen pour les faibles de faire passer la force de leur côté, c'est de s'associer, non pas d'une association pacifique, en mettant en commun leurs intérêts ou leurs pensées, mais d'une association militante, en unissant leurs efforts sous une sorte de gouvernement investi de tous les droits de la souveraineté, pour repousser les empiétements du dehors et pour réprimer les résistances du dedans.

Tel est le caractère de presque toutes les associations au moyen âge. Ce sont de véritables États, qui ont non-seulement leur législation et leurs finances, mais leur juridiction, leur police, leurs moyens directs de coercition et de défense. Des sociétés ainsi constituées n'ont pu se former et se maintenir sans arracher à la faiblesse de l'État quelques-uns de ses droits les plus essentiels, et sans usurper également sur la liberté des individus qui leur demandaient un refuge. Aucune société ne peut subsister si le droit n'achète pas l'appui de la force en s'inclinant devant elle (1). Mais, pour qu'on puisse « mettre ensemble la justice et la force, » comme dit Pascal, il faut que la force soit placée, comme la justice elle-même, dans les conditions les plus sûres d'impartialité, de généralité et d'unité. L'État le plus despotique réalise au moins les deux dernières. L'organisation des communautés, des corporations, des congrégations, sous l'ancien régime, multipliait l'empire de la force et le rendait d'autant plus odieux qu'elle le rapprochait davantage des individus. Il fallait obéir à l'État suprême, qui n'avait pas abdiqué tous ses droits; il fallait en même temps subir la loi du corps dont on était membre, et heureux ceux qui n'appartenaient qu'à un seul corps! il fallait, enfin, se défendre contre tous ces petits États rivaux dont on était environné.

Non-seulement les diverses associations s'étaient arrogé une partie des droits de la puissance civile, mais, dans un temps où la notion du droit commun était partout obscurcie, elles s'étaient fait accorder les plus énormes priviléges. Point de place pour le travail libre : chaque genre de travail est le privilége d'une corporation; point de place pour l'en-

---

(1) « La justice sans la force est impuissante; la force sans la justice est tyrannique. La justice sans force est contredite, parce qu'il y a toujours des méchants; la force sans la justice est accusée. Il faut donc mettre ensemble la justice et la force, et, pour cela, faire que ce qui est juste soit fort, que ce qui est fort soit juste. » — Pascal, *Pensées*, édition Havet.

seignement libre : chaque degré d'enseignement a ses écoles, ses colléges, ses universités, en possession d'un privilége exclusif; point de place pour la foi libre : une seule Église règne sur l'État et sur le peuple, et la force publique est à son service pour lui assurer l'adhésion des consciences. Ces priviléges, tantôt usurpés, tantôt obtenus en vertu d'une concession bénévole, sont si peu d'accord entre eux, qu'ils perpétuent l'état de guerre entre les associations. Quelque soin qu'on ait pris de parquer dans chaque corps de métier une industrie déterminée et uniformément réglementée, les empiétements réciproques sont continuels, aboutissant à des luttes violentes ou à des procès sans issue. L'université est en guerre ouverte avec les ordres monastiques pour la défense de son monopole, et les ordres monastiques n'ont pas des priviléges moins respectables, qu'ils défendent avec acharnement, non-seulement contre l'université, mais les uns contre les autres. Enfin, si la liberté de conscience fait la conquête de quelques garanties, elles se réduisent à constituer côte à côte des Églises privilégiées, armées pour la lutte, et qui ne peuvent se mouvoir, dans la sphère assignée à chacune d'elles, sans mettre en échec la puissance de l'État et sans allumer la guerre civile.

Est-il étonnant que les particuliers aient fini par préférer à ce régime d'oppression et de lutte le pur despotisme de l'État, et qu'ils l'aient aidé eux-mêmes à les débarrasser de ces corporations qui ne les protégeaient qu'en les asservissant, du moment que sa puissance a suffi pour les couvrir d'une protection efficace? Il ne faut pas davantage s'étonner, si l'État s'est montré plus jaloux de reprendre sur les associations les droits qu'elles lui avaient enlevés et qui en faisaient autant d'États dans son propre sein, que de faire disparaître ceux de leurs priviléges dont le poids ne pesait que sur les peuples. C'est ainsi que ces priviléges ont subsisté jusqu'à la Révolution, entretenant la haine contre un régime social dont les abus semblaient d'autant plus odieux qu'il avait cessé d'être protecteur. La Révolution les a enfin immolés sur l'autel de la liberté, mais elle a été entraînée, par la haine qu'ils inspiraient, à immoler avec eux le droit d'association lui-même.

Toutes ces usurpations, soit sur l'autorité de l'État, soit sur la liberté des individus, sont étrangères au droit d'association considéré en lui-même. Il y a contradiction entre la liberté et le privilége. Il y a également contradiction entre la liberté et la contrainte. L'emploi de la force est nécessaire, dit Pascal, « parce qu'il y a toujours des méchants, » c'est-à-dire des ennemis du droit. C'est l'origine de l'État. Mais, précisément pour que toutes les libertés ne soient pas sous l'empire de la force, il faut d'autres associations que l'État lui-même, il faut des associations libres, qui puissent se former librement et librement se dissoudre, et dont les statuts, la juridiction, la défense, excluent tout moyen coercitif. Ces sociétés indépendantes de l'État peuvent traiter avec lui, en quelque sorte d'égal à égal, mais non se confondre avec lui en introduisant la contrainte où ne doit régner que la liberté. D'un côté est l'ordre spirituel, qui n'est pas seulement l'ordre religieux; de l'autre, l'ordre temporel. Le premier ne peut vivre que sous la protection du second, et il est juste qu'il l'achète en se soumettant à ses lois; mais il ne le serait pas qu'il ne vécût que par son bon plaisir. Le second doit reconnaître l'indépendance du premier, mais sans abdiquer devant lui, sans lui céder une partie de sa puissance, sans lui permettre de tourner contre la liberté les armes de la liberté.

C'est donc à tort qu'on oppose au droit d'association ces souvenirs d'un régime qu'il repousse lui-même. Ajoutons qu'il est chimérique d'en craindre le retour. La Révolution n'a pas détruit tous les privilèges; mais ceux mêmes qu'elle a respectés, elle les a frappés d'impuissance; s'ils blessent encore l'égalité, ils ne sont plus une entrave à la liberté. Quant à l'État, loin que ses droits aient été entamés par une révolution qui semblait surtout dirigée contre eux, ils ont si bien repris possession de toutes leurs attributions naturelles, qu'ils lui assurent désormais une puissance sans rivale, sinon sans limites. Aucune association, non plus qu'aucun individu, ne prétend partager avec lui le droit qui lui est propre de se faire obéir par la force. On ne lui dispute que le terrain des influences morales, où il ne saurait s'aventurer sans danger. Il est assez fort pour n'avoir plus à redouter les empiétements d'une liberté réglée; il ne peut que s'affermir encore en accordant à la liberté les garanties qu'il lui doit contre ses propres empiétements.

Nous ne prétendons pas toutefois que la liberté d'association, dépouillée de tout privilége et de tout droit oppressif, soit désormais sans péril. Une association est toujours, à certains égards, une sorte d'État; elle a ses lois, bien qu'il ne lui appartienne pas de contraindre directement ses membres à les respecter. Elle a ses revenus, bien qu'ils ne se composent que de dons volontaires. Elle a sa juridiction, bien qu'elle ne puisse donner elle-même une sanction positive aux arrêts qu'elle prononce. Elle a, enfin, ses moyens d'action, qui ne laissent pas d'être efficaces, quoiqu'ils excluent l'emploi de la force. C'est, en un mot, comme l'État, une puissance collective et organisée, et, devant une puissance de ce genre, on conçoit aisément sinon la jalousie de l'État, du moins les alarmes des individus. L'égalité complète entre individus est une chimère. Quand on réaliserait l'égalité des biens, les intelligences et les forces seraient toujours inégales. Or, si la lutte n'est pas toujours possible d'individu à individu, comment le serait-elle entre un individu et une puissante association? L'atelier disparaît devant l'usine. Le petit voiturier subit la loi des grandes messageries : celles-ci, à leur tour, sont frappées à mort par les chemins de fer. Si nous nous renfermons dans l'ordre intellectuel, qui touche par plus d'un point à l'ordre industriel, la lutte n'est pas moins inégale entre les petits et les grands journaux, entre les professeurs isolés et les corporations enseignantes. Dans l'ordre religieux lui-même, dégagé de tout intérêt mercantile, est-il facile au libre-penseur de s'isoler dans sa foi, en repoussant le patronage de toute Église. Seul en face d'une organisation qui touche à tant d'intérêts précieux, ne se sent-on pas comme enlacé par mille liens, dont il est presque impossible de se dégager entièrement. Qu'on oppose, dira-t-on, l'association à l'association ; que les libres-penseurs, les professeurs isolés, les petites industries, sans abdiquer leur indépendance et leur individualité, sachent se soutenir mutuellement contre toute influence oppressive, contre toute concurrence inégale. — Oui ; mais si l'individu, contre les associations qui l'entourent, n'a de ressource que dans l'association elle-même, que devient sa liberté ? « L'homme isolé est comme enchaîné, » argument puissant en faveur du droit d'association ; mais, par là même, objection redoutable contre ce même droit, s'il est vrai qu'il s'impose à l'individu comme son unique moyen de défense et que celui qui ne veut pas ou qui ne peut pas l'exercer soit condamné inexorablement à l'impuissance, à la ruine et à la mort ?

C'est en vain d'ailleurs que le fait même de l'association reste facultatif : il est souvent difficile de se dégager d'un tel lien, une fois qu'on l'a accepté. Qui ne sait combien il en coûte, au sein des congrégations religieuses, pour reprendre une liberté qui n'est plus enchaînée par des vœux perpétuels, mais seulement par le respect humain et par la force de l'habitude. On retrouverait une pression du même genre dans presque toutes les associations qui affectent un caractère moral, même les plus mondaines : bien que la servitude y soit volontaire, elle est toujours une servitude pour ceux qui n'ont pas le courage de s'en affranchir, et c'est ainsi qu'elle apparaît aux témoins désintéressés qui l'observent du dehors. De là le peu de sympathie de l'esprit de liberté pour le droit d'association ; de là les précautions que l'on réclame, au nom de la liberté, contre une de ses formes les plus respectables et les plus précieuses.

Ce qui contribue le plus peut-être à l'impopularité des associations, ce sont les intérêts pécuniaires qui s'y lient nécessairement aux intérêts moraux. Toute société, lors même qu'elle ne tend qu'à unir les âmes, a besoin de revenus. Vous ne voulez que prier en commun ; il vous faut au moins une maison de prières et, après l'avoir achetée ou louée, il faut pourvoir à son entretien. Une association entièrement désintéressée peut se former dans le but de répandre l'instruction : elle ne peut se passer de ressources pécuniaires, soit pour l'acquisition des locaux destinés à ses écoles, soit pour le salaire de ses professeurs. On peut en dire autant de la publication d'un journal, quelle que soit dans sa fondation la part d'un zèle tout désintéressé. Enfin, il est des œuvres d'un caractère purement moral qui ne peuvent s'accomplir que par des moyens matériels et dont l'argent est, non plus le salaire ou l'indemnité, mais l'instrument direct et nécessaire. Telles sont les œuvres de charité. Ici, c'est l'argent ou les choses qu'on se procure à prix d'argent qui jouent le principal rôle après l'intention morale. Le journaliste vit de sa plume, le professeur, de son enseignement ; le prêtre lui-même vit de l'autel : la charité est le dévouement absolu et constant ; tous ceux qu'elle associe doivent être toujours prêts à payer de leur temps, de leur travail et de leur bourse. Or, quand l'association est, dans toute la force du terme, une personne morale, quand elle ne se compose plus de co-propriétaires appelés à partager des dépenses et des bénéfices éventuels, mais de membres d'un même corps, dévoués à une même œuvre, sans garder personnellement aucun droit sur le capital et sur les revenus dont elle dispose, elle peut sans doute compter sur le concours désintéressé et sans réserve des individus qui sont volontairement entrés dans son sein ; mais elle se pose par cela même en rivale d'une société antérieure et naturelle qui réclame leur premier dévouement : c'est la famille. Ces biens, qui sont destinés à satisfaire aux besoins d'une église, d'une congrégation, d'une corporation enseignante, d'une institution charitable, sont enlevés à la famille. Faut-il donc s'étonner si des récriminations passionnées s'élèvent sans cesse contre l'avidité et l'esprit d'envahissement de ces différentes sortes de sociétés et si l'on ne craint pas d'en appeler à l'intervention de l'État, pour qu'il mette des bornes au développement de leur fortune et quelquefois même pour qu'il les en dépouille ? Faut-il s'étonner de la défiance qu'inspire l'esprit d'association, même sous sa forme la plus respectable, comme dévouement à la foi religieuse, au progrès des lumières, au soulagement des misères sociales ?

II

Ce n'est pas ici le lieu de traiter de la propriété des associations. La question ne peut se séparer de celle de la propriété en général ; elle n'intéresse pas d'ailleurs l'essence même du droit qui nous occupe. La liberté d'association serait gênée, elle ne serait pas entravée, alors même que tout droit de propriété lui serait absolument refusé. Elle a besoin de revenus; elle peut se passer de biens perpétuels. Des associations simplement tolérées ont pu, de nos jours, se procurer des ressources immenses, sans avoir le droit de passer en leur nom et à leur profit propre aucun acte, non pas d'achat, mais d'emprunt ou de bail. On s'effraye pour les familles, on s'effraye pour l'État lui-même de la facilité merveilleuse avec laquelle peuvent se former et s'accroître les richesses précaires de certaines associations. Ce peut être le juste objet de la surveillance des pouvoirs publics et de quelques précautions légales, mais ce serait frapper le droit de propriété dans son usage le plus légitime que d'y voir un motif pour une interdiction absolue. L'esprit d'association n'est pas le plus dangereux ennemi de la fortune des familles; elle est bien souvent et bien plus sûrement menacée par toutes les passions égoïstes et tous les faux calculs qui poussent les individus à l'incurie, à la prodigalité, aux folles entreprises. Sauf dans certains cas extrêmes, la loi doit fermer les yeux sur ces causes de ruine, par respect pour la liberté individuelle; elle doit avoir le même respect pour la liberté d'association, si elle y reconnaît, jusque dans ses abus, l'exercice d'un droit.

Pour apprécier la légitimité de ce droit, nous devons considérer les associations en elles-mêmes, dans leur action et dans leur vie propre. Il ne faut pas nier la puissance redoutable de l'association, ce serait nier ses bienfaits; mais il ne faut pas l'exagérer. Il y a dans toute association un accroissement, mais il y a aussi une neutralisation de force. Certaines entreprises ne peuvent réussir que par des efforts collectifs; d'autres demandent, au contraire, des efforts individuels. L'association abandonne en général l'agriculture à l'exploitation individuelle; elle lui abandonne également un grand nombre d'industries, surtout celles qui exigent de l'intelligence et de l'adresse. Les masses sont plus aisément remuées par les accords d'un orchestre que par le jeu savant d'un soliste; mais celui-ci seul peut prétendre à la fortune et à la gloire. De même, quelle que soit l'influence de la presse périodique, elle n'est pas toute la littérature et ce n'est qu'aux écrivains isolés qu'appartiennent les grands et durables succès. Un corps enseignant a de grands avantages sur des professeurs isolés; ces derniers cependant obtiendront souvent la préférence, et des leçons particulières, sans avoir la garantie d'un savoir étendu et sérieusement constaté, seront quelquefois plus lucratives que l'enseignement collectif le mieux distribué, par cela seul qu'elles seront plus libres et mieux appropriées à la diversité des intelligences et des goûts. Enfin, pour des œuvres toutes désintéressées, c'est sans doute une faiblesse d'être seul, ce n'est pas un obstacle. La charité collective a une efficacité plus générale que la charité individuelle; elle n'a pas toujours une efficacité aussi directe, et même, pour être vraiment bienfaisante, tout en combinant les efforts de ceux qui lui prêtent leur concours, elle sent le besoin de se reposer en partie sur leur initiative personnelle. Il est certain que, dans l'ordre religieux, l'isolement est une souffrance pour les âmes les meilleures et une gêne pour les autres. Qui dit religion dit un lien, d'après l'étymologie même, et si le sentiment religieux est naturel à l'homme, il l'invite naturellement à l'association. Beaucoup cependant se dégagent aisément de ce lien, et la pensée libre a son charme propre, lors même qu'elle n'a pas l'appui de l'esprit de contradiction et de paradoxe.

Que prouve d'ailleurs la faiblesse relative de l'individu en face des associations auxquelles il reste étranger ? C'est que l'homme n'est pas fait pour l'isolement ; c'est qu'il doit faire pour en sortir tous les efforts que lui permet le soin de son indépendance. L'association apparaît ainsi, non pas comme une nécessité inexorable, mais comme un devoir imposé à l'homme par sa nature et dont il ne peut être dispensé que par d'autres devoirs. C'est une contrainte, sans doute, mais on en peut dire autant de toute nécessité morale. C'est une gêne pour la liberté, mais la liberté ne la subit que pour y puiser de nouvelles forces. C'est aussi une gêne que la nécessité du travail, et l'on peut souhaiter d'en être affranchi ; mais a-t-on le droit de demander autre chose que la faculté de changer librement le genre de travail auquel on se consacre. On ne peut entrer dans une association sans abdiquer une partie de sa liberté, mais c'est une abdication volontaire et qui n'est jamais irrévocable. Que le respect humain hésite devant l'éclat d'une rupture, ce n'est souvent que la juste expiation d'un engagement téméraire et, dans tous les cas, tant que la liberté reste entière, nul n'est fondé à se plaindre.

Quelques reproches que l'on puisse faire à l'esprit d'association au nom des intérêts individuels, ces intérêts eux-mêmes ne sauraient s'en passer et ils ne peuvent que réclamer des garanties contre ses abus. Or, ce n'est pas écarter l'abus, c'est supprimer le droit, que d'exiger, pour toute association de plus de vingt personnes, l'autorisation du gouvernement. Qu'une telle exigence se maintienne dans nos lois, au nom de l'intérêt prétendu de l'État, on le conçoit aisément; mais qu'elle invoque l'intérêt de la liberté elle-même et qu'un zèle sincère pour la liberté lui prête quelquefois son appui, c'est une illusion assurément fort étrange. Vous vous sentez trop faible en face de ces grandes associations qui se gouvernent comme de véritables États, mais du moins sous la juridiction suprême de l'État, dont elles font partie comme vous-même, sans autre moyen d'action ou de défense que ceux du droit commun : vous sentez-vous plus fort en face de l'État lui-même, dont vous exagérez si imprudemment les droits? Ne représente-t-il pas la plus puissante des associations, non-seulement comme la plus étendue, mais comme la seule qui ait la force en mains et qui ne reconnaisse au-dessus d'elle aucun juge? Le plus sage gouvernement peut se tromper; le plus honnête a ses préjugés et ses passions; le plus libéral a ses défiances à l'égard de la liberté. Loin de livrer le droit d'association au bon plaisir du gouvernement, nous voudrions plutôt qu'on y cherchât un abri pour les individus eux-mêmes contre la toute-puissance de l'État. Dans l'intérêt des gouvernements, pour qu'ils soient moins tentés de sortir de leurs limites naturelles; dans l'intérêt des gouvernés, pour qu'ils ne soient pas réduits à tout souffrir ou entraînés à tout oser, il faut des intermédiaires assez forts pour imposer à la tyrannie ou, s'il n'y a pas d'autre moyen de salut, pour organiser la résistance légale. Tel a été, en Angleterre, le rôle de l'aristocratie; telles doivent être, sans l'inégalité et les priviléges aristocratiques, de libres associations, se recrutant librement au sein de toute la masse du peuple, dont elles reproduisent la mobilité et la vie, mais pouvant, d'un autre côté, comme les aristocraties elles-mêmes, opposer leur unité et leur perpétuité à l'unité et à la perpétuité de l'État. L'individu isolé peut les regarder d'un œil jaloux, il n'a pas tort de réclamer des garanties contre l'abus de leur influence; mais qu'il craigne, en exagérant ces garanties, de battre en brèche les plus forts remparts de sa liberté (1).

Et ce sont aussi les plus surs remparts de l'autorité publique elle-même, intéressée à se décharger sur ces corps indépendants, d'une responsabilité périlleuse. En vain voudrait-on borner le rôle de l'État à la police et à la justice, il ne saurait refuser aux

---

(1) « Je sais bien qu'on ne saurait fonder de nouveau dans le monde une aristocratie; mais je pense que les simples citoyens, en s'associant, peuvent constituer des êtres très-opulents, très-influents et très forts. On obtiendrait ainsi plusieurs des avantages politiques de l'aristocratie, sans ses injustices et ses dangers. Une association politique, industrielle, commerciale, ou même scientifique ou littéraire, est un citoyen éclairé et puissant, qu'on ne saurait plier à volonté, ni opprimer dans l'ombre, et qui, en défendant ses droits particuliers, sauve la liberté commune. » — De Tocqueville, *L'Ancien régime et la Révolution.*

individus son assistance et son concours pour toutes les œuvres utiles, auxquelles des efforts isolés ne sauraient suffire, si aucune association libre ne se présente pour les effectuer. C'est ainsi qu'il peut être obligé de se faire entrepreneur de travaux ; c'est ainsi, à plus forte raison, qu'il ne peut se dispenser de soulager les misères privées si la charité libre est impuissante, de distribuer toute l'instruction si l'enseignement libre, individuel ou collectif ne lui vient pas en aide, et même de prendre en mains la direction du culte public, si la nation sent le besoin de croyances et de pratiques religieuses, sans avoir assez de foi, de zèle et d'initiative pour fonder ou pour soutenir par elle-même une ou plusieurs Églises libres. Or, il n'en va pas de l'intervention de l'État en de pareilles matières comme de ses autres devoirs. Ceux-ci sont invariables, parce que l'État en est seul chargé. Entretenir une armée, une police, un corps d'administrateurs et de juges, voilà ce qui lui appartient sous tous les régimes, et si l'organisation peut être différente, la nature et l'étendue des attributions sont toujours les mêmes. Mais quelque extension que puisse recevoir l'assistance de l'État sous toutes ses formes, comme travaux publics, comme institutions charitables, comme enseignement, comme organisation ecclésiastique, quelques utopistes demandent seuls qu'elle soit entre ses mains un monopole exclusif, ne laissant aux individus, pour leur travail, pour la culture de leur esprit, pour la manifestation de leur foi, pour l'accomplissement de tous leurs devoirs, que la liberté impuissante de l'isolement,

Elle ne doit, comme son nom l'indique, que venir en aide à l'insuffisance des efforts privés. Elle est donc naturellement variable, suivant les besoins qu'elle est destinée à satisfaire, et par là, si ces besoins n'ont pas d'autres recours, elle expose l'État à des réclamations incessantes, soit qu'on l'accuse de faire trop peu et d'apporter une parcimonie odieuse dans le soulagement des plaies sociales, soit qu'on lui reproche de faire trop et de dilapider la fortune publique.

Ces plaintes ne manquent jamais, en dépit de leur contradiction, de trouver de l'écho au sein des masses, toujours prêtes et à exagérer les devoirs de l'État et à lui marchander les moyens de les remplir. Aussi, pour conjurer les périls que lui fait courir l'extension illimitée de ses devoirs, un sage gouvernement sent le besoin d'alléger sa responsabilité, et il sera quelquefois le premier à inviter les populations à prendre l'habitude de compter sur elles-mêmes (1). Or, ces invitations ne peuvent avoir d'effet tant qu'elle ne s'adressent qu'aux individus ou à des masses sans cohésion. C'est l'impuissance des forces individuelles qui rend seule nécessaire ce concours de l'État, si périlleux pour lui-même, et il ne peut devenir superflu que si l'on trouve dans de libres associations ce qu'on est accoutumé à demander à la société politique et à ses chefs. Le seul moyen de

(1) « Parmi les mille manières de gouverner dont on a usé dans le monde, il y en a une qui n'a pas encore fait ses preuves, je pense, et qui, je l'avoue, a pour moi des attraits particuliers. Je voudrais que le gouvernement apprît aux citoyens à se passer de lui. Ce sont des mœurs nouvelles à former. Je suis convaincu que le gouvernement peut beaucoup pour cette œuvre, mais les citoyens y peuvent davantage. » — Discours prononcé à Domfront, le 21 août 1876, par M. de Marcère, ministre de l'intérieur. *Journal officiel* du 22 août.

ranimer l'initiative privée chez un peuple accoutumé à tout attendre de l'initiative publique, c'est donc d'encourager l'esprit d'association, et pour cela il ne suffit pas de lui faire appel, il faut le débarrasser de toute entrave. Il ne prendra confiance en lui-même et il ne pourra suffire aux grandes entreprises que lorsqu'il sera sorti de tutelle.

III

Le droit d'association inspirerait sans doute moins de défiance, si l'on pouvait écarter les associations politiques. Mais la politique n'a pas un objet tellement défini qu'il soit possible de la parquer sur un terrain distinct, entouré d'un cordon sanitaire, en s'abstenant, pour tout le reste, de précautions désormais superflues. Dans l'enseignement, dans la religion, aussi bien que dans la presse, la politique a partout sa place naturelle, qui défie les distinctions et les délimitations légales. Pourquoi des hommes qui, sur tout le reste, professent les idées les plus libérales repoussent-ils les congrégations religieuses? c'est qu'on leur attribue un rôle politique. Pourquoi se défie-t-on des sociétés littéraires elles-mêmes? c'est qu'on craint qu'elles ne propagent, sous prétexte d'histoire, une politique rétrograde ou, sous prétexte d'économie politique ou de philosophie, des théories révolutionnaires, subversives de l'ordre social. Le seul motif qu'on ait pu invoquer pour faire peser la main de l'État sur les sociétés charitables, ce sont les facilités qu'elles auraient, si elles étaient abandonnées à elles-mêmes, pour exercer une influence politique. Il n'est pas une association qui puisse prétendre à la liberté si les sociétés politiques n'en doivent pas partager le bénéfice.

Sous le nom de sociétés politiques, on se représente généralement des sociétés secrètes ou des clubs. La clandestinité d'une association, nous n'hésitons pas à l'accorder, suffit pour légitimer les soupçons et pour autoriser, non-seulement des mesures restrictives, mais une prohibition absolue. Elle n'est pas l'usage légitime, mais l'abus d'un droit, et, sous un régime de liberté, elle ne peut que cacher des desseins coupables. Toutefois il faut bien s'entendre sur cette expression de sociétés secrètes. Il n'y a pas clandestinité lorsqu'une association garde le secret de ses délibérations, de ses desseins et de ses actes, mais seulement lorsqu'elle cherche à dissimuler son existence. Si elle ne pouvait agir que sous l'œil du public ou sous la surveillance inquisitoriale de l'État, elle ne serait pas placée dans les conditions d'une véritable liberté. Une association est un être moral, avec tous les devoirs et tous les droits des personnes. Son état civil doit être connu, sa vie ne doit pas être entourée de mystères; mais elle n'est pas obligée de poursuivre à ciel ouvert toutes ses entreprises, et il n'y a que la présomption d'un acte criminel qui autorise les agents de l'État à s'immiscer dans ses affaires, comme dans celles d'un particulier.

Une association peut donc avoir ses secrets sans être proprement une société secrète. Mais si ces secrets peuvent être politiques, n'est-ce pas une porte ouverte aux complots les plus dangereux? — Il n'est pas naturel que l'on conspire au grand jour, sauf dans les tragédies classiques. Une association de conspirateurs dissimule non-seulement ses projets, mais les réunions où ils s'élaborent. Elle tombe ainsi sous les lois qui interdisent justement toute société secrète. Ajoutons que tous les voiles et tous les mensonges sont presque toujours impuissants à préserver de tels secrets, dès qu'ils sont confiés à un certain nombre de complices. Machiavel, qui s'y connaissait, déclare qu'il est impossible de prévenir toutes les causes qui peuvent faire découvrir une conjuration et qu'elle sera nécessairement trahie, à moins d'un miracle, soit par perfidie, soit par imprudence, soit par légèreté, si le nombre des complices dépasse trois ou quatre (1). Il est rare que la police n'ait pas des représentants dans toute société secrète un peu nombreuse, et rien ne l'empêcherait, le plus souvent, d'étouffer les complots dans leur germe, si elle ne préférait les laisser mûrir pourque la répression soit plus sûre et plus complète. Non, sans doute, que tout complot politique soit forcément frappé d'impuissance : des associations de conspirateurs, de même, quoique plus rarement, que des associations de malfaiteurs, ont pu, dans tous les temps, conduire leurs projets jusqu'à l'exécution, et quelquefois même avec un plein succès; mais les lois les plus sévères contre le droit d'association auraient-elles eu le pouvoir de les arrêter? Croit-on que les associations criminelles, soit contre la sûreté de

---

(1) Discorsi, l. III, c. VI, *Delle Congiure*.

l'État, soit contre les personnes et les propriétés, soient moins à craindre dans les pays où ce droit n'est pas reconnu?

Pour ne parler que des complots politiques, ce qui les multiplie, suivant Machiavel, ce n'est pas la modération et la tolérance du gouvernement, mais la tyrannie, mais le mécontentement universel du peuple, « parce qu'il est naturel que le prince qui s'est rendu l'objet de ce mécontentement universel en éprouve, à plus forte raison, les effets des particuliers qu'il a offensés plus directement et qui ont à cœur de se venger, et ce désir de vengeance puise de nouveaux aliments dans les mauvaises dispositions du peuple entier. » Une conjuration est surtout redoutable, ajoute Machiavel, « quand la nécessité vous contraint de porter au tyran le coup dont il vous menace, surtout si le danger est tellement pressant qu'il ne vous laisse pas le temps de songer à votre sûreté (1). » Les crimes appellent les crimes et l'audace naît souvent de la peur.

On conspire cependant ailleurs que sous les gouvernements despotiques et contre des tyrans; mais est-il jamais arrivé qu'une conspiration ait été découverte, soit comme société secrète, soit comme association illégalement formée, sans qu'on ait en même temps mis la main sur les indices révélateurs de ses desseins? Qu'a-t-on besoin alors de lois spéciales contre les associations, quand on est armé de celles qui, dans tout pays, punissent les complots

---

(1) *Ibid*.

contre l'État! Supposez que par impossible une conjuration laisse échapper le secret de ses réunions sans que celui de ses desseins puisse être légalement pénétré : elle peut toujours être réprimée comme association clandestine. Que si elle ne laisse pas même prise sous ce rapport, que pouvez-vous contre elle, à moins de considérer comme suspectes toutes les réunions privées? Nos lois n'ont pas jugé possible d'étendre leur action préventive sur les associations de moins de vingt personnes, à moins qu'elles n'aient le caractère de sociétés secrètes. Or, une conspiration de plus de vingt personnes qui se réuniraient ouvertement, sans rien laisser transpirer de leurs projets jusqu'au moment de l'exécution, accuserait une police tellement aveugle ou négligente que toutes les précautions légales ne sauraient sauver un État si mal gardé.

Une association un peu nombreuse n'est pas un terrain propice pour une conspiration, mais elle peut lui fournir un instrument redoutable. « Le premier et le plus sûr moyen de faire réussir une conjuration ou, pour mieux dire, le seul; dit encore Machiavel, c'est de ne pas donner aux conjurés le temps de vous trahir et de ne leur communiquer l'entreprise que lorsqu'il est temps de l'exécuter, et pas avant (1). » Quand on a noué, seul ou avec quelques amis, tous les fils d'un complot, si on a dans la main une association dont on est l'âme, dont on a entretenu les sentiments hostiles sans la pousser encore aux manifestations factieuses, on pourra, par une révéla-

(1) *Ibid.*

tion soudaine, suivie des plus pressantes excitations, l'entraîner en masse à la révolte. Toutes les diversités de caractères et de sentiments se fondent aisément dans un esprit commun quand les hommes sont réunis et qu'on sait les manier, sans laisser à la réflexion et aux dispositions habituelles le temps de reprendre leurs droits. Tels sont entrés dans une réunion politique par pure curiosité et dans les sentiments les plus pacifiques, qui en sortent les armes à la main, pleins d'une fureur aveugle, prêts à donner leur vie pour une cause qui, une heure auparavant, les laissait presque indifférents.

Remarquons toutefois que l'exécution subite d'un complot, au moment même où il se révèle à ceux qui doivent s'en faire les complices, n'est guère possible, s'il s'agit proprement d'une conjuration, obligée d'agir dans l'ombre, par ruse plutôt que par violence. En vain toutes les mesures seraient-elles prises, il s'écoulera toujours un certain délai jusqu'au moment où l'on pourra jeter entièrement le masque, et chez des hommes dont on aura surpris plutôt qu'obtenu l'adhésion, ce délai suffira, le plus souvent, pour ébranler des résolutions mal affermies; ou si, pour ne laisser aucune place aux hésitations ou aux remords, on sent la nécessité de précipiter le dénouement, on risque de tout compromettre par cette précipitation même. Ces entraînements soudains ne peuvent compter sur le succès que lorsqu'ils se traduisent en un appel à la révolte ouverte, à l'insurrection; mais, dès lors, il ne peut plus être question du droit d'association et de ses abus. Ce n'est pas, en effet, une association, toujours limitée dans le nombre de ses membres actifs, qui peut, en général, former le noyau d'une insurrection; il faut une de ces réunions politiques qu'une éloquence passionnée peut enflammer et pousser aux derniers excès et qui peuvent être d'autant plus nombreuses qu'elles n'imposent pas aux assistants des engagements préalables.

La révolte peut sortir d'une réunion fortuite; elle trouvera surtout des instruments bien préparés dans ces réunions organisées que l'on appelle des *clubs*. Les clubs ne sont pas, dans toute la force du terme, des associations; ce sont, toutefois, plus que de simples réunions. Si leurs membres ne sont pas des associés, ce sont au moins des affiliés, et lors même qu'il n'y aurait pas entre eux d'autre lien que leur présence dans une même assemblée, l'esprit qui préside en général à toute réunion de ce genre suffirait pour transformer ce lien en une véritable solidarité. Ne nous arrêtons donc pas à des distinctions trop subtiles, et soit qu'il faille tolérer ou proscrire les clubs, ne séparons pas leurs destinées de celles des associations politiques.

La question semble jugée contre les clubs. Ils ne réveillent, dans notre histoire, que le souvenir d'excitations stériles, et les gouvernements mêmes qui les avaient accueillis avec le plus de faveur n'ont pas tardé à les condamner. Mais à quelle époque l'épreuve en a-t-elle été faite? A la suite de révolutions, au milieu de troubles civils, sous des gouvernements nouveaux et mal assis. C'est presque toujours dans de telles circonstances que l'on fait l'essai d'une liberté nouvelle, et si, comme on doit s'y attendre, elle se manifeste d'abord par ses périls, on est porté à la rejeter sans retour. Le premier usage d'un droit est souvent comme un jouet entre les mains des enfants; ils en abusent jusqu'à ce qu'ils l'aient brisé ou qu'ils en soient dégoûtés. Même dans un temps calme, un usage prudent et modéré ne peut être que l'effet de l'expérience et de l'habitude. Qu'est-ce donc quand les passions sont excitées, quand on voit, dans le droit qu'on a conquis, non le droit lui-même, mais un instrument au service de l'ambition ou de la vengeance? La période qui suit immédiatement une révolution participe toujours de l'état de guerre et, comme l'état de guerre, elle peut autoriser la suspension des libertés anciennes, à plus forte raison l'ajournement d'une liberté encore inessayée. Mais il ne faudrait pas que l'ajournement fût indéfini. Il appartient, au contraire, aux époques paisibles et aux gouvernements solidement établis, de faire l'essai de toutes ces libertés que l'on attend ordinairement des révolutions et que les révolutions finissent, en effet, par consacrer, après les avoir longtemps compromises.

Aux époques révolutionnaires, sous des gouvernements mal constitués, on a vu les clubs agiter le pays, y entretenir les plus mauvaises passions, usurper l'autorité souveraine. On a vu, sur leurs réclamations forcenées, le pillage, les confiscations, les massacres, les arrestations arbitraires, les assassinats juridiques, la terreur érigée en système de gouvernement; mais ces passions détestables, auxquelles les discussions des clubs ont servi d'aliment, sont-elles nées dans les clubs? ne se sont-elles déchaînées qu'à la faveur des clubs? et sous un gouvernement impuissant à contenir la flamme qu'il avait allumée, avaient-elles besoin de trouver ces foyers autorisés pour provoquer des réunions factieuses, pour faire prévaloir les résolutions les plus violentes et les plus sanguinaires? Dans les plus petites communes comme dans les plus grandes, les décisions des clubs ont eu souvent force de loi : y avait-il à côté d'eux des autorités régulièrement constituées pour s'opposer à ces décisions et pour faire reculer l'émeute, toujours prête à leur servir de pouvoir exécutif? L'insurrection et la terreur en 1792, la guerre civile en 1848 et en 1871, sont sorties des clubs; mais dans ces horribles crises que notre société a traversées et qui l'ont plutôt consolidée en la régénérant qu'elles ne l'ont affaiblie en la déchirant, c'est faire violence à l'histoire que de rejeter tout le mal sur les clubs. Il eût été permis, il eût été raisonnable de suspendre une liberté qui n'était pas à sa place à l'heure des luttes violentes; mais, toute fatale qu'elle a été, son influence n'a pas été la plus désastreuse, et si, dans nos révolutions, on fait la part équitable du bien et du mal et de toutes les causes qui ont agi sur l'un et sur l'autre, il n'y a pas sans doute de raison d'aimer les clubs, il n'y en a pas non plus de les condamner en principe.

Considérons les clubs, non plus dans un pays qui ne les a connus qu'au milieu des tourmentes révolutionnaires, mais dans un État qui leur a laissé une place dans le jeu régulier et pacifique de ses institutions. Les réunions populaires ont moins de raison d'être en Angleterre qu'en France, car le droit de suffrage y est resté un privilége, et des résolutions sont prises, dans ces réunions, par des ouvriers ou des paysans qui n'ont aucun moyen de les faire prévaloir légalement. Si quelque part les discussions des clubs peuvent offrir à l'émeute des encouragements et des occasions favorables, c'est sous un régime qui autorise la vie politique là où sont exclus les droits politiques. Il y a eu certainement, il y a encore des émeutes en Angleterre : pourquoi s'en effraye-t-on moins qu'en France ? Pourquoi y voit-on seulement un motif pour suspendre, non un prétexte pour supprimer la liberté d'association et de réunion? On allègue le caractère calme et froid des Anglais ; c'est leur faire trop d'honneur. L'Angleterre a eu ses époques de troubles et de révolutions ; aucun pays n'y a déployé plus de férocité, des passions plus sauvages et plus implacables. Pour qui ne connaîtrait l'Angleterre que par son histoire depuis l'invasion saxonne jusqu'à sa dernière révolution, ce serait encore une grande nation, mais ce serait une des nations les plus remuantes, les plus ingouvernables, une de celles où la froide raison a eu le moins d'empire et qui se sont abandonnées avec le moins de contrainte à tous les entraînements de l'imagination, à toutes les fureurs de la passion (1).

(1) C'est par une plume anglaise et sous l'inspiration des mœurs anglaises qu'a été tracé le tableau le plus complet et le plus vivant d'une sédition populaire : je veux parler de la révolte de Jack Cade, dans la seconde partie de la tragédie de *Henri VI*. On conteste cette pièce à Shakespeare, et l'auteur, quel qu'il soit, n'avait pas besoin,

On a dit des clubs, encore plus que des journaux, qu'il est impossible de gouverner avec eux. Il est certain que les mêmes arguments sont applicables des deux parts, comme aussi les mêmes réfutations. Les discussions des clubs s'adressent surtout aux passions : le langage des journaux est-il moins passionné? La parole vivante a sur les âmes une action que n'a pas la parole imprimée, cela est vrai; mais elle est obligée naturellement à plus de ménagements, car on peut lui répondre sur-le-champ, et si les masses sont dociles à la voix de la passion, il est rare cependant, à moins que les esprits ne soient tout à fait aigris, qu'elles ferment l'oreille à celle du bon sens. La parole, dans les clubs, trouve, pour obéir à ses inspirations, des individus réunis qu'elle n'a que la peine de soulever; la presse, au contraire, va chercher des individus isolés; elle n'a pas le pouvoir de les rassembler, de les pousser directement à une action commune; mais, en revanche, son in-

en effet, d'être un inventeur de génie : il avait sous les yeux le modèle des passions qu'il a retracées naïvement et sans voile. Ce n'est pas davantage au génie de Shakespeare qu'il faut imputer toutes ces scènes d'horreur que notre goût, devenu plus tolérant qu'au temps de Voltaire, a encore peine à supporter dans ses chefs-d'œuvre les plus authentiques. On les retrouve, avec moins d'art, dans des pièces plus anciennes, qui ont souvent servi de canevas à ses propres pièces, et tous ses contemporains en offrent de semblables et de plus dégoûtantes. C'est le caractère anglais qui s'y peignait fidèlement, non pas, comme le croyait Voltaire, à une époque de barbarie, mais au plus beau temps de la Renaissance. Les mœurs anglaises ne se sont adoucies qu'après deux révolutions, sous l'influence de la liberté légalement garantie, et l'on peut suivre, à partir du xviiie siècle, leur progrès continu vers ces habitudes de modération et de calme qu'on pourrait leur croire inhérentes, si l'histoire n'attestait le chemin qu'elles ont eu à parcourir et si l'on n'y retrouvait pas encore plus d'une trace de leur rudesse et de leur violence natives.

fluence est infiniment plus étendue que celle des clubs ; et quand les mêmes excitations, constamment répétées, s'adressent à des esprits bien disposés, il n'est pas besoin qu'ils soient réunis pour les recevoir, ils sauront bien d'eux-mêmes se concerter pour y obéir. Les clubs ne sont trop souvent fréquentés que par des individus turbulents et factieux, qu'ils détournent d'un travail utile pour exploiter contre la société et contre les lois leur paresse, leur vanité, leurs mauvais instincts. Quels sont donc, dans les classes populaires, les lecteurs habituels des journaux? L'ouvrier des campagnes et des villes n'a pas, en général, son journal à soi, qu'il puisse lire au foyer domestique : le cabaret est son cabinet de lecture. Or, les habitués des cabarets peuvent inspirer la même défiance que ceux des clubs ; ils sont exposés aux mêmes entraînements. Il n'y a donc pas lieu de séparer la cause des clubs de celle des journaux : il faut les proscrire également, au nom des mêmes alarmes, ou, à l'exemple de l'Angleterre, les accepter comme deux formes également respectables d'un même droit, avec la même confiance dans les bienfaits de la liberté.

Quelle que soit la constitution d'un État, tous les citoyens ont le droit de s'éclairer entre eux sur leurs devoirs, leurs droits et leurs intérêts politiques, en un mot sur tous leurs rapports avec leur gouvernement. Droit évident, quand le peuple entier est appelé, sinon à se gouverner directement comme dans les démocraties anciennes, du moins à choisir par un libre suffrage ceux qui doivent le gouverner. Droit non moins incontestable sous tout gouvernement qui, sans accepter le contrôle légal des gouvernés, se considère cependant comme leur représentant. Si les pouvoirs publics ne doivent agir que dans l'intérêt des citoyens et pour la protection de leurs droits, ils ne peuvent se refuser à entendre leurs vœux et, pour s'éclairer eux-mêmes, ils ne doivent décourager aucune des manifestations de l'opinion publique. Lors même qu'ils ne reconnaissent pour juges que leur conscience et Dieu, ils n'en sont pas moins obligés, devant leur conscience et devant Dieu, de prendre connaissance des besoins auxquels ils doivent satisfaction et, par conséquent, de laisser monter jusqu'à eux l'expression de ces besoins.

Sous tous les gouvernements il est des limites morales à l'obéissance et, à ce point de vue encore, les peuples ont le droit de se rendre compte de la façon dont ils sont gouvernés, soit pour ne pas pousser la fidélité jusqu'au sacrifice de leurs premiers devoirs, soit pour se mettre en garde contre d'aveugles et funestes entraînements. Tel est le fondement de la liberté de la presse politique; tel est aussi celui de la liberté des réunions politiques. La presse ne remplace pas entièrement pour un peuple toutes les sources de lumière. Elle ne s'adresse qu'à ceux qui savent lire et qui peuvent se procurer le moyen de lire. Elle ne se met pas en communication directe avec tous ceux qu'elle éclaire; tous les besoins légitimes ne sont pas assurés de parvenir jusqu'à elle et son langage ne saura pas toujours se mettre à la portée de toutes les intelligences. Elle n'est, en général, vis-à-vis de ses lecteurs, qu'un monologue, et ce n'est jamais que dans des cas très-limités qu'elle peut accueillir leurs observations, leurs objections, leurs demandes d'éclaircissements. On a quelquefois appelé la presse périodique un des pouvoirs de l'État : il faut l'assimiler dans tous les cas à ces pouvoirs qui représentent les nations sans émaner de leur suffrage. Elle a besoin comme eux de s'éclairer sur les droits, les besoins, les griefs plus ou moins fondés auxquels elle sert d'organe. Elle suppose donc, au-dessous d'elle, d'autres manifestations de l'opinion où toutes les idées, tous les sentiments, toutes les aspirations puissent se produire et se discuter sans contrainte. C'est une lumière officieuse qui descend sur le peuple, ce n'est pas la lumière sur laquelle le peuple a le droit de compter pour s'éclairer lui-même et pour éclairer tous ceux qui prétendent à le diriger. Celle-ci ne peut jaillir que de la liberté des assemblées politiques ou, pour ne pas reculer devant le mot quand on reconnaît la nécessité de la chose, de la liberté des clubs.

Voilà le droit, et lors même que l'état de la société n'en permettrait pas l'application complète et immédiate, il n'en faut pas moins le proclamer en principe. Le fanatisme du droit n'est pas plus acceptable que les autres fanatismes ; mais il ne faut pas que la vue de dangers plus ou moins redoutables, mais relatifs et temporaires, nous empêche de reconnaître ce qui est absolu et éternel.

Proclamer le droit, ce n'est d'ailleurs que le soustraire à des entraves arbitraires, telles que la nécessité d'une autorisation préalable; ce n'est pas l'affranchir des précautions et des pénalités qui peuvent soit en prévenir, soit en réprimer l'abus. Pour les clubs, comme pour les autres formes du droit d'association, on doit distinguer le fait primitif de l'association ou de l'affiliation, et sa manifestation, c'est-à-dire la réunion des affiliés. Le premier est permanent; la seconde est nécessairement particulière et intermittente. L'affiliation ne demande qu'un engagement volontaire, dont il faut respecter la liberté; mais ce n'est pas l'empêcher que d'exiger d'elle une déclaration qui constate son état civil et d'entourer sa naissance, comme celle de tous les individus, de toutes les formalités légales que demande l'intérêt de la société. De même, pour les réunions, on ne porte aucune atteinte à leur liberté en leur imposant certaines conditions réclamées par le bon ordre. Exiger, pour toute réunion, quel que fût le nombre des assistants, que l'autorité fût avertie et que l'entrée du lieu de réunion fût toujours ouverte à ses agents, ce serait une ingérence oppressive, qui ne reconnaîtrait la liberté en principe que pour la supprimer dans l'application. Mais la même exigence devient légitime dès qu'il s'agit d'une assemblée nombreuse, et particulièrement de ce qu'on appelle proprement un club politique. De telles assemblées ont forcément une certaine publicité, et elles ne sauraient être considérées comme des actes privés, qui ne se prêtent pas, de leur nature, à l'immixtion de la police.

Enfin, s'il y a un délit judiciairement prouvé, les

peines du droit commun peuvent évidemment, sans injustice et sans oppression, être appliquées non-seulement aux membres d'un club, mais à ce club lui-même, considéré comme une personne morale. Il peut, comme un individu légalement condamné, être frappé dans ses ressources, dans sa liberté et dans son existence même, soit par une amende, soit par une suspension, qui équivaut à l'emprisonnement, soit par une suppression, qui serait pour lui la peine capitale. La société n'est jamais désarmée parce qu'elle s'incline devant un droit. C'est pourquoi elle ne doit écarter ou ajourner le droit que lorsque ses armes légitimes paraissent évidemment insuffisantes pour la protéger.

Les mêmes principes, avec les mêmes réserves, s'appliquent à toutes les associations politiques, soit qu'elles fassent appel comme les clubs à des réunions publiques, à ce qu'on nomme, d'un autre nom anglais, des *meetings*, soit qu'elles se bornent à une action privée entre un petit nombre d'associés. Les clubs embrassent en général toutes les questions politiques, en s'attachant surtout à la politique active, aux intérêts et aux besoins du jour. Il peut se former des associations en vue de tel point particulier de la politique, de tel grief à redresser, de telle direction à imprimer aux affaires intérieures ou extérieures, de telle réforme à introduire dans la législation et dans la constitution elle-même. Certaines associations peuvent enfin se proposer un but entièrement spéculatif, ne chercher qu'à se satisfaire elles-mêmes par des discussions théoriques, ou du moins s'abstenir de toute action immédiate, soit sur les institutions, soit sur le gouvernement, en ne visant qu'à préparer de loin, et dans leurs principes généraux, les améliorations qu'elles envisagent comme un idéal désirable. Toutes ces associations sont également légitimes. Les dernières se réclament plutôt de la liberté de la science que de la liberté politique. Les autres n'outre-passeraient leur droit et ne mériteraient d'être réprimées que si elles poussaient les citoyens à se faire justice eux-mêmes, ou à réaliser par la violence, en dehors des conditions légales, les améliorations et les réformes qu'elles ont prises sous leur patronage.

L'initiation du peuple aux progrès de tout genre qu'il ne cesse pas d'appeler de ses vœux, mais qu'il ne comprend pas toujours, ne peut se faire que par la propagande de libres associations. Tant qu'une idée n'est soutenue que dans une chaire, un livre ou un journal, elle n'a encore qu'un caractère individuel; quand une association lui prête son appui, elle devient pour ainsi dire un fait social, l'embryon déjà formé, déjà distinct d'une loi. A mesure que cette association étend ses manifestations dans tout le pays, l'idée prend plus de consistance; elle n'est pas devenue plus juste et plus utile, mais elle est entrée davantage dans les mœurs; tous les esprits lui sont acquis, et il n'y a plus qu'un pas à faire pour que le législateur, en lui donnant sa sanction, lui soumette toutes les volontés. Qu'il ne craigne pas de voir son mérite rabaissé, parce qu'il n'aura fait que céder à des vœux expressément et unanimement formulés. Les intentions les plus généreuses sont souvent méconnues et réduites à l'impuissance, pour avoir tenté des réformes dont les esprits ne sont pas préparés à comprendre l'utilité ou qui ne répondent qu'à de vagues aspirations. Il n'est pas, au contraire, de titre plus glorieux pour un homme d'État que d'attacher son nom à une œuvre utile, hautement réclamée par l'opinion publique et, par là, assurée de s'accomplir sans secousse et à l'épreuve des réactions. Ainsi s'est faite, en Angleterre, la réforme des lois sur les céréales. Demandée seulement par les écrits des économistes, elle eût pu convaincre de sa légitimité le législateur appelé à la réaliser ; provoquée par de nombreuses et actives associations, elle est apparue à un habile ministre comme le vœu éclairé du pays, et, quoiqu'il en eût longtemps repoussé non-seulement l'application immédiate, mais le principe même, il lui a suffi de céder à ce vœu pour en avoir tout l'honneur.

IV

Il est, toutefois, une réserve que l'on ne manquera pas de faire pour les associations comme on l'a faite pour la presse, pour les religions, pour l'enseignement. Qu'il soit permis de discuter tout ce qui est destiné à varier dans la politique et dans les lois, on veut bien y souscrire ; on pourra même se résigner à la discussion des lois constitutionnelles de l'État, en reconnaissant qu'elles ne sont pas immuables ; mais, au-dessus des résolutions plus ou moins arbitraires de la politique, au-dessus des lois, au-dessus des constitutions, la morale reconnaît des principes absolus, auxquels l'homme d'État dans tous ses actes, et le législateur dans toutes ses décisions, sont strictement obligés de se conformer, et que rien ne doit ébranler dans les croyances du peuple. Sera-t-il permis d'attaquer ces principes dans un club ou au nom d'une association quelconque? Si une société se formait, non pour provoquer un de ces changements dont on ne peut contester que la convenance, comme une réforme douanière, un nouveau système pénitentiaire, de nouvelles garanties en faveur de la propriété intellectuelle, mais dans le but avoué de chasser à la fois des institutions et des consciences ces premières et suprêmes vérités qui sont la loi de la nature et de la raison, ou plutôt la loi de Dieu même; si elle prenait, par exemple, pour drapeau la communauté des biens ou des femmes, faudrait-il laisser toute liberté à sa propagande désastreuse?

Nous ne pouvons que répéter ce que nous croyons avoir établi en traitant des autres formes de la liberté. Exciter à commettre quelques-uns de ces actes immoraux que les lois ont condamnés dans l'intérêt des droits de tous, c'est évidemment s'en rendre complice : discuter théoriquement les bases de la moralité publique ou privée et soutenir qu'elles doivent être changées, sans pour cela refuser son entière soumission aux lois qui les consacrent, ce peut être une erreur, qu'il ne faut pas laisser sans réfutation, mais ce n'est pas un délit sur lequel il faille appeler les châtiments légaux. Autrement, quel champ resterait-il aux discussions politiques? Elles ne roulent pas moins sur le juste que sur l'utile, comme le montrait Socrate aux politiques de son temps. Considérez les matières dont tout le monde admet la discussion, même dans des réunions publiques, même sous la pression d'associations constituées. La réforme douanière? Question d'intérêt, direz-vous; oui, mais aussi question de droit, et par conséquent question de morale. Des tarifs qui doublent ou triplent le prix de ce que j'achète sont une spoliation, dit le libre échange; une concurrence qui condamne nos ouvriers à mourir de faim est une liberté homicide, dit le système protecteur. Exagération de part et d'autre, je le reconnais : mais qui m'assure que le législateur ne partagera pas cette exagération et que l'intérêt ne se couvrira jamais du manteau de la morale pour étouffer les opinions qui le menacent? — Le système pénitentiaire? Est-il possible de le discuter au point de vue des intérêts seuls, sans faire intervenir la destination morale des peines? L'emprisonnement cellulaire, la déportation, la peine de mort, autant de questions de morale. — La propriété intellectuelle? Question de droit, s'il en fut, ou plutôt question de probité, pour ceux qui voient un vol manifeste dans le fait de publier un ouvrage sans que l'auteur ou ses héritiers, jusqu'à la dernière génération, soient appelés à en bénéficier : défendre l'opinion contraire, c'est évidemment, à leurs yeux, fouler aux pieds les bases de la morale en soutenant la légitimité du vol.

Dira-t-on qu'on ne considérera comme légalement immorales que les opinions qui, dans tous les temps, ont été l'objet d'une réprobation à peu près unanime? C'est imposer à l'avenir la foi du passé. Nous avons déjà cité l'esclavage, institution essentiellement juste aux yeux de toute l'antiquité, sans excepter les Sages, et, sous l'empire du Christianisme lui-même, consacrée presque jusqu'à nos jours par toutes les théories de droit naturel, même par celles des docteurs de l'Église. La morale est éternelle et absolue, mais qui peut affirmer que les idées morales du législateur seront toujours l'expression de la vérité absolue et éternelle. Hommes privés, soyons fidèles dans notre conduite aux principes de morale dont la vérité nous paraît démontrée; hommes publics, attachons-nous à ces mêmes principes dans tous nos actes, comme législateurs ou comme magistrats, et dans la sphère de nos attributions légitimes, obligeons nos concitoyens à les observer comme nous-mêmes, mais laissons à chacun le droit d'avoir sur ces principes d'autres convictions que les nôtres et de les soutenir librement, soit individuellement, soit en s'associant à ceux qui partagent la même façon de penser. Nous sommes sûrs d'être dans le vrai, je le veux bien; mais craignons de donner à l'erreur des exemples d'intolérance, dont elle ne manquera pas de s'autoriser contre la vérité, si les vicissitudes inévitables des législations et des gouvernements la rendent à son tour toute-puissante.

Croyons, enfin, que le véritable moyen de faire tomber l'erreur, c'est de lui laisser toute liberté de se produire. Avant la Révolution française, l'institution de la famille n'avait pu être attaquée que d'une façon détournée, par des inventions ou des fictions romanesques; la discuter publiquement dans la presse, à plus forte raison au nom d'une religion nouvelle, et en organisant contre elle la propagande active d'une association, nul n'en aurait eu ni le pouvoir ni la pensée. On sait quelles atteintes reçut cette institution, soudainement ébranlée, de quelques-unes des lois de la Convention. Replacée sur ses anciennes bases au commencement de ce siècle, elle n'a pas manqué d'adversaires qui ont pu mettre à profit toutes les libertés que nos lois modernes voulaient bien reconnaître. Non-seulement elle a vu s'élever contre elle des écrits isolés, mais, pendant quelque temps, des associations, sous une forme presque religieuse, ont pu la battre en brèche, et si elles ont été promptement réprimées, elles n'en ont pas moins exercé sur l'opinion publique une sérieuse influence. C'est dans cet état des esprits que la révolution de 1848 remit subitement en honneur les souvenirs de la Convention. A la faveur d'une liberté momentanément sans limites, les mêmes réclamations se firent jour contre quelques-unes des bases de la famille; mais la discussion avait éclairé les consciences; le ridicule seul fit justice de presque toutes ces réclamations, et une assemblée élue au milieu des agitations de la foule, sous la pression des clubs, par le suffrage de tout le peuple, recula même devant le rétablissement du divorce, que le restaurateur des autels avait maintenu dans son code et qu'avaient demandé, à plusieurs reprises et à d'immenses majorités, d'autres assemblées élues dans des conditions plus favorables aux intérêts conservateurs. Et si, vingt ans plus tard, à la veille et au lendemain d'une autre révolution, les mêmes attaques contre la famille se sont produites dans des réunions publiques et dans la presse, elles ont plutôt raffermi qu'ébranlé, dans les masses populaires comme dans les classes supérieures de la nation, les institutions qu'elles semblaient menacer. Le vrai danger pour la famille et pour les autres bases de l'ordre social n'est pas dans la discussion publique, il est dans certains exemples trop souvent donnés de haut et qui ne sont justiciables que de l'opinion et des mœurs.

V

Il serait désormais superflu de nous étendre sur les associations qui ne se proposent pas proprement un but politique. Les mêmes règles y trouvent évidemment, et avec moins de difficulté, leur application. Nous avons déjà, en traitant de la liberté d'enseignement, démontré la légitimité des associations enseignantes et indiqué les principales garanties qu'elles réclament. On peut leur rattacher les associations littéraires ou scientifiques, qui répondent aux mêmes intérêts en demandant moins de précautions, puisqu'elles ne se chargent pas directement de former la jeunesse. Tant qu'on ne peut accuser que leurs tendances politiques ou morales, les unes et les autres ne doivent rencontrer aucune entrave. Du reste, elles ont peut-être autant à craindre de la faveur que de l'intolérance de l'État. La culture des lettres et le progrès des sciences sont un de ces intérêt moraux qu'une nation civilisée met au premier rang, dès que sa prospérité matérielle est à peu près assurée. C'est par là surtout qu'un peuple est quelque chose dans l'histoire; c'est par là qu'un prince éclairé mérite de donner son nom à son siècle. Or, des encouragements directs ne sont pas toujours sans périls pour la dignité de ceux qui les reçoivent et même pour l'intérêt bien entendu de ceux qui les dispensent. Ils peuvent être pour les premiers un gage de servitude, une provocation à la complaisance et à la flatterie, une abdication de leur indépendance. S'ils illustrent le protecteur, il est rare qu'ils n'enlèvent rien à la considération du protégé, et quand le protégé est un homme de génie, nous savons mauvais gré au protecteur de le faire déchoir dans notre estime par des bienfaits trop chèrement achetés. Se faire payer de ses faveurs par des flatteries, voilà le premier écueil pour un gouvernement dans ses rapports directs avec les gens de lettres, et ni Auguste, ni Léon X, ni Louis XIV ne l'ont évité.

Un autre écueil, d'autant plus dangereux qu'il est inévitable, est celui de la partialité. Les faveurs officielles ne peuvent pas se répandre au hasard, sous peine de n'avoir aucun prix; il y faut du discernement, c'est-à-dire des préférences, qui sont nécessairement dirigées par des inclinations ou des convictions plus ou moins exclusives. La neutralité est difficile entre le bon et le mauvais goût, entre la vérité et l'erreur, même quand elle est imposée par le respect du droit; elle est impossible quand il s'agit de bienfaits arbitraires. Si Spinoza écrivait en France de nos jours, nos principes de liberté défendraient qu'il fût inquiété : ils n'exigeraient pas qu'on lui fît une pension, et s'il en recevait une, les plaintes du zèle religieux ne seraient pas sans fondement.

Enfin, la décision des matières de science ou de goût n'est pas proprement de la compétence d'un homme d'État, et lors même qu'il tiendrait à se faire honneur des récompenses décernées, il devrait encore s'entourer des lumières d'un tribunal spécial. La meilleure façon, pour un gouvernement, d'encourager les œuvres d'esprit, est de créer ou de patronner des corps savants, soit qu'il se borne à leur demander des conseils, soit plutôt qu'il se décharge sur eux d'un soin périlleux. C'est de ces corps que partira l'impulsion la plus féconde, et la gloire en rejaillira sur le prince ou l'homme d'État qui se sera fait leur bienfaiteur, sans qu'il partage la responsabilité des opinions qui dominent dans leur sein ou qu'il compromette, par une intervention directe, l'indépendance de leurs membres. Or, la première faveur qu'ils réclament est une entière liberté : toute pression exercée sur eux rend leur action inefficace. Tous les gouvernements modernes commencent à le comprendre, sinon pour les universités, au moins pour les sociétés académiques. Leur plus beau titre de gloire sera peut-être la multiplication d'académies indépendantes, placées sous leur patronage, mais affranchies de leur sujétion, et apparaissant partout comme la libre magistrature de ce qu'on nomme avec raison la république des lettres.

VI

Nous avons également justifié, en traitant de la liberté de conscience, la liberté des associations religieuses. Toutefois on fait une distinction entre les Églises, avec leur gouvernement public, et les congrégations, dont la vie renfermée et secrète semble autoriser des précautions exceptionnelles. Ce sont, dit-on, des sociétés secrètes, auxquelles on ne peut accorder tout au plus qu'une liberté de tolérance, à la faveur d'une autorisation toujours révocable et sous certaines conditions de surveillance. Les couvents sont, en effet, des maisons de retraite, et leurs membres se font un devoir de se dérober aux yeux du monde, soit qu'ils lui deviennent entièrement étrangers, comme dans certains ordres, soit qu'ils se partagent entre la vie claustrale et une mission de prédication, d'enseignement ou de charité qui ne peut se passer de publicité. Mais ce n'est pas là ce qui constitue une société secrète. L'existence des ordres religieux n'est jamais inconnue, non plus que leur action, dès qu'elle s'exerce au dehors. Il n'y a de caché que leur vie intérieure, qui ne regarde qu'eux-mêmes. Or, il en est ainsi de toute association. Une société commerciale pourrait-elle vivre, si elle devait délibérer sous les yeux du public sur toutes ses entreprises.

Ce ne sont pas seulement les secrets légitimes de

la vie privée, ajoute-t-on, ce sont souvent d'horribles mystères qui se cachent dans ces maisons si bien murées, derrière ces grilles infranchissables. — Elles ne sont pas fermées à la justice, si l'on respecte les règles du droit commun. La claustration n'est jamais, d'ailleurs, tellement absolue, qu'elle soit assurée, même en dehors des enquêtes judiciaires, d'un secret impénétrable. On a beau se retirer du monde, on garde toujours avec le monde certains rapports insensibles qui suffisent pour faire pénétrer un rayon de lumière dans les recoins les plus obscurs. Ces crimes mystérieux, qu'une imagination partiale aime à se représenter dans les couvents, ne sont pas sans doute impossibles, et il n'est pas non plus impossible qu'ils restent toujours inconnus et impunis. Mais la vie privée, dans la famille elle-même, n'en peut-elle pas offrir de semblables? On parle des *in pace* des couvents : il ne se passe pas de saison sans qu'on découvre, dans une maison ouverte à tous, un bouge infect où une créature humaine a été reléguée pendant des années entières par des parents dénaturés, au milieu des ordures et de la vermine, en proie aux tortures de la faim, livrée chaque jour aux plus odieux traitements! Le châtiment n'atteint, en général, ces crimes monstrueux qu'après qu'ils sont restés longtemps ignorés, et presque toujours lorsque l'œuvre homicide approche de son terme. Quand on les voit se multiplier, quand ils ont tant de facilité pour se cacher, n'est-on pas en droit de soupçonner que tous ne sont pas découverts et que les plus horribles peut-être échappent à la vindicte publique? Faut-il donc, pour les prévenir, briser la clôture de la vie domestique?

L'argument le plus fréquent contre les ordres monastiques, c'est l'accusation d'immoralité. On s'en prend d'abord à la perpétuité de leurs vœux, où l'on voit une offense à la nature. Nous ne saurions admettre, pour notre part, que des vœux perpétuels soient nécessairement immoraux : c'est une affaire de conscience; c'est, dans l'aliénation même de la liberté, un usage de la liberté que l'on peut blâmer, mais qu'on a pas le droit d'empêcher. Ce qui est juste, ce que demande la morale, c'est que de tels vœux n'obligent que la conscience, c'est qu'il ne s'y attache aucune sanction matérielle. L'intervention de l'État pour les faire observer serait un attentat aux droits de l'âme; des violences exercées par les communautés pour retenir de force des membres décidés à rompre leurs vœux rentreraient dans la catégorie des crimes contre les personnes, qui sont punis par le droit commun. Chacun est libre d'arranger sa vie comme il l'entend, pourvu qu'il ne fasse pas tort à autrui; mais quelque engagement qu'on ait pris, nul n'est forcé de vivre comme il plaît à autrui, ou du moins des influences morales peuvent seules venir en aide à des obligations qui n'ont de force que dans le sentiment moral.

Ce sont précisément ces influences que l'on redoute pour des âmes qui, en abdiquant leur liberté personnelle, se sont réduites à l'état de cadavre, *perinde ac cadaver*. Il y a là, dit-on, un véritable suicide, où l'on a sans doute le droit de se repentir, d'appeler au secours, de se raccrocher à une branche si l'on en trouve une à sa portée, de lutter contre cette mort morale qu'on a si imprudemment appelée de ses vœux; mais quand il est trop tard, quand les moyens de salut sont trop éloignés, quand les forces sont trop épuisées pour en profiter, il n'en faut pas moins mourir. Qu'est-ce à dire, quand le suicide a des complices, quand la victime volontaire se débat en vain contre une pression dont elle aurait peine à se dégager, si elle avait gardé toute son énergie? On ne punit pas le suicide matériel; mais ceux qui le provoqueraient par leurs excitations directes, ou qui, par leur concours personnel, aideraient à le consommer ne seraient pas à l'abri d'une responsabilité pénale : sera-t-on moins sévère quand il s'agit du suicide de l'âme?

Oui, répondrons-nous sans hésiter, lors même que l'analogie serait entière et manifeste. Le suicide proprement dit est un de ces actes matériels et palpables sur lesquels il ne peut y avoir aucun doute, et qui sont naturellement de la compétence de l'État : ce prétendu suicide moral, quand il serait possible, serait un acte intime, appartenant tout entier au domaine de l'âme, insaisissable même à la conscience d'autrui, car elle ne peut juger que par induction à l'aide des signes extérieurs; il serait, en un mot, sous tous les rapports, étranger à la sphère dans laquelle doit se renfermer l'action publique. Ajoutons que l'analogie est si peu évidente, qu'elle est repoussée à la fois et par les défenseurs des vœux monastiques et par leurs adversaires les plus déclarés. Les premiers glorifient ce que vous appelez le suicide de l'âme, comme son affranchissement, et ils voient dans le renoncement le plus entier à soi-même le moyen le plus assuré de recouvrer la pleine possession de soi-même. Les seconds déclarent chimérique, et par conséquent inoffensive, cette pratique du renoncement absolu ; ils soutiennent, non sans apparence, qu'elle laisse l'âme telle qu'elle est, avec toutes ses attaches naturelles, avec ses préjugés, ses passions et, sous le couvert d'un amour mystique, ses intérêts tout mondains. Entre ces opinions diverses, le doute suffit pour protéger la liberté des congrégations.

Le vœu du célibat sert surtout de prétexte à l'accusation générale d'immoralité contre les ordres monastiques. L'objection tombe par son exagération même ; car elle n'irait à rien moins qu'à réclamer l'obligation légale du mariage, c'est-à-dire à ôter au mariage son caractère moral, comme union entièrement volontaire et spontanée, cimentée par l'accord des âmes. Tant que le célibat reste un acte de liberté, la puissance civile n'a rien à y voir ; elle doit le respecter, chez le prêtre comme chez le laïque, et on ne peut lui demander que de respecter également, chez l'un comme chez l'autre, la volonté d'y renoncer.

On insiste toutefois en ce qui concerne le célibat monastique. Un acte immoral prend, dit-on, un caractère beaucoup plus grave quand il cesse d'être le fait d'individus isolés, pour devenir celui d'une association qui se voue à en propager le dangereux exemple. La loi ne doit forcer personne à se marier; mais quand on s'engage formellement à s'affranchir de tout devoir de famille, sa sollicitude doit s'éveiller : et quand cet engagement est collectif, quand il prend le caractère d'une véritable propagande, comment n'aurait-elle pas le droit de frapper? — Il faudrait, pour justifier cette prétention, non-seulement que l'immoralité prétendue du célibat fût démontrée aux yeux d'une conscience droite, mais qu'on pût le convaincre d'un préjudice effectif et appréciable, dont les intérêts sociaux auraient à souffrir. La loi n'est pas appelée, en effet, à punir tout acte blâmable, mais, parmi les actes blâmables, ceux qui portent atteinte aux droits dont elle est la gardienne. Or, ici, où est le préjudice? La vie religieuse est, dit-on, une vie d'oisiveté, débarrassée des soins de la famille et inutile à la société. Être inutile, ce n'est pas être nuisible; être oisif, ce n'est pas diminuer la somme de travail et de richesse de la société; car le travail qu'on ne fait pas soi-même, on le fait faire et l'on concourt ainsi indirectement à la production, comme à la circulation et à la distribution de la richesse publique. Les déclamations contre l'oisiveté des riches tombent devant de saines notions d'économie politique; il doit en être de même des déclamations contre l'oisiveté des couvents. L'oisiveté n'est pas, d'ailleurs, la loi générale des couvents, et ceux mêmes à qui on la reproche se livrent à des œuvres qui, pour beaucoup, ont le plus grand prix, bien qu'elles n'aient rien de matériel.

Le seul tort qu'on puisse sérieusement imputer au

célibat monastique, c'est de nuire à la population. Il a longtemps passé en axiome que le développement de la population était le premier intérêt d'un État. C'est du moins le signe le plus certain de sa prospérité. Mais ce développement dépend-il, comme on l'a cru longtemps, des encouragements donnés au mariage, des primes accordées aux nombreuses familles et, au besoin, des peines contre le célibat? Tout n'est pas vrai dans la doctrine de Malthus : sa loi proportionnelle est puérile ; ses craintes d'un accroissement trop rapide de la population sont chimériques; ses moyens préventifs, sans justifier le reproche d'immoralité, ont certainement quelque chose de choquant. Il a, du moins, mis en lumière un fait qu'on ne saurait plus contester : c'est que la population d'un pays a une tendance indéfinie à s'accroître et qu'elle n'est contrariée que par l'insuffisance des moyens de subsistance et de bien-être (1). Les soins de l'État ne doivent donc porter que sur le développement de la prospérité publique : la population croîtra d'elle-même. Si elle paraît s'arrêter, ce n'est pas l'effet de la multiplication du nombre des célibataires sous l'influence du zèle religieux : c'est

(1) L'argument que l'on peut tirer des théories de Malthus en faveur du célibat religieux n'a pas échappé à Joseph de Maistre. Il est curieux d'opposer son témoignage aux accusations que le fanatisme catholique n'a pas épargnées à l'auteur de l'*Essai sur les principes de la population :* « C'est une singularité piquante que cette force cachée qui se joue dans l'univers se soit servie d'une plume protestante pour nous présenter la démonstration rigoureuse d'une vérité tant et si mal à propos contestée. Je veux parler de M. Malthus, dont le profond ouvrage sur le principe de la population est un de ces livres rares, après lesquels tout le monde est dispensé de traiter le même sujet. » — (*Du Pape*, l. III, c. III, § 3.)

un signe de misère, c'est l'indication d'une plaie sociale à guérir (1).

Admettons toutefois qu'il n'y ait rien de vrai dans les idées de Malthus. L'accroissement de la population est-il un de ces intérêts majeurs auxquels doit se subordonner la liberté des individus et des associations? Plus la population est nombreuse, plus il y a de travailleurs, mais plus il y a aussi de bouches à nourrir : d'un côté une source de richesse, de l'autre une cause d'appauvrissement. Une population nombreuse donne à la patrie plus de défenseurs : c'est la considération qui a toujours eu le plus de poids aux yeux des politiques, et il était naturel qu'il en fût ainsi quand les besoins de la guerre semblaient le seul but des institutions et les succès militaires la seule gloire des peuples; mais si ces préjugés n'ont pas entièrement disparu, ils ont beaucoup perdu de leur prestige. Fussent-ils fondés, ils seraient loin de fournir un argument péremptoire. Les États les plus peuplés ne sont pas ceux qui ont fait les plus grandes conquêtes ou qui ont offert à leurs voisins la proie la moins facile. Parmi les États qui ont disparu de la carte de l'Europe, l'exemple le plus remarquable est celui de la Pologne : ce n'est pas certainement le nombre et la bravoure de ses défenseurs qui lui ont fait défaut; son mauvais gouvernement et ses divisions ont été les seules causes de sa ruine, et si elle renaît jamais de ses

(1) Quand nous attribuons à la misère l'arrêt de la population, nous n'entendons pas seulement la misère absolue, mais une misère relative, la disproportion entre les besoins ressentis et les moyens de les satisfaire. L'accroissement de la richesse générale, en faisant naître de nouveaux besoins, peut coïncider avec la décroissance de la population.

cendres, sa résurrection sera le fruit de l'union et de la discipline, non de l'accroissement de sa population.

On accuse souvent, sinon le célibat monastique lui-même, du moins l'influence pernicieuse qu'il peut avoir sur les mœurs des religieux et, en général, sur la moralité publique. La corruption des couvents a été le thème de bien des déclamations et des satires, aux époques où la foi des populations leur était le plus favorable, et leurs désordres, dans les siècles passés, sont avoués par leurs plus zélés défenseurs (1). Mais, sans même faire la part de l'exagération, ces désordres, que tout le monde s'accorde à flétrir, étaient-ils plus graves que ceux qui, aux mêmes époques, souillaient la société laïque? et, dans le temps présent, la partialité elle-même pourrait-elle imputer aux couvents des scandales qui feraient contraste avec la pureté de nos mœurs, en dehors de ces repaires d'immoralité? La conscience a le droit de se montrer plus exigeante à l'égard de ceux qui font vœu de chasteté, et à qui leur caractère religieux impose, d'ailleurs, une plus grande retenue; mais, pour la loi, pour le droit strict, le niveau doit être partout le même. Vous ne pouvez punir dans les couvents que ce que vous punissez au dehors. Tant qu'ils ne violent aucune des lois que vous imposez à tous les citoyens, laissez à la conscience publique le soin de faire justice de leurs mauvaises mœurs. Si leurs désordres tombent sous la loi pénale, frappez les individus qui s'en rendent coupables; frappez même, au besoin, la communauté

---

(1) Voyez la belle introduction de M. de Montalembert à son *Histoire des Moines d'Occident jusqu'à saint Bernard*.

tout entière, s'ils se sont produits dans de telles circonstances qu'elle en doive partager légalement la responsabilité; mais ne proscrivez pas, en principe, une institution parce qu'elle peut donner lieu à des abus, dont la répression est toujours possible s'ils rentrent dans la sphère du droit pénal, et qu'on est obligé de tolérer si, par leur nature, ils sont hors de son atteinte.

Il est enfin certains ordres, comme les jésuites, auxquels on a reproché de tout temps des doctrines et des tendances immorales. Si l'esprit dangereux qu'on leur impute se traduit en actes et que ces actes puissent être légalement poursuivis, usez de tous les droits que vous donne la loi commune. Mais des procès de doctrines ou de tendances ne sauraient jamais être légitimes ou, du moins, de tels procès ne doivent être portés qu'au tribunal de l'opinion. Or, là où il n'y a pas matière à des poursuites criminelles, à plus forte raison n'y a-t-il pas lieu à une interdiction civile.

Au point de vue de l'intérêt politique, comme à celui de la morale, une congrégation ne doit être condamnée que pour ses actes, non pour ses doctrines ou ses tendances. Qu'on redouble de surveillance, lorsqu'il s'agit d'une association puissante, et qu'on proportionne le châtiment, s'il y a lieu, à la gravité du péril social; mais qu'on respecte toujours le principe de la liberté, même à l'égard de ceux qu'on accuse de lui être hostiles. La liberté ne serait plus la liberté, si elle ne devait profiter à tout le monde, sans excepter ses adversaires.

Nous n'avons voulu traiter, en ce qui concerne les congrégations religieuses, qu'une question de droit, sans nous constituer leur apologiste. Tout n'a pas été excellent dans l'action qu'elles ont exercée, et, lors même qu'on les absoudrait dans le passé, il faudrait encore se demander si notre époque comporte les mêmes influences et si elle en peut recevoir les mêmes bienfaits. Sur ce point, nous aurions à faire plus d'une réserve; mais ce n'est pas là la question. La liberté est le droit commun des associations, fussent-elles inutiles, fussent-elles même dangereuses, pourvu qu'elles ne portent pas une atteinte directe aux droits d'autrui ou à la sécurité publique. Il n'y a pas lieu de faire exception pour les congrégations, et nous ajouterons, sans partager les sympathies et la confiance de leurs partisans, qu'il n'y a pas lieu davantage de craindre l'usage qu'elles peuvent faire de leur liberté. Il est, dans tous les cas, un service que nous avons le droit d'en attendre : c'est l'heureuse influence qu'elles peuvent exercer sur le développement de l'esprit d'association, soit dans leur propre sein, soit parmi ceux qui sentent le besoin de réagir contre elles.

VII

Un dernier genre d'association appelle un examen spécial : ce sont les sociétés de bienfaisance. Il semble que toutes les sympathies doivent leur être acquises sans distinction d'opinions, et que toute défiance doive tomber devant la mission de dévouement qu'elles s'imposent et les bienfaits qu'elles répandent sur la société. Leur principe, en effet, rencontre peu d'adversaires; on accepte, on provoque leurs efforts; on demande à l'État de les encourager, de les susciter au besoin ; mais on ne veut pas qu'il les abandonne à elles-mêmes. Plus elles peuvent faire de bien, plus elles peuvent faire de mal, par l'influence même que leur donnent leurs bienfaits. Un service rendu est un puissant lien entre les hommes : un obligé devient aisément un client ; beaucoup d'obligés peuvent former un parti. L'ambition a toutes les facilités pour abuser de la bienfaisance. Elle s'ouvre toutes les portes avec une clef d'or, surtout celles des pauvres, chez qui elle trouve des cœurs aigris, déjà disposés par la misère à écouter ses conseils, et qui, bientôt, s'en feront un devoir, quand elle se les sera attachés par la reconnaissance.

Il n'est pas même besoin de supposer une bienfaisance intéressée et hypocrite. Quoi de plus naturel, quand on a de fortes convictions, que de chercher à les répandre ? Rappeler les aveugles à la lumière, apporter la vérité en même temps que le bien-être, n'est-ce pas encore de la charité ? Et n'est-ce pas une œuvre généreuse que de faire profiter une cause que l'on croit juste, à laquelle on s'est dévoué, de la reconnaissance qu'on s'est acquise ? Ces malheureux dont j'ai séché les larmes voudraient s'acquitter envers leur bienfaiteur : je refuse pour moi-même leurs offres de services, mais j'en fais des serviteurs du droit, des champions de la vérité, des libérateurs de la patrie : n'ai-je pas bien placé mes bienfaits ? C'est ainsi que le fanatisme politique ou religieux peut, de bonne foi, abuser de la charité ; mais, pour être sincère, pour être désintéressée, son action est-elle moins dangereuse? Elle est d'autant plus dangereuse qu'elle rencontre peu de résistance. Qu'un ambitieux ou un fanatique poursuive directement son but, il devra compter avec le bon sens, avec la foi, avec le patriotisme de ceux qu'il cherche à séduire; mais, quand il prend la charité pour entremetteuse, de quelque beau zèle qu'il couvre ses manœuvres, c'est un marché qu'il conclut : il fait trafic des consciences et des dévouements. Or, il est malheureusement trop facile de trouver des âmes à acheter, surtout quand elles ont l'excuse de la misère. Combien de consciences religieuses sont devenues le prix d'une faible aumône! combien de mouvements populaires soudoyés par d'habiles libéralités! Le vice le moins déguisé, s'il lui prend fantaisie de jouer avec la bienfaisance, peut compter sur des adeptes et des satellites. « Je m'en vais te donner un louis d'or tout à l'heure, pourvu que tu veuilles jurer, » dit don Juan au pauvre. Le pauvre résiste à toutes les instances du tentateur : « Non, monsieur, j'aime mieux mourir de faim! (1) » Nous applaudissons à ce trait de probité comme à un acte inouï d'héroïsme.

Les largesses étaient, dans les républiques anciennes, le grand moyen de succès pour un ambitieux et un factieux. Cicéron, dans le traité des *Devoirs*, après avoir présenté la bienfaisance comme une vertu, la plus conforme à la nature humaine, *quâ quidem nihil est naturæ hominis accommodatius*, se hâte de la recommander comme la vertu la plus utile, comme

(1) *Le Festin de Pierre*, acte III, scène II.

la principale branche de l'art de parvenir. Se concilier les faveurs de la foule doit être la première pensée de tout jeune Romain qui aspire à s'élever, car les honneurs et la puissance sont pour le plus libéral; qu'il prodigue donc les bienfaits, son intérêt l'exige, et sa conscience ne lui demande que de rester dans les bornes de la justice (1). Dans les grands États modernes, la libéralité individuelle ne saurait avoir la même influence. Quand un particulier serait assez riche pour dépenser, au profit de son ambition, les millions que prodiguait César, il ne pourrait espérer que d'acheter les votes d'une circonscription électorale, comme cela a lieu, dit-on, en Angleterre. Mais ce qui n'est pas possible à un individu le devient à une association, ce *citoyen puissant*, comme dit M. de Tocqueville, qui peut agir comme un seul homme, avec les forces et les richesses réunies d'un grand nombre d'individus. C'est de là que peuvent partir des influences redoutables; c'est ainsi que la bienfaisance peut devenir l'instrument d'une révolution; c'est contre ce péril qu'il faut faire appel à toute la sollicitude de l'État.

Que la bienfaisance, soit individuelle, soit collective, puisse être l'objet d'une surveillance proportionnée aux dangers qu'elle peut faire courir à la société, c'est évidemment l'un des droits de la puissance publique. Qu'il y ait lieu de rechercher ses abus et, quand elle sert de prétexte à des manœuvres séditieuses, d'appliquer toute la sévérité de la loi, rien de

---

(1) *De officiis*, 1. 14; II, 6 et sqq.

plus légitime. Qu'enfin il faille blâmer ceux qui, par une fantaisie immorale, ou même par un zèle sincère et imprudent, exploitent l'influence que leur donnent leurs bienfaits pour peser sur la conscience de ceux qu'ils obligent, c'est ce que toute âme droite avouera sans peine. *Res sacra miser.* Le malheureux que vous secourez doit vous être sacré, même dans ses erreurs, même jusqu'à un certain point dans ses vices. L'argent que vous lui donnez, loin de vous être un titre pour vous emparer de sa confiance, pour l'associer à vos opinions ou à vos aspirations, vous impose à son égard une nouvelle réserve. Vous rougiriez de réclamer un service matériel pour prix de votre bienfait : il faut peut-être rougir davantage de réclamer un service moral et de se rembourser d'un service pécuniaire par l'acquisition d'une âme. Même quand l'intention est pure, la conscience proteste contre toute apparence de trafic dans l'accomplissement d'un devoir dont l'essence est d'être gratuit. Mais, ici, tout doit se borner à la protestation de la conscience. Tant que tout se passe entre les âmes, le pouvoir civil n'a point à intervenir. Il est d'autant plus incompétent que la conscience elle-même peut hésiter dans son appréciation, et qu'il peut se présenter des circonstances où elle devra craindre de se montrer trop scrupuleuse et trop sévère.

Des nuances extrêmement délicates séparent, en effet, le marché immoral des plus nobles et des plus légitimes entraînements de la charité. Qui dit charité dit un lien d'amour. Répandre ses dons avec mystère, envoyer des aliments, des remèdes, des vêtements, de l'argent, sans se faire connaître, sans chercher ces témoignages naïfs de reconnaissance qui sont la plus douce et la plus pure des récompenses, c'est un beau dévouement, mais c'est souvent un dévouement aveugle et stérile. Comment connaître les maux qu'on se propose de soulager, si on ne les touche pas en quelque sorte du doigt? Et comment deviner les remèdes qui leur conviennent, si l'on n'entre pas en communication directe avec le malheureux, si l'on ne cherche pas à pénétrer, non-seulement l'état de sa fortune, mais l'état de son âme. Souvent un don matériel, loin de l'arracher à la misère, sera un nouvel aliment pour les passions funestes qui l'ont perdu; souvent son salut sera dans une bonne parole, dans de sages conseils, ou simplement dans l'expression d'une sympathie qui le relèvera à ses propres yeux.

Ce qu'il faut à l'homme, quand il ne peut se passer du secours d'autrui, c'est moins un soulagement momentané à ses souffrances qu'un moyen de rejeter le fardeau de la misère, en retrouvant la possibilité de se suffire à lui-même. Donner du travail est la meilleure forme et presque toujours le véritable but de la charité. Or, pour procurer du travail, il faut connaître les forces et les aptitudes de celui à qui l'on vient en aide; il faut, jusqu'à un certain point, pouvoir répondre de lui. Enfin, l'aumône matérielle jetée au pauvre, comme on jette un os à un chien, sans qu'on se rapproche de lui, sans qu'on ménage sa susceptibilité, sans qu'une marque de compassion efface en quelque sorte la distance par la communauté des sentiments, ne peut être qu'humiliante, surtout pour une âme un peu fière, surtout pour ceux qui sont le plus dignes de pitié. C'est peut-être, de votre part, de la réserve et de la modestie; ce n'est pas une juste appréciation de l'étendue de votre devoir. Dissimulez votre nom, votre rang, votre fortune, si vous avez l'âme assez délicate pour craindre de vous faire un mérite de votre bienfaisance; dissimulez même vos secours; mais ne dissimulez pas votre personne. Que votre main se cache pour soulager; que votre âme ne se ferme pas à ces âmes blessées, qu'elle peut faire renaître à la confiance, au courage, à la dignité morale. Visitez personnellement, visitez sans cesse ceux dont vous avez pris les maux en pitié; soyez de moitié dans toutes les souffrances de leur âme, comme de leur corps, sans forcer ni surprendre leurs confidences, mais sans les repousser, et en les encourageant vous-même par l'exemple de la familiarité et de l'abandon. Fuyez la reconnaissance, mais cherchez l'amitié; réalisez, en un mot, par votre bonté, encore plus que par vos bienfaits, tout ce que renferme ce mot sublime de charité.

Les secours matériels appellent donc inévitablement les secours moraux, et, dans cet heureux mélange des bonnes actions et des bonnes paroles, on est naturellement et nécessairement amené à se servir du droit de la charité pour gagner les âmes, pour se les attacher, pour leur faire partager ses sentiments, et ses pensées. Nul ne songerait à s'en plaindre si l'on ne donnait que ces conseils de morale naturelle pour lesquels on peut compter, en général, sur l'approbation de toutes les consciences. Mais quoi!

celui qui n'attribue d'efficacité qu'aux conseils religieux, lui sera-t-il défendu d'en faire usage? Faut-il lui interdire tout appel à la foi, c'est-dire à sa foi personnelle, aux croyances d'où il attend non-seulement son propre salut, mais celui de tous les hommes? L'âme ne se scinde pas, et, si elle peut, suivant les circonstances, modifier son langage, elle ne peut pas dépouiller son caractère, elle ne peut pas abdiquer ses plus chères préoccupations. Les dons matériels ne peuvent imposer que la réserve, non le silence, et il ne peut être défendu au catholique de parler en catholique, au protestant de parler en protestant, pas plus qu'au philosophe de parler en philosophe. Voilà donc le prosélytisme religieux associé légitimement aux secours pécuniaires : il ferait un trafic honteux s'il les appelait directement à son aide; on ne peut le blâmer de se joindre à eux, soit qu'il n'intervienne qu'en sous ordre, soit qu'il joue le principal rôle.

Par les mêmes raisons, de quel droit fermerait-on la bouche au prosélytisme politique? Les convictions politiques sont aussi une foi, non moins impérieuse, non moins exigeante que la foi religieuse. Celui qu'elles dominent leur subordonne toutes ses pensées, leur demande toutes ses consolations, leur emprunte tous les conseils, tous les encouragements, toutes les espérances qu'il cherche à donner aux autres. Comment renfermerait-il sa foi dans son sein, quand il est en face de ces malheureux à qui la charité lui ordonne d'ouvrir son cœur? comment ne les inviterait-il pas à y puiser les forces qu'il y puise lui-même?

comment ne se ferait-il pas un devoir de les y gagner entièrement?

Sans doute, il y aura souvent des écarts de zèle. Il est naturel que l'homme se laisse aisément aveugler par les sentiments qui lui tiennent le plus au cœur et que, dans l'ardeur sincère et honorable avec laquelle il poursuit son but, il ne se montre pas toujours assez scrupuleux dans le choix des moyens. Souvent on se dissimule à soi-même la pression blâmable que l'on exerce sur des âmes que l'on tient sous sa dépendance; souvent la conscience n'est pas tout à fait dupe, mais on cherche à l'étourdir, en opposant à ses réclamations la pureté des motifs auxquels on obéit; souvent, enfin, les motifs ne sont pas tous avouables, et la vanité, l'ambition, l'intérêt prennent le masque du zèle politique ou religieux. Il faut éclairer les âmes sur tous ces écueils de la charité, acceptant et encourageant tout ce qui est conforme à son but légitime, excusant les déviations de ce but, toutes les fois qu'on y reconnaît une intention droite, bien que mal dirigée, blâmant enfin sans ménagement tout ce qui tend à semer l'hypocrisie et la corruption là où les bienfaits ne doivent être le lien que d'une libre confiance et d'une sincère et pure sympathie. Mais le blâme, quand il doit trouver place, doit être tout moral. Il n'appartient pas aux lois positives d'entrer dans toutes ces nuances où la conscience la plus éclairée a peine à se reconnaître. Leur tâche s'arrête là où il n'y a pas d'abus palpables. Pour ne pas s'exposer à frapper la vertu des peines destinées au vice, elles ne pourraient procéder que par des interdictions générales, ou s'en remettre au pouvoir discrétionnaire du gouvernement, c'est-à-dire qu'elles n'éviteraient l'injustice qu'au prix de l'oppression et de l'arbitraire. Le résultat le plus sûr de leur intervention ne serait pas d'empêcher le mal, mais de décourager le bien.

Ces considérations s'appliquent aux associations charitables comme à la charité individuelle. Toute association se compose d'individus qui ont leurs convictions, leurs sentiments, leurs projets, et qui cherchent naturellement à les faire prévaloir dans la sphère de l'action collective à laquelle ils prennent part, comme dans celle de leur action personnelle. Les associations elles-mêmes sont d'ailleurs, moralement, de véritables personnes, pensant et agissant avec des intentions et une volonté propres, et portant dans tous leurs actes le caractère qui les distingue et qui fait leur individualité. On peut même dire que, chez aucun individu, ce qu'on appelle le caractère n'est plus marqué que chez les personnes morales. Il y a, dans l'individu, mille nuances, toujours diverses, souvent contradictoires. Ces nuances s'effacent dans une association, pour ne laisser subsister que les points communs sur lesquels ses membres se sont mis d'accord, en vue de la fin spéciale pour laquelle ils l'ont formée. Un catholique, un rationaliste, un démocrate ne subordonne pas tous ses actes aux intérêts de ses convictions religieuses, philosophiques ou politiques. Une association catholique, rationaliste ou démocratique ne perdra jamais de vue la défense ou le progrès du catholicisme, du rationalisme ou de la démocratie. Si elle se propose un but charitable, elle verra nécessairement dans la charité autre chose que l'aumône matérielle; elle considèrera comme le premier de ses bienfaits la propagation de sa foi ou de ses principes.

L'association usera, sous ce rapport, quoique d'une façon plus décidée, des mêmes droits que l'individu, et elle rencontrera les mêmes écueils. Elle n'encourra aucun blâme tant qu'elle ne fera pas servir ses bienfaits à exercer sur les âmes une pression illégitime. Elle sera excusable si on ne peut lui reprocher que les écarts d'un zèle sincère, sans qu'il y ait dans son prosélytisme une véritable atteinte, soit physique, soit morale, à la liberté des individus. La conscience devra la flétrir si elle emploie des moyens déshonnêtes, comme les conversions obtenues à prix d'argent et, en général, toutes les manifestations d'opinions demandées non à la persuasion, mais à l'intérêt. Enfin, il sera juste de la déférer aux tribunaux, si elle commet un attentat formel contre quelqu'un des droits protégés par la loi pénale, par exemple si elle pousse le prosélytisme religieux jusqu'à arracher des enfants à leur famille, ou le zèle politique jusqu'à la corruption électorale ou à l'achat des suffrages. Mais de ce qu'une société de bienfaisance peut faire un usage blâmable ou condamnable de ses droits, il ne s'ensuit pas qu'il faille la tenir en suspicion et faire dépendre son existence ou sa liberté d'action de la tolérance arbitraire du gouvernement. Son influence s'exerce nécessairement au dehors, dans des conditions où la surveillance est toujours facile; les délits dont elle peut se rendre coupable sont nettement définis, et quant à ses autres abus, la difficulté de les saisir n'autorise par une infraction au droit commun, car ils tiennent, en général, à un ordre de faits pour lequel l'État doit décliner sa compétence.

Il ne faut pas, d'ailleurs, exagérer ces abus et les périls qui en découlent. L'ingratitude est malheureusement encore plus commune que le fanatisme de la reconnaissance, et on peut du moins y voir une garantie contre le principal danger des influences charitables. La reconnaissance est un fardeau dont on se décharge aisément sous le moindre prétexte, à plus forte raison quand on peut supposer un motif intéressé ou coupable au bienfait qu'on a reçu. Le pauvre est naturellement défiant, et il n'excepte pas de sa défiance ceux qui viennent en aide à sa misère. La charité le trouve généralement sur ses gardes, et quand elle est sincère et vraiment dévouée, elle lui arrache difficilement, non pas des témoignages de gratitude, il en est souvent plus prodigue qu'on ne voudrait, mais des marques d'une franche et entière confiance. Aussi le plus ignorant a-t-il une singulière perspicacité pour démêler les motifs secrets de ceux qui l'approchent. Il ne résistera pas toujours à la tentation avec la fermeté du pauvre de Molière ; mais il la verra venir de loin et il n'en sera pas la dupe. S'il n'a pas assez de probité pour repousser des bienfaits dont il a reconnu le piége, il aura assez de prudence pour ne pas s'engager, pour pratiquer le plus longtemps possible l'art des faux-fuyants. S'il vient enfin un moment où il faudra rompre ou donner des gages, il en donnera peut-être ; mais, quand on croira avoir acquis un séide, on n'aura souvent qu'un faux frère, un complice toujours prêt à tirer son épingle du jeu, heureux s'il ne médite pas une trahison et s'il ne songe pas à vendre lui-même celui qui l'a acheté.

Une autre cause de suspicion contre les associations de bienfaisance, c'est le lien qui unit leurs membres et qui fait leur force pour le mal comme pour le bien. Ce lien, c'est, avant tout, la bienfaisance elle-même, c'est-à-dire un des sentiments les meilleurs du cœur humain, et l'on ne peut craindre que les arrière-pensées qui s'y cachent quelquefois. Or, l'influence de ces arrière-pensées diminue naturellement à mesure que l'association s'étend, et, par conséquent, à mesure qu'elle devient plus forte et paraît plus redoutable. Quand deux hommes se concertent en vue du même but, il y a toujours entre eux une certaine diversité de caractère qui ne leur permet pas de mettre en commun toutes leurs passions, et, pour celles mêmes qu'ils partagent, une certaine pudeur qui suffit souvent pour les engager à se dérober mutuellement celles qui sont le moins avouables. Multipliez le nombre des associés, vous augmentez les chances de diversité et vous donnez en même temps plus de prise à ce sentiment de pudeur. Quelques hommes peuvent se réunir pour se livrer à la débauche, sous le voile de la charité ; un certain nombre de fanatiques ou de factieux peuvent s'entendre pour mettre la charité au service d'un prosélytisme immoral ou de complots révolutionnaires : un pareil concert est manifestement impossible dans une vaste association ; elle peut recéler dans son sein des hommes qui ne reculent pas devant des actes honteux, frauduleux ou séditieux ; mais de tels actes ne sauraient être le fait de l'association elle-même (1).

La raison seule offre les armes les plus légitimes et les plus sûres, soit contre les abus que la loi est appelée à punir, soit contre ceux que leur nature met en dehors de son action. Au lieu de réclamer l'intervention de l'État contre l'influence et les manœuvres de ces associations dont vous redoutez les tendances, usez contre elles des droits dont elles se couvrent, opposez-leur d'autres associations, livrez-vous, dans l'intérêt de ce que vous considérez comme la bonne cause, à une propagande non moins active. Si la lutte entre les sociétés rivales prend un caractère violent, il faut la réprimer ; mais tant qu'elle

---

(1) Il existe en France deux grandes sociétés de bienfaisance, auxquelles n'ont pas été épargnées, dans des camps opposés, les plus graves accusations. Quand chacun de nous peut compter, dans toutes les deux, des parents ou des amis ; quand elles se recrutent publiquement, parmi des hommes de toute condition et de toute opinion politique ; quand enfin il est si facile à la police de pénétrer leurs secrets, si par hasard elles en ont de coupables, quel esprit calme et désintéressé consentirait à y voir une conspiration permanente et toujours menaçante, ici contre nos institutions, là contre tous les trônes et tous les autels ? Condamnée par l'Église, la franc-maçonnerie n'a pu désarmer la défiance de l'État qu'en subissant son patronage. Après s'être formée et propagée avec une rapidité et un succès inouïs, en dehors de tout patronage ecclésiastique ou civil, la société qui avait pris le nom de Saint-Vincent-de-Paul a vu son unité brisée, malgré l'appui de l'Église, par les exigences de l'État. Combien il eût été plus libéral et plus sage d'applaudir à ce double et puissant effort qu'avait su faire parmi nous l'esprit d'association livré à lui-même, et, sans s'arrêter à des craintes chimériques, de compter sur l'émulation et la lutte de ces deux sociétés, pour rendre leurs bienfaits plus efficaces en neutralisant leurs abus !

se réduit à des discussions plus ou moins animées et à un assaut de zèle, elle est le meilleur préservatif contre les excès de la liberté. L'indifférence religieuse ou politique se retranche volontiers derrière la protection de l'État : quand cette protection se retire, par respect pour la liberté, il ne reste aucune excuse à cette funeste torpeur à laquelle se laissent souvent aller les esprits les plus honnêtes et les plus modérés. Or, quand est-il plus nécessaire de la secouer que lorsqu'il s'agit de charité ?

C'est ici surtout que l'émulation sera féconde. Des Églises, des congrégations, des clubs ont leur terrain distinct et se combattent souvent sans se rencontrer. Des sociétés de bienfaisance ne peuvent avoir qu'un même terrain, celui des misères qu'elles se proposent de soulager. S'il y a, de part ou d'autre, excès de zèle, une influence contraire vient aussitôt rétablir l'équilibre. Si une aumône a servi d'appât pour séduire une conscience mal éclairée ou mal assurée, une aumône rivale pourra la ramener. Ainsi les efforts se neutralisent, mais seulement pour le mal. L'argent détruit l'effet de l'argent, mais la vérité reste en face de l'erreur, l'honneur en face de la corruption, le patriotisme en face des complots séditieux, avec la force sur laquelle doit toujours compter la bonne cause. Enfin, lors même que le résultat serait nul au point de vue moral, et qu'on n'aurait rien gagné sur les âmes, soit pour le bien, soit pour le mal, resteraient toujours les résultats matériels, les bienfaits accumulés par l'émulation même des sociétés rivales. En laissant ces sociétés se multiplier et se combattre librement, on gagne au moins de diminuer la somme de la misère publique; en les entravant, on ne peut que tarir quelques-unes des sources de la bienfaisance générale. On prend ainsi la responsabilité de tous les maux, dont on réduit les chances de soulagement, ou plutôt on met cette responsabilité à la charge de l'État, toujours obligé de subvenir à l'insuffisance des efforts privés. En cherchant à le préserver d'un péril douteux, on l'expose ainsi à un péril certain et infiniment plus redoutable.

Le devoir d'assistance envers ceux qui sont hors d'état de se suffire à eux-mêmes ne peut être rempli que sous trois formes : la charité individuelle, la bienfaisance collective, l'assistance publique. Rien ne peut tenir lieu de la charité individuelle : c'est la forme la plus naturelle, la plus nécessaire, la plus efficace de l'assistance. Y aura-t-il toujours des pauvres parmi nous? C'est un beau rêve d'espérer le contraire; nous aurons toujours besoin les uns des autres, toujours besoin de nous entr'aider :

> C'est la loi de nature,

c'est la condition de la faiblesse humaine, c'est en même temps le lien de tous les sentiments qui font notre force et notre dignité morale. La misère permanente, le paupérisme peut disparaître : je ne sais s'il faudrait souhaiter que les hommes n'eussent plus aucun besoin de s'éclairer, de se consoler, de se secourir mutuellement. Ce serait le cas de s'écrier qu'une vertu a disparu de la terre. Cette vertu, c'est la charité, dans le sens le plus général, un plus beau nom que la fraternité elle-même; car la fraternité ne fait que supposer l'affection mutuelle et la charité l'implique. Les hommes auront toujours des services à se rendre, et ceux qu'ils attendent réciproquement du dévouement individuel seront toujours les meilleurs : ce sont les seuls qui touchent le cœur, parce qu'ils partent du cœur. Ce sont aussi les services qui risquent le moins d'altérer la délicatesse et la dignité de l'âme. Ils humilient quelquefois, parce qu'il en coûte à ce sentiment d'égalité, si naturel à l'homme vis-à-vis de ses semblables, de ne pouvoir se passer de leur assistance; mais la charité, quand elle est vraiment dans le cœur, sait adoucir cette mauvaise honte, dont le motif, au fond, ne laisse pas d'être honorable et d'être souvent salutaire. Elle permet de la surmonter par le sentiment de la reconnaissance, qui est déjà, par lui-même, comme un échange de dévouement, un moyen d'acquitter sa dette et de rétablir l'égalité entre le bienfaiteur et l'obligé. Enfin, précisément parce qu'on est porté à rougir de recevoir des secours, on fait effort pour se mettre en état de n'en plus avoir besoin; on sent que la meilleure façon de témoigner sa reconnaissance à son bienfaiteur et de s'élever jusqu'à lui, c'est de lui épargner de nouvelles charges, en lui gardant, pour les anciennes, un dévouement inaltérable et en s'efforçant de substituer au lien des bienfaits celui d'une affection désintéressée.

Vis-à-vis d'un être abstrait, comme une association ou l'État lui-même, le lien du cœur ne saurait avoir la même force. Le besoin physique peut recevoir satisfaction, non le besoin de l'âme. Le secours est peut-être moins humiliant, car le sentiment d'égalité ne peut être blessé que dans les rapports d'individu à individu, non d'individu à société; mais il n'y a plus de place pour ce langage affectueux qui relève la dignité du pauvre, pour cette reconnaissance qui est à la fois un aveu d'infériorité et une revendication d'égalité, pour cette fierté salutaire qui souffre impatiemment, non les témoignages de l'affection et de la pitié d'autrui, mais la nécessité d'y recourir. L'amour et la reconnaissance ne vont pas naturellement à une abstraction. On n'éprouve pas, d'un autre côté, la même pudeur à recevoir un secours abstrait et impersonnel, et même à en abuser, que lorsqu'on vit à la charge de la charité individuelle. Un individu s'appartient à lui-même : une abstraction semble être la propriété de tout le monde, et l'on sent moins le besoin de se suffire à soi-même, quand on peut compter sur un bien qu'on s'habitue aisément à considérer comme sien.

Toutefois, la charité individuelle est évidemment insuffisante. Nécessairement très-limitée dans ses moyens d'information comme dans ses moyens d'action, non-seulement elle ne fait pas tout le bien qu'elle se propose de faire, mais elle ne fait pas même tout le bien qu'elle pourrait faire. Sentant son impuissance à connaître et à soulager tous les maux, chacun va au hasard, où les circonstances l'appellent, où son inclination l'emporte, et souvent on ne consulte que le caprice du moment. Voilà pour ceux dont la bonne volonté est entière. Mais c'est le petit nombre. Beaucoup sont susceptibles de sentiments charitables; mais ces sentiments dorment au fond de leur cœur, tant que la vue du malheur ne vient pas les éveiller. Ils n'éprouvent pas le besoin d'aller à la recherche de ceux qui souffrent; mais s'ils les rencontrent sur leur chemin, ils seront les plus généreux des hommes. Leurs secours ne vont qu'à une seule forme de la misère, et la moins digne de pitié, à la misère qui se montre, non à celle qui se cache, à la misère qui demande, non à celle qui rougit d'accepter, en un mot à la mendicité. D'autres ont le cœur plus sec et la main moins libérale; ils fuient le contact de la misère, et s'ils lui jettent parfois une aumône, c'est l'importunité seule qui la leur arrache. Pourtant il n'est pas impossible d'intéresser en eux un sentiment d'amour-propre ou même un reste de pitié : ils se refuseront à une œuvre personnelle de charité; ils consentiront à s'associer de leur bourse à une œuvre collective de bienfaisance. Enfin, il est des œuvres de bienfaisance qui ne peuvent, en général, émaner de la charité individuelle. La fondation et l'entretien d'un hôpital, par exemple, sauf de rares exceptions, demandent d'autres ressources que celles dont un particulier pourra ou voudra disposer. Quand la charité n'a pour objet que des maux individuels, elle peut garder un caractère individuel; elle appelle naturellement des efforts collectifs, quand elle réunit en un même lieu et pour des secours communs les individus qui ont part à ses bienfaits.

Il faut donc des associations pour ces œuvres que

la charité individuelle ne peut pas faire, et pour celles mêmes qui lui appartiennent en propre, il faut encore des associations pour réunir toutes les bonnes volontés, depuis les plus zélées jusqu'aux plus récalcitrantes, pour éclairer et pour combiner leurs efforts, pour assurer enfin la distribution la plus sage et la plus profitable de leurs bienfaits. Mais l'action des sociétés de bienfaisance ne sera réellement efficace que si elle se rapproche, autant que possible, de la charité individuelle. De même que toutes leurs ressources ne peuvent venir que des individus qui les composent, il faut qu'elles descendent vers ceux qui en ont besoin par le canal des individus. Il faut que les malheureux, dans la personnalité collective et abstraite qui leur vient en aide, ne voient pas seulement une administration qui les inscrive sur ses registres, sous un numéro d'ordre, après avoir pris des renseignements en bonne forme, et qui les appelle à jour fixe dans ses bureaux pour recevoir les secours qui leur sont attribués, mais des personnes vivantes, des cœurs émus de compassion, des âmes qui s'ouvrent à leurs âmes et qui les invitent à s'ouvrir; il faut que l'aumône matérielle, le seul fait apparent de la société bienfaisante, se dissimule, en quelque sorte, derrière les douces paroles, les consolations, les bons conseils, les soins empressés dont le mérite revient en propre à l'individu dévoué qu'elle a pris pour intermédiaire. Qu'est-ce qui triomphe, jusqu'à un certain point, de la répugnance du pauvre pour l'hôpital? C'est la sœur de charité, parce qu'elle n'est pas, à proprement parler, un agent de l'administration hospitalière, parce que son dévouement est tout à elle, à la tendresse de son cœur, au courage qu'elle puise dans sa foi. Ce lit où elle assiste le malade, ces remèdes qu'elle lui administre, ces vêtements dont elle le couvre, rien ne lui appartient : elle seule pourtant obtient de la reconnaissance; elle seule se fait aimer, parce que chez elle tout part du cœur et s'adresse au cœur, parce que, devant elle, le malade se sent autre chose qu'un chiffre, parce qu'elle lui apparaît comme une sœur, ou pour mieux dire comme une mère.

Pour les associations, comme pour les individus, la meilleure forme de la bienfaisance, c'est la visite à domicile. Ici la société disparaît, son unité abstraite se brise ; elle se manifeste au chevet du pauvre, non plus par des auxiliaires, comme les sœurs de charité, mais par ses propres membres, qui viennent à la fois au nom de la mission qu'elle leur a confiée et de leur dévouement personnel, presque toujours entraînés à mêler leurs dons à ceux qu'ils sont chargés de distribuer, et n'obéissant, dans leur attitude et dans leur langage, qu'aux mouvements spontanés que leur inspirent le spectacle qu'ils ont sous les yeux et la bonté de leur cœur. L'effet moral de la bienfaisance sera encore mieux assuré, si le visiteur du pauvre lui apparaît, non comme son bienfaiteur, mais comme son associé, si l'un et l'autre font partie d'une société de secours mutuels, dans un rapport de confraternité qui rétablit l'égalité et relève la dignité, sans faire tort au dévouement d'un côté et à la reconnaissance de l'autre. De telles sociétés, quand elles sont bien organisées, réalisent l'idéal de la bienfaisance ; car tout y est à la fois collectif et individuel, et les besoins moraux, comme les besoins physiques, y reçoivent la plus complète et la plus pure satisfaction.

Or, la bienfaisance collective ne peut ainsi s'approprier les mérites de la charité individuelle que si elle est placée sous un régime de liberté, dans son existence et dans ses actes. Une société qui ne vit que par le concours volontaire de ses membres est intéressée à rechercher toutes les occasions qui peuvent ranimer leur zèle. Plus elle les mettra en relation directe avec les souffrances qui appellent sa sollicitude, plus elle pourra compter, de leur part, sur un redoublement de compassion et, par suite, sur un redoublement de bonne volonté. D'un autre côté, les membres d'une association libre sont d'autant plus intéressés au succès de ses bonnes œuvres, qu'elle est elle-même leur œuvre propre, qu'elle ne vit, qu'elle n'agit que par eux, qu'ils ont voix dans ses conseils, qu'ils disposent de ses destinées, qu'ils tiennent dans leurs mains ses ressources et qu'ils règlent souverainement l'emploi qu'elle en fait. Enfin, ce libre caractère qu'ils peuvent conserver dans tous les actes de charité, lors même qu'ils ne sont que les intermédiaires d'une association, contribue encore à leur ouvrir le cœur de ceux qu'ils secourent. Ce ne sont pas de simples agents, s'acquittant d'une tâche qui leur est imposée : ils ont part au mérite des secours matériels qu'ils apportent ; ils auront part à la réalisation des demandes qu'ils se chargent de transmettre ;

on peut leur témoigner de la reconnaissance, non-seulement de ce qu'ils font personnellement, mais de ce que fait, par leur entremise, la société qu'ils représentent. C'est ainsi que cette société elle-même perd en partie son caractère abstrait. Formée et entretenue par de libres dévouements, elle a, vis-à-vis de ceux qu'elle assiste, comme de ceux qui la composent, tous les caractères de la personne. Elle a son cœur qui bat de toutes les émotions que lui communiquent ses membres; elle a son intelligence, éclairée de toutes les lumières qu'ils lui apportent; elle a sa volonté, qui résulte du libre accord de toutes leurs volontés, à la suite de libres débats, non sans une certaine mobilité capricieuse, inhérente à la liberté, et, par là, elle n'en paraît que plus humaine. Elle peut se faire aimer; elle peut voir monter jusqu'à elle la reconnaissance de ceux qui ont part à ses bienfaits; elle peut enfin promettre ses secours, sans encourager la paresse et sans provoquer de dangereuses exigences. On s'habitue moins à compter sur l'assistance d'autrui, quand on sait qu'elle est toute volontaire et spontanée, et le sentiment de la dignité personnelle risque moins de s'émousser, quand il faut demander l'appui dont on a besoin, non à une bonne volonté purement abstraite, mais à une main réellement et librement secourable, quoique appartenant à un être collectif.

Les mêmes conditions ne sauraient être réalisées par l'assistance de l'État, et même par toute assistance où l'on sent la main de l'État. L'État bienfaisant, c'est, avant tout, l'impôt forcé, mis à la disposition des souffrances que le gouvernement croit nécessaire de soulager. On ne sait aucun gré à ceux qui payent, car on sait qu'ils sont contraints de payer; on ne sait également aucun gré à ceux qui distribuent les dons de l'État, car ce ne sont que des agents qui n'ont aucune responsabilité propre. On ne sait, enfin, aucun gré à l'État lui-même, car ce n'est qu'une abstraction; bien plus, c'est une abstraction qui trouve sa vie dans le corps social tout entier, dont font partie les malheureux eux-mêmes, et il est naturel qu'ils se croient des droits sur tout ce qui lui appartient. Dès qu'on attend tout de l'État, on le rend responsable de tous les maux qu'il laisse sans soulagement, et, pour ceux mêmes qu'il soulage, on est moins touché du bien qu'il fait que de son insuffisance. Point de reconnaissance, point de pudeur; à plus forte raison, point d'amour, point de place pour ce lien moral qui fait le principal prix de la charité. Les cœurs craignent d'autant plus de s'ouvrir à l'appel du représentant de l'État, quelque dévouement personnel qu'il apporte à sa mission, que le premier sentiment du peuple est toujours la défiance devant les agents d'un pouvoir à qui appartiennent la menace aussi bien que les promesses, la répression aussi bien que les grâces.

On peut avoir de la reconnaissance et de l'amour pour un prince bienfaisant, parce qu'on reconnaît en lui une volonté libre, une véritable initiative, surtout sous un gouvernement absolu, au sein d'une nation accoutumée au despotisme, qui ne considère pas l'État comme sa chose, et qui reçoit comme une faveur gratuite le bien que son maître consent à lui faire. Ajoutons, à l'avantage du despotisme sous ce rapport, que si la puissance du prince est illimitée, on sait que ses moyens d'information ne le sont pas. « Ah! si le roi le savait! » dit-on par manière de consolation, en continuant à l'aimer pour la bonne volonté qu'on lui suppose et en détestant ses ministres pour l'ignorance dans laquelle ils l'entretiennent. La bienfaisance d'un prince absolu a, d'ailleurs, tous les défauts de la charité individuelle : n'ayant, comme elle, rien d'abstrait, elle peut parler au cœur, c'est son seul avantage; mais, de même que la charité individuelle, elle est aveugle et capricieuse; enfin, elle dépend d'une bonne volonté sur laquelle il ne faut pas compter, chez les despotes moins que partout ailleurs. On ne les louerait pas tant de quelques actes d'une charité délicate, s'ils leur étaient plus naturels. Sous un gouvernement libre, le chef de l'État pourra encore se faire aimer pour ses bienfaits, mais seulement pour ceux qu'il dispense comme un simple particulier en quelque sorte ; disposant en son nom et au gré de ses sentiments personnels des ressources limitées qu'il doit à sa fortune privée ou au traitement qui lui est alloué. Sa bienfaisance, comme celle dont tout homme public peut se faire un mérite, en dehors de ses devoirs officiels, rentre dans la charité privée; elle peut être plus abondante que celle de la plupart des particuliers, elle n'est pas d'une autre nature, ce n'est pas proprement la bienfaisance de l'État.

Faut-il donc s'associer aux théories qui repoussent

absolument toute assistance de la part de l'État? Elles n'iraient à rien moins qu'à supprimer l'État lui-même. Tous les devoirs qui lui sont propres, l'administration, la police, la justice, l'entretien des armées et des forces navales, les travaux d'utilité générale, la distribution d'un enseignement public, sont des devoirs d'assistance, des moyens de venir en aide aux particuliers dans la défense de leurs droits et dans la protection de leurs intérêts. A quel titre exclurait-on de ces devoirs d'assistance le soulagement de la misère? L'État doit y concourir, parce que la prospérité générale, qui repose en partie sur lui, est liée au bien-être physique, intellectuel et moral de tous les membres de la société. C'est même, en quelque sorte, un devoir strict de réparation. Telle est, en effet, l'influence du gouvernement et des lois sur le mal comme sur le bien qui se produit dans une nation, que l'État ne saurait en décliner entièrement la responsabilité. Mais pour la bienfaisance, comme pour les autres formes de l'assistance publique, il faut rester rigoureusement fidèle à ce nom d'assistance. L'État n'a pas le droit de se montrer généreux; il ne lui est pas permis, à proprement parler, de rechercher le mérite de la bienfaisance, encore moins de la charité. Il ne peut que venir en aide à ceux qui n'ont d'espoir qu'en lui, et seulement dans la mesure de ce qui est indispensable à leurs besoins.

La charité privée peut être prodigue de ses bienfaits, car elle dispose d'un bien qui est tout à elle. Quels que soient ses entraînements ou ses excès, ils ne font pas tort à autrui. D'ailleurs, tout désintéressés qu'ils sont, ils ont leur récompense, d'abord dans la satisfaction des nobles sentiments qui les inspirent, puis dans la reconnaissance de ceux qui en sont l'objet, dans l'acquisition de leur affection; enfin, si le sentiment religieux s'y trouve mêlé, dans le légitime espoir d'être agréable à Dieu et de gagner un trésor dans le ciel, en échange d'un peu de bien accompli ici-bas. L'État ne peut se livrer à de pareils entraînements; car les ressources dont il dispose, il les prend aux individus, non comme des dons volontaires, mais comme des impôts exigibles. Je veux que le budget de la bienfaisance soit le plus populaire, celui pour lequel on paye le plus volontiers; il n'en demanderait pas moins la même réserve. Ici, on ne doit plus parler d'une récompense à attendre. L'État, personne abstraite, n'a aucun droit sur les cœurs : c'est la patrie ou le prince, ce n'est pas l'État lui-même qu'on peut aimer. Renfermant, d'un autre côté, ses destinées sur la terre, il n'a aucune part aux espérances du ciel. Mais s'il n'a rien à espérer, il a, en revanche, tout à craindre de l'exagération de ses bienfaits. Ce qu'il prend aux contribuables pour le distribuer lui-même, il l'enlève à la charité privée, toujours plus précieuse et plus efficace que tout le bien qu'il peut faire. Il fait plus que tarir quelques-unes de ses sources, il la décourage, il l'accoutume à se reposer sur lui, et comme il ne peut suffire à tout sans excéder les exigences raisonnables de l'impôt, il ôte plus à la misère qu'il ne lui donne en réalité, même au point de vue matériel, sans parler de ce qu'il lui fait perdre au point de vue moral, comme consolations, comme action exercée sur les âmes. Il fait tort à la misère, et il la rend en même temps plus exigeante; car elle aussi s'accoutume à ne compter que sur lui, oubliant peu à peu la dignité du travail personnel dans le sentiment, plus agréable à la paresse, des droits qu'elle s'attribue sur ses faveurs.

Ainsi, de nouvelles causes de misère dans l'affaiblissement de l'énergie individuelle et dans la diminution du travail; un germe de corruption morale dans l'habitude trop aisément contractée, à tous les degrés de l'échelle sociale, de mendier des secours que l'on doit mettre son honneur à demander avant tout à soi-même; un élément de troubles dans les réclamations violentes et séditieuses de ceux qui se plaignent que l'État ne fasse pas assez pour eux ou qu'il fasse trop pour les autres : voilà le bilan de l'assistance de l'État, quand elle dépasse ses justes bornes; voilà ce qui a décrié, auprès de tant de bons esprits, ce droit, si naturel et si légitime en lui-même, qu'on a nommé le droit à l'assistance.

Ne rien faire que ce que lui seul peut faire, voilà la règle pour tous les actes de l'État. Il ne se met pas à la place des particuliers; il leur tend la main, il les assiste, jusqu'au moment où ils pourront se passer de son secours. Ajoutons que l'assistance de l'État doit mettre tous ses soins à se cacher, non par modestie, comme la charité privée, mais par prudence, par le juste sentiment de ses propres intérêts et de ceux auxquels elle vient en aide, pour que personne, en la voyant toujours présente, n'exagère son influence. La charité privée, quel que soit son désir de rester dans l'ombre, doit multiplier ses rapports avec les individus. L'assistance publique, au contraire, n'atteindra jamais plus sûrement son but que si les individus ne la sentent pas et s'ils peuvent croire qu'ils doivent tout à eux-mêmes. Son caractère est d'être générale, et ce n'est que par exception, dans un besoin pressant, qu'elle peut être individuelle. Sa meilleure forme, ce sont toutes les institutions qui préviennent les causes de misère, en ouvrant de nouvelles sources à la prospérité publique, en multipliant le travail, en l'affranchissant de toute entrave inutile, en ne lui fermant aucun débouché, en lui procurant toutes les lumières qui peuvent diriger ses progrès. S'il faut des moyens plus directs d'assistance, des caisses d'épargne, des établissements de prêt, des hôpitaux, des asiles, et qu'on ne puisse pas les attendre de l'initiative individuelle, ils appellent légitimement les fondations et les subventions de l'État; quant à son intervention directe vis-à-vis des individus qui doivent en recueillir les bienfaits, il vaut mieux qu'elle s'efface, qu'elle se substitue des sociétés indépendantes, en se bornant à tracer ou à contrôler leurs statuts, à conclure avec elles des sortes de concordats, à leur demander, en un mot, des garanties en échange de leur concours, mais sans s'ingérer dans leur administration et sans partager la responsabilité de leurs actes.

En France, les sociétés de bienfaisance qui sont approuvées par l'État, soit qu'il les ait suscitées lui-même, soit qu'il se borne à leur prêter son appui, reçoivent du gouvernement leurs règlements généraux, et il s'était même, il y a quelques années, attribué le droit de nommer leurs présidents. Nous croyons que c'est un usage dangereux, et qu'elles rendraient plus de services avec moins de périls, si elles étaient davantage abandonnées à elles-mêmes. A plus forte raison, quand une société de bienfaisance peut se passer du patronage de l'État, quand elle ne lui demande aucune subvention, mais seulement respect et protection pour sa liberté, il est juste, il est utile qu'il lui laisse une pleine indépendance. Il irait contre son but, il assumerait une responsabilité dangereuse, s'il voulait qu'aucun bien ne pût se produire sans son concours. Ce n'est pas même assez de respecter l'indépendance des sociétés de bienfaisance et de la défendre contre toute atteinte; son intérêt veut qu'il l'encourage, qu'il la détourne, autant que possible, d'abdiquer entre ses mains, qu'il lui inspire une confiance salutaire en elle-même, qu'il reconnaisse, en un mot, qu'il n'est pas, de sa part, de plus profitable assistance que l'assistance donnée à la liberté.

VIII

Nous nous sommes attaché jusqu'ici au droit proprement dit d'association. Les mêmes garanties s'appliquent évidemment au droit de réunion. S'il faut respecter les réunions d'associés ou d'affiliés unis par la communauté des sentiments et des vues, il serait encore moins légitime d'interdire ou d'entraver celles auxquelles ne préside aucun engagement préalable. La liberté doit donc être entière, sous les garanties du droit commun, pour toutes les réunions, quel que soit leur objet, et l'exception qui, dans nos lois, frappe encore les réunions politiques et les réunions religieuses ne saurait se justifier en principe. Toutefois il est une distinction que nous avons déjà faite pour les réunions politiques et qu'appellent également toutes les autres, qu'elles soient ou non le fait d'une association. Une réunion dans une maison privée ne comporte pas des moyens spéciaux de surveillance, qui seraient une atteinte à la liberté domestique. Une réunion dans un lieu public, dès qu'elle est assez nombreuse pour qu'elle puisse être l'occasion de graves désordres, engage naturellement la responsabilité de ceux qui, en la convoquant, se sont imposé l'obligation d'en faire la police; mais la police de l'État ne porte atteinte à aucun droit en prenant elle-même des précautions contre la possibilité de ces désordres. La liberté serait violée si une autorisation était exigée : l'obligation de faire connaître aux dépositaires de l'autorité le lieu et l'heure de la réunion, et de souffrir toutes les mesures qu'ils croiront devoir prendre pour assurer le bon ordre, n'est que la sauvegarde légitime des intérêts confiés directement à la vigilance de l'État. Pour les simples réunions comme pour les associations, il faut une déclaration authentique qui leur donne, en quelque sorte, un état civil et qui, en appelant sur elles la surveillance de l'État, leur assure par là même des droits à sa protection. La liberté, sous toutes ses formes, dans toutes ses manifestations, doit rencontrer partout l'action vigilante des pouvoirs publics; elle ne doit jamais dépendre de leur bon plaisir.

FIN

TABLE DES MATIÈRES

	Pages.
AVANT-PROPOS	V
INTRODUCTION	XI
CHAPITRE Ier. LA LIBERTÉ D'ENSEIGNEMENT	1

   I. La liberté d'enseignement considérée : 1° Comme la forme la plus générale de la liberté de penser;............ 2
   II. 2° Comme la condition de toutes les autres libertés......... 8
   III. Ses vicissitudes. — Indifférence constante dont elle a été l'objet... 13
   IV. Explication de cette indifférence. — Nécessité d'y remédier...... 22
   V. Droits de la société religieuse sur l'enseignement............ 32
   VI. Droits de l'État : surveillance.................... 36
   VII. A quel point de vue la surveillance des doctrines peut rentrer dans les attributions de l'État............ 40
   VIII. Indépendance légitime de la science : 1° dans l'ordre religieux; — l'enseignement laïque;............ 45
   IX. 2° Dans l'ordre politique;............ 52
   X. 3° Dans l'ordre moral............ 58
   XI. Droit illimité de l'enseignement sur toutes les questions morales ou sociales............ 71
   XII. Les examens publics. Dans quels cas ils peuvent être obligatoires. 81
   XIII. Des examens et des grades exigés pour l'enseignement libre...... 91
   XIV. Les certificats d'études : motifs qui doivent les faire repousser.... 103
   XV. L'enseignement primaire peut-il être obligatoire?............ 116
   XVI. L'enseignement public ou l'enseignement donné aux frais de l'État. — Sa légitimité............ 137
   XVII. L'enseignement public doit-il être gratuit?............ 144
   XVIII. La liberté d'enseignement dans les écoles publiques............ 148
   XIX. Les universités. — Indépendance dont elles doivent jouir. — L'université de France dans la période de liberté (1828-1846)... 160

CHAPITRE II. LA LIBERTÉ DE CONSCIENCE............ 173

   I. La liberté de conscience et la liberté religieuse; dans quel sens elles se confondent............ 176
   II. Caractère social de la liberté religieuse............ 183
   III. Ses vicissitudes............ 186

IV. La liberté de conscience et le scepticisme : leur alliance de fait n'est pas une alliance de droit.................................... 190
V. Jusqu'où peut aller la liberté de conscience : 1° dans l'ordre moral; 197
VI. 2° Dans l'ordre civil et politique............................. 216
VII. La liberté des cultes et l'autorisation préalable................. 223
VIII. Impossibilité d'une séparation absolue de l'Église et de l'État...... 228
IX. Les concordats; leur légitimité............................... 241
X. Principes qui doivent présider aux rapports de l'Église et de l'État. 248
XI. Liberté du prosélytisme. — Dans quelles limites le prosélytisme peut-il être légitime à l'égard de l'enfance?.................... 254

CHAPITRE III. LA LIBERTÉ DE LA PRESSE................................. 261

I. Bienfaits de la presse comme auxiliaire et, jusqu'à un certain point, comme substitut de toutes les formes de la liberté de penser.... 262
II. Ses dangers.. 279
III. Dangers de l'arbitraire ou d'une législation exceptionnelle à l'égard de la presse... 286
IV. Liberté légitime de la presse : 1° dans l'ordre moral et religieux;.. 299
V. 2° Dans l'ordre civil et politique............................. 307
VI. Application des principes du droit commun à toutes les industries qui relèvent de la presse : 1° colportage; 2° librairie; 3° imprimerie.. 321
VII. La presse périodique.. 330
VIII. Les délits de presse. — Compétence nécessaire du jury. — Publicité des procès de presse..................................... 342

CHAPITRE IV. LA LIBERTÉ D'ASSOCIATION................................. 349

I. Vicissitudes du droit d'association; défiance qu'il inspire.......... 351
II. Ses rapports avec les autres droits, dont il est le complément nécessaire... 360
III. Les associations politiques. — Les clubs....................... 368
IV. Le droit d'association et les intérêts de la morale............... 385
V. Les associations littéraires et scientifiques...................... 390
VI. Les associations religieuses.................................. 393
VII. Les associations de bienfaisance.............................. 403
VIII. Le droit de réunion... 432

FIN DE LA TABLE DES MATIÈRES.

PARIS. — IMPRIMERIE E. MARTINET, RUE MIGNON, 2.

www.ingramcontent.com/pod-product-compliance
Lightning Source LLC
Chambersburg PA
CBHW060238230426
43664CB00011B/1696